Mentales Training im Leistungssport – Teil 2

Ein Praxisbuch für SportlerInnen, TrainerInnen & Eltern

von Dr. Kai Engbert & Dr. Tom Kossak

NEUER SPORTVERLAG

Emotionen spüren & steuern 60

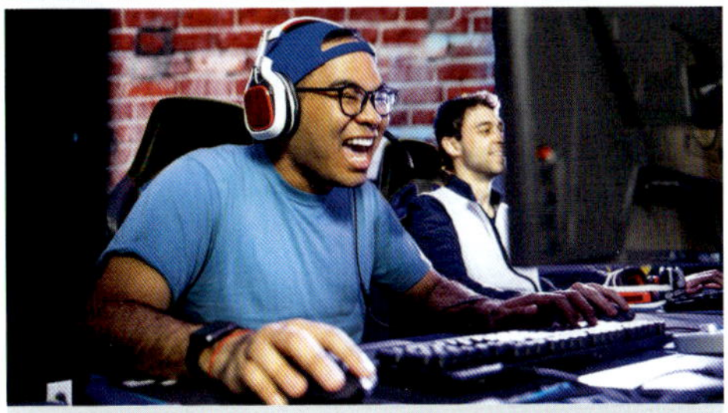

Fokus & Gelassenheit 80

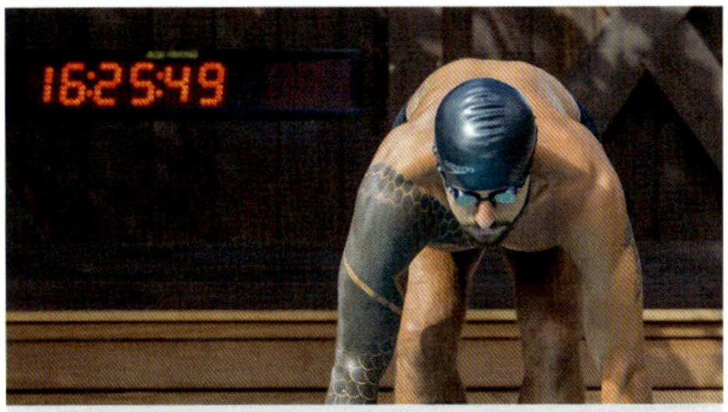

Selbstvertrauen 102

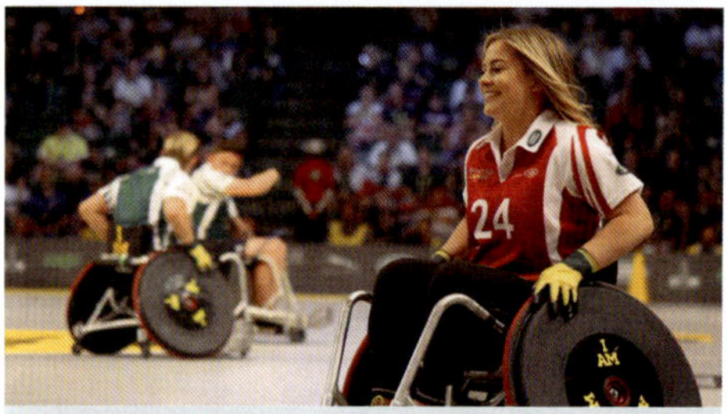

Wettkampfmanagement 120

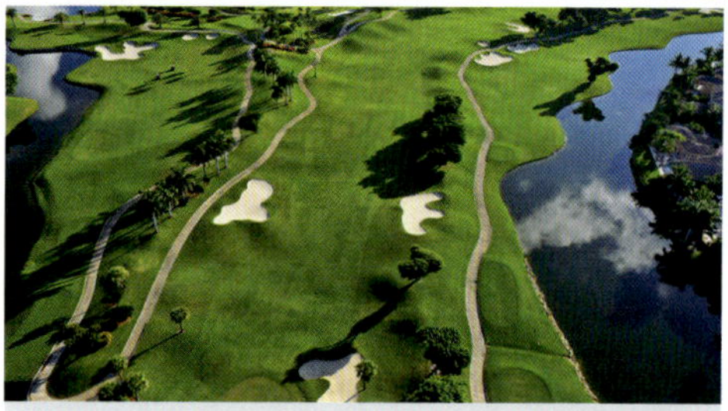

Erholung & Regeneration 148

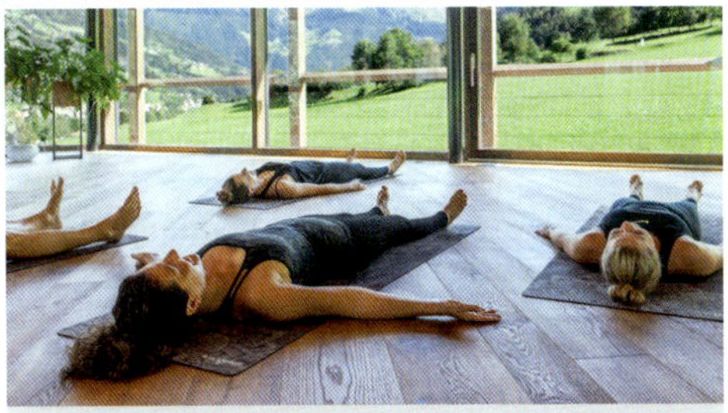

Verletzung & Rehabilitation 184

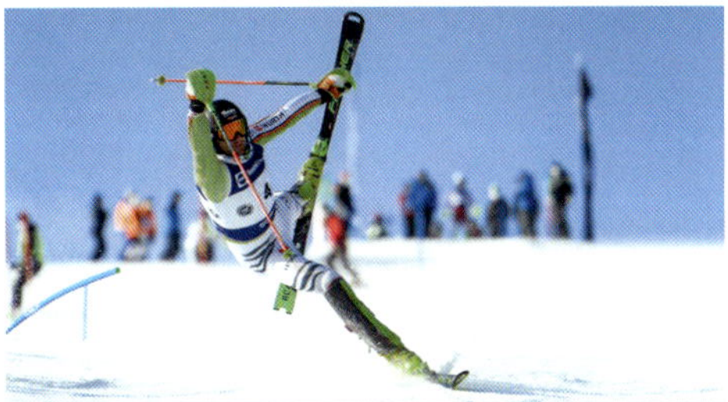

Inhaltsverzeichnis der Download-Datei

Vorstellungstraining

Anleitungen

Arbeitsblätter

Emotionen spüren & steuern

Anleitungen

Arbeitsblätter

Fokus & Gelassenheit

Anleitungen

Arbeitsblätter

Selbstvertrauen

Anleitungen

Arbeitsblätter

Wettkampfmanagement

Arbeitsblätter

Erholung & Regeneration

Anleitungen

Arbeitsblätter

Handout

Inhaltsverzeichnis der Download-Datei

Verletzung & Rehabilitation

Anleitungen

Arbeitsblätter

Teambuilding

Arbeitsblätter

Handout

Ich als TrainerIn

Arbeitsblätter

Handout

Übungsblätter zum Download

Alle Anleitungen, Arbeitsblätter und Handouts in diesem Buch gibt es als Druckvorlage zum Download.

Den Download-Link finden Sie auf Seite 249.

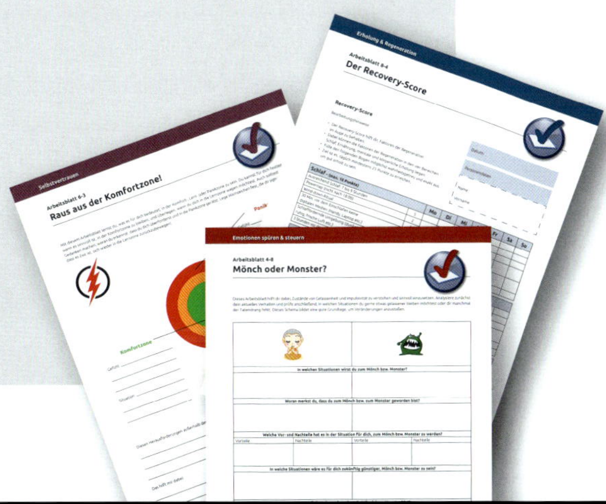

Vorwort

Zehn Jahre sind vergangen, seitdem das Buch „Mentales Training im Leistungssport" erschienen ist. Die Idee des ersten Teils – SportlerInnen und TrainerInnen konkrete Übungen für das Mentale Training zu vermitteln – ist heute aktueller denn je. Immer mehr SportlerInnen, TrainerInnen und Eltern erkennen das Potenzial, das im Mentalen Training liegt.

In der praktischen Arbeit mit TrainerInnen sowie in der Ausbildung von SportpsychologInnen erleben wir, dass die Übungen aus Teil 1 nach wie vor aktuell sind und viel genutzt werden. Vor allem im SchülerInnen- und Nachwuchsbereich haben sie mittlerweile einen festen Platz. Das freut uns sehr, und wir bedanken uns für die vielen positiven Feedbacks und Anregungen, die uns in den vergangenen Jahren erreicht haben. Sie haben den Anstoß für den zweiten Teil gegeben.

Die angewandte Sportpsychologie und das Mentale Training haben sich in den vergangenen Jahren erheblich professionalisiert. Bei der Betreuung vom Nachwuchskader bis zur Olympiamannschaft und im Austausch mit KollegInnen konnten wir neue Ideen und methodische Ansätze kennenlernen, erproben und weiterentwickeln. Exemplarisch dafür sind etwa achtsamkeitsbasierte Ansätze oder die hypnotherapeutische Arbeit mit verletzten SportlerInnen hervorzuheben.

Entsprechend zeigt das vorliegende Buch auch, wie sich die Disziplin und unser persönlicher Methodenkoffer weiterentwickelt haben.

In bewährter Form möchten wir wieder wissenschaftlich fundierte „Best-Practice-Übungen" vorstellen. Während wir uns in Teil 1 auf den Nachwuchsbereich konzentriert haben, richtet sich Teil 2 auch an ältere SportlerInnen und höhere Leistungsbereiche. Bei der Auswahl der Übungen war uns besonders wichtig, das Mentale Training ganz konkret anzuleiten und in die sportliche Trainingspraxis einzubinden.

Der Austausch mit KollegInnen ist vor allem in der praktischen Arbeit wichtig und bereichernd. Daher haben wir in diesem Buch GastautorInnen eingeladen, ihre Lieblingsübungen mit uns zu teilen. Dabei ist uns insbesondere die interdisziplinäre Zusammenarbeit wichtig. Und so konnten wir auch ExpertInnen in den Bereichen Schlaf, Ernährung und Regeneration für das Buchprojekt gewinnen. An dieser Stelle möchten wir uns schon einmal ganz herzlich bei allen GastautorInnen und DiskussionspartnerInnen bedanken: Ohne euch wäre dieses Buch nicht möglich gewesen!

Wir hoffen, mit diesem Buch SportlerInnen, TrainerInnen, Eltern und KollegInnen neue und kreative Übungsideen anzubieten. Gemeinsam können wir das Mentale Training im Leistungssport weiterentwickeln und in die Praxis tragen!

Viel Freude und Erfolg beim Lesen und Trainieren!

Dr. Kai Engbert & Dr. Tom Kossak

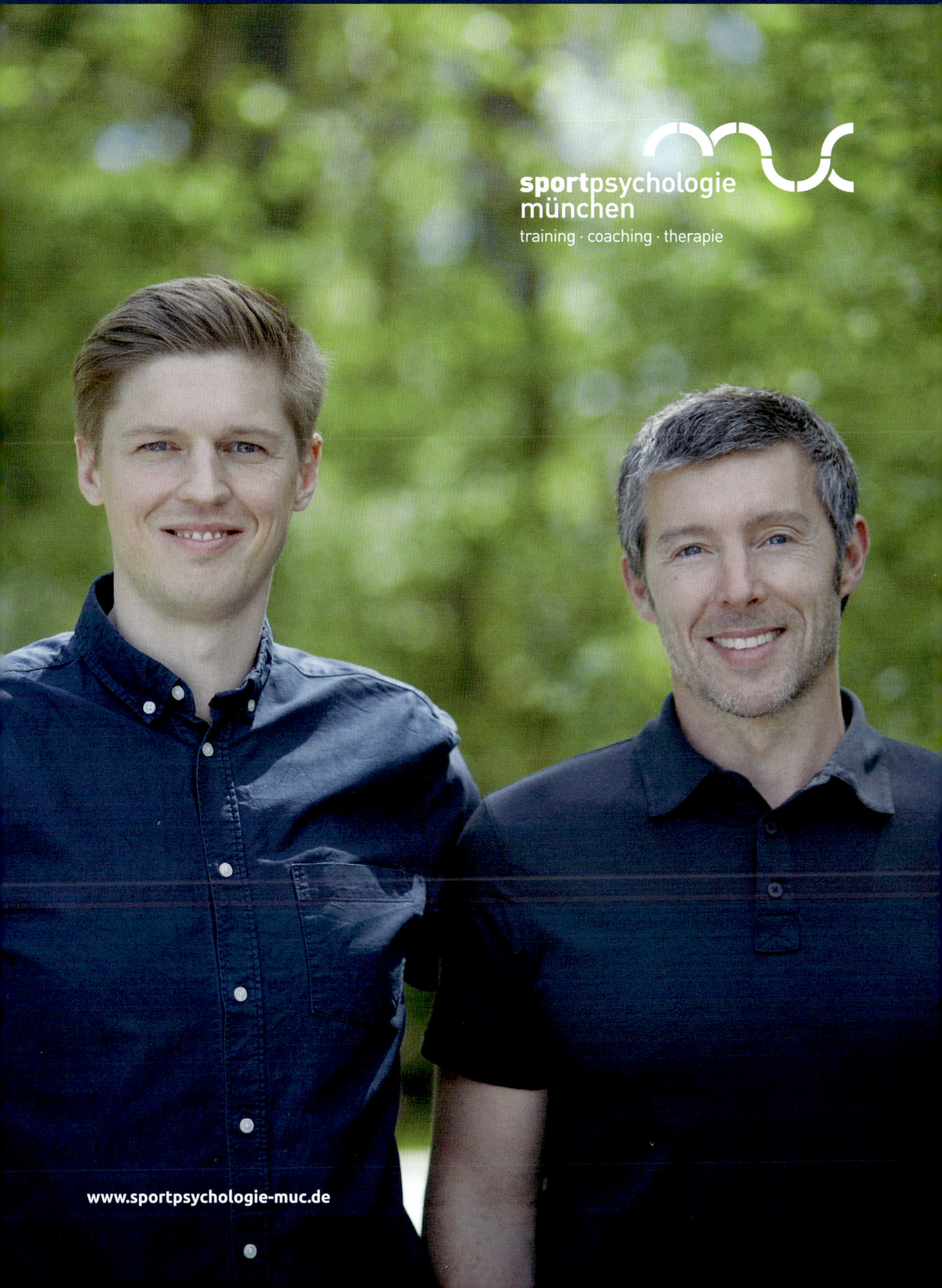
sportpsychologie
münchen
training · coaching · therapie
www.sportpsychologie-muc.de

Aufbau des Buchs

Das vorliegende Buch unterstützt SportlerInnen aller Altersbereiche, die Mentale Stärke entwickeln, trainieren und ausbauen wollen. Darüber hinaus richtet es sich ebenso an alle (Mental-) TrainerInnen, Eltern und SportpsychologInnen, die SportlerInnen auf dem Weg zur Mentalen Stärke begleiten. **Den Kern dieses Buches bilden Ideen und Methoden, die in konkreten Übungen anwendungsbezogen beschrieben werden.** Während einige Übungen leicht von TrainerInnen genutzt werden können, fordern andere eine fundierte sportpsychologische Ausbildung. Die Übungen sind daher entsprechend gekennzeichnet, ob es sich eher um Grundlagenübungen oder um spezielle Techniken für Fortgeschrittene handelt. Diese Einteilung ersetzt natürlich keine professionelle Selbstreflexion, und alle NutzerInnen dieses Buches sind angehalten, selbst zu hinterfragen, ob sie die nötige Fach- und Methodenkompetenz zur praktischen Umsetzung der jeweiligen Übung mitbringen.

In den folgenden Kapiteln werden konkrete Übungen zu Kernbereichen des Mentalen Trainings vorgestellt. Im ersten Kapitel finden sich Übungen, die besonders jungen SportlerInnen die Zusammenhänge und Wirksamkeit mentaler Trainingsformen verdeutlichen (Kapitel „Mentales Training erleben"). Das eigene Erleben motiviert und hilft, Mentales Training als wichtigen Teil des Sports zu erkennen. Das darauffolgende Kapitel „Vorstellungstraining" knüpft an das gleichnamige Kapitel aus Teil 1 an. Im Fokus steht die Darstellung der breiten Anwendbarkeit des „Kopfkinos" als Grundlagentechnik des Mentalen Trainings. Diesen klassischen Trainingsbereich sollte jede(r) SportlerIn für sich erschließen.

Im Kapitel „Emotionen spüren & steuern" geht es um einen weiteren zentralen Bereich des Mentalen Trainings. Die Übungen reichen dabei von Grundlagentechniken, die Kindern erleichtern, über Emotionen zu sprechen, bis zu Verhaltensanalysen und hypnotherapeutischen Ansätzen, die auch erfahrenen SportlerInnen helfen, ihre Emotionen besser einzuordnen und zu regulieren. Im Kapitel „Fokus & Gelassenheit" werden achtsamkeitsbasierte Übungen für den Leistungssport vorgestellt. Diese Methoden sind im Mentalen Training in den vergangenen Jahren immer wichtiger geworden, und wir möchten ihnen in diesem Buch entsprechend Raum geben und sportspezifische Ideen zur Umsetzung im Training vorstellen.

Die Übungen im folgenden Kapitel „Selbstvertrauen" helfen SportlerInnen, ein realistisches Selbstbild aufzubauen, ihre Komfortzone zu verlassen und positive Erfahrungen zu speichern. Im Kapitel „Wettkampfmanagement" sind darüber hinaus konkrete Ideen zur Vor- und Nachbereitung von Wettkämpfen zusammengefasst. Mit Übungen zur Wettkampfnachbereitung vermitteln wir SportlerInnen und TrainerInnen viele neue Aspekte, um Niederlagen für die sportliche Weiterentwicklung zu nutzen. Darauf folgt das Kapitel „Erholung & Regeneration". Auch dieses Thema hat in den letzten Jahren an Bedeutung gewonnen und verdeutlicht einmal mehr die Multidisziplinarität, die sportpsychologische Betreuung ausmacht. In diesem Kapitel finden sich Tools und Techniken, mit denen SportlerInnen ihre Energiereserven wieder füllen können. In der Praxis zeigt sich immer wieder, dass Verletzungen oft mit erheblichen mentalen Belastungen verbunden sind. Sei es, weil Betroffene den Anschluss zur Mannschaft verlieren oder ihre Karriere auf dem Spiel steht. Um SportlerInnen in einer Verletzungsphase zu unterstützen, haben wir im Kapitel „Verletzungen & Rehabilitation" unterschiedliche Übungen zusammengefasst, die SportlerInnen in dieser schwierigen Zeit unterstützen. Ein besonderer Aspekt der

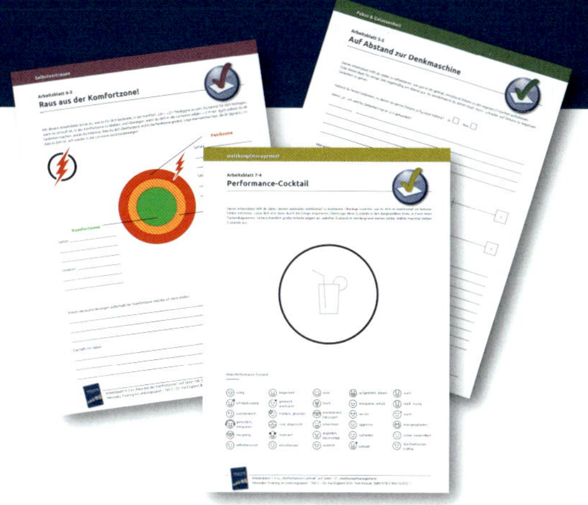

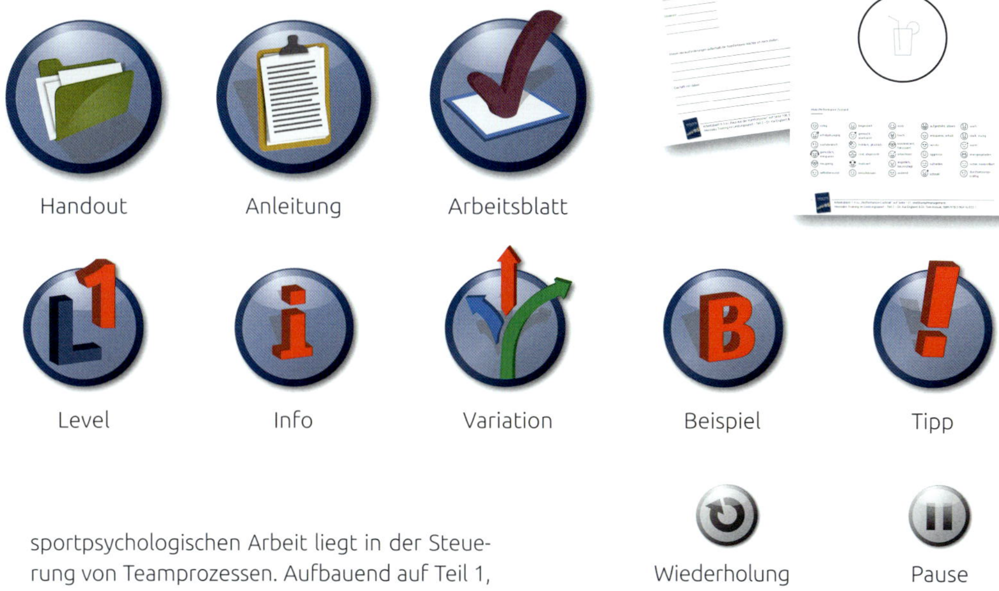

sportpsychologischen Arbeit liegt in der Steuerung von Teamprozessen. Aufbauend auf Teil 1, finden sich im Kapitel „Teamgeist" Ideen, um Teamprozesse zu gestalten. Um TrainerInnen eine Orientierung zu geben, haben wir die Übungen gemäß den Phasen zur Teamentwicklung (Forming, Norming, Storming, Performing und Adjourning) geordnet.

Den Abschluss des Buches bildet das Kapitel „Ich als TrainerIn". Auf unserer Tätigkeit in der TrainerInnenaus- und -weiterbildung aufbauend, haben wir hier Ideen gesammelt, die TrainerInnen helfen, ihre Rolle professionell auszufüllen. Mit Übungen zur Selbstreflexion, zum Stressmanagement und zur Körpersprache erhalten sie Impulse, um sich weiterzuentwickeln. Mit den Themen Führung und Elternarbeit behandeln wir zwei Aufgabenbereiche von TrainerInnen, die im Trainingsalltag eine wichtige Rolle spielen.

Jedes Kapitel beginnt mit einer kurzen Einführung, in der wir Hintergründe zum jeweiligen Themenbereich und den Aufbau des Kapitels erklären. Um einzelne Themen zu vertiefen, wird auf weiterführende Literatur verweisen. Viele Übungen werden mit Arbeitsblättern, Anleitungen oder Handouts ergänzt, die zum Download bereitstehen. Zusätzliche Informationen und Tipps finden sich in Infoboxen.

Zur Wahrung von Urheberrechten und für eine vertiefende Beschäftigung mit den Inhalten haben wir darauf geachtet, die Quellen bei allen Übungen korrekt anzugeben. Viele Übungen beruhen auf sportpsychologischen oder psychotherapeutischen Techniken, auf die entsprechend verwiesen wird. Einige Übungen konnten trotz unserer Bemühungen keinem*keiner UrheberIn eindeutig zugeordnet werden. Sollten wir den* die UrheberIn einer Übung nicht korrekt angegeben haben, bitten wir, dies zu entschuldigen und uns zu informieren, damit wir dies in zukünftigen Auflagen korrigieren können.

In den Beschreibungen sprechen wir stets von „TrainerInnen", welche die Übungen in der Gruppe durchführen. Gemeint sind alle LeserInnen: SportlerInnen, Eltern, SportpsychologInnen, MentaltrainerInnen und TrainerInnen im Sport. Auch lassen sich die allermeisten Übungen in der Gruppe oder im Einzelcoaching umsetzen. SportlerInnen, die dieses Buch eigenständig nutzen, bitten wir, diese etwas einseitige Darstellung zu verzeihen: Ihr seid dann ganz im Sinne des inneren Teams TrainerIn und SportlerIn in einer Person und erschließt die Übungen anhand der Beschreibungen und Materialien einfach für euch selbst.

Lernziel Mentale Stärke

Mentale Stärke im Sport bezeichnet die Fähigkeit, die psychischen Anforderungen im Training und Wettkampf gut zu bewältigen. Dazu gehören etwa Konzentration, Entschlossenheit, Selbstbewusstsein und Handlungsfähigkeit unter Druck. Also seine*ihre Leistung dann abrufen zu können, wenn es darauf ankommt. Aufgrund ihres familiären und sozio-kulturellen Hintergrunds erwerben SportlerInnen schon in der Kindheit ganz unterschiedliche Ausgangsniveaus Mentaler Stärke. Im Nachwuchstraining werden diese Fähigkeiten dann im und durch den Sport gefördert: durch Erfahrungen, Vorbilder oder unbewusste Lernprozesse. Auch durch gezielte Tipps, Übungen und Ideen von TrainerInnen kann Mentale Stärke gefördert werden. Im Laufe ihrer Karriere festigen SportlerInnen ihre mentalen Fertigkeiten dann weiter, indem sie reflektieren, trainieren und eventuell auch mit SportpsychologInnen zusammenarbeiten. Auf jeden Fall beeinflussen viele unterschiedliche Personen, wie sich die Mentale Stärke der SportlerInnen entwickelt. Je nach Perspektive kann dieses Buch daher unterschiedlich genutzt werden.

Perspektive SportlerIn

Am Ende sind es natürlich die SportlerInnen selbst, die am Start oder auf dem Platz stehen. Daher ist klar, dass sie Dreh- und Angelpunkt des Mentalen Trainings sind. Aus unserer Sicht ist dabei entscheidend, dass SportlerInnen bereits im Nachwuchsbereich beginnen, Verantwortung für ihren mentalen Werkzeugkoffer zu übernehmen. Um diese Eigenständigkeit zu fördern, sind die Übungen in diesem Buch so aufgebaut und mit Arbeitsmaterialien ergänzt, dass selbst junge SportlerInnen nicht zu KonsumentInnen werden, sondern aktiv mitarbeiten. Im Laufe der Karriere übernehmen SportlerInnen immer mehr Eigenverantwortung und das Mentale Training wird individueller: Wenn zu Beginn alle SportlerInnen dieselben Übungen in der Gruppe absolvieren, entscheiden sie zunehmend selbst, welche mentale Technik zu ihnen passt. Auch hier bietet das Buch Anregungen für erfahrene SportlerInnen. Alle Übungen und Ideen können variiert und kombiniert werden. Sie eignen sich für SportlerInnen aller Altersgruppen und lassen sich in der Regel auch ohne TrainerIn gut durchführen.

Perspektive TrainerIn

Gerade im Nachwuchssport sind TrainerInnen wichtige Bezugspersonen: Sie prägen junge SportlerInnen als Vorbild und sind oft TechniktrainerIn, AllroundbetreuerIn und MentaltrainerIn in einer Person. Deshalb ist es in diesem Altersbereich die Aufgabe der TrainerInnen, den SportlerInnen grundlegende mentale Fähigkeiten zu vermitteln. Das Mentale Training wird daher in vielen Verbänden immer mehr in die TrainerInnenaus- und -fortbildung aufgenommen. Damit lernen TrainerInnen, wie sie diesen Bereich so ins sportliche Training integrieren können, dass der mentale Werkzeugkoffer ihrer SportlerInnen quasi „nebenbei" gefüllt wird.

Mit dem vorliegenden Buch möchten wir TrainerInnen unterstützen, ihren SportlerInnen ein umfassendes mentales Rüstzeug zu geben. Aufbauend auf Teil 1, präsentieren wir altersgerecht Ideen, wie etwa das Vorstellungstraining didaktisch sinnvoll aufgebaut oder Selbstvertrauen und Teamgeist gefördert werden. Darüber hinaus enthält dieses Buch viele Übungen und Tipps für TrainerInnen, wie sie Körpersprache und Kommunikation verbessern und

SportlerInnen im Umgang mit Niederlagen unterstützen können. Auch enthält es Ideen, um gute Elternarbeit zu leisten. Ihrem individuellen Ausbildungshintergrund entsprechend, entscheidet natürlich jeder(r) TrainerIn selbst, ob er*sie über die nötige Erfahrung verfügt, die jeweilige Übung anzuleiten. Wir empfehlen allen TrainerInnen, regelmäßig mit SportpsychologInnen zusammenzuarbeiten, um sich selbst zu reflektieren und die mentalen Fertigkeiten der SportlerInnen zu fördern.

Perspektive Eltern

Ob sie wollen oder nicht: Eltern spielen im Nachwuchsleistungssport eine wichtige Rolle. Sie bringen die Kinder in Kontakt mit dem Sport, fahren sie zum Training und sind manchmal auch die ersten TrainerInnen im Leben.

Durch ihre Vorbildfunktion beeinflussen Eltern die Mentale Stärke ihrer Kinder maßgeblich. Zusätzlich können sie diese mit Übungen gezielt ansprechen und fördern. Daher richtet sich das vorliegende Buch auch an Eltern, die ihre Kinder im Leistungssport unterstützen wollen. Es gibt einen Überblick über die mentalen Anforderungen, enthält Tipps für den Umgang mit enttäuschten SportlerInnen und Anregungen, wie junge SportlerInnen im Wettkampf erfolgreich unterstützt werden können. Dabei ist weniger oft mehr und manchmal ist es das Beste, einfach nur Papa oder Mama zu sein, auf der Tribüne Platz zu nehmen und sich den Rat zu verkneifen.

Perspektive SportpsychologIn

Dieses Buch kann auch ExpertInnen Impulse für ihre sportpsychologische Betreuung bieten. Zu den jeweiligen Übungen werden entsprechende Hintergründe vorgestellt, an denen sie anknüpfen und die Übungen durch eigene Ansätze erweitern oder mit ihnen kombinieren können. So lassen sich einige bewusst einfach gehaltene Übungen durch hypnotherapeutische, systemische oder weitere Ansätze vertiefen.

Qualifikationen in der Sportpsychologie

In der Zusammenarbeit mit SportpsychologInnen ist neben Sympathie und einer guten Beziehung die fachliche Kompetenz entscheidend:[1]

Das Kontaktportal Sportpsychologie des Bundesinstituts für Sportwissenschaft (BISp)[2] hilft SportlerInnen, TrainerInnen und Eltern, qualifizierte SportpsychologInnen zu finden. Die dort aufgeführten ExpertInnen verfügen über eine fundierte Ausbildung, die aus einem Studium der Sportwissenschaft oder Psychologie, einer fachspezifischen Weiterbildung[3] und einer Phase supervidierter Praxis besteht. Viele SportpsychologInnen verfügen darüber hinaus über eine therapeutische Zusatzausbildung, etwa in Verhaltenstherapie, systemischer Therapie oder in klinischer Hypnotherapie.

Übungsfeld Mentales Training

Mentale Stärke sollte im Sport kein Auslesefaktor sein, sondern ein Übungsfeld, in dem SportlerInnen im Laufe ihrer Karriere Kompetenzen entwickeln. Dieses Übungsfeld sieht nicht für alle gleich aus: Während junge SportlerInnen mentale Fähigkeiten in der Regel in der Gruppe lernen, wird im Laufe der Entwicklung individuelles Coaching wichtiger. Damit Mentales Training wirkt, sollte es in jedem Alter und jeder Leistungsstufe ins Training eingebaut werden. Im folgenden Abschnitt geben wir Hinweise, worauf dabei zu achten ist.

Früh starten

Je früher Mentale Stärke gefördert wird, desto besser können die SportlerInnen bereits im Nachwuchsbereich einen „starken Kopf" entwickeln. Das funktioniert jedoch nur, wenn die TrainerInnen das Mentale Training als Aufgabenbereich für sich anerkennen und nicht als lästige Zusatzpflicht auffassen. Didaktisch bieten sich dazu im SchülerInnen- und Jugendbereich Workshops zu zentralen Themen an. Mit Arbeitsblättern lassen sich die Inhalte strukturiert vermitteln und die Ressourcen der SportlerInnen aktivieren.

Zusätzlich sollten mentale Prozesse für junge SportlerInnen erlebbar werden. Das heißt, die Inhalte müssen im und nach dem Workshop nicht nur kognitiv erfasst werden, sondern auch emotional verankert und ins sportliche Training eingebunden werden. Auch wenn das Mentale Training im Nachwuchsbereich hauptsächlich durch TrainerInnen angeleitet werden sollte, lohnt sich bereits hier der Austausch mit SportpsychologInnen. Der kann helfen, Inhalte und Schwerpunkte auszuwählen, Ideen zum methodischen Vorgehen zu geben und punktuell auch Einheiten des Grundlagentrainings zu übernehmen. Als ExpertIn und Sondergast, die nicht immer beim Training dabei sind, erhalten sie dann mehr Aufmerksamkeit. Dieser Effekt lässt sich gut nutzen!

Damit Mentales Training gelingt:

- Mentales Training erlebbar machen
- Sich über die positive Entwicklung freuen
- Engagement der SportlerInnen fördern
- Einsatz der Methoden und Übungen anpassen
- Ins Training integrieren (psychologisch orientiertes Training)
- Erfahrungen reflektieren und auswerten
- Kontinuität und Gewohnheiten aufbauen

Den eigenen Stil finden

Mit steigendem Alter und wachsender Erfahrung wird das Mentale Training individueller. Die SportlerInnen verfeinern ihre mentalen Fertigkeiten immer mehr und werden dabei punktuell von ExpertInnen unterstützt. Im Spitzenbereich sollte dann ein gut gefüllter mentaler Werkzeugkoffer vorhanden sein. Das zeigt, dass Mentales Training nicht nur etwas für „ProblemsportlerInnen" und „TrainingsweltmeisterInnen" ist, sondern sich für alle lohnt, die einen leistungsorientierten Weg einschlagen.

Integration ins Training

Sportliches und Mentales Training sollten keine Parallelveranstaltungen sein. Auch bedeutet Mentales Training nicht, dass jede(r) TrainerIn nach dem Sport noch eine Einheit für den Kopf anhängen muss. In den vergangenen Jahren ist das Mentale Training immer mehr Bestandteil des sportlichen Trainings geworden, sodass SportlerInnen direkt spüren, wie ihre mentalen Strategien wirken. Zusätzlich spart dieses Vorgehen Zeit und steigert die Akzeptanz: Mentales Training ist dann kein „Add-on", das als etwas Komisches oder gar als Zusatztraining für mental schwache SportlerInnen empfunden wird. Stattdessen ist es Training – nur eben mit mentalen Anteilen. Wir schlagen folgende Trainingsformen vor, die nach Bedarf eingesetzt werden können:

1. Schwerpunkttraining: Um einzelne mentale Kompetenzbereiche, wie Konzentration, Vorstellungstraining oder die Regulation von Anspannung, zu erarbeiten, wird ein bestimmter Themenbereich in einer eigenen Trainingseinheit oder einem Workshop vermittelt. Dieses Vorgehen bietet sich etwa zum Start ins Mentale Training an oder wenn ein Themengebiet grundlegend eingeführt wird. Mit Transferaufgaben und weiterführenden Übungen werden die SportlerInnen unterstützt, das Gelernte anzuwenden. Sie stellen sich die Frage: „Was bringt mir das im Sport?"

2. Psychologisch orientiertes Training: Wenn SportlerInnen grundlegende Kenntnisse erworben haben, sollten die Inhalte mit einzelnen Übungen ins Training integriert werden. Aus dem sportlichen Training bekannte Lern- und Übungsformen können um eine psychologische Dimension erweitert werden, indem sie etwa unter Druckbedingungen auszuführen sind. Idealerweise spüren sie dadurch eine Verbesserung im Erleben und Handeln. So ein „Aha-Effekt" fördert das Lernen und die Motivation, diese Methoden beizubehalten und eigenständig einzusetzen.

3. Pausentraining: Im Training entstehen immer wieder kurze Pausen, in denen kleinere Übungen wie Achtsamkeitstraining ohne viel Aufwand ausgeführt werden können. Die regelmäßigen Wiederholungen stärken den Lerneffekt und erleichtern es, die Elemente später im Wettkampf systematisch anzuwenden.

4. Klammertraining: Mentales Training kann am Anfang oder am Ende einer Trainingseinheit stattfinden. Beispiele für Klammertraining:

- am Anfang: ein Ziel fürs Training festlegen;
- am Ende: mit einem Entspannungsverfahren zur Ruhe finden.

Diese Form hilft gerade jüngeren SportlerInnen, auch mental ins Training zu finden und nach einer intensiven Einheit wieder zur Ruhe zu kommen. Auf diese Weise können auch schon Prozesse der Regeneration angestoßen werden.

Grenzen erkennen

SportpsychologInnen werden auch um Rat gebeten, wenn Probleme ganz unterschiedlicher mentaler Art auftauchen. Etwa besondere Formen der Angst oder Probleme und Störungen beim Essen (siehe „Probleme mit dem Essen") und andere psychische Auffälligkeiten. Hinzu kommen Krisen, wie Konflikte, Verletzungen (siehe Kapitel „Verletzung & Rehabilitation") oder private Probleme. Nicht immer können die SportpsychologInnen solche Situationen alleine auflösen, doch sollten sie über grundlegendes Wissen in einigen Grenzbereichen der Sportpsychologie verfügen. Alle im Mentalen Coaching tätigen KollegInnen sollten, auch wenn sie selbst über keine therapeutische Ausbildung verfügen, Abweichungen von der Norm erkennen und SportlerInnen entsprechend vermitteln können. SportpsychologInnen mit therapeutischer Qualifikation werden dabei zumeist das Coaching im Sport von ihrer therapeutischen Arbeit trennen und betroffene SportlerInnen entsprechend an KollegInnen weitervermitteln.

Als „ExpertInnen fürs Mentale" wird SportpsychologInnen in Krisen, implizit oder explizit, oft eine zentrale Rolle im Umgang mit den psychischen Herausforderungen der Notfallsituation zugewiesen: Wie ist das Vorgehen in der Akutsituation eines Unfalls oder eines Todesfalls? Wer ist wann zu informieren? Wie werden Gespräche in der Krise geführt, um Traumata vorzubeugen? Um diese kompetent ausfüllen zu können, sind vorbereitende Maßnahmen und fachliches Wissen zu Notfallsituationen unumgänglich (siehe Wegweiser „Professionelles Agieren in Notfallsituationen" des DOSB[4]). Dazu kommen Erfahrung und persönliche Belastbarkeit, denn als Teil einer Mannschaft ist man kein Außenstehender, sondern HelferIn und Betroffene(r) zugleich.

Besondere mediale, aber auch wissenschaftliche Aufmerksamkeit erhielt in den vergangenen Jahren das Thema Gewalt im Sport, insbesondere in Bezug auf sexualisierte Gewalt. Die vertrauensvolle Beziehung in der sportpsychologischen Betreuung bildet die Grundlage, damit gewaltbezogene Erfahrungen zur Sprache kommen. SportpsychologInnen, TrainerInnen und BetreuerInnen sollten sich ihrer Verantwortung und Grenzen bewusst sein und in diesem Bereich Handlungskompetenz und Hintergrundwissen aufbauen.[5]

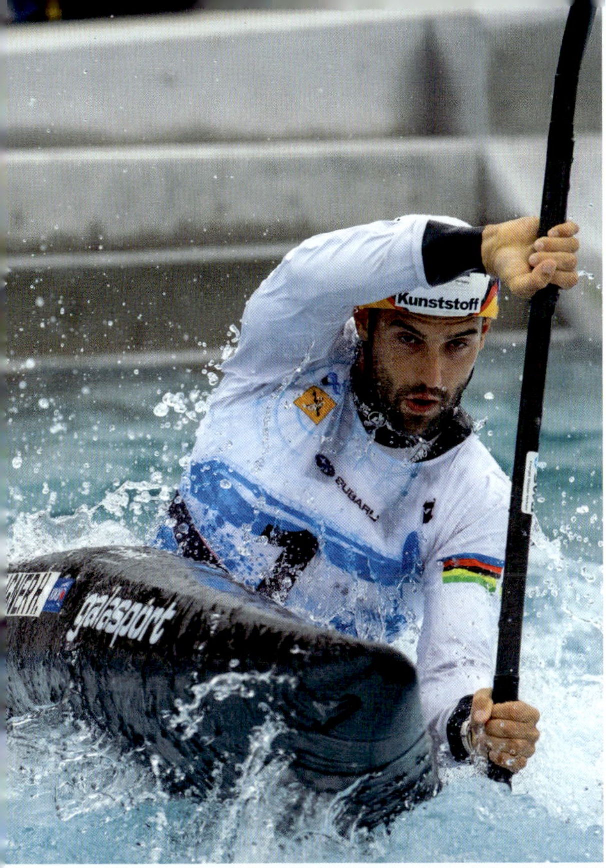
Kunststoff
galasport
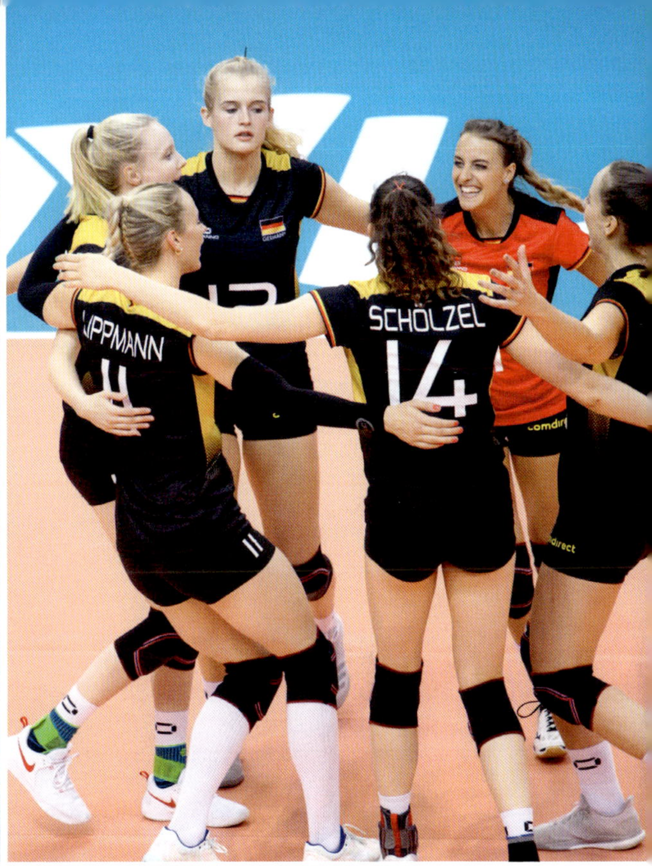
SCHÖLZEL
14
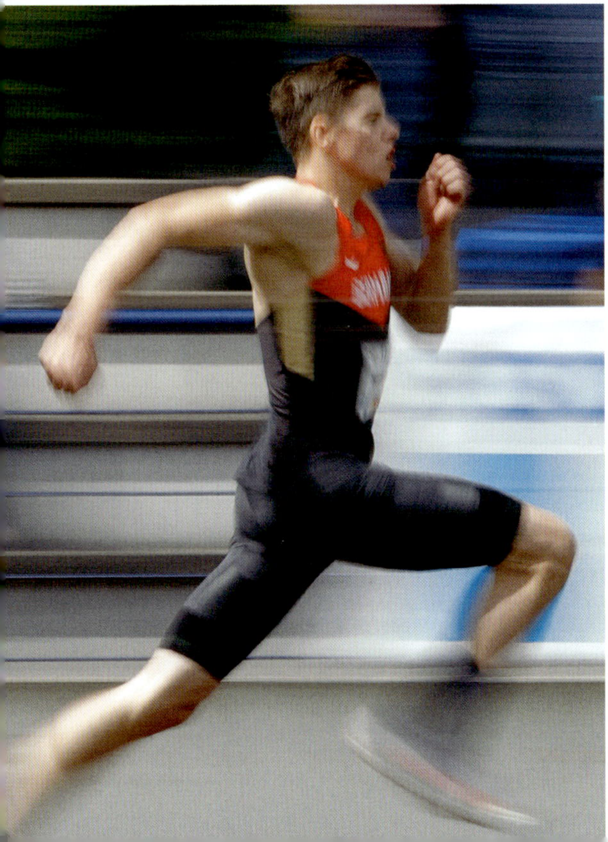
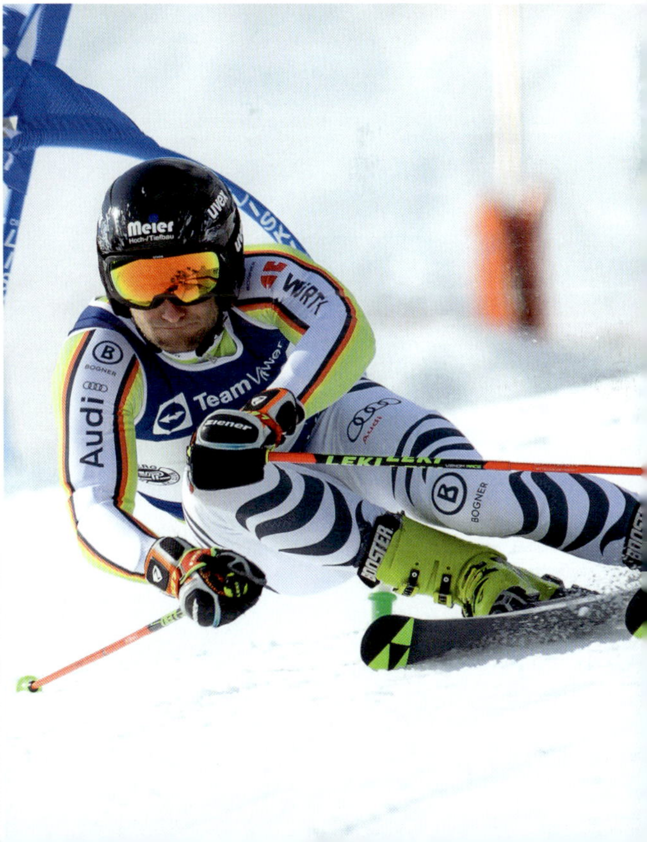
Meier
Audi
BOGNER

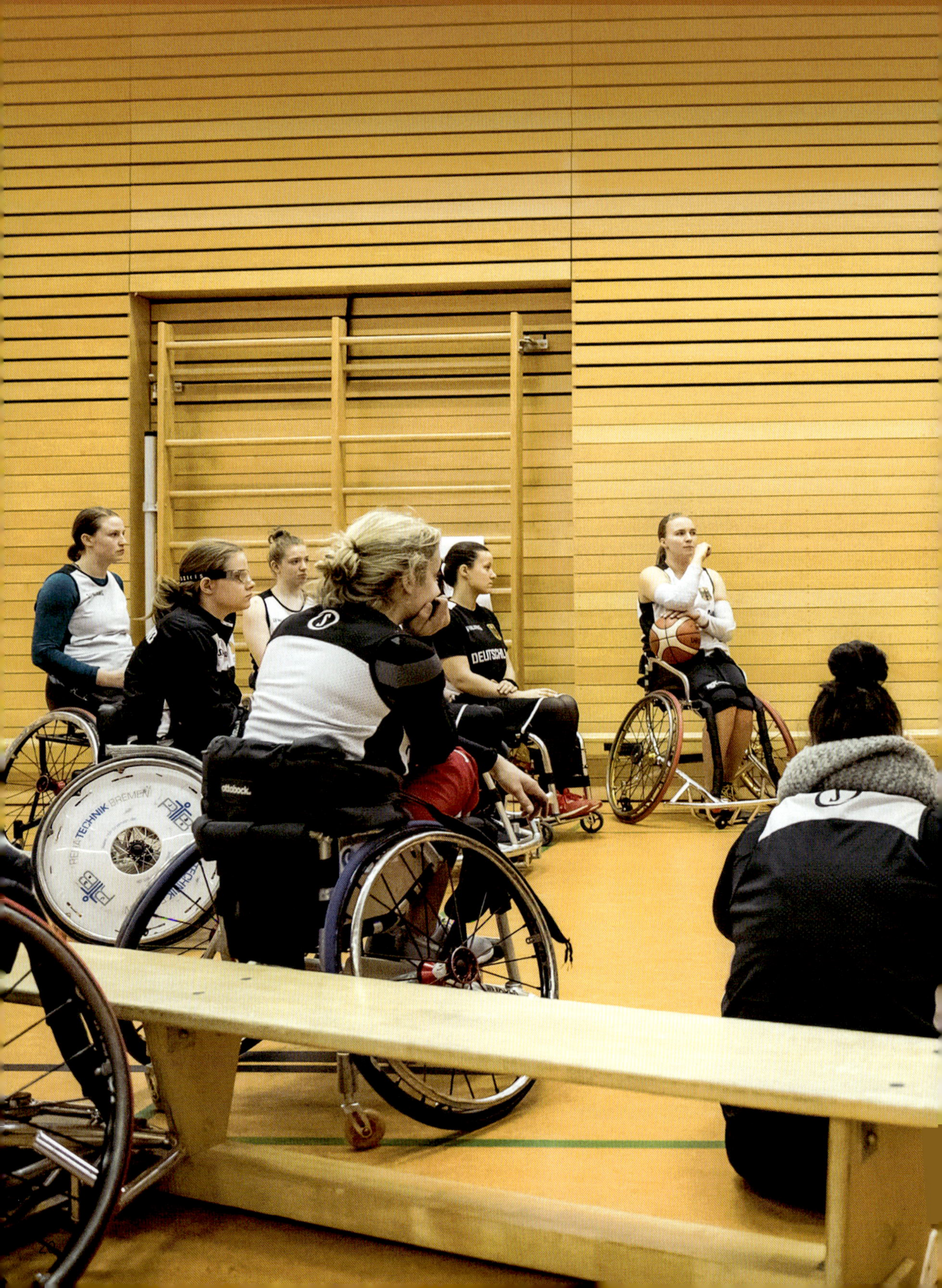

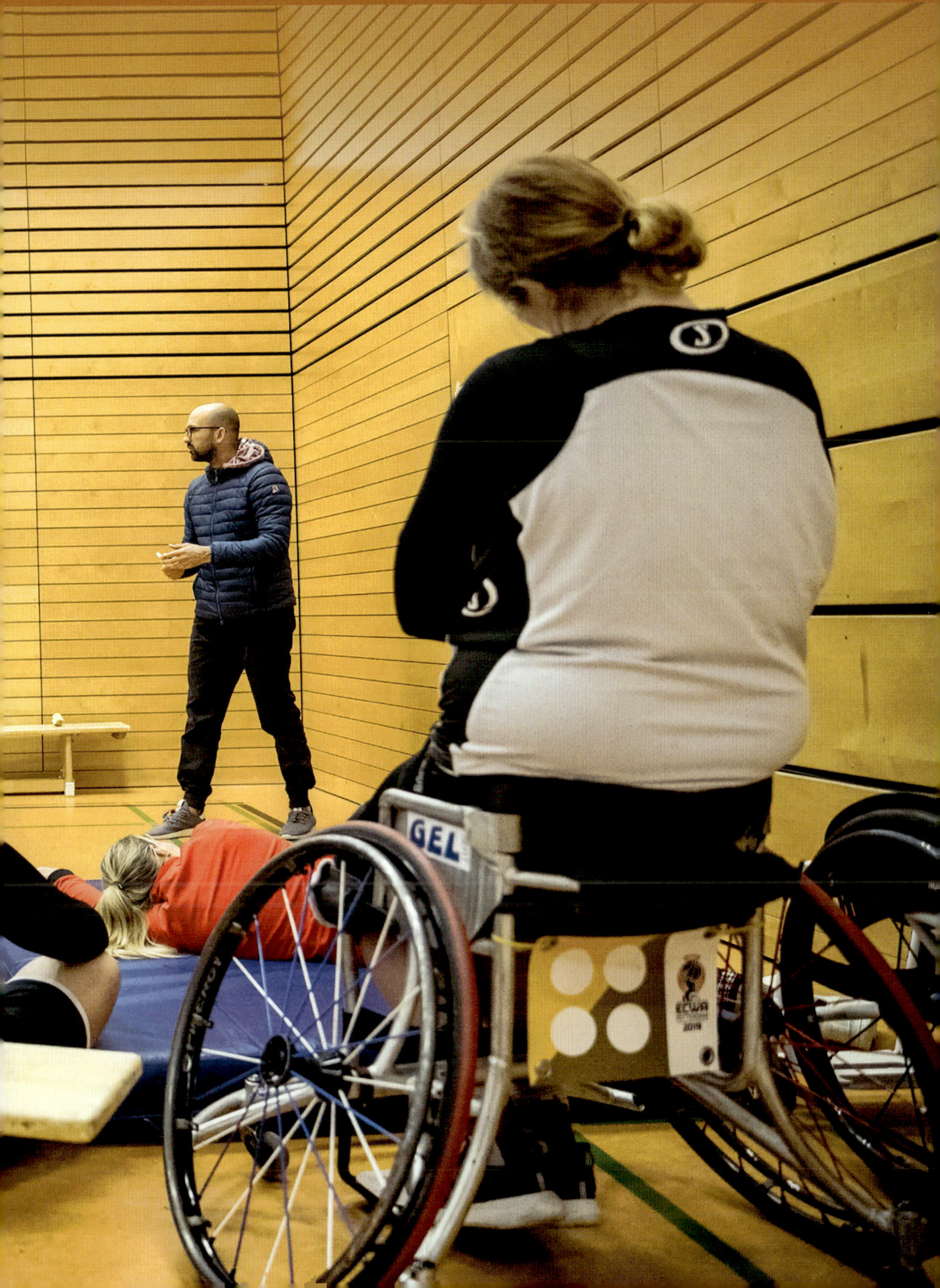
GEL
ECWA
2019

Mentales Training erleben

Das sportpsychologische Angebot im Nachwuchsleistungssport hat in den letzten Jahren ständig zugenommen. Wie engagiert es jemand nutzt, hängt allerdings davon ab, wie überzeugt SportlerInnen sind, vom Mentalen Training wirklich zu profitieren. Junge SportlerInnen sollten zu Beginn ihrer Karriere die Erfahrung machen, dass Mentales Training wirkt und ihnen viel für ihren Sport und ihre Leistungen im Wettkampf bringt. Erfolgreiches Mentales Training erhöht die Motivation, mentale Techniken zu üben und ins tägliche Sportprogramm zu integrieren.

Gerade SportlerInnen lernen oft mehr durch Erleben als durch Erklärungen. Daher werden in diesem Kapitel praktische Übungen vorgestellt, in denen SportlerInnen die Wirksamkeit des Mentalen Trainings am eigenen Körper erleben können. Die SportlerInnen spüren dabei, wie ihr Denken bewusst und unbewusst ihre Handlungen beeinflusst. Und sie lernen, dass es einen großen Unterschied macht, ob sie eine Aufgabe im Training oder im Wettkampf durchführen.

In den unterschiedlichen Übungen lernen die SportlerInnen, wie gesetzte Ziele den Willen stärken („Halt mal die Luft an!"), Gedanken auf die Motorik wirken („Starker Arm") oder situative Faktoren das Erleben und die Emotionen beeinflussen („Heißer Stuhl" und „Display Deathmatch"). Auch wenn der „Aha-Effekt" bei den Übungen eine große Rolle spielt: Im Vordergrund steht immer das Lernen und nicht die Effekthascherei.

Die erlebnisorientierten Übungen sprechen für sich, sie anschließend kurz zu reflektieren ist allerdings immer sinnvoll. Gemeinsam kann dabei etwa das Ziel der einzelnen Übung noch einmal herausgearbeitet und der Transfer in die jeweilige Sportart geleistet werden. Danach tauschen TrainerIn und SportlerIn ihre Erfahrungen aus. Folgende Fragen helfen, die Übungen nachzubereiten und den Transfer in den Sport sicherzustellen:

- Was hast du in der Übung erlebt?
- Welcher Zusammenhang ist dir klar geworden?
- Wie hängt die Übung mit deinem Sport zusammen?
- Was heißt das für dein Training?
- Welche Möglichkeiten ergeben sich dadurch für dich?

Starker Arm

Ziel:
Erleben, wie Gedanken körperliche Prozesse beeinflussen

Mit dieser Übung lernen SportlerInnen, wie Gedanken den Körper beeinflussen. Damit ist diese Übung eine gute Grundlage für alle mentalen Strategien. Sie sensibilisiert, bewusst mit Gedanken und Bildern im Kopf umzugehen.

Jeweils zwei SportlerInnen bilden eine Gruppe. Eine(r) erhält die Aufgabe, einen Arm waagerecht, seitlich vom Körper weg zu strecken. In zwei aufeinanderfolgenden Durchgängen soll sich diese(r) SportlerIn einmal etwas Positives und einmal etwas Negatives vorstellen. Ein positives Beispiel: Mein Arm ist ganz stark und meine Muskeln sind gut angespannt. Weitere positive Vorstellungen, wie etwa die Erinnerung an eine besondere Szene im Sport, ein lachender Smiley oder ein überwältigendes Gefühl von Selbstbewusstsein, funktionieren ebenso. Bei negativen Gedanken beeinflusst der*die SportlerIn den Arm, indem er*sie sich etwa vorstellt, dass er*sie eine schwache Schulter hat oder er*sie durchlebt gedanklich eine Niederlage erneut. Was sich in welchem der beiden Durchläufe vor dem inneren Auge abspielt, darf natürlich zunächst nicht verraten werden.

Der*die andere SportlerIn versucht, den Arm gegen den Widerstand des Ausstreckenden herunterzudrücken. Ums Gewinnen oder Verlieren geht es dabei nicht! Auch soll der Arm nicht mit aller Gewalt runtergedrückt werden. Der*die SportlerIn, der*die drückt, hat die Aufgabe, nach den beiden Durchgängen zu erraten, wann sein*ihr Partner ein positives Bild im Kopf hatte, wann ein negatives. Danach tauschen beide die Rollen.

Anschließend werden die Erfahrungen aus den Zweiergruppen im Plenum reflektiert: Zunächst fragt der*die TrainerIn nach, ob die SportlerInnen richtig getippt haben. Sie schildern, wie sie das Ausstrecken und Runterdrücken des Arms erlebt haben. Oft berichten die SportlerInnen, dass sie beim schwachen Bild nicht in der Lage gewesen sind, dagegenzuhalten, während es ihnen bei starken Vorstellungen leicht gefallen ist, Kraft aufzubauen.

Am Ende überlegt der*die TrainerIn gemeinsam mit den SportlerInnen, was sie aus der Übung für ihren Sport mitnehmen. Um den Transfer zu unterstützen, wird deutlich gemacht, wie Bilder und Gedanken auch im Sport Bewegungen und Handlungen beeinflussen. Die SportlerInnen verstehen mit der Übung, dass sich positive, aber auch negative Gedanken – etwa ängstliche, auf Misserfolg gerichtete Gedanken – direkt auf Bewegung und Kraft auswirken.

Heißer Stuhl

Ziel: Erleben, wie die Situation Gedanken und Verhalten beeinflusst

Ein Wettkampf stellt immer eine besondere Situation dar. Daher sollten junge SportlerInnen auf die Besonderheiten des Wettkampfes mental auch gut vorbereitet werden. Diese Übung zielt darauf, den Einfluss des Umfelds zu demonstrieren und die SportlerInnen spüren zu lassen, wie sich ihre Gedanken und Emotionen verändern, wenn sie eine bekannte Bewegungs- und Balanceaufgabe in einer besonderen Situation ausführen.

Aus der Gruppe sollte sich ein(e) SportlerIn freiwillig melden. Seine*ihre Aufgabe ist es, sich im ersten Schritt einfach auf ein Bein zu stellen. Die Aufgabe kann erschwert werden, indem der*die SportlerIn zusätzlich die Augen schließt oder außerdem noch in die Knie geht. Im zweiten Schritt muss der*die SportlerIn die gleiche Aufgabe auf einem Stuhl ausführen. Klar ist, dass die anderen SportlerInnen und der*die TrainerIn für Sicherheit und Hilfestellung sorgen.

Der*die TrainerIn fragt anschließend, ob der* die SportlerIn einen Unterschied vom ersten zum zweiten Durchlauf wahrgenommen hat. Normalerweise berichtet die Testperson, dass sich die Aufgabe auf dem Stuhl vom Kopf her völlig anders angefühlt hat als auf dem Boden. Gemeinsam überlegt die Gruppe, warum das so ist. Dabei können die Unterschiede hinsichtlich der Gedanken, Gefühle und der Konzentration herausgearbeitet werden, die sich durch die veränderte Situation ergeben haben.

Die Gruppe sammelt dann gemeinsam, welche Gedanken, Bilder oder welcher Aufmerksamkeitsfokus helfen würden, um die Aufgabe auf dem Stuhl genauso gut zu bewältigen wie zuvor auf dem Boden. So erkennen die SportlerInnen, wie einflussreich ein positives Mindset – positive Einstellungen und Gedanken – in herausfordernden Situationen ist. Darüber hinaus wird die Bedeutung des Mentalen Trainings an sich hervorgehoben.

Der*die TrainerIn kann die Aufgabe beliebig erschweren: Etwa indem er*sie den Stuhl auf einen stabilen Tisch stellt oder alle zusammen in der Turnhalle einen Turm mit Kästen bauen, auf dem die Aufgabe ausgeführt werden muss. Dabei muss selbstverständlich immer auf die Sicherheit und Stabilität geachtet werden! Teilweise reicht es schon, die schwierigere Aufgabe nur aufzubauen oder anzukündigen, um die SportlerInnen diese Herausforderung spüren zu lassen. Auf diese Weise merken sie, was allein durch die Ankündigung einer herausfordernden oder riskanten Situation im Kopf passiert.

Diese Übung deckt als spannender „Nebeneffekt" manchmal die Unsicherheit der TrainerInnen auf. Mit der Unterstützung der SportlerInnen kann signalisiert werden, dass sie sich nicht ganz sicher sind, ob die Aufgaben bewältigt werden. Diese Unsicherheit kann sich unbewusst auf die SportlerInnen übertragen. Genau dieser Effekt lässt sich bei Wettkämpfen beobachten, wenn die TrainerInnen selbst unsicher sind und damit ihre Mannschaft „negativ" beeinflussen. Die SportlerInnen nehmen die Unsicherheit ihrer TrainerInnen intuitiv über Gestik, Mimik und Körpersprache, aber auch über vorsichtige, taktische Ansagen auf – etwa: „Und bloß nicht wieder hinten reindrücken lassen!"

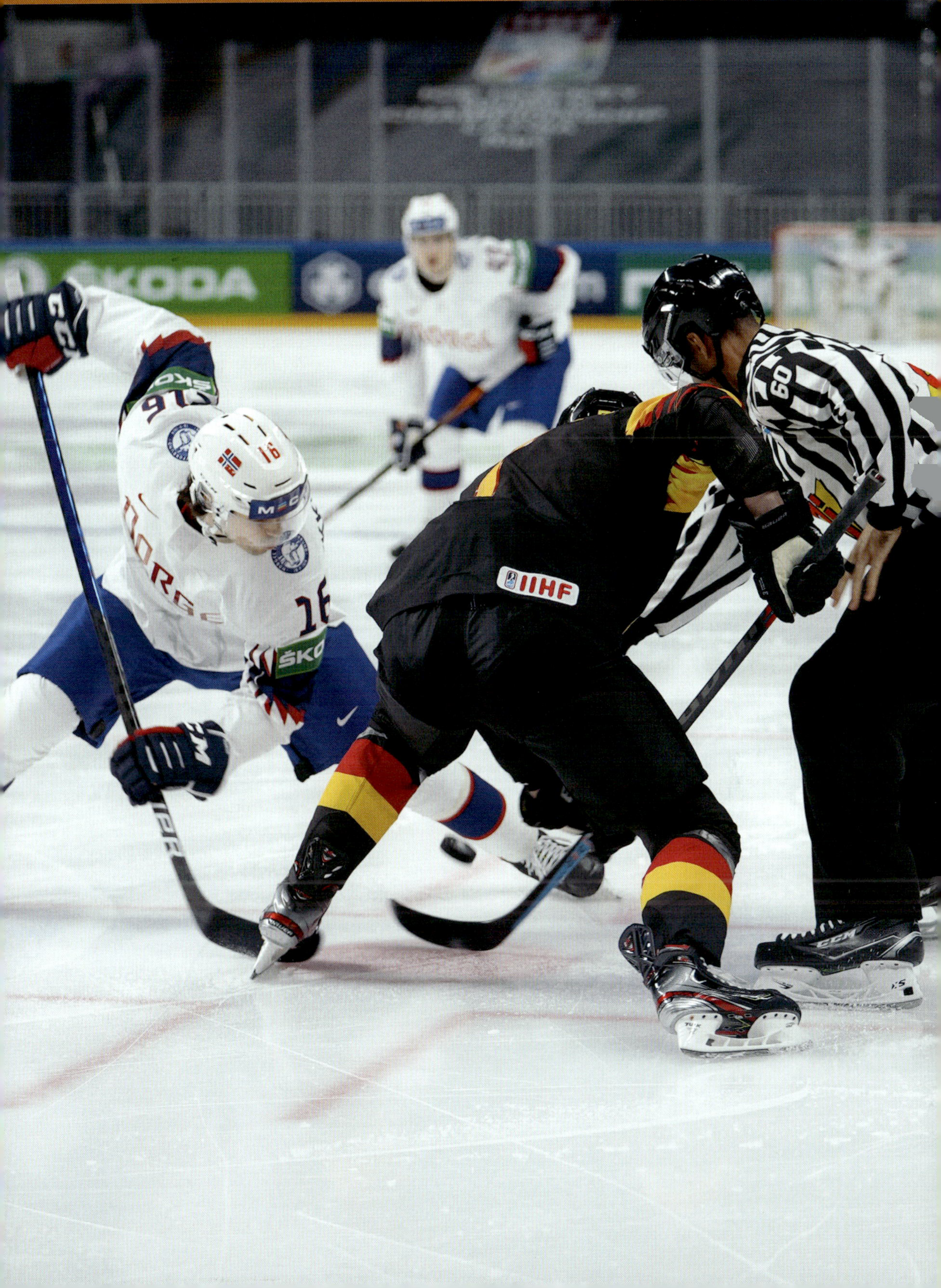
ŠKODA
NORGE
16
IIHF
60

Das mentale Ei, Teil 1

Ziel:
Erleben, wie sich Ziele auf die Motivation auswirken

Die Übung „Das mentale Ei" besteht aus zwei sich ergänzenden Teilen: Teil 1 eignet sich gut, um den Effekt von Zielsetzung und wiederholtem Üben in Gruppen zu verdeutlichen. Teil 2 hat sich in der Praxis bewährt, um zu demonstrieren, wie sich Befürchtungen, Druck und damit einhergehende Folgen auswirken. Führt man beide Teile durch, kann der Wechsel von Teil 1 zu Teil 2 zur Reflexion der Gedanken und Emotionen genutzt werden. Darüber hinaus eignen sich die Übungen, um gruppendynamische Prozesse anzustoßen und zu reflektieren.

Zu Beginn der Übung stellen sich die SportlerInnen im Kreis auf. Ein(e) SportlerIn erhält einen kleinen Ball. Dieser wird von SportlerIn zu SportlerIn geworfen, bis jede(r) einmal den Ball hatte. Einzige Regel: Der Ball darf nicht an die direkten Nachbarn weitergegeben werden. Der*die WerferIn nennt jeweils den Namen des*der FängerIn. Jede(r) merkt sich, von wem der Ball erhalten wurde und zu wem geworfen wird. Am Ende kommt der Ball wieder beim*bei der ersten WerferIn an. Auf diese Weise ergibt sich eine Abfolge.

In einer zweiten Runde stoppt der*die TrainerIn die Zeit, bis der Ball wieder beim*bei der ersten WerferIn ankommt. Nachdem die erste Zeit ermittelt wurde, fragt der*die TrainerIn die SportlerInnen, welche Bestzeit sie für möglich halten. Haben sich die SportlerInnen auf eine Zeit geeinigt, startet ein neuer Versuch. Es können beliebig viele Runden folgen.

Am Ende der Übung reflektieren TrainerInnen und SportlerInnen, wie sie es geschafft haben, schneller zu werden. Dabei können die Punkte „Training", „Motivation" und „Zielsetzung" herausgearbeitet werden. Zum Transfer in den Sport wird dann die motivierende Wirkung von Zielen reflektiert. Im Anschluss kann dann die Übung „Das mentale Ei, Teil 2" durchgeführt werden. Basierend auf Teil 1, kann man damit gut zeigen, was mit der Aufmerksamkeit und mit scheinbar stabilen Mustern unter Druck passiert.

Halt mal die Luft an!

Hier passt auch die Übung „Halt mal die Luft an!" (siehe Teil 1). Damit lässt sich kreativ verdeutlichen, wie eine Zielsetzung sowohl in der Gruppe als auch individuell wirkt. Die Grundaufgabe besteht darin, die Luft anzuhalten. Entweder allgemein: „so lange, wie es geht" oder mit klaren Ziel- und Zeitvorgaben: „etwa zehn Sekunden länger als beim letzten Versuch". Die SportlerInnen spüren so die motivierende Wirkung von Zielen. Wird die Übung in der Gruppe durchgeführt, lassen sich verschiedene gruppendynamische Aspekte beobachten und reflektieren. Wichtig ist dabei, immer den Transfer abzusichern und gemeinsam mit den SportlerInnen zu besprechen, was sie aus der Übung für ihre Sportart mitnehmen.

Das mentale Ei, Teil 2

Ziel:
Druck und mögliche Folgen spüren

Diese Übung beginnt wie Teil 1: Die SportlerInnen stellen sich im Kreis auf und werfen sich gegenseitig einen Ball zu. Im ersten Durchgang wird die Reihenfolge festgelegt, die in allen weiteren Durchläufen beibehalten wird. Die TeilnehmerInnen dürfen nicht zu ihrem direkten Nachbarn werfen.

Nun weist der*die TrainerIn die SportlerInnen an, den Ball so zu fangen und zu werfen, als sei er ein rohes Ei. Sobald er*sie das Gefühl hat, dass alle sich in der Reihenfolge sicher sind und den Ball stabil werfen, tauscht er*sie den Ball tatsächlich gegen ein rohes Ei aus. Um den Druck zu erhöhen und um zu demonstrieren, dass es im Sport oftmals zu einem bestimmten Zeitpunkt klappen „muss", haben die SportlerInnen nur einen Versuch für das Gelingen der Übung. Sollten Schuldzuweisungen oder unangebrachte Kommentare gegenüber dem*der WerferIn oder dem*der FängerIn auftauchen, etwa wenn das Ei runterfällt, kann der*die TrainerIn dies sofort aufgreifen und sagen, wie man in einer solchen Situation miteinander umgehen sollte.

Anschließend diskutiert die Gruppe, was passiert ist, als der Ball durch das rohe Ei ersetzt wurde. Die SportlerInnen werden dafür sensibilisiert, dass sie unter Druck Nervosität spüren sowie dass Gedanken und Verhalten sich verändern, etwa indem man vorsichtiger wirft und fängt.

Gemeinsam überlegen die SportlerInnen, worauf es ankommt, um unter Druck mental stark zu agieren. So kommen zentrale Themen, wie Konzentration, Selbstvertrauen und Aktivierungsregulation, zur Sprache. Dann kann ein Plan zum Mentalen Training erarbeitet werden oder der*die TrainerIn stellt die Themen der kommenden Einheiten vor, um eben diese Mentale Stärke zu entwickeln und zu trainieren.

Visualisierungslauf

Auch die Übung „Visualisierungslauf" (siehe Teil 1) eignet sich sehr gut zum Einstieg ins Mentale Training. Die SportlerInnen werden so mit dem zentralen Thema „Vorstellungstraining" in Berührung gebracht.

Die Grundidee dieser Übung ist, einen Parcours erst in Gedanken und dann real zu durchlaufen. Wie dieser Parcours aussieht, können die TrainerInnen kreativ, je nach Sportart und Alter der Teilnehmer, gestalten. Die Aufgabe der SportlerInnen besteht darin, im mentalen und realen Durchlauf möglichst die gleiche Zeit zu erzielen. Es geht in dieser Übung folglich weniger darum, wer den Parcours am schnellsten bewältigt, sondern vielmehr darum, bei wem die Differenz zwischen Vorstellung und realer Ausführung am geringsten ist.

In dieser Übung werden sich deutliche individuelle Unterschiede zeigen. Die SportlerInnen können dabei erleben, dass es gar nicht so einfach ist, das Kopfkino gezielt einzusetzen. Das motiviert, am Vorstellungstraining dranzubleiben, und macht den Sportlern deutlich, dass für mentale Fertigkeiten das Gleiche gilt wie für motorische: Wer besser werden will, der muss trainieren!

Shame Attack

Ziel: Den Zusammenhang von Gedanken und Emotionen erleben

Diese Übung eignet sich gut, um den Zusammenhang von Gedanken, Emotionen und körperlichen Reaktionen zu verdeutlichen. Zudem können die SportlerInnen erkennen, dass nicht primär die Situation den Stress und die Nervosität auslöst, sondern diese erst durch die Einstellung und die subjektive Bedeutungszuweisung entstehen.

Zu Beginn der Übung muss der*die TrainerIn schauspielerische Fähigkeiten unter Beweis stellen. Den SportlerInnen sollt glaubhaft vermittelt werden, dass sie sich nun einer sehr peinlichen Situation stellen müssen. Tatsächlich ist die Übung jedoch bereits mit der gedanklichen Vorwegnahme der peinlichen Situation abgeschlossen. Die Aufgabe wird damit begründet, dass es wichtig sei, in Kontakt mit sich und seinen Emotionen zu kommen, um diese im Wettkampf gut in den Griff zu bekommen. Worin diese peinliche Aufgabe besteht, hängt von den jeweiligen Bedingungen ab. Beispielsweise kündigt der*die TrainerIn Folgendes an:

- ein Volkslied vorsingen,
- mit einer Zahnbürste an der Leine draußen Gassi gehen,
- ein Plakat mit einer seltsamen Aufschrift im Supermarkt tragen.

Hier ist die Kreativität der TrainerInnen gefragt, eine Aufgabe auszuwählen, die im entsprechenden Alter und Kontext als sehr peinlich erscheint. Sie darf jedoch nicht gefährlich oder demütigend sein, indem sie etwa Minderheiten verspottet!

Nachdem der*die TrainerIn erklärt hat, dass eine peinliche Aufgabe ansteht, empfiehlt es sich, die SportlerInnen noch etwas in ihrem eigenen Kopfkino schmoren zu lassen. Etwa indem man die einzelnen peinlichen Situationen und Aufgaben ausführlich beschreibt. Oder man beginnt, Lose vorzubereiten, und sagt, dass ein(e) SportlerIn bestimmt wird, der*die die Aufgabe ausführen muss, während die Gruppe ihn*sie dabei beobachtet. Haben alle lange genug gezappelt und auf die peinliche Situation gewartet, löst der*die TrainerIn die Spannung auf, indem er*sie sagt: „Ihr habt Glück. Das Experiment, das ich mit euch vorhatte, ist schon vorbei! Es bestand nämlich nur in der Ankündigung der peinlichen Situation."

Erleichtert werden die SportlerInnen aufatmen und merken, dass bereits die Ankündigung und die Vorstellung der Situation viel in ihren Gedanken und Gefühlen ausgelöst hat. In dieser Übung wird oft deutlich, dass verschiedene Menschen dieselbe Situation ganz unterschiedlich bewerten und entsprechend anders reagieren. Während die einen super nervös werden, freuen sich die anderen über die spannende Einheit. Dies sollte durch die TrainerInnen entsprechend reflektiert werden. Die zentrale Botschaft der Übung: Entscheidend ist nicht die Situation an sich, entscheidend ist, was du im Kopf daraus machst!

Diese Übung kann man auch nutzen, um mögliche Bewältigungsstrategien zu reflektieren und zu aktivieren. Ausgehend von der ersten, intuitiven Reaktion, erfragt der*die TrainerIn bei den SportlerInnen potenzielle Ansatzpunkte für Bewältigungsstrategien in kritischen Situationen. Gemeinsam überlegen die SportlerInnen, welcher Gedanke, welches Motto, welche Einstellung, welches Bild oder welche Vorgehensweisen ihnen geholfen hätten, um mit den aufkommenden Gefühlen gut umzugehen. Entsprechende Strategien werden dann trainiert, um zukünftige Ereignisse zu bewältigen.

Display Deathmatch

Ziel: Erleben, wie sich mögliche Konsequenzen mental auswirken

Diese Übung stammt aus dem Golftraining[1], kann aber problemlos auf andere Ballsportarten wie etwa Fußball oder Hockey übertragen werden. Die Grundaufgabe ist dabei, einen Ball möglichst präzise und zielsicher zwischen zwei Hindernissen durchzuspielen. Im Verlauf der Übung setzt der Trainer immer fragilere Barrieren ein. Berühren die SportlerInnen sie, führt das zu Konsequenzen und sie erleben, wie sich dadurch ihr Denken, Fühlen und Handeln während der an sich gleichbleibenden Aufgabe verändern.

Die Aufgabenstellung besteht darin, zehn Bälle stabil durch die Hindernisse zu spielen. Der Abstand zum Ziel und die Distanz der Barrieren zueinander werden dem Können der SportlerInnen entsprechend variiert. Hier spielen Selbsteinschätzung, Risikobereitschaft und Motivation eine wichtige Rolle.

Haben die SportlerInnen ihren individuellen Schwierigkeitsgrad gewählt, ändert der*die TrainerIn die Hindernisse. Hier eignen sich etwa zerbrechliche Weingläser. So verändern sich die Konsequenzen bei einem Misserfolg. Je nach Kontext und Alter der SportlerInnen kann man dabei auch Wetten eingehen. Ziel ist es, die SportlerInnen bei einer für sie prinzipiell gut lösbaren Aufgabe (Schritt 1) durch die Veränderung der Konsequenzen bei einem Misserfolg (Gläser zerbrechen möglicherweise) aus der Komfortzone zu locken und mental unter Druck zu setzen (Schritt 2).

Nachdem die SportlerInnen bereits mit potenziellen Konsequenzen gespielt haben, treibt der*die TrainerIn diese Idee nun weiter auf die Spitze, indem er*sie eine besonders schlimme Konsequenz ankündigt. Entscheidend ist dabei jedoch, dass es bei der Ankündigung und Vorbereitung bleibt. So kann der*die TrainerIn echt schlimme Konsequenzen wählen, die jede(r) Jugendliche fürchtet: ein kaputtes Handydisplay! Statt der Gläser werden nun die Handys der SportlerInnen an entsprechender Position so aufgebaut, dass sie wackelig stehen. Würde sie der Ball berühren, fiele das Display auf den Boden. Ganz fiese TrainerInnen positionieren dort noch kleine Steinchen.

Die TrainerInnen können das Aufbauen der Übung ruhig etwas zelebrieren und die SportlerInnen ihren Emotionen überlassen. Dabei beobachten sie die Gespräche, die ggf. veränderte Stimmung und die Kommentare der SportlerInnen. Für die TrainerInnen ist dabei interessant festzustellen, welche MitspielerInnen ihr Handy für die Aktion einsetzen würden. Das kann auf sehr selbstsichere SportlerInnen, ein stabiles Display oder einen großen Geldbeutel hindeuten. Sollte sich keine(r) finden, der*die sein*ihr Handy zur Verfügung stellt, oder die Gruppe wütend protestieren, kann der*die TrainerIn die Übung schon an dieser Stelle beenden. Ansonsten wird die Übung abgebrochen, kurz bevor der*die erste Freiwillige den Ball schießt.

Nach der Übung reflektiert der*die TrainerIn mit der Gruppe, welche Emotionen bereits die Ankündigung der veränderten Aufgabe auslöste. Diese reichen oft von Angst über Ärger bis hin zu Wut auf den*die TrainerIn. Das macht deutlich, wie unterschiedlich verschiedene Menschen in derselben Situation reagieren. Ein Bezug zu Wettkampfsituationen, die sich durch Konsequenzen von beliebig wiederholbaren Trainingssituationen unterscheiden, lässt sich dann leicht herstellen.

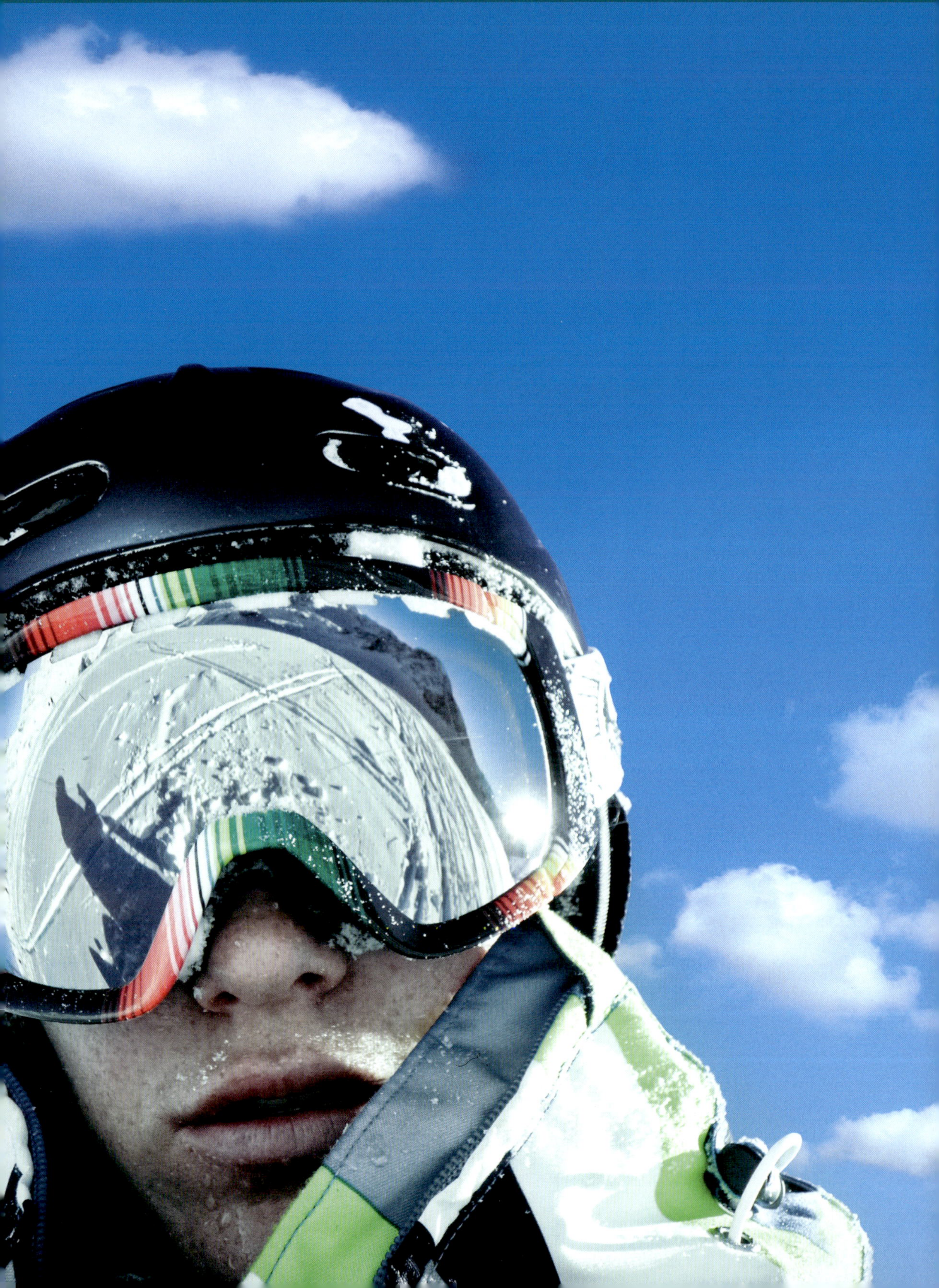

Vorstellungstraining

Vorstellungen einzusetzen, also Szenen, Bilder und Bewegungen zu imaginieren, gilt als zentraler Bestandteil des Mentalen Trainings. Bereits in Teil 1 wurden im Kapitel „Vorstellungstraining" grundlegende Übungen vorgestellt, die ein solides Fundament für die Anwendung in der Praxis bilden. Darauf aufbauend, folgen in diesem Kapitel neue Ideen und vertiefende Übungen, in denen vor allem die unterschiedlichen Einsatzmöglichkeiten des Vorstellungstrainings dargestellt werden. Aus Sicht der Praxis erscheint es sinnvoll, das Vorstellungstraining aus unterschiedlichen Blickwinkeln zu betrachten:[1]

- **Ziel:** Mit welchem Ziel setzen SportlerInnen Vorstellungen ein?
- **Voraussetzungen:** Wann profitieren welche SportlerInnen vom Vorstellungstraining?
- **Sinne & Inhalte:** Welche Sinneseindrücke werden in die Vorstellung integriert?
- **Inhalte:** Auf welche Vorstellungsinhalte greifen SportlerInnen zurück?
- **Perspektive:** Betrachten sich die SportlerInnen von außen oder sehen sie das Geschehen von innen?
- **Zeit:** Werden Ereignisse aus Vergangenheit, Gegenwart oder Zukunft visualisiert?
- **Komplexität:** Stellt man sich auch GegnerInnen und taktische Manöver vor?

Begriffsbestimmung

Je nachdem, worauf das Vorstellungstraining abzielt, werden oft unterschiedliche Begriffe verwendet. In der deutschsprachigen Literatur finden sich dazu beispielsweise Ausdrücke wie Visualisierung, Bewegungsvorstellung, Vorstellungstraining, innere Bilder und Imagination, die nicht immer trennscharf voneinander abgegrenzt werden. Darüber hinaus wird der Begriff „Mentales Training" teilweise synonym mit dem Begriff „Vorstellungstraining" verwendet.[2]

Ziele des Vorstellungstrainings

Als Ziele des Vorstellungstrainings können drei zentrale Bereiche unterschieden werden. Das Vorstellungstraining kann eingesetzt werden, um **Bewegungen** zu lernen, zu optimieren und zu stabilisieren. Zum Beispiel: Ein(e) TurnerIn geht einen Salto im Kopf durch, bevor er*sie ihn ausführt. In diesem Fall spricht man von Bewegungsvorstellung bzw. von Bewegungsvorstellungstraining.

In den Übungen „Lebendig vorgestellt" und „Feeling fürs Kopfkino" lernen SportlerInnen, im Kopf lebendige Bilder von Bewegungen zu erzeugen und diese auch emotional einzufärben. Mit der Übung „Dem Spürsinn vertrauen" wird darüber hinaus eine klassische ideomotorische Trainingsform vorgestellt, bei der eine Bewegung in der Erste-Person-Perspektive so simuliert wird, wie sich die motorische Ausführung anfühlen würde.

Neben der Arbeit mit einzelnen Bewegungen können SportlerInnen Vorstellungen darüber hinaus zielgerichtet einsetzen, um sich **Prozesse** als ganze Handlungsmuster und Abläufe vorzustellen und sie dabei zu strukturieren. Beispielsweise wenn SkifahrerInnen vor einem Rennen die Strecke mental abfahren, um sich so eine Ideallinie und die Schwünge genau einzuprägen. Um Struktur und Sicherheit zu gewinnen, hilft es manchmal, einen ganzen Wettkampftag im Kopf durchzuspielen.

Mit der Übung „Mein Performance-Film" werden SportlerInnen hierbei angeleitet, sich selbst gegenüber eine Beobachterperspektive einzunehmen und sich den Wettkampf so vorzustellen, wie er idealerweise ablaufen soll. Mit der Übung „Die mentale Taktiktafel" können auch Teams das Vorstellungstraining nutzen, um die Abstimmung für komplexe Spielzüge durch die Vorstellung zu verbessern.

Den dritten Bereich bilden Vorstellungen körperlicher und emotionaler **Zustände** bzw. deren Veränderung. So stellen sich die SportlerInnen etwa im Training vor, wie sie beim kommenden Wettkampf auf dem Podest stehen, um sich so für ein anstrengendes Training zu motivieren. Oder sie pushen sich vor dem Wettkampf, indem sie in Gedanken durchspielen, wie sich ihr Körper anfühlt, wenn sie ihren optimalen Anspannungszustand erreicht haben und selbstbewusst an der Startlinie stehen.

Mit der Übung „Ich fühle mich wie …" können SportlerInnen mit Hilfe von vorgestellten Bildern und Metaphern ihre körperlichen Zustände beeinflussen. In verschiedenen Übungen wird besonders auf die motivierende Wirkung vergangener oder zukunftsbezogener Bilder und Szenen eingegangen. So bezieht sich die Übung „Time of My life" auf Vorstellungen aus der Vergangenheit, während sich die Übung „Das Ziel vor Augen" auf Vorstellungen bezieht, die sich in der Zukunft abspielen.

Einer ähnlichen Logik wie der dargestellten Dreiteilung folgt auch die Unterscheidung zwischen kognitiven und motivationalen Vorstellungen.[3] Spezifisch-kognitive Bewegungsvorstellungen beschreiben den Aufbau einzelner **Bewegung**smuster. Allgemein-kognitive Vorstellungen bezeichnen innere Bilder von **Prozessen**. Motivationale Vorstellungen beziehen sich hingegen darauf, motivationale **Zustände** zu regulieren. Auf die motivierende Wirkung innerer Bilder und Szenen wird in der Übung „Das Ziel vor Augen" eingegangen.

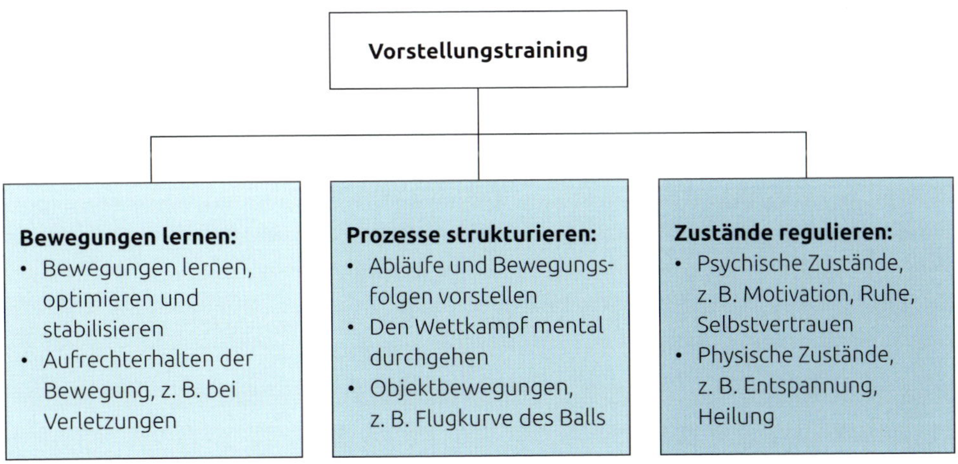

Voraussetzungen

Hinsichtlich der Voraussetzungen des Vorstellungstrainings wird die Frage diskutiert, wer wie stark von dieser Trainingsform profitiert. In der Forschung hat sich gezeigt, dass erfahrene SportlerInnen etwas mehr von den Bewegungsvorstellungen profitieren als unerfahrene SportlerInnen.[4] Das bedeutet jedoch nicht, dass das Vorstellungstraining nur etwas für Profis ist. Im Gegenteil: Auch unerfahrene SportlerInnen sollte man systematisch an diese Trainingsform heranführen. Das gelingt, indem man zwei zentrale Voraussetzungen einübt: erstens lebendige und zweitens kontrollierbare Vorstellungen erzeugen.

Je lebendiger sich SportlerInnen etwas vorstellen können und je mehr sie diese Vorstellungen kontrollieren können, desto stärker profitieren sie vom Vorstellungstraining. Einige SportlerInnen schaffen es von Beginn an relativ leicht, lebendige Bilder zu erzeugen und diese auch zu kontrollieren, während es anderen nur mit viel Konzentration und Übung gelingt. Anknüpfend an die Übungen aus Teil 1, die darauf abzielen, Grundvoraussetzungen der Vorstellungsfähigkeit zu schulen, wird mit der Übung „Beobachten & Beschreiben" ein weiterer Ansatz dargestellt, die Vorstellungsfähigkeit grundlegend zu schulen. Um eine lebendige Vorstellung zu entwickeln, sollte man möglichst viele Sinneseindrücke und weitere Empfindungsqualitäten einfließen lassen (siehe „Vorstellungstraining kennenlernen" und „Lebendig vorgestellt").

Doch wie lassen sich die Voraussetzungen und individuellen Unterschiede der Vorstellungsfähigkeit von SportlerInnen messen? Hierzu existiert mittlerweile eine Reihe an Fragebögen, die vor allem in der Forschung eingesetzt werden. Um die Orientierung für die Praxis zu erleichtern, wird in diesem Kapitel eine Übersicht über verschiedene Diagnostikinstrumente gegeben und auf weiterführende Literatur und Bezugsquellen verwiesen.

Eine Frage der Perspektive

Ein weiterer Aspekt des Vorstellungstrainings ist die Perspektive, aus der SportlerInnen die Bewegungsabläufe mental durchspielen. Grob kann man zwischen der Erste-Person-Perspektive und der Dritte-Person-Perspektive unterscheiden. Bei Ersterer stellen sich die SportlerInnen die Bewegung so vor, wie sie sie auch selbst tatsächlich sehen und erleben. In der Dritte-Person-Perspektive blicken sie von außen auf sich, also so, wie sie sich selbst in einer Videoaufnahme sehen würden.

Am Beispiel eines Saltos im Turnen wird deutlich, dass sich die beiden Perspektiven klar unterscheiden: Während sich die SportlerInnen bei der Erste-Person-Perspektive besonders das Bewegungsgefühl beim Drehen vorstellen und die Rotation der Bezugspunkte um sich herum, ermöglicht der Blick von außen eine gute Übersicht über die Bewegung und vereinfacht das analytische Verständnis.

Abhängig vom Ziel werden in der Praxis beide Perspektiven genutzt. Während sich die Erste-Person-Perspektive besonders zum Vorstellen und für die Arbeit am Bewegungsgefühl eignet, hilft die Außenperspektive SportlerInnen, eine Übersicht über komplexe Bewegungsfolgen oder Spielzüge im Mannschaftssport zu gewinnen.[5]

In der deutschsprachigen Literatur werden vier zentrale Möglichkeiten des Vorstellungstrainings unterschieden:[5] subvokales Training, verdecktes Wahrnehmungstraining, ideomotorisches Training und observatives Training. Diese Formen unterscheiden sich vor allem durch die verschiedenen Perspektiven, die jeweils eingenommen werden. Im subvokalen Training gehen die SportlerInnen ihren Bewegungsablauf im Selbstgespräch durch. Beim verdeckten Wahrnehmungstraining betrachten sie sich wie in einem Film von außen. Im ideomotorischen Training liegt der Fokus besonders auf dem Spüren der Bewegung, meist aus der Erste-Person-Perspektive. Das Betrachten anderer SportlerInnen oder eines Videos wird dann als observatives Training bezeichnet. Mit den Übungen „Bilder sortieren", „Schau genau", „Sag dir, wie's geht!", „Dem Spürsinn vertrauen" und „Mein Performance-Film" lernen die SportlerInnen die unterschiedlichen Perspektiven und Trainingsformen besser kennen und üben, sie zielgerichtet einzusetzen.

Auf den Zeitpunkt kommt es an

Vorstellungen unterscheiden sich zudem darin, ob die Szenen im Kopfkino aus der Vergangenheit, Gegenwart oder Zukunft stammen. Was jemand konkret wählt, hängt wiederum vom Einsatzzweck des Vorstellungstrainings ab. Das Selbstvertrauen kann man beispielsweise besonders gut über lebhafte Vorstellungen vergangener Erfolge ansprechen. Bei der direkten Arbeit an Bewegungen hingegen bietet sich in der Regel ein gegenwärtiges Vorstellungsbild an. Um sich zu motivieren, kann wiederum die Vorstellung des angestrebten Ziels in der Zukunft hilfreich sein. In der Übung „Die Zeitschiene" wird diesen unterschiedlichen zeitlichen Aspekten im Vorstellungstraining besondere Aufmerksamkeit geschenkt.

Einfach bis komplex

Je nach Sportart benötigt man unterschiedlich komplexe Vorstellungen. Diese Komplexität zeigt sich vor allem im Unterschied zwischen Einzel- und Mannschaftssportarten. Während sich etwa HochspringerInnen in der Leichtathletik voll auf sich und ihren Sprung konzentrieren können, ist das Vorstellen eines bestimmten Angriffs im Volleyball eine deutlich komplexere Aktion. Hierbei spielt nicht nur die Bewegung der SportlerInnen eine Rolle, sondern – ganz offensichtlich – auch der Ball und das Verhalten der GegnerInnen. Besonders in der praktischen Arbeit mit Teams gilt es diese unterschiedlichen Komplexitätsstufen[6] zu berücksichtigen. Diese bieten zusätzlich das Potenzial, um beispielsweise Spielzüge in der Vorstellung zu vertiefen. Mit der Übung „Die mentale Taktiktafel" wird dargestellt, wie sich das Mentale Training auch für Teams nutzen lässt. Dabei gehen die SportlerInnen ihrem jeweiligen eigenen Vorstellungsbild nach, das aber parallel zu den inneren Bildern der anderen ablaufen sollte. Diese Trainingsform stellt zwar hohe Anforderungen an die Vorstellungsfähigkeit der SportlerInnen, kann das Training taktischer Abläufe jedoch erheblich bereichern.

Insgesamt machen diese vielfältigen Möglichkeiten deutlich, dass es sich beim Vorstellungstraining um eine zentrale Technik im Mentalen Training handelt, an der sicher kein(e) LeistungssportlerIn vorbeikommt. Deshalb finden sich in anderen Kapiteln exemplarische Übungen für verschiedene Einsatzbereiche und Leistungsniveaus. Besonders bei Verletzungen bietet sich die intensive Arbeit mit inneren Bildern und vorgestellten Szenen an. In diesem Kontext werden zielgerichtet Vorstellungen eingesetzt, etwa um aktuell nicht durchführbare Bewegungen zu stabilisieren, den Rehabilitationsverlauf zu visualisieren, die Motivation und Selbstwirksamkeit zu fördern oder sich die Heilung konkret vorzustellen (siehe Kapitel „Verletzung & Rehabilitation").

Vorstellungen messen

Die Wirksamkeit des Vorstellungstrainings hängt davon ab, wie gut SportlerInnen innere Bilder und Empfindungen erzeugen können. In Forschung und Praxis richtet sich der Blick deshalb verstärkt darauf, wie man die Qualität dieser Vorstellungsbilder messen kann. Dazu wurden in den vergangenen Jahren verschiedene Tests entwickelt, die sich grob in Fragebögen und indirekte Verfahren unterteilen lassen.[7] Das Hauptaugenmerk liegt dabei insgesamt auf Testverfahren, die die Bewegungsvorstellung erfassen.

Fragebogenmaße:

In der Forschung zu mentalen Vorstellungen im Sport wurden mehrere Fragebögen entwickelt, die mit unterschiedlichen Schwerpunkten die Vorstellungsfähigkeit erheben.[8] Die Mehrzahl dieser Verfahren wurde in englischer Sprache validiert. Mittlerweile existiert eine Reihe gut validierter Übersetzungen, die auch in der Praxis verwendet werden können:

Fragebogen	Abkürzung	Deutschsprachige Version
Questionnaire upon Mental Imagery	QMI	-
Vividness of Visual Imagery Questionnaire	VVIQ	-
Movement Imagery Questionnaire	MIQ	verfügbar[9]
Vividness of Movement Imagery Questionnaire	VMIQ	verfügbar[10]
Sport Imagery Questionnaire	SIQ	verfügbar[11]
Sport Imagery Ability Questionnaire	SIAQ	verfügbar[11]
Sport Imagery Ability Measure	SIAM	-

Bei den Fragebögen zur Erfassung der Vorstellungskraft werden verschiedene Qualitäten und Dimensionen erhoben:

- **Einsatz:** Setzen SportlerInnen Vorstellungstraining überhaupt ein und wenn ja, zu welchem Zweck (z. B. SIQ)?
- **Einfachheit:** Wie leicht fällt es SportlerInnen, Vorstellungen zu generieren (z. B. MIQ, SIAQ, SIAM)?
- **Lebendigkeit:** Wie lebendig sind Vorstellungen, die SportlerInnen erzeugen (z. B. VMIQ, SIAM)?
- **Kontrollierbarkeit:** Wie gut gelingt es SportlerInnen, ihre Vorstellungen aktiv zu kontrollieren und zu beeinflussen (z. B. SIAM)?
- **Sinne:** Welche Sinneseindrücke können SportlerInnen leicht hervorrufen und bei welchen fällt es ihnen schwer (z. B. SIAM)?
- **Perspektive:** Werden Vorstellungen besonders aus der Erste- oder aus der Dritte-Person-Perspektive durchgeführt?
- **Qualität:** Bei einigen Fragebögen wird zusätzlich die kinästhetische Qualität abgefragt (z. B. MIQ, VMIQ-2).

Indirekte Maße

Neben Fragebögen wurden weitere Verfahren entwickelt, um die Vorstellungsfähigkeit von SportlerInnen möglichst objektiv zu ermitteln. Bei den folgenden Methoden wird dabei auf indirekte Messwerte zurückgegriffen:

- **Objektrotation:** Auf einem Bildschirm werden rotierte Objekte dargestellt. Die ProbandInnen müssen entscheiden, ob das rotierte Objekt identisch mit einem dargestellten Vergleichsobjekt ist. In einer Variante mit der Darstellung von Körpern muss entschieden werden, ob eine rotiert abgebildete Person den rechten oder linken Arm ausstreckt. Gemessen werden jeweils Reaktionszeiten und Fehler. Je stärker das Objekt rotiert wird, desto länger sind die Reaktionszeiten und umso mehr Fehler werden gemacht. Personen mit einer hohen räumlich-visuellen Vorstellungsfähigkeit reagieren schneller und machen weniger Fehler.[12]

- **Eigenrotation:** Hierbei stellen sich die ProbandInnen verschiedene Positionsveränderungen des eigenen Körpers schrittweise vor und nehmen anschließend die Endposition ein. Dann wird bewertet, inwieweit die eingenommene Position von der tatsächlich beschriebenen Endposition abweicht. Alternativ wird getestet, wie gut ProbandInnen auf fünf verschiedenen Bildern die Endposition der Bewegung wiedererkennen.

- **Mentale Chronometrie:** Dabei wird angenommen, dass eine zeitlich realistische Vorstellung auf eine gute Vorstellungsfähigkeit schließen lässt. Entsprechend sollte die vorgestellte Zeit für eine Bewegung auch der Zeit entsprechen, die jemand für die reale Durchführung dieser Bewegung benötigt. Mit der Übung „Visualisierungslauf" wurde dieses Vorgehen bereits als praktische Übung beschrieben. Ein regelmäßiger Abgleich dieser zwei Zeiten – vorgestellt und real – kann Hinweise liefern, wie gut sich SportlerInnen Bewegungen vorstellen können.

- **Physiologische Messwerte:** Während des Vorstellens lebhafter Bilder verändern sich bei den SportlerInnen einige physiologische Parameter. Über die kardiovaskuläre (Herzrate, Atemfrequenz) und die elektrodermale Aktivität (Hautwiderstand) können Rückschlüsse auf die Vorstellungsfähigkeit der SportlerInnen gezogen werden. Es zeigte sich, dass sowohl die Herzrate als auch die Atemfrequenz ansteigen, wenn sich ProbandInnen etwas intensiv vorstellen.

Fazit: Integratives Vorgehen in der Praxis

Jedes der oben beschriebenen Verfahren verfügt über Stärken und Schwächen und sollte entsprechend der Fragestellung eingesetzt werden. In der Praxis ist es in der Regel wichtig zu wissen, ob SportlerInnen bereits mit Vorstellungen arbeiten und wie lebendig diese sind. Dies sollte im Gespräch erfragt werden, bevor das Vorstellungstraining begonnen wird. Um den Einsatz und die Qualität der inneren Bilder noch systematischer festzustellen, werden meist verschiedene Verfahren parallel eingesetzt. Die Zusammenschau der Ergebnisse ermöglicht dann ein differenziertes Bild. Welche Methoden eingesetzt werden, hängt z. B. auch von der Verfügbarkeit der Fragebögen ab. Diese werden gemeinsam mit der mentalen Chronometrie in der Praxis am häufigsten verwendet.

Mit dem **Motor Imagery Index** wurde ein Verfahren vorgeschlagen, Fragebogenmaße und indirekte Messmethoden (Rotationsaufgaben, Chronometrie-Tests und physiologische Daten) zu einem Gesamtmaß zu integrieren.[13]

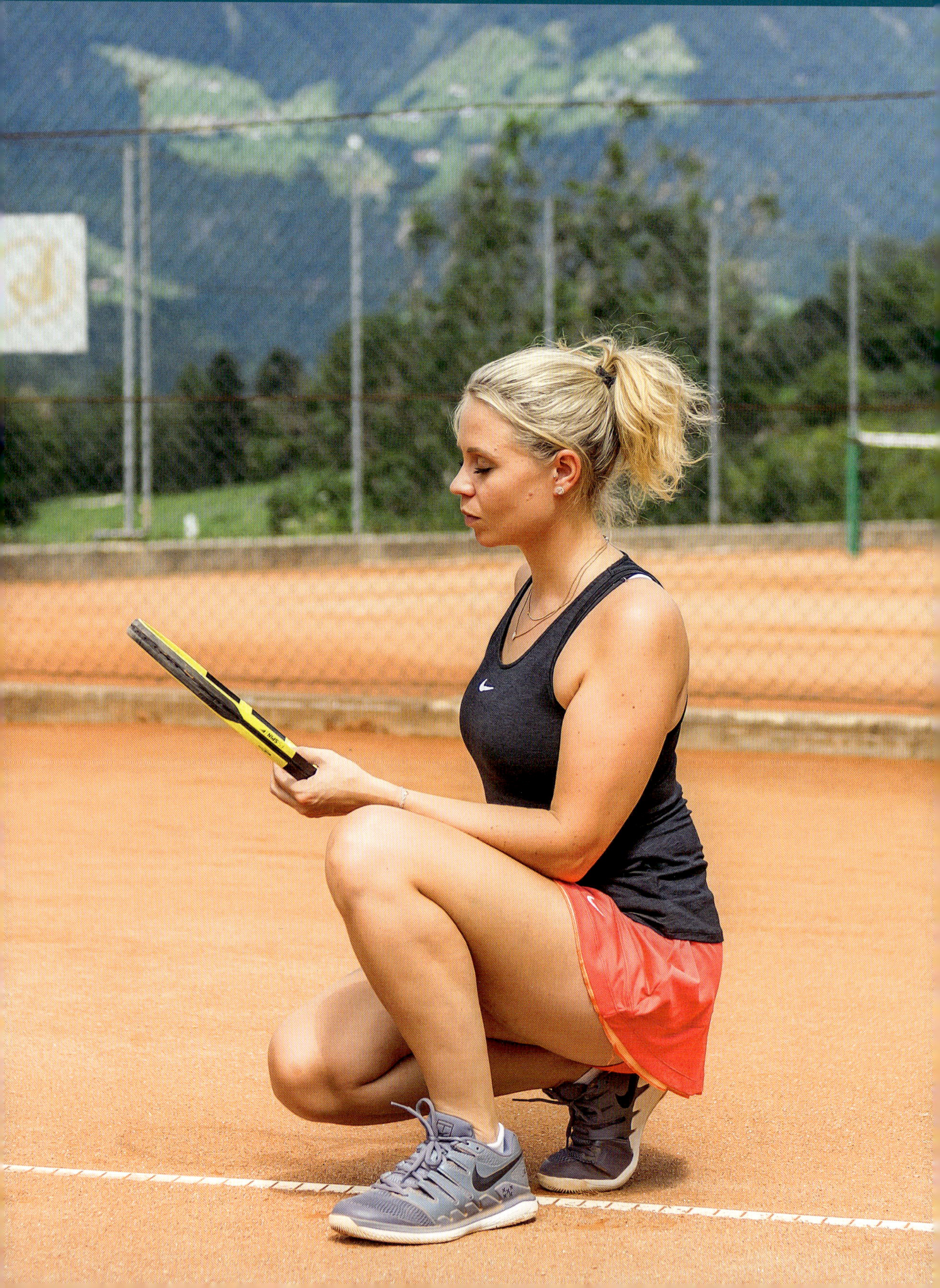

Beobachten & Beschreiben

Ziel:
Gegenstände achtsam wahrnehmen und beschreiben

Oft ist es gar nicht so einfach, sich komplexe Szenen lebendig vorzustellen. Um besonders bei NachwuchssportlerInnen diese Grundlage des Vorstellungstrainings zu schulen, hat es sich bewährt, zunächst mit der Vorstellung von einfachen Gegenständen zu beginnen. Die Übung „Vorstellen – aber richtig!" (siehe Teil 1) leitet junge SportlerInnen an, ein Objekt achtsam und bewusst über alle Sinne wahrzunehmen. Je besser ihnen dies gelingt, desto einfacher fällt es ihnen im zweiten Schritt, sich den betreffenden Gegenstand mit geschlossenen Augen vorzustellen.

Diese PartnerInnenübung baut auf der Übung aus Teil 1 auf und variiert diese. Die Aufgabe besteht darin, dass ein(e) SportlerIn einen beliebigen Gegenstand für rund zwei Minuten so genau wie möglich beschreibt, ohne dabei das Objekt selbst oder seine Funktion zu benennen. Beschrieben werden also ausschließlich äußere Merkmale wie Form, Farbe, Gewicht, das Gefühl beim Anfassen, Geräusche, Gerüche oder der Geschmack. Da es oft schwer ist, einen Gegenstand aus dem Gedächtnis heraus so genau zu beschreiben, sollte der Gegenstand dem*der BetrachterIn vorliegen.

Der*die zweite SportlerIn hört mit geschlossenen bzw. verbundenen Augen aufmerksam zu und versucht, ein inneres Bild des Objekts zu entwerfen. Achtung: Bei der Übung geht es weniger darum, den Gegenstand möglichst schnell zu erraten. Vielmehr steht für den*die beschreibende(n) SportlerIn das exakte Beobachten im Vordergrund. Für den*die SportlerIn, der*die sich den Gegenstand vorstellt, ist es dagegen wichtig, ein möglichst lebendiges Bild zu erzeugen.

Nach etwa zwei Minuten wechseln die SportlerInnen ihre Rollen. Ein neuer Gegenstand wird beschrieben. Nachdem beide jeweils ein Objekt beschrieben haben, besprechen sie zunächst untereinander, was gut geklappt hat, was schwierig war und wie sie vorgegangen sind, um ihre Vorstellungen zu entwickeln. Anschließend diskutiert die gesamte Gruppe ihre Erfahrungen.

Tipps:

1. Um die Übung zu variieren und zudem die Vorstellung von Geschmack und Geruch zu üben, kann man auch Lebensmittel wie Obst oder Süßigkeiten einsetzen (siehe „Genusstraining").
2. Sobald den SportlerInnen die Übung bekannt ist, kann sie auch als Pausenfüller auf Autofahrten oder in Ruhephasen durchgeführt werden.
3. Der Gegenstand kann von demjenigen* derjenigen, dem*der das Objekt beschrieben wird, ebenso mit geöffneten Augen gezeichnet werden.
4. Die Übung kann gleichzeitig als Achtsamkeitsübung genutzt werden (siehe Kapitel „Fokus & Gelassenheit").

Vorstellungen kennenlernen

Ziel:
Das Vorstellungstraining als Methode kennenlernen

Material
Anleitung Vorstellungen kennenlernen Nr. 3-1

Je einfacher und ruhiger die Rahmenbedingungen sind, desto leichter fällt es SportlerInnen, lebendige und kontrollierbare Vorstellungsinhalte zu erzeugen. Bei dieser Übung lernen sie das Vorstellungstraining daher zunächst in einer ruhigen Umgebung kennen. Sind sie damit vertraut, können sie beginnen, diese Technik auch im Training, beispielsweise zur Unterstützung des Bewegungslernens, einzusetzen. Um das Vorstellungstraining dann auch im Wettkampf zu nutzen, sollen sie jedoch zunächst im Training üben, ihr Kopfkino auch in turbulenten und druckvollen Situationen im Griff zu haben.

Methode & Ziele klären:
Zunächst knüpft der*die TrainerIn am intuitiven Einsatz innerer Bilder an und erklärt den SportlerInnen die sportartbezogenen Einsatzmöglichkeiten und Ziele des Vorstellungstrainings. Es sollten dazu Vorerfahrungen erfragt und mit den SportlerInnen besprochen werden, wann sie zu welchem Zweck Vorstellungen einsetzen. Je klarer sie sich über den Einsatzzweck sind, desto stringenter können sie auf bestimmte Aspekte achten und die Vorstellungen auch im Training sinnvoll einsetzen. Gerade im Nachwuchssport wird dabei oft deutlich, dass junge SportlerInnen das Vorstellungstraining zwar intuitiv nutzen, doch geschieht das in der Regel wenig strukturiert und zielgerichtet.

Entspannung:
Besonders SportlerInnen, die bisher wenig mit Vorstellungen und mentalen Bildern gearbeitet haben, profitieren davon, sich vor dem Vorstellungstraining kurz zu entspannen und auf sich selbst zu konzentrieren. Dazu genügen schon ein paar ruhige Atemzüge in einer entspannten Körperhaltung. In der Gruppe kann dazu beispielsweise eine kurze Atementspannung oder der Body-Scan zum Einsatz kommen (siehe Kapitel „Erholung & Regeneration"). Fortgeschrittene SportlerInnen sind später in der Lage, diese kurze Entspannung etwa mit einer verkürzten Form der „5-4-3-2-1-Technik" auch in unruhiger Umgebung durchzuführen.

Einfinden & Vorstellen:
Nachdem die SportlerInnen zur Ruhe gekommen sind, führt der*die TrainerIn sie mit Hilfe der Anleitung 3-1 in eine für alle relevante Situation oder individuelle Szenen. Um ein lebendiges Bild zu erzeugen, sollen dabei so viele Sinneseindrücke wie möglich einfließen und die Übung in Präsens und Du-Form (auch bei Gruppen) angeleitet werden. Auch der PETTLEP-Ansatz hilft dabei, in die Szene einzutauchen (siehe „Lebendig vorgestellt"). Wird die Übung individuell durchgeführt, hilft es, sich vorher zu überlegen, welche Sinne für ein lebendiges Bild einbezogen werden sollen. Steht eine bestimmte Bewegung im Fokus, sollte zunächst ein mentales Drehbuch erarbeitet werden (siehe Teil 1 „Drehbuch fürs Kopfkino" und „Bewegungen in Metaphern" in diesem Teil).

Rückführung & Reflexion:
Sobald die SportlerInnen die Vorstellung abgeschlossen haben, kehren sie in den gegenwärtigen Moment zurück. Das gelingt, indem sie einige Augenblicke auf die eigene Atmung achten, bevor sie die Augen wieder öffnen. Am Ende der Übung wird das Vorstellungstraining gemeinsam reflektiert. Die TrainerInnen sollten dabei besonders auf den Transfer in den Trainings- und Wettkampfalltag achten und mit den SportlerInnen besprechen, wie sie die Vorstellungen etwa im Training und auch in trubeligen Vorstartsituationen einsetzen können. Denn anders als bei dieser „Trockenübung" bleibt in der Praxis meist viel weniger Zeit, um sich in die inneren Bilder und Szenen einzufinden. Darüber hinaus kann sich intensive Entspannung vor dem Wettkampf negativ auf die Leistung auswirken. Ziel ist, dass die SportlerInnen in der Lage sind, auch in ablenkungsreichen Situationen lebendige und stabile Bilder zu erzeugen.

Das Vorstellungstraining im Trainingsalltag nutzen:
- Vorstellungen regelmäßig nutzen, etwa beim Lernen neuer Abläufe oder bei Standardbewegungen.
- Zielgerichteter Einsatz: Eine kurze Einheit pro Woche in den Trainingsplan integrieren.
- Einsatz des Vorstellungstrainings im Wechsel mit der Bewegungsausführung.
- Vorstellungstraining überall nutzen, beispielsweise vor, während und nach dem Training, abends im Bett, um Wartezeiten zu überbrücken.

Das Vorstellungstraining im Wettkampf nutzen:
- Vorstellungstraining in die Wettkampfroutine integrieren (siehe „Performance-Tunnel").
- Inhalte und Zweck der Imagination im Voraus klären, etwa zum Einprägen einer Aufgabe, zur Voraktivierung der Bewegung, zur emotionalen Zustandsveränderung.
- Sich die Wettkampfsituation und die damit einhergehenden Emotionen vorstellen.
- Lernen, Entspannung herzustellen, um lebendige Bilder zu erzeugen und gleichzeitig die Wettkampfspannung aufrechterhalten.

Lebendig vorgestellt

Ziel:
Lebhafte und konkrete Vorstellungsbilder erzeugen

Je lebendiger die Bilder sind, die SportlerInnen vor ihrem inneren Auge erzeugen, desto besser wirkt das Vorstellungstraining. Neben den genannten unterschiedlichen Sinnesmodalitäten (siehe „Beobachten & Beschreiben“) kann man weitere Qualitäten und Rahmenbedingungen in die Vorstellung mit einbeziehen. Dabei hat sich das **PETTLEP-Modell** als hilfreich erwiesen.[14] Es liefert einen Rahmen und Anregungen für unterschiedliche Inhalte, mit denen SportlerInnen ihre Vorstellungen anreichern können.

Dazu sollen sich die SportlerInnen eine bestimmte Szene aus dem Training oder einem Wettkampf vorstellen. Der*die TrainerIn leitet sie mit unterschiedlichen, konkreten Aussagen und offenen Fragen zu verschiedenen Schwerpunkten an, auf die die SportlerInnen beim Vorstellen der Szene achten können. Dabei hat sich in der Praxis der PETTLEP-Ansatz bewährt: Physical, Environment, Task, Timing, Learning, Emotion, Perspective. Gerade bei größeren technischen Änderungen oder Lernfortschritten in der Bewegung kann die Betonung des „Learning“-Aspekts besonders wertvoll sein.

P	**Physical**	Physische Aspekte	Physische Aspekte umfassen die Wahrnehmung des Körpers und der Bewegung, aber auch das Wahrnehmen der Kleidung oder des Sportgeräts.
E	**Environment**	Aspekte der Umgebung	SportlerInnen sollten besonders zum Einstieg oder zur Orientierung bei der Laufbesichtigung ein lebendiges Bild der Umgebung entwickeln.
T	**Task**	Aufgabe	Der Ablauf der Bewegung wird imaginiert. Das ist der Hauptinhalt der Vorstellung.
T	**Timing**	Zeitliche Aspekte	Der Rhythmus und das Timing der Bewegung stehen im Fokus. Erfahrene SportlerInnen erzeugen das Bild genauso schnell, wie sie die Bewegung in der Realität ausführen.
L	**Learning**	Lernfortschritte	Mit steigenden Fähigkeiten sollte die SportlerInnen ihre Bewegungsvorstellungen anpassen. Aber auch das körperliche Wachstum kann zu Veränderungen in der Bewegung und damit im Vorstellungsbild führen.
E	**Emotion**	Emotionen	Nicht nur um Eigenzustände zu verändern, sondern auch bei der Bewegungsvorstellung werden Emotionen integriert, um ein lebendiges Bild zu erzeugen.
P	**Perspective**	Perspektive	Die Bewegung lässt sich aus der Erste-Person-Perspektive oder einer Dritte-Person-Perspektive vorstellen. Meist empfiehlt sich die Erste-Person-Perspektive, die mit dem kinästhetischen Erleben gekoppelt wird.

Feeling fürs Kopfkino

Ziel:
Bewegungsvorstellungen emotional einfärben

Vor allem in der Erste-Person-Perspektive können SportlerInnen das Bewegungsgefühl intensiv spüren. Darüber hinaus lassen sich in dieser Perspektive auch Emotionen besonders gut in das Vorstellungsbild integrieren. Bei der folgenden Übung unterstützt die sogenannte Emotionsspur SportlerInnen, ein lebendiges und vor allem emotionales Bild im Kopfkino zu erzeugen.

Zu Beginn der Übung definieren die SportlerInnen allgemein hilfreiche körperliche Zustände und Emotionen, die sie beim Wettkampf erleben möchten (siehe „Performance-Cocktail"). Anschließend legt jede(r) die für ihn*sie relevanten Emotionen fest, die er*sie kurz vor und während einer bestimmten sportlichen Handlung empfinden möchte. Anfangs sollte man sich zunächst auf recht begrenzte Handlungen wie einen Elfmeter im Fußball oder einen Aufschlag im Tennis beschränken. Sind die SportlerInnen mit dem Vorstellungstraining gut vertraut, können sie komplexere Bewegungen wählen, etwa eine gesamte Übung im Turnen oder Eiskunstlauf.

Danach überlegen die SportlerInnen, welche Vorstellungsbilder ihnen helfen, um den oben entwickelten Zustand herzustellen. Das kann etwa eine kurze, emotional eingefärbte Vorstellung der bevorstehenden Bewegung oder ein positiver Moment aus der Vergangenheit sein. Zusätzlich können die SportlerInnen auch die Wettkampfstimmung an einem bestimmten Ort, einen Spruch der TrainerInnen oder das Gefühl von Stolz nach einer gelungenen Aktion mit einbeziehen.

Im dritten Schritt integrieren die SportlerInnen die herausgearbeitete Emotionsspur in ihr Bewegungsbild. Dazu schließen sie die Augen und aktivieren zunächst die Emotion und die damit verbundenen körperlichen Empfindungen. Dann stellen sie sich die Bewegung vor und spüren, wie gut sich das Bewegungsgefühl und der Körper beispielsweise bei einer selbstbewussten Ausführung anfühlen.

Bei der Reflexion der Übung fragt der*die TrainerIn etwa, wie lebendig die SportlerInnen das Vorstellungsbild erlebt haben. Das gelingt anhand einer zehnstufigen Skala von 1 (nicht lebendig) bis 10 (so lebendig, als hätte ich die Bewegung tatsächlich durchgeführt).

Rückschlüsse auf die Emotionalität der Vorstellung können auch physiologische Daten liefern (siehe „Vorstellungen messen"). Um diesen Aspekt erlebbar zu machen, messen die SportlerInnen bei der Bewegungsvorstellung ihren Puls. Zunächst fordert der*die TrainerIn die SportlerInnen auf, die Bewegung ohne Emotionsspur zu visualisieren. Während sich die SportlerInnen die Bewegung rein technisch vorstellen, werden die jeweils höchsten Pulswerte notiert. Anschließend wird die Übung „Feeling fürs Kopfkino" erklärt. Nun stellen sich die SportlerInnen die Bewegung erneut vor. Diesmal jedoch mit Emotionsspur. Bei lebendigen und emotional eingefärbten Vorstellungen liegen die Pulswerte normalerweise etwas höher als beim „neutralen" Durchgang.

Die Zeitschiene

Ziel: Vorstellungsinhalte aus Vergangenheit, Gegenwart und Zukunft nutzen

Material
Arbeitsblatt Die Zeitschiene Nr. 3-2

Vorstellungen können auf unterschiedliche Zeitpunkte bezogen sein. Erstens können SportlerInnen vor dem inneren Auge vergangene Ereignisse erinnern und wiedererleben. Zweitens wechseln SportlerInnen beim Bewegungslernen oft zwischen der Vorstellung und der tatsächlichen Ausführung der Bewegung. Hierbei kommen vor allem gegenwartsgebundene Vorstellungen zum Einsatz. Drittens ermöglicht uns die Vorstellungsfähigkeit, auch innere Bilder über zukünftige Ereignisse zu erzeugen.

Im Sport passiert dies oft ungewollt, wenn SportlerInnen als „Horrorfilm" die Angst vor einem zukünftigen Misserfolg durch den Kopf spukt. Doch statt den „worst case" zu visualisieren, sollten SportlerInnen diese Fähigkeit besser positiv für sich nutzen! Dann malen sie sich beispielsweise aktiv aus, wie sie erfolgreich sein werden und wie gut sich das anfühlt.

In der Praxis hat es sich bewährt, die Zeitperspektiven im Vorstellungstraining einmal bewusst zu reflektieren und auszuprobieren. Mit dieser Erfahrung können die SportlerInnen ihre inneren Bilder noch besser und zielgerichteter einsetzen. Im Folgenden werden für unterschiedliche Vorstellungsinhalte (Bewegungen, Prozesse oder Zustände) Beispiele für den Einsatz der unterschiedlichen Zeitdimensionen gegeben sowie Vor- und Nachteile diskutiert.

Bewegungen: Stellen sich SportlerInnen einzelne Bewegungen vor, wählen sie meist gegenwartsbezogene Vorstellungen und visualisieren den Moment, in dem sie die Bewegung ausführen. Ist eine Bewegung zu einem bestimmten Zeitpunkt besonders gut gelungen, können die SportlerInnen sich immer wieder an dieses Bewegungsgefühl „erinnern". Gibt es ein Video des Bewegungsablaufs, bietet sich eine Kombination aus Beobachtung und Bewegungsvorstellung an. Mit dem Blick in die erfolgreiche Vergangenheit wird gleichzeitig das gewünschte Bewegungsgefühl stabilisiert und das Selbstvertrauen gestärkt.

Prozesse: Auch die Vorstellung komplexer Prozesse wie etwa einer gesamten Turnübung findet meist im gegenwärtigen Moment statt. Mit dem Ziel, Motivation aufzubauen oder Emotionen zu erzeugen, kann man auch die Vorstellung einer zukünftigen Performance wählen. Der*die SportlerIn stellt sich hierbei zum Beispiel vor, wie er*sie die Übung vor ZuschauerInnen und unter Wettkampfspannung sauber durchturnt. Auch beim mentalen Durchgehen des gesamten Wettkampftags, etwa um sich innerlich zu strukturieren, hilft die Vorstellung zukünftiger Ereignisse und Abläufe. Hier stellen sich SportlerInnen dann vor, wann sie wo sein werden, wählen Ruhezonen und Abläufe bewusst aus und nehmen so den positiven Wettkampfablauf innerlich vorweg.

Zustände: Stellen sich SportlerInnen innere Zustände wie Anspannung oder Emotionen vor, hängt die Zeitdimension davon ab, ob die inneren Bilder darauf abzielen, Ressourcen zu aktivieren oder sich selbst zu motivieren. Bei Letzterem stellen sich SportlerInnen meist Ziele vor, die sie erreichen wollen. Bei der Ressourcenaktivierung – wie dem Aufbau von Selbstvertrauen – bietet es sich hingegen an, vergangene Erfolge zu visualisieren. Um Ruhe und Entspannung anhand von Vorstellungen aufzubauen, greift man meist auf vergangene Ereignisse zurück oder bezieht sich auf das aktuelle Erleben im „Hier und Jetzt" (wie etwa beim Autogenen Training).

Um die SportlerInnen mit den unterschiedlichen Zeitdimensionen vertraut zu machen, sammelt der*die TrainerIn mit ihnen Beispiele für die unterschiedlichen Zeitperspektiven beim Vorstellungstraining. Die Gruppe überlegt gemeinsam, wann sich welche Zeitperspektive am besten eignet. Danach probieren die SportlerInnen die unterschiedlichen Perspektiven aus und finden heraus, wann ihnen welche Perspektive am meisten hilft. Um die Phase des Experimentierens mit den zeitlichen Perspektiven zu systematisieren, kann sich jede(r) einen der in der Tabelle dargestellten Inhalte aussuchen und versuchen, für alle drei zeitlichen Phasen innere Bilder zu finden. Alternativ können die TrainerInnen bestimmte Inhalte vorgeben. Anschließend beschreibt jede(r) SportlerIn die eigenen Vorstellungsbilder auf dem Arbeitsblatt 3-2.

Bei vergangenheitsbezogenen Vorstellungen kann es passieren, dass auch negative Erfahrungen reaktiviert werden. Eine gute Gelegenheit also, diese Erfahrungen zu sortieren und emotional neu einzuordnen. Hier sollten TrainerInnen allerdings sensibel handeln und die Arbeit mit sehr negativ besetzten Erinnerungen der Obhut von Fachleuten überlassen. Daher sollten die Inhalte der Vorstellungsübung immer mit den SportlerInnen besprochen werden, bevor sie als Gedankenreise angeleitet werden.

Inhalt	**Vergangenheit**	**Gegenwart**	**Zukunft**
Bewegungen	Gelungene Bewegungserfahrungen vorstellen.	Das aktuelle Bewegungsgefühl vorstellen.	Erwünschte Bewegungsmuster vorstellen.
Heilung	Einen positiv bewerteten körperlichen Zustand im Erleben aktivieren.	Den aktuellen Heilungsprozess vorstellen.	Erwünschte Zustände des Körpers vorstellen.
Motivation	Einen vergangenen Erfolg visualisieren.	Vorstellen, dass der Körper gut trainiert ist.	Einen zukünftigen Erfolg vorstellen.
Wille & Commitment	Die geleistete Anstrengung vor Augen führen, um ein Ziel zu erreichen.	Vorbilder vorstellen, die für harte Arbeit und Einsatzbereitschaft stehen.	Den herausfordernden Weg zum Erfolg vorstellen.
Emotionen	Vergangene Situationen vorstellen, die emotional positiv besetzt sind.	Vorstellen, wie eine Emotion den Körper durchströmt.	Zukünftige Erfolge vorstellen.
Selbstvertrauen	Die eigenen Fähigkeiten inklusive erlebter Situationen vor Augen führen.	Den eigenen Körper groß und stark vorstellen.	Vorstellen, wie man die eigenen Fähigkeiten durch Fleiß weiterentwickelt hat.
Ruhe & Entspannung	Einen Urlaub oder eine andere angenehme Situation vorstellen.	Vorstellen, wie sich der Körper aktiv entspannt.	Vorstellen, wie man sich nach einer langen Phase der Anstrengung erholt.

Bewegungen in Metaphern

Ziel: Eine Bewegungsbeschreibung durch Metaphern lebendig machen

Material
Arbeitsblatt Bewegungen in Metaphern Nr. 3-3

Lebhafte innere Bilder von Bewegungen des eigenen Körpers zu entwickeln, ist ein zentraler Teil des Vorstellungstrainings. Um solche inneren Szenen aufzubauen, ist ein gutes Verständnis des eigenen Bewegungsablaufs entscheidend. Dies erreicht man einerseits, indem man den Bewegungsablauf schriftlich ausformuliert und die Knotenpunkte der Bewegung herausarbeitet (siehe „Was mache ich da überhaupt" und „Drehbuch fürs Kopfkino" in Teil 1).

Andererseits benötigen lebendige Vorstellungsbilder mehr als einen exakten Ablauf. Auch das Gefühl beim Bewegen spielt eine Rolle. Denn eine zu analytische Vorgehensweise beim Vorstellungstraining birgt die Gefahr, den Rhythmus des Ablaufs und das ganzheitliche Bewegungsgefühl zu vernachlässigen. Besonders im oder kurz vor dem Wettkampf sollte man sich im Vorstellungstraining nicht auf die technischen Details fokussieren, sondern auf einen flüssigen Bewegungsablauf. Im Knotenpunktmodell[15] markiert man daher auch die einzelnen Bewegungsschritte am Ende symbolisch durch Wörter oder Laute. Das hilft SportlerInnen, einen individuellen Rhythmus für die Bewegung zu finden.

Damit SportlerInnen ihr Bewegungsgefühl sowohl im physischen und im Vorstellungstraining als auch in der Kommunikation mit dem*der TrainerIn noch besser auf den Punkt bringen, bietet sich die Arbeit mit Metaphern an. So macht es einen Unterschied, ob SportlerInnen den Bewegungsimpuls als „dynamisch wie eine Feder" oder als „explosiv wie einen Kanonenschlag" wahrnehmen.

Nachdem die SportlerInnen ihre Bewegung schriftlich auf dem Arbeitsblatt 3-3 ausformuliert haben (siehe „Was mache ich da überhaupt?" und „Drehbuch fürs Kopfkino" in Teil 1), suchen sie ausdrucksstarke Metaphern, die das subjektive Bewegungsgefühl der SportlerInnen wiedergeben. Allein durch den Gedanken daran gelingt es dann oft schon, das Bewegungsgefühl besser auf den Punkt zu bringen. Die sprachlichen Bilder orientieren sich an den Sportarten und sind individuell.

Einige Anregungen:

- groß wie ein Baum
- leicht wie ein Luftballon
- steif wie ein Brett
- sanft wie eine Feder
- explosiv wie ein Kanonenschlag
- langes Bein wie eine Giraffe
- wie an einem Bindfaden aufgehängt
- leise landen wie eine Katze

Bilder sortieren

Ziel:
Den Bewegungsablauf strukturieren

Gute Sportfotos fangen besonders prägnante Momente eines Bewegungsablaufes ein. Erfahrene SportlerInnen wissen in ihrer Sportart genau, um welche Phase der Bewegung es sich handelt. Auch sehen sie, welche Bewegungsabläufe folgen könnten und welche vorausgingen. Die Grundlage dafür liegt im Erfahrungswissen der SportlerInnen und in ihrer Vorstellungsfähigkeit. Je erfahrener die SportlerInnen sind, desto schneller und besser werden sie die Situation erfassen.[16]

Um genau dieses Erfahrungswissen bei der Bewegungsvorstellung geht es in der folgenden Übung. SportlerInnen werden angeregt, Bilder aus unterschiedlichen Phasen des Bewegungsablaufes richtig zu sortieren. Vor allem für junge SportlerInnen ist das eine gute Möglichkeit, sich spielerisch mit Bewegungsabläufen auseinanderzusetzen und diese besser zu verstehen. Gleichzeitig schulen sie ihre Vorstellungkraft, da die SportlerInnen die Bewegungsabfolge vor ihrem inneren Auge durchgehen, um die Bilder in die richtige Reihenfolge zu bringen.

Der*die TrainerIn schießt Serienfotos einer Bewegungssequenz, die so korrekt wie möglich ausgeführt wird. Die Bilder werden ausgedruckt (Format mindestens 10 x 15 cm). Es können beliebig viele Bilder ausgewählt werden. Da später jede(r) SportlerIn ein Bild erhalten soll, druckt der*die TrainerIn am besten so viele Bilder aus, wie sich SportlerInnen in der Trainingsgruppe befinden. Alle Bilder werden in korrekter Reihenfolge auf einem Blatt angeordnet. Dieses nutzen die SportlerInnen später, um die Bewegung zu beschreiben.
Der*die TrainerIn verteilt die ausgedruckten Einzelbilder an die SportlerInnen. Die Aufgabe der SportlerInnen ist es nun, die Bilder in die richtige Reihenfolge zu bringen. Der*die SportlerIn mit dem Startbild beginnt. Sind die Bilder richtig sortiert, geht der*die TrainerIn den Bewegungsablauf mit den SportlerInnen noch einmal durch. Sie sollen die Bewegung möglichst genau beschreiben und verschiedene Details hervorheben, zum Beispiel wo der Impuls für die Bewegung entsteht. So analysieren sie genau, wie der Bewegungsablauf funktioniert.

Zusätzlich erhält danach jede(r) SportlerIn das von den TrainerInnen zusammengestellte Blatt mit dem richtig sortierten Bildersatz. Darauf notieren die SportlerInnen die für sie individuell relevanten Aspekte des Bewegungsablaufs.

Als digitale Variante der Übung erhalten die SportlerInnen die vermischten Bilder über einen Messenger-Dienst. Jedes Bild bekommt eine Nummer in der Reihenfolge, in der es hochgeladen wurde. Die SportlerInnen schicken dem*der TrainerIn in einem privaten Chat die richtige Reihenfolge der Bilder (z. B. 3, 4, 2, 5, 1).

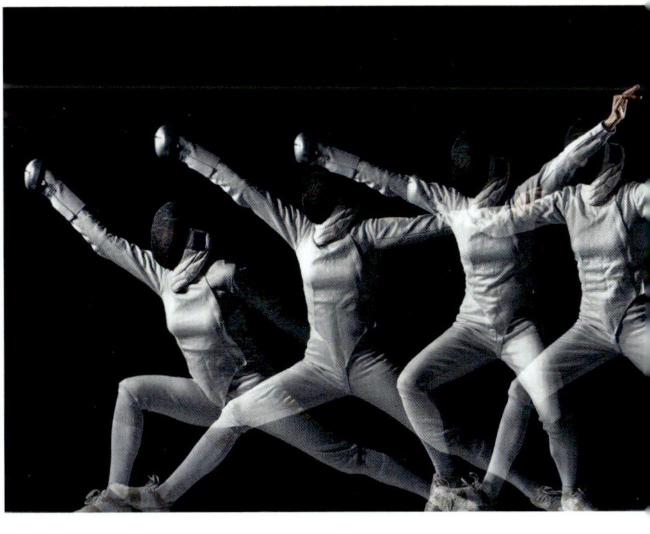

Schau genau

Ziel:
Ein mentales Bild in der Außenperspektive erzeugen

Andere SportlerInnen bei einer Bewegungsabfolge zu beobachten, wird im Mentalen Training als observatives Training bezeichnet. In Verbindung mit Vorstellungstraining ist diese Trainingsform sehr erfolgreich[17] und intuitiv: SportlerInnen schauen sich meist sowieso schon Bewegungen bei Vorbildern und MannschaftskameradInnen ab und versuchen diese nachzuvollziehen.

Die folgende Übung greift die Idee des observativen Trainings auf und systematisiert sie. Die SportlerInnen lernen dabei, andere SportlerInnen genau zu beobachten, sich in sie hineinzuversetzen und ihre Bewegungen mental nachzuvollziehen.

Die SportlerInnen bilden Paare und führen eine von den TrainerInnen vorgegebene Bewegung nacheinander aus. SportlerIn 1 beginnt, SportlerIn 2 beobachtet ihn*sie und versetzt sich in das Bewegungsgefühl des*der anderen hinein. Dann imitiert SportlerIn 2 die beobachtete Bewegung mit den individuellen Eigenheiten von SportlerIn 1 möglichst exakt. Danach führt SportlerIn 2 die Bewegung noch einmal aus. Diesmal ohne die Eigenheiten von SportlerIn 1, sondern auf seine*ihre Weise. Jetzt beobachtet ihn*sie SportlerIn 1 und ahmt sein*ihr Bewegungsmuster nach. Zum Schluss tauschen sich die SportlerInnen über wahrgenommene Gemeinsamkeiten und Unterschiede aus.

Der*die TrainerIn geht von Paar zu Paar und unterstützt die SportlerInnen durch Nachfragen. Da es bei der Übung darum geht, individuelle Unterschiede in der Bewegungsausführung und -vorstellung zu erkennen, verzichtet der*die TrainerIn weitestgehend auf technische Korrekturen.

Anschließend reflektieren TrainerIn und SportlerInnen die Übung in der Großgruppe. Jedes Paar schildert seine Erfahrungen bei der Bewegungsausführung.

Die folgenden Fragen helfen:

- Sind euch Besonderheiten in der Bewegungsdurchführung des anderen aufgefallen?
- Worin bestehen Unterschiede in der Bewegungsausführung?
- Wie gut ist es gelungen, die Eigenheiten des anderen nachzumachen?
- Was konntest du durch das Nachmachen des*der Partners*Partnerin über deine Bewegung lernen?
- Was kannst du dir beim anderen abschauen, um deine Bewegung zu verbessern?

Sag dir, wie's geht!

Ziel:
Bewegungsvorstellung über Sprache steuern

Sich einzelne Bewegungsschritte beim Vorstellungstraining vorzusprechen – ob laut oder mit der inneren Stimme – wird als subvokales Training bezeichnet. Diese Technik wenden SportlerInnen oft intuitiv an, um sich bestimmte Aspekte einer Bewegungsfolge einzuprägen. Oder TrainerInnen lassen sich Bewegungsfolgen von den SportlerInnen beschreiben. So setzen sich die SportlerInnen intensiv mit dem Bewegungsablauf auseinander. Gleichzeitig erfahren die TrainerInnen viel über die individuellen Vorstellungen der SportlerInnen von der Bewegung.

In dieser Übung beschreiben die SportlerInnen den TrainerInnen individuell eine relevante Bewegung. Damit sie die Bewegung deutlicher vor ihrem inneren Auge sehen, schließen sie ihre Augen. Schritt für Schritt gehen sie die Abfolge durch und benennen die einzelnen Schritte der Bewegung.

Der*die TrainerIn schreibt wichtige Begriffe mit und hakt bei Details ein, z. B.:

- Wo spürst du nun den Druck oder die Hauptbelastung?
- Woher kommt der Impuls?
- Wohin verlagerst du dein Gewicht?
- Wie tief/hoch gehst du dabei?
- Fühlt es sich dynamisch oder explosiv an?

Zeichnet der*die TrainerIn die Beschreibung als Sprachnachricht auf, dann kann sie der*die SportlerIn immer wieder anhören.

Als Nächstes schreiben die SportlerInnen auf, wie die Bewegung abläuft (siehe Teil 1 „Was mache ich da überhaupt?"). Dieser Text wird dann mit Zwischenüberschriften strukturiert (siehe Teil 1 „Drehbuch fürs Kopfkino") und die wichtigsten Elemente werden in kurzen Sätzen und Schlagworten festgehalten. Diese Beschreibungen dienen dann als Grundlage für das subvokale Training.

Jetzt beginnt das eigentliche subvokale Training. Um sich den Bewegungsablauf im Training vorzusprechen, verwenden die SportlerInnen ihre notierten Sätze. Am Anfang werden sie diese noch ablesen, mit der Zeit aber auswendig können. Dadurch strukturieren sie die Bewegung und erinnern sich auch während des wettkampforientierten Trainings oder in Drucksituationen an die relevanten Punkte. So unterstützt das subvokale Training nicht bloß den Aufbau von stabilen Bewegungsvorstellungen, sondern hilft auch dabei, die Bewegungsmuster dann ins Gedächtnis zu rufen, wenn es im Wettkampf darauf ankommt.

Ältere SportlerInnen können die Übung paarweise ausführen. Während eine(r) eine Bewegung beschreibt, macht sich der*die andere ein Bild davon und schärft es, indem er*sie Details erfragt. So schulen beide ihr Verständnis von der Bewegung. Allerdings erfahren die TrainerInnen so weniger über die Bewegungsvorstellungen der SportlerInnen als im oben beschriebenen, direkten Austausch.

Dem Spürsinn vertrauen

Ziel:
Fokus auf das Bewegungsgefühl

Eine zentrale Form des Vorstellungstrainings ist das ideomotorische Training. Die SportlerInnen stellen sich eine Bewegung vor und konzentrieren sich dabei auf das Bewegungsgefühl. Kerngedanke ist dabei, dass die SportlerInnen die Bewegung vor dem inneren Auge so simulieren, wie sich die motorische Ausführung anfühlen würde. Nach dem sogenannten ideomotorischen Prinzip führen diese (vorgestellten) sensorischen Effekte zu einer Aktivierung der damit verbundenen Handlungen.[18] Das Gehirn führt dann beim Vorstellungstraining quasi „innere Probeläufe" der Bewegung aus. Diese Trainingsform eignet sich gut, um die Bewegung zu lernen oder bei Verletzungen, wenn gerade nicht aktiv trainiert werden kann.

SportlerInnen und TrainerIn wählen gemeinsam eine relevante Bewegung aus, die durch Vorstellungstraining verbessert oder stabilisiert werden soll. Der*die TrainerIn leitet die SportlerInnen an, sich vorzustellen, wie sie sich bei der Trainingsstätte oder einem Wettkampfort einfinden. Um sich möglichst lebensnah in die Szene einzufühlen, sollte der*die TrainerIn möglichst viele Sinne ansprechen (siehe „Lebendig vorgestellt").

Die SportlerInnen führen die Bewegung nun im Kopf langsam aus und achten besonders auf das damit verbundene Bewegungsgefühl. Sie stellen sich vor, wie sich die Bewegungen anfühlen, und spüren, wie sich einzelne Muskeln und der gesamte Körper anspannen, wie sich das Gewicht verlagert, wo Druck entsteht, wo sie das Sportgerät berühren oder wie sich die Kleidung anfühlt.

Auf diese Weise gehen die SportlerInnen den Bewegungsablauf mehrfach in der Erste-Person-Perspektive im Kopf durch. Der*die TrainerIn liefert immer wieder Impulse für Schwerpunkte. So können einzelne Körperteile, Muskelgruppen oder bestimmte Gelenke besonders berücksichtigt werden.

Nachdem die SportlerInnen die Bewegung einige Male im Kopf durchgegangen sind, reflektieren sie die Übung gemeinsam mit dem*der TrainerIn.

Folgende Fragen helfen:
- Wie gut ist es dir gelungen, die Bewegung körperlich zu spüren?
- Gab es Bereiche, die du dir leichter vorstellen konntest als andere?
- Ist dir dabei etwas Besonderes aufgefallen?
- Was könnte an der Bewegung noch verbessert werden?

Mein Performance-Film

Ziel:
Sich selbst in der Vorstellung von außen beobachten

Unter verdecktem Wahrnehmungstraining versteht man, dass sich SportlerInnen in ihrer Vorstellung selbst von außen beobachten. Ziel dieser Trainingsform ist es, ein inneres Bild zu entwickeln, wie die eigene Bewegung von außen aussieht, sie zu analysieren und zu verbessern.

Im ersten Schritt suchen SportlerIn und TrainerIn eine Bewegung aus, die aktuell verbessert oder neu erlernt werden soll. Man kann dazu auch eine gelungene Bewegungsausführung der SportlerInnen oder eines Vorbilds zur Hilfe nehmen, die auf Video aufgezeichnet ist. So ist die Bewegungssequenz klar definiert und die SportlerInnen nehmen bereits durch das Videoschauen eine Außenperspektive ein.

Im zweiten Schritt ist es die Aufgabe der SportlerInnen, sich vorzustellen, wie ihre Bewegungsausführung von außen betrachtet aussieht. Manchen hilft es, dazu in die Rolle von Kameraleuten zu schlüpfen, die sie filmen. In ihrem Kopf dürfen die SportlerInnen die Kamera an einem beliebigen Ort an der Trainings- oder Wettkampfstätte positionieren, von dem aus sie sich selbst gut beobachten können. Oder sie verwenden eine imaginäre Drohne.

Um sich in die Szene einzufinden, können die SportlerInnen „mit ihrer inneren Kamera" zunächst auch ein paar Eindrücke vom Training oder Wettkampf einfangen. Wie in einem Fernsehbeitrag stellen sie sich etwa die Wettkampfstätte vor oder machen Porträtaufnahmen von anderen SportlerInnen und sich selbst beim Aufwärmen. Nun startet der Wettkampf. Aus der Position der Kamera beobachten sie sich und filmen Bilder ihrer eigenen Bewegungsausführung.

Ist genügend Material aufgezeichnet, wechseln die SportlerInnen in ihrer Vorstellung in den Übertragungswagen und beginnen, den inneren Film zu schneiden. Mit dem Videoschnittgerät können sie die Szene beliebig oft vor- und zurückspulen, an Details heranzoomen oder in die Totale wechseln. Sie können die Bewegung in Slow Motion oder erhöhter Geschwindigkeit abspielen und das Bild anhalten. Der*die TrainerIn setzt dabei Impulse, z. B. fordert er*sie die SportlerInnen auf, einzelne Körperbereiche genau zu beobachten.

Die mentale Taktiktafel

Ziel:
Vorstellungstraining im Team nutzen

Das Vorstellungstraining kann nicht nur für den Aufbau individueller Bewegungsabläufe genutzt werden. Auch in Mannschaftssportarten bietet sich diese Methode an, um komplexe Spielzüge mental einzuüben und sich aufeinander abzustimmen. Je besser jede(r) SportlerIn weiß, wie sich die Anderen auf dem Spielfeld verhalten, desto höher ist die Wahrscheinlichkeit, dass sich das Team als perfekte Einheit bewegt und sich die SportlerInnen blind verstehen.[19]

Der*die TrainerIn gibt den SportlerInnen in einer Taktikbesprechung vor dem Training mittels einer Videosequenz eine bestimmte Spielsituation vor. Diese wird zunächst in der Gruppe besprochen und dann gemeinsam vor dem inneren Auge durchgegangen. Hier bietet sich zum Beispiel ein neues Spielsystem an, das erarbeitet wird, oder eine Szene aus dem letzten Spiel, die noch einmal aufgearbeitet werden soll. Wird zum Beispiel ein spielerisches Problem analysiert, sollten allerdings nicht nur die Fehler, sondern auch erfolgreiche Videoszenen gezeigt werden, denn genau die sollen ja im Kopf hängen bleiben.

Bevor die SportlerInnen die Szene vor dem inneren Auge durchgehen, wird die dort eingesetzte Spielweise altersgerecht diskutiert. Der*die TrainerIn geht auf Vorschläge und Einschätzungen der SpielerInnen ein. Die Vor- und Nachteile des jeweiligen Vorgehens werden diskutiert. Die verschiedenen Vorschläge können auch auf einer Taktiktafel festgehalten werden. Am Ende einigt sich das Team auf eine Spielweise und jede(r) SpielerIn weiß, welche Aufgabe ihm*ihr in der Situation zukommt.

Nun schließen die SportlerInnen ihre Augen. Ein(e) SportlerIn beginnt zu beschreiben, was er*sie gerade tut. In der Regel handelt es sich um jemanden, der den Ball, Puck o. Ä. führt. Wenn er*sie das Spielgerät abgibt, beschreibt er*sie genau, wohin gespielt und an welcher Stelle der*die TeamkollegIn erwartet wird. Jetzt ist diese(r) dran. Auf diese Weise gehen die SpielerInnen die Szene gemeinsam durch.

Der*die TrainerIn kann die SportlerInnen jederzeit unterbrechen. Er*sie fragt beispielsweise die SportlerInnen, die gerade nicht beschreiben, wo sie sich befinden, wie sie sich bewegt haben und welches Ziel sie dabei verfolgten. Der*die TrainerIn fragt auch nach dem vermuteten Verhalten der GegenspielerInnen. Auf diese Weise gehen sie die Szene mehrmals durch. Zum Ende hin unterbricht der*die TrainerIn die SportlerInnen seltener, die Szene sollte immer flüssiger ablaufen.

Wie bei jeder Form des Vorstellungstrainings kommt es auf eine Mischung aus Handeln, Vorstellen und Beobachten an, um die innere Repräsentation einer Bewegung zu festigen. Idealerweise wird der mental eingeübte Spielzug daher nun auf dem Spielfeld trainiert und das Ganze nach dem Training mit einer erneuten Runde Vorstellungstraining gefestigt.

! Um das Mentale Training in der Gruppe zu lernen, sollte es Schritt für Schritt in seiner Komplexität gesteigert werden. Zu Beginn durchlaufen die SportlerInnen eine Szene mental in Zweiergruppen. In weiteren Schritten gehen immer mehr SpielerInnen in einer Gruppe bestimmte Spielszenen durch, bis die komplette Mannschaft mitmacht.

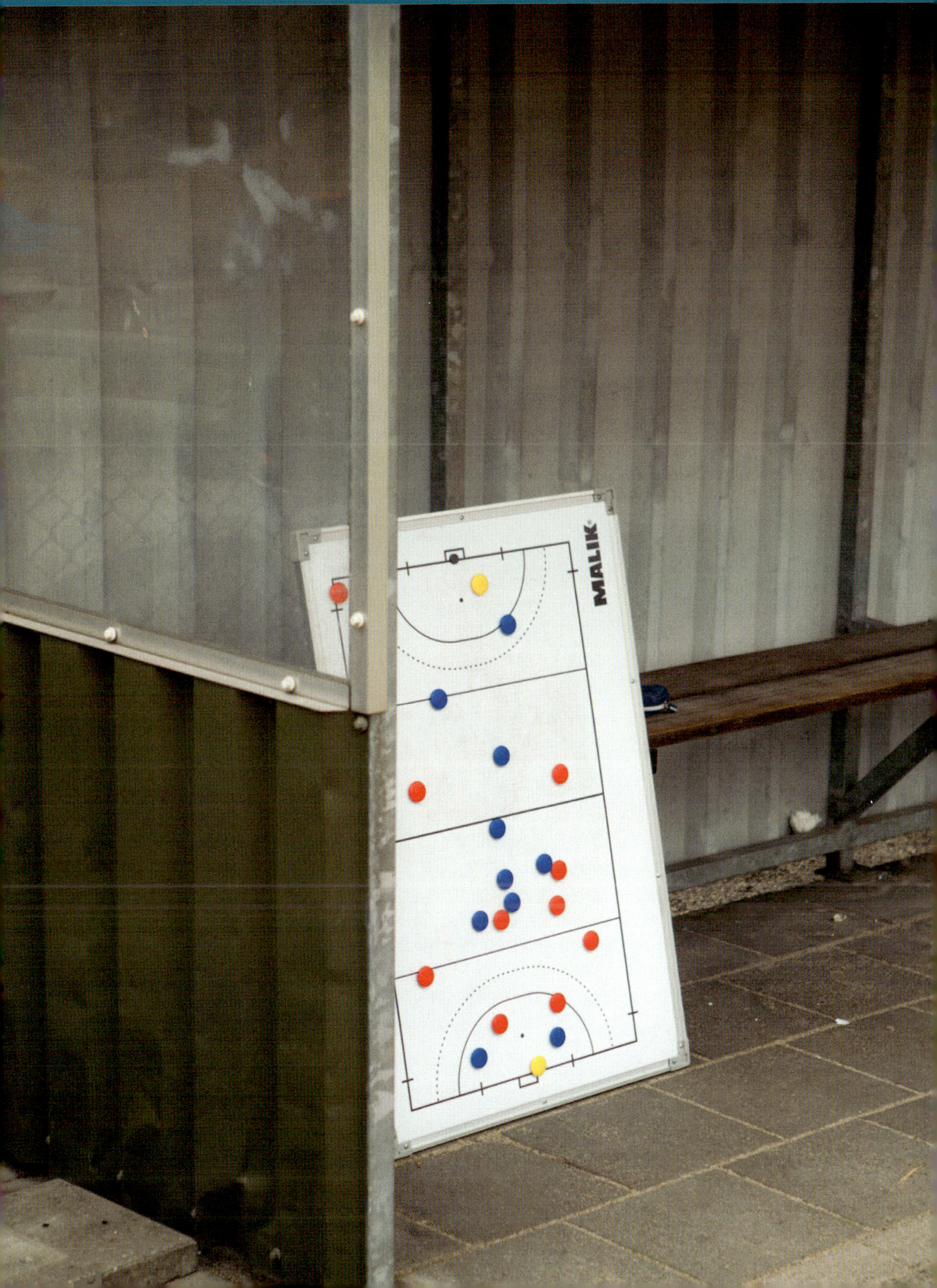
MALIK

Ich fühle mich wie ...

Ziel: Körper- und Bewegungsgefühl durch Vorstellungen beeinflussen

Gastautorin

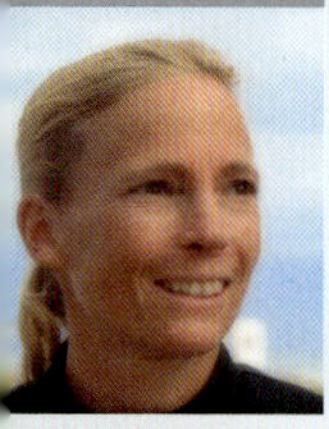

Nina Nittinger

Details zur Autorin auf Seite 251

Material
Anleitung Ich fühle mich wie ... Nr. 3-4

Ein Ziel des Vorstellungstrainings ist es, körperliche Zustände zu aktivieren. Dazu werden oft Bilder verwendet. Im Autogenen Training stellt man sich zum Beispiel vor, wie der Körper angenehm warm wird. Beim Sport ist dies in ähnlicher Weise möglich, etwa wenn sich SportlerInnen ein gutes Körpergefühl vorstellen oder die Erinnerung einsetzen, um Aspekte des Bewegungsgefühls zu aktivieren, die schwer in Worte zu fassen sind.

Die folgende Übung beschreibt, wie SportlerInnen mit Vorstellungstraining ihr Körper- und Bewegungsgefühl beeinflussen können. Das hilft, um sich im Wettkampf an das gute Gefühl aus der letzten Trainingseinheit zu erinnern und nicht vor Nervosität, Stress oder Erwartungsdruck zu verkrampfen. Sich ein gutes Bewegungsgefühl vorzustellen ist auch nützlich, um beim Warm-up den optimalen Wettkampfzustand zu erreichen und diesen im Wettkampf beizubehalten. Stellen wir uns Qualitäten wie Schnelligkeit, Leichtfüßigkeit, Aggressivität oder Ruhe vor, können wir diese körperlichen Zustände auch tatsächlich erleben.

In der Praxis haben sich zwei Varianten bewährt, um ein gutes Körper- und Bewegungsgefühl abzurufen. Erstens über die Erinnerung: SportlerInnen stellen sich dazu Szenen aus der Vergangenheit vor, in denen sie dieses Gefühl erlebt haben. Oder zweitens über Bilder, Symbole oder Metaphern. Das ist beispielsweise der Fall, wenn beschreiben wird, dass man „wie auf rohen Eiern gegangen ist".

Erinnerung: Um ein positives Körper- und Bewegungsgefühl über die Erinnerung zu aktivieren, fragt sich der*die SportlerIn: Wie möchte ich mich in einer bestimmten Situation fühlen? Dazu macht er*sie sich bewusst, wie sich der Körper bei der Bewegung anfühlte, als er*sie dieses Gefühl in der Vergangenheit erlebte. Was signalisierte der Körper? Welche Muskelspannung war vorhanden? Je besser es ein(e) SportlerIn schafft, die Erinnerungen an ein positives Körper- und Bewegungsgefühl durch die Vorstellung abzurufen, desto leichter wird dieses Gefühl auch im Wettkampf gespürt.

Bilder, Symbole & Metaphern: Viele SportlerInnen beschreiben ihr Körper- oder Bewegungsgefühl anhand von Bildern, Symbolen oder Metaphern. So lassen sich auch Empfindungen beschreiben, die schwer in Worte zu fassen sind. Häufig tun sie das unbewusst, manche nutzen diese Methode aber auch gezielt. Vom Boxer Muhammad Ali stammt das Zitat: „Schwebe wie ein Schmetterling, stich wie eine Biene", mit dem er sein optimales Körper- und Bewegungsgefühl im Ring beschrieb. Darüber hinaus dienen solche Bilder auch als Erinnerungshilfe, um sich bestimmte Qualitäten und Empfindungen schnell vor das geistige Auge zu rufen.

Haben TennisspielerInnen Gleichgewichtsprobleme, könnten sie sich vorstellen, unter ihren Schuhen klebe Kaugummi oder Leim, was sie so fest am Boden hält, dass sie nichts aus dem Gleichgewicht bringt. Manche TennisspielerInnen neigen dazu, bei Druck zu verkrampfen und den Schläger zu fest zu halten. Dann eignet sich etwa die Vorstellung, man halte ein rohes Ei in der Hand, um den Schläger weiter locker zu halten. Auf der Suche nach einem guten Bewegungsgefühl können auch Metaphern eingesetzt werden. Dabei kann ein Stier ein Symbol für Angriffslust sein und körperliche Stärke erzeugen oder eine Nähmaschine wird zum Symbol für schnelle kleine Bewegungen aus den Beinen.

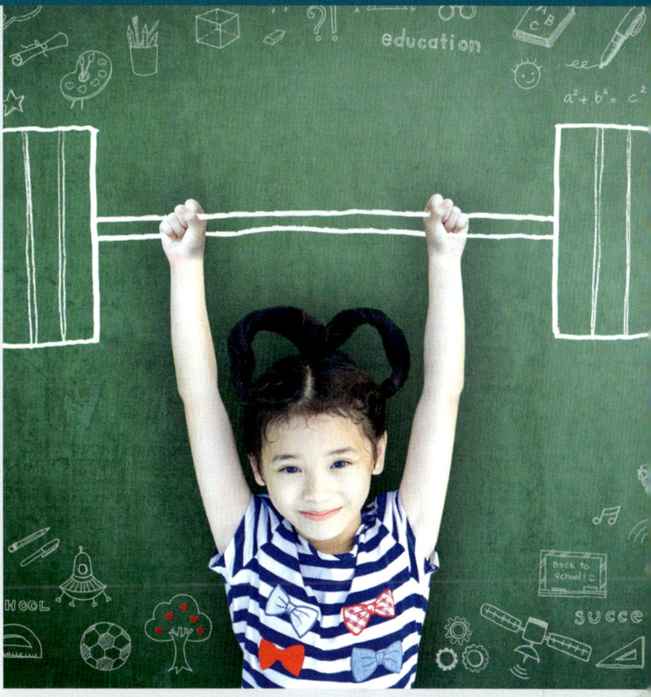

Um den körperlichen Zustand oder das Bewegungsgefühl zu beeinflussen, müssen die SportlerInnen zuerst individuelle Bilder finden. Dazu vervollständigen sie Sätze wie „Ich fühle mich wie …". Dann gestalten sie ihr Bild so, dass sie es jederzeit abrufen können. Sie schreiben etwa eine Anleitung, in der sie sich die Situation, den erwünschten körperlichen Zustand und das Bild verdeutlichen, das in den Zustand führt. Ein Beispiel findet sich in Anleitung 3-4, bei der das Gefühl von Lockerheit erzeugt wird.

1. Das Bild selbst suchen und finden:
Vorstellungen und innere Bilder sind sehr individuell. Es gibt nicht das eine Bild, das bei allen SportlerInnen ein gutes Körper- und Bewegungsgefühl auslöst. Zwar werden sich wenige wohlfühlen, wenn sie „zittern wie Espenlaub", doch welches Symbol die SportlerInnen mit einem optimalen Körpergefühl für eine bestimmte Situation verbinden, können sie nur selbst herausfinden.

2. Bilder für einzelne Bewegungen suchen:
Nur selten findet man ein Bild, das zu allen Aspekten des Sports passt. Daher ist es sinnvoller, spezifische Bilder für einzelne Bewegungen oder Qualitäten zu suchen. Für den Aufschlag beim Tennis wäre denkbar, dass man sich vorstellt, einen Pfeil aus einem Köcher auf dem Rücken zu ziehen.

3. Emotion statt Präzision:
Bei der Arbeit mit Bildern wird ein bestimmter körperlicher Zustand hervorgerufen. Es geht darum, ein emotional bestimmtes Körper- und Bewegungsgefühl zu provozieren. Ziel ist die emotionale Regulation, nicht, sich die Bewegung möglichst realistisch vorzustellen.

4. Wirkungslose Bilder ablegen:
Sobald SportlerInnen merken, dass ein Bild, eine Metapher oder ein Symbol nicht mehr funktioniert, sollten sie ein neues suchen. Gerade junge SportlerInnen, die sich technisch und körperlich weiterentwickeln, sollten von Zeit zu Zeit überprüfen, ob ihre Bilder noch passend sind.

Time of My Life

Ziel: Emotionen über die Vorstellung vergangener Situationen erzeugen

Material
Anleitung Time of My Life Nr. 3-5

Als eine weitere Technik im Vorstellungstraining erinnert man sich an vergangene Situationen, um seinen aktuellen mentalen und körperlichen Zustand zu beeinflussen. Wir kennen das aus dem Alltag: Denken wir an die leckere Pizza von gestern, bekommen wir wieder Hunger. Genauso können sich SportlerInnen Emotionen aus vergangenen Wettkämpfen oder anderen Situationen vorstellen, um sich auf einen neuen Wettkampf vorzubereiten. Positive Gefühle durch das Vorstellen bestimmter Situationen zu wecken, wird dann zum Bestandteil der Routine vor dem Start (siehe „Performance-Tunnel").

Bei der folgenden Gedankenreise erinnern sich die SportlerInnen an bestimmte Situationen in ihrem Leben, die mit positiven Gefühlen verknüpft sind. Sie lernen dadurch, diese Gefühle auch im Sport hervorzurufen, indem sie sich die Szenen vors innere Auge rufen.

Die TrainerInnen sollten Erfahrung beim Anleiten von Gedankenreisen haben. Mit Hilfe der Anleitung 3-5 können sie die Gedankenreise in der Gruppe oder mit einzelnen SportlerInnen durchführen. Sie können den Text natürlich auch variieren, um an positive Erfahrungen der SportlerInnen anzuknüpfen und diese einzubauen. Danach reflektieren die TrainerInnen mit den SportlerInnen ihre Erfahrungen.

Zum Abschluss der Übung wird noch einmal herausgearbeitet, welche Emotion durch welchen Vorstellungsinhalt aktiviert werden kann. Die SportlerInnen erstellen einen individuellen Plan, wann ihnen das jeweilige Vorstellungsbild hilft.

Hier einige Beispiele:

Vorstellungsinhalt		Zustand & Emotion		Einsatzbereich & Ziel
der letzte Urlaub am Strand	❯	Ruhe und Entspannung	❯	um in der Pause zur Ruhe zu kommen
der letzte Konzertbesuch	❯	Aktivierung und Motivation	❯	um sich in den letzten Sekunden vor dem Wettkampf zu aktivieren
ein wichtiger Erfolg	❯	Motivation und Selbstvertrauen	❯	um sich nach einem Rückschlag wieder aufzubauen

Das Ziel vor Augen

Ziel: Durch gezielte Vorstellungen Motivation aufbauen

„Denk ans kalte Getränk auf der Hütte." Diesen Satz kennt jede(r) BergwandererIn, der*die die letzten 100 Höhenmeter vor sich hat. Indem wir uns zukünftige Szenen, Ereignisse und positive Gefühle vorstellen, können wir uns selbst motivieren. Im Sport geschieht das mit ganz unterschiedlichen Vorstellungen, z. B. indem man sich selbst auf dem Podest sieht oder sich vorstellt, wie die Konkurrenz zähneknirschend gratuliert.[20] In der Sportpsychologie werden verschiedene Kategorien motivationaler Vorstellungen unterschieden:[21]

Motivational-spezifische Vorstellungen:
Hier stellt man sich ganz bestimmte, emotional positiv besetzte zukünftige Situationen vor, wie den Wettkampf oder eine Medaille zu gewinnen, beglückwünscht zu werden oder ein lang ersehntes Ziel zu erreichen. Solche Bilder steigern beispielsweise die Motivation während des Trainings und bestärken SportlerInnen in ihren Bestrebungen, ein langfristiges Ziel zu erreichen.

Motivational-unspezifische Vorstellungen:
Die SportlerInnen stellen sich vor, wie sie unter schwierigen Umständen Herausforderungen bewältigen, wie sie sich selbstbewusst und motiviert zurückkämpfen und schließlich das Rennen gewinnen. Diese unspezifischen Vorstellungen beziehen sich nicht auf ein klares Ziel, sondern insgesamt auf positiv besetzte und motivierende Szenen. Solche Vorstellungen helfen beispielsweise auch, Selbstvertrauen zu entwickeln.

Motivational-körperbezogene Vorstellungen:
Körperbezogene Vorstellungen wirken besonders als Motivationsspritze kurz vor dem Wettkampf. Indem sich SportlerInnen auf das Gefühl von positiver Anspannung konzentrieren, können sie sich vor dem Wettkampf aktivieren und ihre optimale Wettkampfanspannung aufbauen (siehe Kapitel „Wettkampfmanagement").

In der folgenden Übung lernen SportlerInnen, wie sehr zukunftsbezogene Vorstellungen motivieren und wie sie diese Technik für sich nutzen können. Sie sehen, welche unterschiedlichen zukunftsbezogenen Vorstellungen es gibt, und spüren, was sie auslösen.

Der*die TrainerIn führt ins Thema ein, indem Beispiele dafür gebracht werden, wie persönlich zukunftsbezogene Vorstellungen anspornen. Dann überlegen die SportlerInnen, wann es ihnen schwerfällt, sich zu motivieren. Gemeinsam sammeln sie unterschiedliche spezifische, allgemeine und körperbezogene Bilder, die in genau diesen Situationen helfen. Die Vorschläge schreiben sie auf Moderationskarten und ordnen sie den oben genannten drei Kategorien zu.

Jetzt überlegt sich jede(r) SportlerIn mit Hilfe des Arbeitsblattes 3-6 eigene „Wenn-Dann-Strategien". Die SportlerInnen wählen für sie persönlich schwierige Situationen (Wenn) und beschreiben Bilder, die sie in genau dieser Situation motivieren könnten (Dann). Zum Beispiel auf der Couch an die Siegerehrung denken, um sich zur Laufrunde bei Nieselregen aufzuraffen. Ob ihnen in der jeweiligen Situation eine allgemeine, eine spezifische oder eine körperbezogene Vorstellung hilft, können die SportlerInnen individuell entscheiden.

Zum Abschluss der Übung testen die SportlerInnen ihre Bilder. Sie schließen die Augen und gehen vor ihrem geistigen Auge zu dem Ort oder in die Situation, die sie anspornen. Diese Vorstellungen aktivieren sie regelmäßig, um die Bilder abrufen zu können, wenn sie zusätzliche Motivation benötigen.

Material
Arbeitsblatt Das Ziel vor Augen Nr. 3-6

Dark Side of Imagery

Ziel: Sich in harten Trainingsphasen mit negativen Vorstellungen anspornen

Gastautor

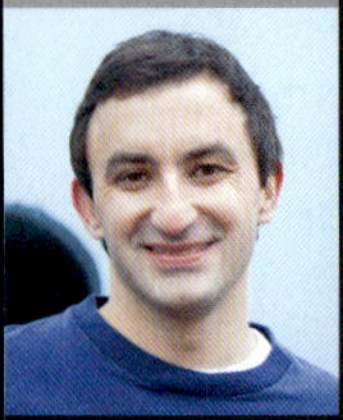

Dr. Christian Heiss

Details zum Autor auf Seite 250

Nicht nur positive Vorstellungen motivieren. Sich einen Misserfolg auszumalen, kann ebenfalls antreiben – man versucht, alles daranzusetzen, dass es nicht so weit kommt! Die Furcht vor dem Versagen oder einer drohenden Niederlage kann eine hohe Anstrengungsbereitschaft freisetzen. Dieses Phänomen kennen auch FreizeitsportlerInnen, die sich zum Training motivieren, um den hämischen Kommentaren der MannschaftssportlerInnen zu entgehen, wenn sie auf der Couch liegen geblieben wären.

Im Wettkampf ist es nicht sinnvoll, sich mit negativen Vorstellungen anzuspornen. Ein Kopfkino des Versagens verringert das Selbstvertrauen und das Risiko dieser und weiterer unerwünschter Nebenwirkung dieser Technik (z. B. Selbstzweifel) ist vermutlich höher als der motivationale Effekt des sich besser „Aufraffenkönnens". Vor Beginn harter Trainingsphasen, die vor allem für das Loslegen und die Überwindung des inneren Schweinehundes sehr viel Willensstärke fordern, kann diese „dunkle Seite des Vorstellungstrainings" allerdings gut eingesetzt werden, um vor allem für die ersten Schritte Energie bereitzustellen.

In einer Studie zu Selbstführung im Nachwuchsleistungssport wurde gezeigt, dass viele erfolgreiche LeistungssportlerInnen Strategien einer negativen Selbstmotivierung intuitiv anwenden, wenn sie etwa gerne mit FreundInnen ins Schwimmbad gehen würden, anstatt zu trainieren.[22] Sie gaben beispielsweise an, sich nicht nur positive Ziele vorzustellen (siehe „Das Ziel vor Augen"), wenn sie sich zu einer ungeliebten Trainingseinheit motivieren möchten, sondern sich auch auszumalen, wie die Konkurrenz in diesem Moment trainiert und an ihnen vorbeiziehen würde, wenn sie jetzt nicht trainieren. Oder sie stellen sich vor, wie „klein und mickrig" sie sich fühlen würden, wenn sie zuvor viele Einheiten im Kraftraum aus Bequemlichkeit abgesagt hätten.

Um die SportlerInnen für das Thema zu sensibilisieren, sollte die TrainerInnen den Einsatz von misserfolgsbezogenen Bildern im Gespräch mit den SportlerInnen reflektieren und vorbereiten. Dabei gilt: Die dunkle Seite der Vorstellung sollte persönlich und individualisiert erfolgen.

Damit solche auf Misserfolg bezogenen Bilder nicht destruktiv wirken, sollten folgende Punkte beachtet werden:

- Diese Strategie lediglich wohldosiert und punktuell einsetzen.
- Negative Vorstellungsbilder sollten nicht zur Gewohnheit werden.
- Negative Vorstellungsbilder nur in Zeiträumen einsetzen, in denen kein Wettkampf ansteht.
- Je näher der Wettkampf rückt, desto mehr auf positive Motivationsstrategien setzen.

PURE Emotion

Ziel: Emotionen schnell und effizient durch die Vorstellung aktivieren

Wie schafft man es, Emotionen schnell zu erzeugen? Wir sind schließlich nicht auf Knopfdruck traurig, fröhlich oder zuversichtlich. In der Regel aktivieren wir Gefühle sehr indirekt, wir sind fröhlich, wenn wir an einen Witz denken, oder traurig, wenn wir an eine schmerzhafte Niederlage denken. Gefühle werden also erzeugt, indem wir uns Situationen oder Szenen aus Vergangenheit und Zukunft vorstellen.

Gefühle werden auch aktiviert, wenn wir an die damit verbundenen körperlichen Zustände denken. Wie fühlt es sich körperlich an, fröhlich zu sein? Wie fühlen sich die Schmetterlinge im Bauch an, wenn wir verliebt sind? Diesen Mechanismus machen sich viele SportlerInnen vor Wettkämpfen zunutze, sie stellen sich das Gefühl von positiver Anspannung vor und bauen so ihre optimale Wettkampfanspannung auf.

Vorstellungstraining richtet sich also selten auf die Gefühle selbst, sondern sie werden durch Hilfsvorstellungen, etwa über Gedanken an Situationen und körperliche Zustände, erzeugt. Um bestimmte wettkampfbezogene Emotionen schnell und effizient zu aktivieren, üben SportlerInnen daher, Vorstellungen und damit verbundene Emotionen immer wieder gemeinsam zu aktivieren. Nach einiger Zeit des Übens löst schon der erste Gedanke an eine bestimmte Szene das volle emotionale Erleben aus.

Durch die Vorstellung einer Siegerehrung können die SportlerInnen zum Beispiel Stolz spüren. Wiederholen sie dies oft genug, stellt sich mit der Zeit dann bereits durch das Signalwort „Siegerehrung" das Gefühl von Stolz ein. Diese Fähigkeit kann den entscheidenden Vorteil liefern, um sich etwa nach einem Aufschlagfehler im Tennis sehr schnell wieder selbst zu vertrauen. Übt ein(e) SportlerIn, auf diese Weise für ihn* sie wichtige Emotionen immer effizienter „anzusteuern" und zu aktivieren, wird dieser Prozess immer natürlicher und einfacher. Mit der Zeit kann es dann auch gelingen, die o. g. „Hilfsvorstellungen" auf ein Minimum zu reduzieren oder ganz auf sie zu verzichten.

Um die Aktivierung von Emotionen durch Vorstellungen zu üben, bestimmen die SportlerInnen auf dem Arbeitsblatt 3-7 zunächst ein hilfreiches Gefühl. Am besten eines, das den SportlerInnen vertraut ist und das positiv besetzt ist, zum Beispiel Stolz. Um dieses Gefühl zu wecken, beschreiben die SportlerInnen auf dem Arbeitsblatt die körperlichen Empfindungen der Emotion und Situationen, in denen sie stolz waren.

Mit der Zeit wird das Gefühl mit dem Vorstellen der Situation verknüpft, wenn die SportlerInnen mehrere Wochen lang üben, sich durch die Imagination dieser Szenen etwa stolz zu fühlen. Beherrschen sie dies, auch ohne auf die Vorstellungsbilder zurückzugreifen, kann die Technik regelmäßig ins Training integriert und auch im Wettkampftraining eingesetzt werden, um den optimalen Anspannungszustand z. B. nur durch ein Signalwort „anzuknipsen".

Material
Arbeitsblatt PURE Emotion Nr. 3-7

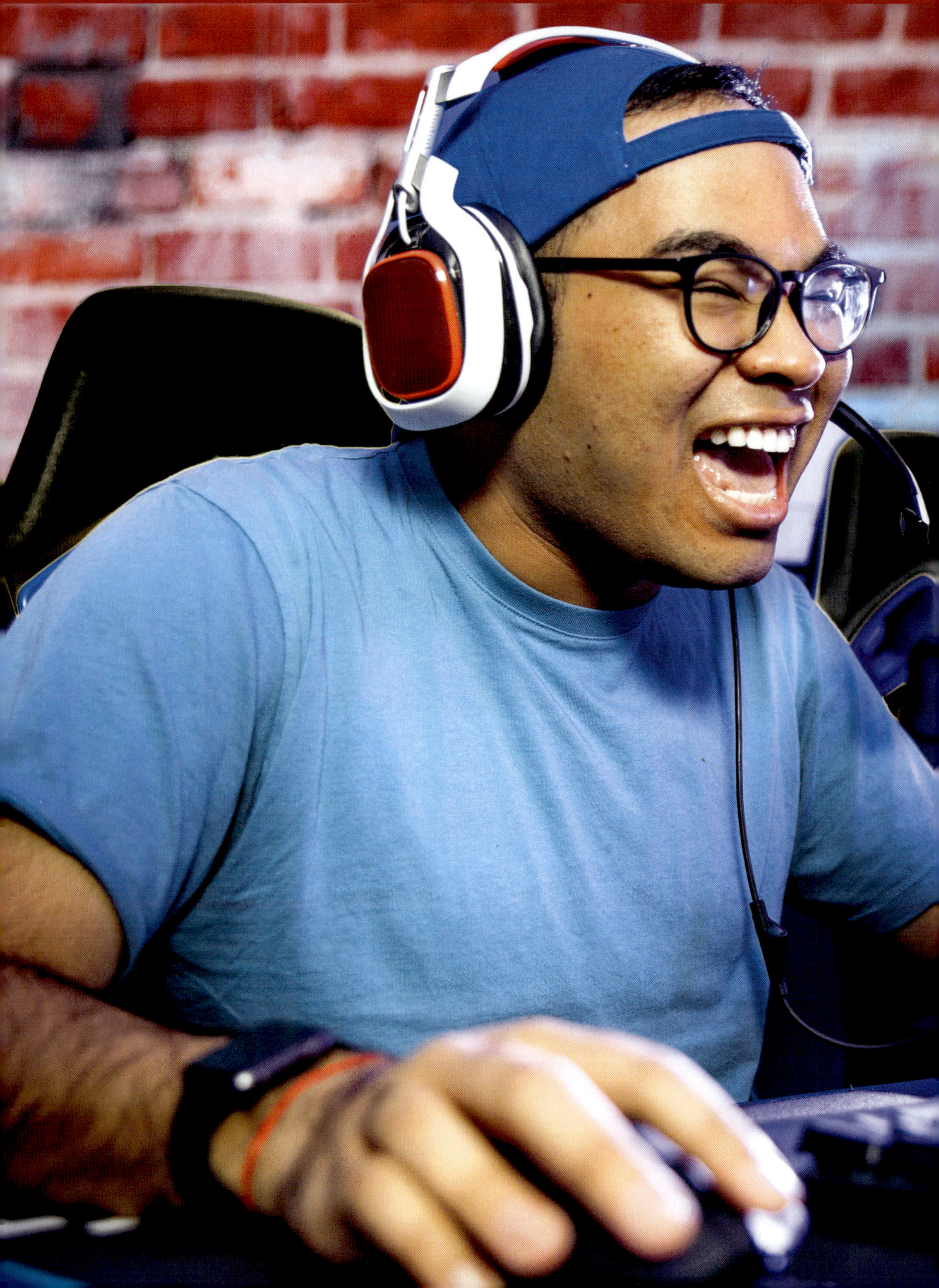

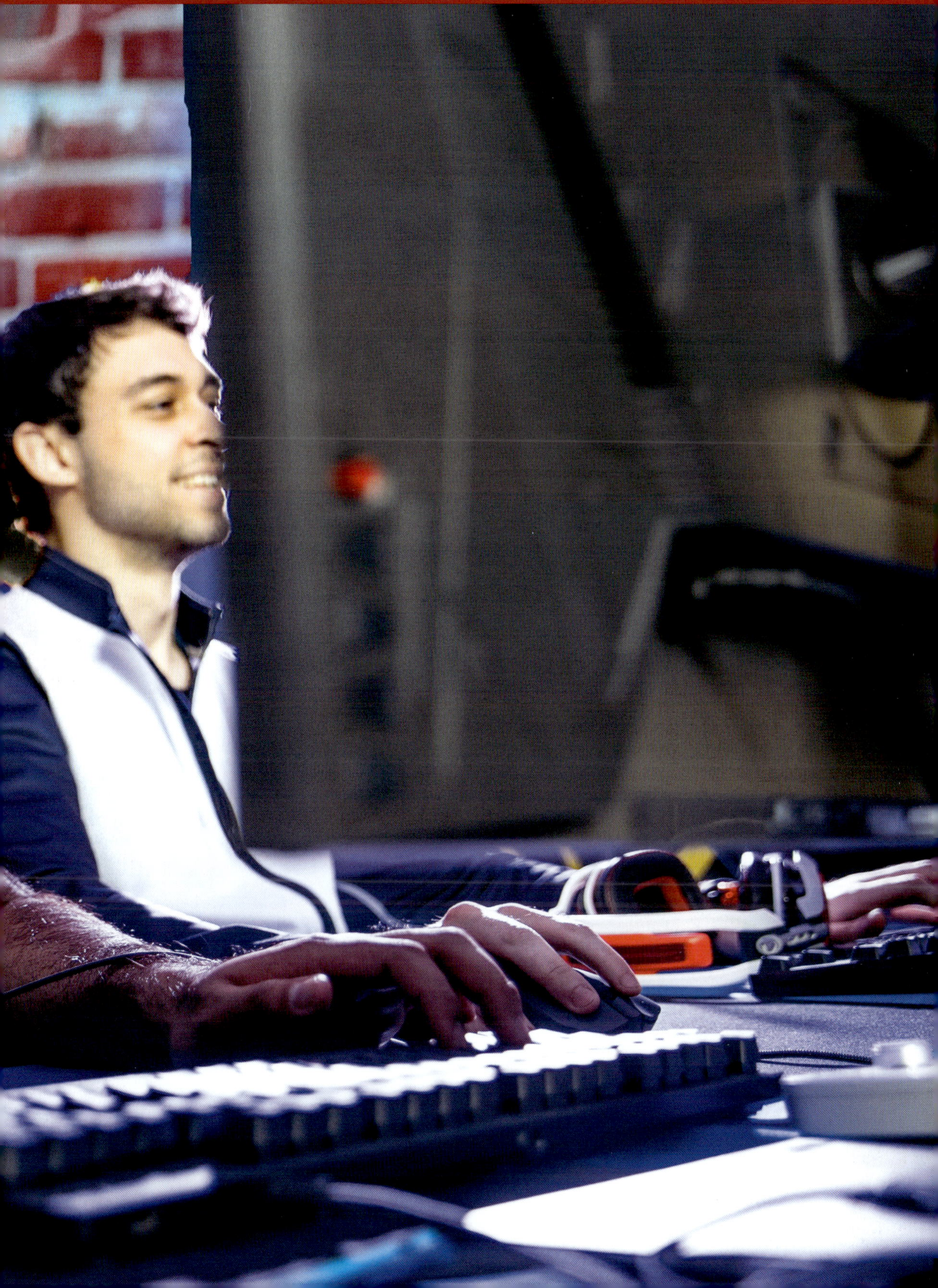

Emotionen spüren & steuern

Sport fasziniert, weil er Emotionen auslöst: Zu beobachten, wie SportlerInnen sich vor dem Start nervös oder konzentriert bewegen, wie sie loslegen, wenn der Startschuss fällt, wie sich Hoffnung und Freude, unerfüllte Erwartungen und Misserfolge in ihren Gesichtern spiegeln, all das macht Sport für ZuschauerInnen spannend. Hautnah erleben sie mit, wie SportlerInnen erschöpft und befreit oder niedergeschlagen ins Ziel kommen. Oder sie bejubeln die strahlenden SiegerInnen auf dem Podest.

Emotionen spielen jedoch nicht nur für ZuschauerInnen eine bedeutsame Rolle. Auch für die SportlerInnen selbst machen die emotionalen Erlebnisse oft den Reiz des Sports aus: Freude, Begeisterung, Mut oder Stolz können motivieren und den Blick schärfen. Auch vermeintlich negative Emotionen wie Wut wirken sich manchmal positiv aus. Strengt sich beispielsweise ein(e) SportlerIn aus Ärger über einen Punktverlust besonders an, kann das zum Erfolg führen.

Anders sieht es aus, wenn Ärger die SportlerInnen sprichwörtlich „blind vor Wut" macht. Dann geht der Fokus verloren und die Leistung fällt ab. Oft hindern auch Angst, Scham, Überraschung und Traurigkeit SportlerInnen daran, im Wettkampf das abzurufen, was sie tatsächlich können. Viele kennen das Gefühl gut, wenn die Nervosität so stark ansteigt, dass man keinen klaren Gedanken mehr fassen kann. Emotionen beeinflussen zudem unsere Motorik. Manchmal bewegen sich SportlerInnen dann verkrampft oder fallen in alte Bewegungsmuster zurück.

Emotionen können also gleichermaßen sportliche Leistungen unterstützen wie behindern. Wie so oft macht auch hier die Dosis das Gift: Jede(r) erfolgreiche SportlerIn wird bestätigen, dass man eine gewisse Anspannung vor dem Wettkampf braucht, um leistungsfähig zu sein. Im Mentalen Training geht es also nicht darum, Emotionen auszuschalten oder sie zu bekämpfen. Stattdessen geht es darum, die richtige Balance zwischen Emotion und gestellter Aufgabe zu finden (siehe „Performance-Cocktail").

Die richtige Wettkampfspannung zu finden, ist eine zentrale Aufgabe, die bereits NachwuchssportlerInnen lernen können und sollten. Dabei trainieren sie beim Sport gleichzeitig für andere Lebensbereiche.

Eine gute Selbst- und Emotionsregulation bringt ihnen:[1]

- höhere Stress- und Frustrationstoleranz,
- bessere Sozialkompetenz,
- bessere verbale und schulische Leistungen,
- bessere Aufmerksamkeitsleistungen,
- höhere Anstrengungs- und Leistungsbereitschaft,
- stärker ausgeprägtes Planungsverhalten,
- besseres Gesundheitsverhalten (sie vermeiden eher Alkohol, Drogen, Nikotin).

Was ist eine Emotion?

Im Alltag werden Emotionen oft mit Gefühlen gleichgesetzt. Genau genommen ist das Gefühl jedoch nur ein Teil der Emotion, und zwar der subjektiv erlebbare Teil. Tatsächlich handelt es sich bei Emotionen um komplexe Reaktionsmuster aus vier wichtigen Bestandteilen:

„Emotionen umfassen physiologische Erregungen, Gefühle, kognitive Prozesse und Reaktionen im Verhalten als Antwort auf eine Situation, die als persönlich bedeutsam wahrgenommen wurde."[2]

Emotionen helfen uns, automatisch und schnell zu reagieren. Der lateinische Begriff „emovere", den man mit „herausbewegen" übersetzen kann, weist darauf hin. Damit teilt sich die Emotion den Wortstamm mit der Motivation (lat. movere) und der Motorik (lat. Motor, abgeleitet von movere).

Auch der englische Begriff „(e)motion" verdeutlicht Emotionen als „In-Bewegung-Bringer". Das gilt für große Bewegungen – etwa bei Kampf oder Flucht – genauso wie für Gestik, Mimik, Stimme und Körpersprache. Mit der Übung „E-Motion" lernen SportlerInnen die handlungsleitende Funktion ihrer Emotionen kennen und nutzen.

Gleichzeitig informieren Emotionen als wirksames Frühwarnsystem: Indem wir eine Situation unbewusst bewerten, signalisiert uns der Körper über Emotionen Gefahren, bevor wir sie bewusst wahrnehmen. Angst kann beispielsweise eine Bedrohung signalisieren und hilft, den Körper auf Kampf oder Flucht vorbereiten. Zu dieser Reaktion gehören körperliche Anspannungen wie Herzrasen, schnelle Atmung oder die berühmte Gänsehaut – SportlerInnen erleben sich als nervös. Sind diese Emotionen variabel, spricht man häufig von Stimmungen und Affekten. Während Affekte eher kurze Zeit dauern, können Stimmungen lang anhalten.

Kurz gesagt: Emotionen sind komplexe Muster aus Gedanken, körperlichen Veränderungen und Gefühlen, die durch interne oder externe Auslöser in Gang gebracht werden und in uns automatische Reaktionen hervorrufen. Diese Zusammenhänge spiegeln sich in der Übung „Die ABER-Analyse" wider. Die SportlerInnen lernen dabei ihre individuellen emotionalen Muster kennen und entwickeln Ideen, diese bewusst zu beeinflussen (siehe „Der ABER-Plan").

Nur wer seine Emotionen kennt, kann sie lesen, steuern und regulieren lernen.[3] Deshalb werden in diesem Kapitel zunächst psychoedukative Übungen vorgestellt, in denen SportlerInnen mehr über Emotionen erfahren. Danach folgen Übungen, die SportlerInnen unterstützen, ihre Emotionen zu steuern und zu regulieren. Über Emotionen zu sprechen, fällt vielen schwer. Das zu üben, macht jedoch erst emotional kompetent. TrainerInnen sollten sich gerade mit jungen SportlerInnen immer wieder über Emotionen austauschen (siehe „Sag's mit Emojis").

Junge SportlerInnen empfinden es als hilfreich, wenn sie mitbekommen, dass sogar die TrainerInnen mal nervös sind oder „vor Freude Luftsprünge" machen. Dennoch sollten sie Vorbild darin bleiben, die Emotionen gut zu steuern. Wobei es weniger die Emotionen sind, die man kontrollieren muss, sondern eher das daraus folgende Verhalten.

Auch im Sport sollte das Motto gelten:

„Alle Emotionen sind erlaubt, aber nicht jedes Verhalten."

Sag's mit Emojis

Ziel:
Emotionen spüren und ausdrücken

Material
Arbeitsblatt Sag's mit Emojis Nr. 4-1

Nur wer übt, über Emotionen zu sprechen (Emotion Talk), kann sie erkennen, benennen und letztlich regulieren. Dieses Emotionswissen, wie es ExpertInnen nennen, zu entwickeln, ist im Vorschul- und Grundschulalter zentral.[3] Kinder lernen implizit und explizit unterschiedliche Emotionen – was sie verursacht, wie jede(r) sie erlebt und ausdrückt – differenziert zu verstehen (Emotionale Skripte). Das Emotionswissen bildet die Grundlage der Emotionsregulation und dafür, dass Kinder beispielsweise prosoziales Verhalten zeigen.

Um emotionale Kompetenz zu entwickeln, sollten SportlerInnen ihre Gefühle verbalisieren können. Diese Übung hilft besonders jungen SportlerInnen, ihre Emotionen durch Emojis auszudrücken. Das Arbeitsblatt 4-1 ist ein Bastelset, mit dem die SportlerInnen unterschiedliche Emojis gestalten können. Allein die Emojis zu basteln hilft, Emotionen besser zu verstehen.

Diese Übung können TrainerInnen beispielsweise in der Wettkampfvor- und nachbereitung einsetzen. Dazu bereiten sie für jede(n) SportlerIn ein Bastelset vor (möglichst farbig ausgedruckt), dass nach dem Wettkampf ausgeteilt wird. Einmal ausgeschnitten, kann das Set immer wieder verwendet werden. Je öfter man die Emojis anwendet, desto leichter fällt es den SportlerInnen, den entsprechenden Ausdruck zu finden. Spielerisch lernen sie so immer besser, ihre Emotionen verbal und mimisch auszudrücken. Folgende W-Fragen unterstützen dabei:

- Wie geht es dem Emoji?
- Was hat dazu geführt, dass es ihm so geht?
- Was bräuchte es, damit es ihm besser geht?

Oft fällt es den Kindern leichter, über das Emoji zu sprechen und nicht über die eigenen Emotionen.[4] Drücken zwei oder mehrere SportlerInnen dieselbe Emotion über unterschiedliche Emojis aus, bietet es sich an, mit den SportlerInnen zu diskutieren, welches Emoji die Emotion für sie stärker verkörpert und warum. Wichtig dabei: Es geht nicht um Richtig oder Falsch, sondern stets um das eigene Erleben.

Anschließend verstaut jede(r) SportlerIn die Einzelteile des Bastelsets in einen mit dem eigenen Namen versehenen Umschlag, der bei den TrainerInnen bleibt. Beim nächsten Termin werden die Umschläge wieder ausgeteilt.

Die Emojis können TrainerInnen noch in vielen anderen Situationen einsetzen: Als Stimmungsspiegel auf Trainingslagern oder bei Busfahrten, damit SportlerInnen herausfinden, wie sie sich vor dem Wettkampf fühlen.

Emotionspantomime

Ziel: Den mimischen und körpersprachlichen Ausdruck von Emotionen fördern

Nicht nur der sprachliche, auch der körpersprachliche und mimische Ausdruck von Emotionen trägt dazu bei, sie besser zu verstehen. Bei dieser Übung lernen SportlerInnen spielerisch, Emotionen wahrzunehmen, auszudrücken und richtig zu lesen. Dies ist eine wichtige Grundlage, um kompetent mit den eigenen Emotionen umzugehen. Zudem fördert es das empathische Miteinander und man lernt, sich selbst zu regulieren.

Für die Übung teilt der*die TrainerIn die SportlerInnen in zwei Gruppen ein, die gegeneinander antreten. Das Ziel: möglichst viele der pantomimisch dargestellten Emotionen zu erraten. Gewonnen hat die Gruppe mit den meisten erratenen Emotionen.

Dazu schreiben die TrainerInnen zuvor verschiedene Emotionen auf Zettel, die in einem Gefäß gesammelt werden. Nacheinander tritt ein Teammitglied vor seine Gruppe, zieht einen Zettel und spielt die entsprechende Emotion vor. Normalerweise kommen die bereits benutzten Zettel nicht mehr zurück ins Gefäß. Alternativ können die SportlerInnen jedoch dieselbe Emotion unterschiedlich darstellen. Dann legt der*die SportlerIn nach der Pantomime den Zettel wieder zurück.

Um welche Emotion es sich handelt, müssen die SportlerInnen der jeweiligen Gruppe innerhalb von 30 Sekunden herausfinden. Damit niemand wahllos rät, hat die Gruppe nur drei Versuche. Gelingt ihnen die Aufgabe, erhält das Team einen Punkt. Erraten die Mitglieder die Emotion nicht, kommt die andere Gruppe dran.

Diese Aufgabe können TrainerInnen immer mal wieder als Abschlussübung nach dem Training einsetzen. So bleibt das Thema Emotionen präsent.

Die unterschiedlichen Emotionen:[5]
Ärger, Begeisterung, Bewunderung, Ekel, Enttäuschung, Erstaunen, Freude, Furcht, Gelassenheit, Gereiztheit, Gleichgültigkeit, Glück, Hass, Interesse, Langweile, Liebe, Mut, Neugierde, Optimismus, Scham, Schreck, Schuld, Sorge, Traurigkeit, Überraschung, Vertrauen, Verwirrung, Verzweiflung, Zufriedenheit.

Emotionsradar

Ziel: Bestandteile der Emotionen differenzieren lernen

Material
Arbeitsblatt Emotionsradar Nr. 4-2

Jede Emotion umfasst vier Bestandteile: physiologische Prozesse (Körper), subjektives Empfinden (Gefühle), kognitive Prozesse (Gedanken) und Reaktionen (Verhalten). Damit SportlerInnen gezielt regulative Strategien einsetzen können, sollten sie diese unterschiedlichen Bestandteile kennen und differenzieren können. Für diese Übung eignen sich besonders intensive und eindeutige Emotionen (siehe „Emotionspantomime").

Zunächst zeichnet der*die TrainerIn, nach Vorlage des Arbeitsblatts, einen großen Radar auf ein Flipchartblatt und erklärt den SportlerInnen die Metapher: Sie sollen die unterschiedlichen Bestandteile der Emotionen „auf dem (Radar-) Schirm haben."[6] Gemeinsam sammeln sie Beispiele für die vier Bestandteile einer Emotion.

Im nächsten Schritt teilt der*die TrainerIn das Arbeitsblatt 4-2 aus. Jede(r) SportlerIn schreibt nun eine emotional besonders intensive Situation der vergangenen Woche auf – egal, ob sie positiv oder negativ wahrgenommen wurde. Wahlweise können die TrainerInnen auch vorgeben, ob die SportlerInnen sich auf ein Training oder einen Wettkampf beziehen sollen. Sie analysieren die Situation nach den vier Gesichtspunkten:

- **Gedanken:** Welche Sätze gingen mir in der Situation durch den Kopf?
- **Gefühle:** Welche Gefühle habe ich in der Situation erlebt?
- **Körper:** Welche körperlichen Veränderungen habe ich wahrgenommen?
- **Verhalten:** Wie hat sich die Emotion in meinem Verhalten gezeigt?

Im Anschluss besprechen die TrainerInnen mit den SportlerInnen, welche Bestandteile der Emotionen ihnen besonders aufgefallen sind. Bleibt bei jemand ein Bereich leer, können die Gruppenmitglieder mit Ideen unterstützen.

Die Übung dient dazu, Emotionen differenziert wahrzunehmen. Obwohl sie nicht darauf abzielt, eine Emotion zu beeinflussen, entwickeln die SportlerInnen normalerweise sofort Lösungsideen. Sie geben an, wie sie sich zukünftig verhalten könnten, um auf das emotionale Erleben einzuwirken. Wenn in den nächsten Einheiten Strategien besprochen wurden, um Emotionen zu regulieren, können die TrainerInnen das Arbeitsblatt wiederholt einsetzen und auf dieser Basis Lösungsstrategien erarbeiten.

Möchten die TrainerInnen bestimmte Situationen analysieren, können diese auch vorgegeben (beispielsweise enge Spielsituationen, Zuschauereinflüsse, Rückschläge, Niederlage) und die Reaktionsmuster auf die Situation von den SportlerInnen individuell erarbeitet werden. So lernen TrainerInnen ihr Team besser kennen und können das eigene Bild über die Einzelnen mit dem Selbstbild der jeweiligen SportlerInnen abgleichen.

Die Emotionsmesslatte

Ziel: Verstehen, wie Erwartungen und Emotionen zusammenhängen

Freude oder Frust entstehen, wenn SportlerInnen Erwartungen übertreffen oder weit darunter bleiben. Welche Emotionen erlebt werden, hängt also sehr davon ab, was erwartet wird.[7] Diese Erwartungen sind oft wenig bewusst und Emotionen liefern Hinweise, die SportlerInnen und TrainerInnen nutzen können: Welche Ansprüche gab es eigentlich? Mit der Übung „Emotionsmesslatte" lernen die SportlerInnen, Erwartungen als eine wichtige Ursache für Emotionen zu verstehen.

Im ersten Schritt der Übung zeichnet der*die TrainerIn eine Hochsprunganlage samt aufgelegter Latte auf ein Flipchart. Die SportlerInnen werden gefragt: Wie würdet ihr euch fühlen, wenn ihr es schafft, die Messlatte zu überspringen? Wie, wenn ihr sie reißt? Im ersten Fall nennen die SportlerInnen meist Freude, im zweiten fallen Begriffe wie Frust oder Trauer. Je nach Alter der SportlerInnen können die TrainerInnen nun weiter fragen, warum diese Emotionen ausgelöst werden und ab welcher Höhe der Messlatte die SportlerInnen anfangen würden, sich zu freuen.

Ihr Fazit: Freude entsteht immer dann, wenn man eine anspruchsvolle Aufgabe bewältigt. Ist die Aufgabe jedoch zu leicht gewählt, kann auch keine Freude aufkommen. Bei einer unlösbaren Aufgabe hingegen – etwa, weil die Messlatte zu hoch liegt – kommt meist auch kein Frust auf. So können die SportlerInnen verstehen, dass ihre Emotionen, etwa nach einem Wettkampf, nicht allein vom Ergebnis abhängen, sondern auch von ihren Erwartungen.

Mit Hilfe des Arbeitsblattes 4-3 legen SportlerInnen nun ihre individuellen Ziele für den nächsten Wettkampf fest. Je nach Alter kann die Komplexität der Zielsetzung erhöht und angepasst werden.[8] Darüber hinaus notieren die SportlerInnen, bei welchem Ergebnis mit welcher Emotion zu rechnen ist. Dies macht die Emotionen vorhersagbarer.

Material
Arbeitsblatt Die Emotionsmesslatte Nr. 4-3

Nach dem Wettkampf zeichnen die SportlerInnen ihr Ergebnis in Bezug zu ihren Erwartungen (Messlatte) auf dem Arbeitsblatt ein. Sie schreiben die Emotionen dazu, die sie direkt danach erlebt haben. Wurde das Ziel verfehlt, können die TrainerInnen den SportlerInnen zu einer realistischen Selbsteinschätzung verhelfen, etwa indem auf Stärken hingewiesen wird.

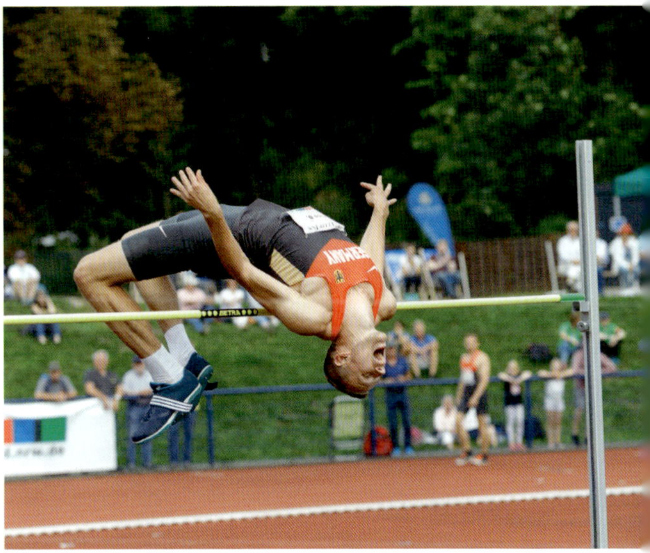

Der Emotionsvulkan

Ziel: Ursachen, Erleben und Ausdruck von Emotionen erforschen

Material
Arbeitsblatt Der Emotionsvulkan Nr. 4-4

Emotionen werden schnell und unbewusst ausgelöst. Manchmal spüren wir sogar erst die körperlichen Reaktionen und Gefühle der Emotion, bevor die Auslöser bewusst werden. Für Außenstehende bleiben viele dieser Prozesse verborgen. Sie können nur Mimik, Körpersprache und Verhalten beobachten.

Das Bild des Vulkans beschreibt die Bereiche der Emotion anschaulich: Auslöser, Erleben und Gedanken sowie Reaktionen. Um diese Zusammenhänge gerade für junge SportlerInnen zu verdeutlichen, zeichnet der*die TrainerIn einen großen Vulkan auf ein Flipchart. Dann wird mit den Sportlern die grobe Funktionsweise erarbeitet: Es wird beispielsweise vermittelt, dass Vulkane meist dort entstehen, wo Erdplatten aufeinanderstoßen. Die Erdplatten stehen für die Auslöser der Emotion. Das Magma, das die Gefühle, körperlichen Emotionen und Gedanken symbolisiert, brodelt im Innern des Vulkans und bleibt den BeobachterInnen meist verborgen. Wenn es sich jedoch den Weg an die Oberfläche gebahnt hat und die Erdkruste durchbricht, sehen die Außenstehenden, was im Inneren passiert ist. Dieser Ausbruch symbolisiert die emotionale Reaktion.

Gemeinsam mit den SportlerInnen sammeln TrainerInnen für eine exemplarisch ausgewählte Situation Beispiele für alle drei Bereiche:

- **Auslöser:** Erfolge, Prüfungen, Lob oder Kritik, Streit, Wettkämpfe
- **Erleben:**
  - **Gedanken:** „ich werde gewinnen“, „ich kann das nicht“, „der mag mich (nicht)“
  - **Gefühle:** Freude, Angst, Frust, Traurigkeit
  - **Körper:** warme oder kalte Hände, zittrige Knie, Harndrang
- **Verhalten:** Luftsprünge, Schreien, Schlagen, Weinen

Mit Hilfe des Arbeitsblatts 4-4 analysiert jede(r) SportlerIn jetzt den eigenen Emotionsvulkan. Dazu wählen sie eine konkrete Situation aus. Zum Abschluss der Übung diskutiert der*die TrainerIn mit den SportlerInnen, bei welchen Gelegenheiten Emotionen unterstützend wirken und auch gezeigt werden dürfen. Natürlich wird auch gesammelt, in welchen Situationen der emotionale Ausbruch eher hinderlich ist. Beispiel: den Schläger beim Tennismatch auf den Boden zu werfen.

Gemeinsam mit den TrainerInnen können die SportlerInnen emotionale Reaktionen auch nach dem Ampelsystem einteilen. Grün: gewünschtes Verhalten, Gelb: noch akzeptables Verhalten, Rot: inakzeptables Verhalten.

Beim Emotionsvulkan geht es vor allem darum, Emotionen zu verstehen. Anhand des Vulkans können TrainerInnen mit den SportlerInnen auch weiterführend erarbeiten, wie sie besser mit ihnen umgehen können. Man überlegt beispielsweise miteinander, ob man Situationen ausweichen oder sie verändern kann.

Die ABER-Analyse

Ziel: Eigene Emotionen und Reaktionen besser verstehen

Der Emotionsvulkan stellt eine kindgerechte Form dar, um Emotionen besser zu verstehen. Für ältere SportlerInnen passt oft das ABER-Schema, ein etwas analytischeres Vorgehen, besser. Das Akronym ABER steht für die vier Bereiche: Auslöser, Bewertung (im Vulkan: Gedanken), Emotion (Gefühle) und Reaktion. Mit dem Arbeitsblatt 4-5 bekommen die SportlerInnen ein Werkzeug an die Hand, mit dem sie ihre Emotionen analysieren, verstehen und letztlich auch beeinflussen können. Dadurch erfahren sie mehr über sich selbst und können sich strukturiert auf den Umgang mit Emotionen, etwa im nächsten Wettkampf, vorbereiten.[9]

Der*die TrainerIn vermittelt den SportlerInnen die grundlegenden Ideen zur Entstehung von Emotionen entweder über den Emotionsvulkan oder anhand der ABER-Analyse. Mit Hilfe des Arbeitsblatts analysieren sie dann individuell eine konkrete, emotional bedeutsame Situation.

Danach reflektiert die TrainerInnen die Ergebnisse mit den SportlerInnen: Er*sie spiegelt ihnen die Außenperspektive und erfragt bestimmte Reaktions- und Regulationsmöglichkeiten. Einmal mit dem Prinzip vertraut, profitieren gerade ältere SportlerInnen davon, die ABER-Analyse immer wieder eigenständig einzusetzen, etwa zur individuellen Wettkampfnachbereitung.

Weil SportlerInnen mit dem ABER-Schema auch Lösungsideen entwickeln können, taucht es am Ende des Kapitels nochmals auf (siehe „Der ABER-Plan"). Dort nutzen sie es, um ihre erarbeiteten Strategien in einem konkreten Handlungsplan für zukünftige Situationen festzuhalten.

Material
Arbeitsblatt Die ABER-Analyse Nr. 4-5

E-Motion

Ziel: Die Funktion unterschiedlicher Emotionen verstehen

Gastautor

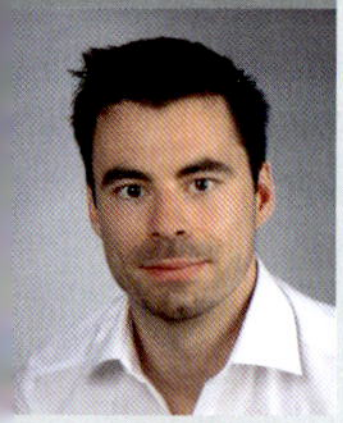

Simon Kohl

Details zum Autor auf Seite 251

Material
Arbeitsblatt E-Motion Nr. 4-6

Im alltäglichen Sprachgebrauch teilen wir Emotionen oft in Kategorien wie „gut" oder „schlecht", „positiv" oder „negativ" ein. Das gilt auch im Sport. Kaum ein(e) FußballerIn spricht davon, dass Angst vor einem wichtigen Spiel hilfreich sei, etwa um den richtigen Antrieb zu finden. Betrachten wir Emotionen jedoch nur einseitig, übersehen wir einen entwicklungsgeschichtlich wichtigen Aspekt: Alle Emotionen sind überlebenswichtig und helfen uns noch heute beim täglichen Handeln. Jede Emotion liefert Informationen und regt zum Handeln an. Letzteres wird im Englischen besonders deutlich, sobald man die Schreibweise etwas verändert: **E-Motion.** Dann wird die Emotion zum „In-Bewegung-Bringer". Setzen wir uns aus dieser Perspektive mit Emotionen auseinander, bieten sie die Chance, uns persönlich weiterzuentwickeln.

Was sagt die Emotion:

- **Angst**: bereitet den Körper auf Kampf- oder Flucht vor.
- **Ekel:** schützt davor, verdorbene Lebensmittel zu essen.
- **Trauer:** zeigt an, dass man sich etwas Verlorenes zurück wünscht.
- **Stolz:** gibt den Impuls, sich zu zeigen.
- **Wut:** hilft, Grenzen zu schützen, die von anderen überschritten wurden.
- **Scham:** hilft, Regeln im Zusammenleben einzuhalten.
- **Freude:** treibt an und unterstützt Zusammenhalt.

In dieser Übung lernen SportlerInnen die informationsgebenden und handlungsleitenden Bestandteile der Emotionen besser kennen. Dazu bespricht der*die TrainerIn diese Bereiche mit den SportlerInnen anhand eines Beispiels (siehe Tabelle). Ausgehend von der wahrgenommenen Emotion, wird zunächst der Auslöser der Emotion herausgearbeitet. Die SportlerInnen überlegen dann, welche Information die Emotion transportiert und welchen Handlungsimpuls sie anstößt. Anschließend teilt der*die TrainerIn den SportlerInnen das Arbeitsblatt 4-6 aus. Jede(r) SportlerIn erinnert sich nun an eine emotional fordernde Situation und analysiert diese anhand des Arbeitsblatts.

Anschließend tauschen sich die SportlerInnen mit den TrainerInnen aus. Dabei geht es primär darum, die unterschiedlichen Bestandteile und Funktionen der Emotion zu verstehen. Im Austausch entwickeln die SportlerInnen oft schon spontane Lösungsideen, wie sie zukünftig auf ihr emotionales Erleben einwirken können. Diese sollten gesammelt und in darauf aufbauenden Einheiten wieder aufgegriffen werden (siehe „Ich kann auch anders").

Auslöser	**Emotion**	**Information**	**Handlungsimpuls**
In welcher Situation tritt die Emotion auf?	Welches Gefühl erlebe ich in welcher Intensität? (Skala: 0–10)	Was könnte mir die Emotion mitteilen wollen?	Was kann ich tun, um dem Hinweis der Emotion nachzukommen?
Penalty schießen beim Eishockey	*Angst (7)*	*Unsicherheit, wichtige Situation*	*Kein Risiko eingehen (Flucht)*

Ich kann auch anders

Ziel:
Emotionen zur Handlungssteuerung nutzen

In der Psychologie unterscheidet man zwischen einer emotionalen Erst- und Zweitreaktion.[10] Erstere erfolgt mehr oder weniger automatisch auf die Situation und lässt sich kaum beeinflussen. Ein einfaches Beispiel: Ein kurzer Schreck, wir ducken uns und weichen so einer Frisbee aus. Oft profitieren wir von solchen „Handlungen im Affekt". Manchmal ist es hingegen weniger sinnvoll, seinem ersten Impuls zu folgen. Bekommt ein(e) FußballerIn etwa eine Gelbe Karte, muss er*sie seine Emotionen kontrollieren, um weiteren Schaden zu vermeiden. Diesen Eingriff in das Gefühlsleben bezeichnet man als emotionale Zweitreaktion.

In dieser Übung lernen die SportlerInnen, den handlungsleitenden Impuls der Emotionen besser zu verstehen. Darüber hinaus lernen sie, dass sie diesem Impuls nicht immer folgen müssen, sondern selbstgesteuert reagieren können. Dazu überlegen sie sich erste Strategien, um ihre Emotionen zu steuern.

Der*die TrainerIn teilt den SportlerInnen das Arbeitsblatt 4-7 aus und erklärt ihnen den Unterschied zwischen den zwei emotionalen Reaktionen: Handlung im Affekt und selbstgesteuerte Handlung. Dazu wird die handlungsleitende Funktion der Emotionen (siehe „E-Motion") erläutert. Wer es schafft, über unterschiedliche Strategien seine Emotionen zu beeinflussen, nimmt so auch Einfluss auf seine Reaktionen.

Unter diesem Gesichtspunkt wählen die SportlerInnen eine Situation aus, bei der ihnen kürzlich „die Sicherung durchgeknallt" ist. Sie tragen die Emotion und den darauffolgenden Impuls (Handlung im Affekt) in die entsprechenden Felder ein. Im nächsten Schritt überlegen sie, welche Emotionen ihnen geholfen hätten, sinnvoller zu reagieren (selbstgesteuerte Handlung). Fallen den SportlerInnen selbst schon erste Strategien ein, wie diese Emotionen erzeugt werden können, werden sie gleich auf dem Arbeitsblatt notiert.

Dann stellen sich die SportlerInnen gegenseitig ihre Ergebnisse vor. Sollte ein(e) SportlerIn noch keine Strategien gefunden haben, bringen die anderen ihre Ideen ein. In der Gruppe werden so ganz unterschiedliche Strategien zur Emotionsregulation gesammelt. Diese können die TrainerInnen auch gezielt mit Ideen aus diesem Buch (siehe auch Teil 1) ergänzen.

Material
Arbeitsblatt Ich kann auch anders Nr. 4-7

Die 4-7-8-Atmung

Ziel:
Emotionen über Atmung steuern

Aus dem Volksmund kennen viele SportlerInnen den Ausspruch: „Atme mal tief durch!" Dieser emotionsregulierende Effekt der Atmung konnte wissenschaftlich gut nachgewiesen werden.[11] Deshalb gelten Techniken der Atementspannung als wichtiger Baustein der Emotionsregulation. Wir stellen hier die 4-7-8-Atmung[12] als eine Methode vor, Emotionen über die Atmung zu verändern. Sie verdankt ihren Namen dem Atemrhythmus: vier Sekunden einatmen, sieben Sekunden halten, acht Sekunden ausatmen.

Zunächst erklärt der*die TrainerIn den prinzipiellen Ablauf: Beim Einatmen holen die SportlerInnen durch die Nase tief Luft (vier Sekunden). Anschließend halten sie die Luft entspannt an, ohne dabei zu pressen (sieben Sekunden). Beim Ausatmen lassen sie die Luft locker und wie von alleine durch den Mund aus dem Körper strömen (acht Sekunden). Das Geheimnis für die entspannende Wirkung der Übung liegt in der verlängerten – doppelt so langen – Ausatmung.

Abhängig vom Alter und dem Lungenvolumen der SportlerInnen, kann der hier vorgestellte Rhythmus zu kurz oder zu lang sein. Deshalb sollten die TrainerInnen mit den SportlerInnen herausfinden, wie ihr eigener Rhythmus sein muss, um die entspannende Wirkung der Übung zu erleben. Das Verhältnis von 1 : 2 (Ein- zu Ausatmen) sollte dabei in etwa bestehen bleiben. Jede(r) SportlerIn merkt sich seinen* ihren individuellen Rhythmus.

Mit der 4-7-8-Atmung erlernen die SportlerInnen eine Atemtechnik, mit der sie zusätzlich ihre Gedanken beeinflussen können: Durch das Mitzählen der Sekunden lenken sie die Gedanken gleichermaßen auf das Zählen und die Atmung. So werden Grübelgedanken unterbrochen. Mit ein wenig Training schaffen es viele SportlerInnen fast automatisch, das Zählen an den Herzrhythmus anzupassen, also in etwa an einen Sekundentakt.

Zum Abschluss reflektiert der*die TrainerIn die Übung mit den SportlerInnen und sie besprechen, wann und zu welchem Zweck sie die 4-7-8-Atmung einsetzen können. Es sollte betont werden, dass die Methode immer wieder geübt werden muss, und es ist zu empfehlen, sie für zwei Wochen morgens und abends für einige Minuten auszuführen.

Mönch oder Monster?

Ziel:
Emotionen differenziert wahrnehmen und steuern

Besonders bei Emotionen wie Wut oder Angst können wir oft „nicht aus unserer Haut". Obwohl wir wissen, dass wir uns anders verhalten wollen, fällt es uns schwer. Weil diese Situationen meist sehr schnell ablaufen, ist man wie gefangen in seiner Emotion und wünscht sich manchmal, das Ganze ruhiger und mit mehr Abstand von außen zu betrachten.

Diese Fähigkeit, alles etwas distanzierter zu betrachten, schreibt man oft buddhistischen Mönchen zu. Dem kann ein impulsives Monster gegenübergestellt werden: Monster haben zwar viel Power, sind aber schnell reizbar und wütend. Da sie zumeist auch über wenig Intelligenz und kaum Selbstkontrolle verfügen, sind sie nur schwer kontrollierbar und können in den Fantasiewelten, in denen sie leben, enorme Zerstörungen verursachen.

Mit der Übung „Mönch oder Monster?" lernen die Sportler die Vor- und Nachteile beider Figuren kennen und entdecken beide Seiten an sich. Dann arbeiten sie daran, sich selbst zu unterbrechen und wie der „Mönch" mit Ruhe und Abstand auf die Situation zu schauen, wenn sie beginnen, zum „rasenden Monster" zu mutieren. Statt ihren emotionalen Impulsen zu folgen, lernen sie, ihre Emotionen distanziert zu betrachten.

Material
Arbeitsblatt Mönch oder Monster? Nr. 4-8

Anleitung Mönch oder Monster? Nr. 4-9

Vor- und Nachteile der Figuren: Der*die TrainerIn teilt den SportlerInnen das Arbeitsblatt 4-8 aus und bespricht mit ihnen, wofür die beiden Figuren symbolisch stehen. Dann sammeln die SportlerInnen Vor- und Nachteile der beiden Zustände.

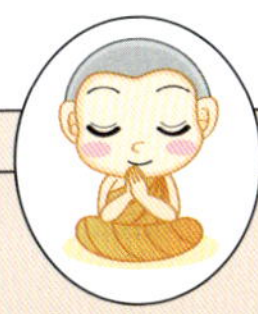

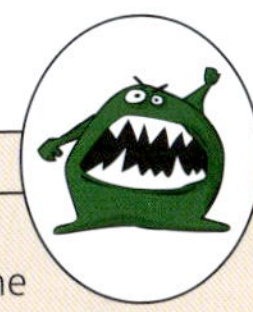

	Mönch	Monster
Vorteile	• ruhig • distanziert • bedacht	• energiegeladen • voll bei der Sache • handlungsstark
Nachteile	• zu wenig Energie • zu ruhig	• blind für Details • unkontrolliert

Die SportlerInnen notieren nun, in welchen Situationen sie sich in den Mönch oder das Monster verwandeln möchten: Wie fühlt sich der Zustand für sie an? Welche Vor- und Nachteile hätte es? Woran würden sie es merken? Die Ergebnisse besprechen sie anschließend mit ihren TrainerInnen. Diesen Zustand des Mönchs sollten die SportlerInnen immer wieder trainieren (siehe Kapitel „Fokus & Gelassenheit"). Um ihn gezielt in der Gruppe zu üben, liest der*die TrainerIn den SportlerInnen die Anleitung 4-9 als Gedankenreise vor.

Die SportlerInnen üben in den folgenden Wochen, sich immer dann zu unterbrechen, wenn sie beginnen, zum rasenden Monster zu werden. Dafür eignen sich kleine gedachte Symbole. In Teil 1 wurde dazu etwa die Idee des Stoppschilds vorgestellt. Alternativ können die SportlerInnen sich eine mentale Warnlampe vorstellen, die immer dann angeht, wenn die Anspannung in einen kritischen Bereich steigt. Dann können sie etwa mit Hilfe einer Refokussierungsroutine (siehe Kapitel „Wettkampfmanagement") wieder etwas Distanz zur Situation schaffen und versuchen, den Zustand des gelassenen Mönchs herzustellen.

So tun als ob

Ziel:
Emotionen über das Verhalten steuern

Der Zusammenhang von Emotionen und körperlichen Prozessen ist keine Einbahnstraße. Wir spüren Emotionen körperlich und können sie wiederum über unsere Haltung und Körpersprache beeinflussen. Diese Wechselwirkung von Körper und Geist nennt man Embodiment.[13]

Wie Emotionen den Körper beeinflussen, zeigt sich besonders deutlich, wenn wir sie nonverbal ausdrücken. Im Alltag hilft uns die Körpersprache zu verstehen, was die Menschen um uns herum fühlen und vorhaben. Im Sport ist der Ausdruck von Emotionen genau deshalb manchmal nicht sinnvoll. Zeige ich negative Emotionen, stärkt das meine(n) GegnerIn: So bekommt er*sie mit, dass ich meine Nerven nicht richtig im Griff habe.

Das Prinzip des Embodiments können sich die SportlerInnen jedoch auch zunutze machen. Indem sie ihre Gestik, Mimik und Körpersprache beeinflussen, wirkt das auf ihre Emotionen zurück. Ob SportlerInnen mit gesenktem Kopf, hängenden Schultern und unsicherem Gesichtsausdruck an den Start gehen oder ob sie mit lockerer Körperhaltung, breiten Schultern und freudigem Gesichtsausdruck in den Wettkampf starten, macht einen großen Unterschied im emotionalen Erleben.

Diese Wechselwirkung von Körper und Emotionen bildet die Basis der hier vorgestellten Übung. Zunächst sammeln die TrainerInnen mit den SportlerInnen kritische Situationen in ihrem Sport. Das kann die Vorstartsituation sein, der Aufschlag, Standardsituationen oder Fehler und Rückschläge. Im zweiten Schritt besprechen die TrainerInnen mit den SportlerInnen positive emotionale Zustände, die sie in diesen Situationen unterstützen. Danach sollen die SportlerInnen über Gestik, Mimik und Körpersprache ausdrücken, wie sie diesen emotionalen Zustand „verkörpern" können.

Mit der Handykamera fotografieren sich die SportlerInnen gegenseitig, um die Wirkung festzuhalten und zu analysieren. In den folgenden Trainingseinheiten nehmen die SportlerInnen die angestrebte Körperhaltung immer wieder bewusst ein. Sie spüren gleichzeitig die damit verbundene Emotion und können diese dann in Wettkampfsituationen über die Körperhaltung erzeugen.

My Winner Places

Ziel:
Emotionen über das Verhalten steuern

Eine weitere Möglichkeit, Emotionen zu managen, ist die Beeinflussung der auslösenden Situation.[14] Bei dieser einfachen – aber extrem hilfreichen Strategie – geht es nicht darum, den angsteinflößenden Ort des Wettkampfs gleich fluchtartig zu verlassen! Vielmehr ist das Ziel, sich vorher zu überlegen, welche Bereiche an der Wettkampfstätte sich positiv auf die Emotionen auswirken, um diese dann aufzusuchen. Anders herum sollten SportlerInnen gezielt Situationen vermeiden, die negative Emotionen auslösen.

Die Bereiche der Wettkampfstätte, die die Stimmung positiv beeinflussen, werden hier „Winner Places" genannt. Als „Toxic Places" werden hingegen Bereiche bezeichnet, die sich negativ auf den emotionalen Zustand auswirken. Klar ist, dass ein Platz nicht an sich „toxisch" oder „atoxisch" sein kann. Es liegt also an den SportlerInnen, ihre subjektiven „Winner Places" selbst zu definieren. Zwei Beispiele unterschiedlicher Plätze, die SportlerInnen unterstützend oder hinderlich erleben können:

Der Austausch und das Beisammensein mit anderen SportlerInnen im Startbereich:

- **Toxic:** Andere SportlerInnen unterhalten sich darüber, was alles schiefgehen kann.
- **Winner:** Die SportlerInnen werden durch Gespräche vom Grübeln abgehalten.

Beobachten des laufenden Wettkampfgeschehens:

- **Toxic:** Die SportlerInnen werden entmutigt, da sie andere SportlerInnen scheitern sehen.
- **Winner:** Die SportlerInnen erhalten Informationen, die sie unterstützen und bestärken.

Die TrainerInnen bestimmen mit den SportlerInnen zunächst wichtige Bereiche der Wettkampfstätte, etwa die Kabine oder den Startbereich. Gemeinsam besprechen sie, wie der Ort sich auf das Erleben auswirkt und wann dies hilfreich oder hinderlich ist. Anschließend bestimmt jede(r) SportlerIn auf dem Arbeitsblatt 4-10 Orte, die er*sie zu „Winner Places" macht, und „Toxic Places", die er*sie meiden möchte. Nicht für jeden „Winner Place" muss ein „Toxic Place" gefunden werden, umgekehrt jedoch schon. Die SportlerInnen schreiben chronologisch auf, wie sich unterschiedliche Orte am Wettkampftag auf sie auswirken. Anschließend tauschen sie sich mit den TrainerInnen über ihre Ergebnisse aus.

Teilweise geben das Wettkampfprotokoll oder die Teamabläufe jedoch bestimmte Bereiche vor, in denen sich die SportlerInnen aufhalten sollen. Wenn sich diese negativ auf das Erleben der SportlerInnen auswirken (z. B. Strafbank beim Eishockey), kann man andere Abläufe diskutieren oder sie müssen lernen, ihre Einstellungen zu verändern.

Toxische Plätze hängen manchmal auch mit bestimmten Personen zusammen, die sich dort aufhalten, etwa ZuschauerInnen, GegnerInnen, Eltern oder Teammitglieder. Die TrainerInnen können diese Zusatzfrage nach toxischen Personen mit Fingerspitzengefühl in der Gruppe ansprechen. Zeigen sich dabei Spannungen, müssen diese individuell nachbesprochen werden! Dabei können die TrainerInnen auch fragen, wie die Einzelnen bestmöglich am Wettkampfort unterstützt werden können.

Material
Arbeitsblatt My Winner Places Nr. 4-10

Die 5-4-3-2-1-Technik

Ziel:
Emotionen über Gedanken steuern

Material
Anleitung Die 5-4-3-2-1-Technik Nr. 4-11

Emotionaler Stress entsteht oft dadurch, dass wir uns an negative Erlebnisse erinnern oder an zukünftige und als schwierig eingeschätzte Situationen denken. Daher sollten sich SportlerInnen in stressigen Situationen fest in der Gegenwart verankern und sich nicht in Grübelgedanken verlieren. Dies kann gelingen, indem man sich auf den eigenen Körper und die körperlichen Wahrnehmungen konzentriert (siehe „Zentrieren"). Alternativ dazu kann man sich gezielt auf äußere Wahrnehmungen fokussieren. Mit der „5-4-3-2-1-Technik" gelingt es SportlerInnen, sich gedanklich auf das „Hier und Jetzt" zu richten und ihre Emotionen zu beruhigen.[15]

Zunächst erklärt der*die TrainerIn den SportlerInnen das Grundprinzip der Übung. Um die Emotionen zu beruhigen und die Aufmerksamkeit zu steuern, beschreiben sie sich unterschiedliche Wahrnehmungen aus den Bereichen „Sehen", „Hören" und „Spüren". In der ersten Runde charakterisieren die SportlerInnen fünf Dinge, die sie sehen, dann fünf Dinge, die sie hören, und danach fünf Dinge, die sie fühlen. In der nächsten Runde zählen sie jeweils vier Eindrücke auf, es folgen drei usw. Das machen sie so lange, bis sie eine letzte Sache nennen, die sie spüren.

Während die SportlerInnen sich vorsprechen, was sie sehen, hören und spüren, bleibt ihr Blick auf einen Punkt im Raum ausgerichtet, der zuvor festgelegt wurde. Sie können zwar Dinge beschreiben, die sie im peripheren Sehen wahrnehmen, der Blick ruht jedoch weiter auf dem Fixpunkt. Dabei versuchen sie, so wenig wie möglich zu blinzeln. Erst wenn sie die letzte Sinneswahrnehmung aufgezählt haben, dürfen sie die Augen schließen. Dies wird zwar während der Übung als anstrengend erlebt, verstärkt jedoch den beruhigenden Effekt deutlich.

Ist die Basis dieser Technik vermittelt, üben die TrainerInnen sie mit den SportlerInnen ein. Dazu wird die Anleitung 4-11 vorgelesen und die Lücken mit Sinneseindrücken ergänzt, die alle aktuell wahrnehmen können. Die SportlerInnen sollen die Übung regelmäßig etwa zu Hause oder auf Busfahrten trainieren, um langfristig davon zu profitieren. Die Benennung der Wahrnehmungen erfolgt dann lediglich in Gedanken. Hat sich die Methode fest eingeprägt, kann man das Schema in einer Kurzversion (etwa 2-1-Technik) auch am Wettkampfort anwenden, um sich in kurzer Zeit zu beruhigen und zu fokussieren.

! Um zu verstehen, wie die Übung wirkt, hilft die „Computermetapher". Wenn ein Computer mit einem begrenzten Arbeitsspeicher und mit einer bestimmten Aufgabe voll ausgelastet ist, kann man keine weiteren Programme mehr aktivieren und keine weiteren Informationen von der Festplatte holen. Genauso läuft es beim Gehirn. Wenn wir aus drei Sinnessystemen in einer ausreichenden Geschwindigkeit abwechselnd unsere aktuellen Wahrnehmungen in der Gegenwart benennen, hat unser Gehirn keine Kapazität mehr frei, noch über Vergangenes oder Zukünftiges nachzudenken.[16]

Kopfkino fürs Feeling

Ziel:
Emotionen über die Vorstellung steuern

Im Kapitel „Vorstellungstraining" haben wir die Integration von Emotionen ins Vorstellungsbild mit der Übung „Feeling fürs Kopfkino" beschrieben. Man sollte sich beispielsweise nicht nur vorstellen, wie man einen Elfmeter schießt, sondern wie man selbstbewusst einen Elfer versenkt! Mit dem umgedrehten Titel „Kopfkino fürs Feeling" wird bewusst darauf hingewiesen, wie umgekehrt auch Emotionen über die Vorstellung gesteuert werden können.

Im Sport will man meist positive, aber immer leistungsfördernde Emotionen hervorrufen (siehe „Dark Side of Imagery"). TrainerInnen und SportlerInnen sammeln zu Beginn der Übung hilfreiche Emotionen, beispielsweise Freude, Zufriedenheit, Mut, Begeisterung, Gelassenheit. Gemeinsam wählen sie eine Emotion aus, mit der sie beginnen wollen. Der*die TrainerIn fragt die SportlerInnen, in welcher Situation sie diese Emotion einmal intensiv erlebt haben. Wenn alle SportlerInnen eine Situation gefunden und diese kurz beschrieben haben, sollen sie sich im „Kopfkino" erneut in die Situation begeben.
Dazu leitet die TrainerInnen die SportlerInnen in einer Gedankenreise zu ihren individuellen Situationen. Damit die SportlerInnen sich die inneren Bilder konkret vorstellen und die Emotionen intensiv spüren können, werden ihnen die Instruktionen und Fragen der Anleitung 4-12 langsam und mit Pausen vorgelesen.

Nach Abschluss der Gedankenreise reflektiert die Gruppe gemeinsam ihre Erfahrungen. Dazu können die SportlerInnen auf einer Skala von 0–5 einschätzen, wie intensiv sie die Emotion während der Gedankenreise erlebt haben. Zusätzlich diskutieren sie, was ihnen leichtfiel und bei welchem Bereich der Vorstellungen sie sich schwergetan haben.

Auch wenn es einigen SportlerInnen anfangs vielleicht schwerfällt, sich solche emotionalen Bilder lebhaft vorzustellen, sollten die TrainerInnen sie unbedingt ermutigen, dies regelmäßig zu üben. Die Emotionen durch Vorstellungen zu steuern, gilt als zentraler Aspekt des Mentalen Trainings im Sport, der besonders im Wettkampf von außerordentlicher Bedeutung ist.

Material
Anleitung Kopfkino fürs Feeling Nr. 4-12

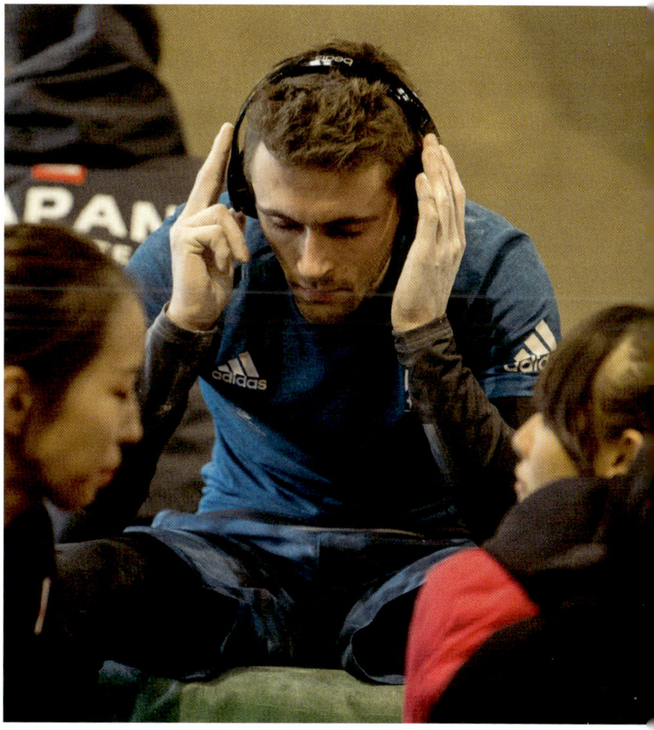

Emotion-Beat

Ziel:
Emotionen durch Musik steuern

Musik erzeugt rasch und intensiv Emotionen.[17] Sie kann uns einen Schauer über den Rücken jagen, fröhlich stimmen, aber auch traurig und nachdenklich machen. Sie kann uns aktivieren und entspannen. Der Einfluss von Musik auf die Emotionen ist wissenschaftlich gut erforscht.[18]

Bei dieser Übung geht es darum, Musik gezielt einzusetzen, um Emotionen zu steuern. Dazu bereiten die TrainerInnen eine Playlist mit verschiedenen Musikstücken vor, die beispielsweise als aktivierend, traurig, fröhlich, leicht, spannungsgeladen oder aggressiv erlebt werden können. Es beginnt mit dem ersten Titel, der nach einigen Sekunden gestoppt wird. Dann fragt der*die TrainerIn die SportlerInnen, welche Emotionen die Musik bei ihnen ausgelöst hat. In vielen Fällen gehen die Meinungen in eine ähnliche Richtung. Teilweise unterscheiden sich die Ansichten jedoch stark, was deutlich macht, dass es individuelle Emotionen und einen unterschiedlichen Musikgeschmack gibt.

Nun bespricht der*die TrainerIn mit den SportlerInnen, welche Titel sie gerne hören und welche Emotionen die Songs bei ihnen auslösen. Weiter besprechen sie, in welchen Situationen sie Musik einsetzen, um ihre Emotionen gezielt zu beeinflussen, und welche Emotionen sie in der jeweiligen Lage erzeugen wollen. Die SportlerInnen erstellen nun für bestimmte Situationen und bestimmte Emotionen eigene Playlists. So kann sich die Trainingsplaylist von der Playlist unterscheiden, die vor dem Wettkampf abgespielt wird. Auch weicht vielleicht die Ausdauer- von der Kraftplaylist ab. Darüber hinaus können sich die Teammitglieder eigene Playlists, etwa für Entspannung, Freude, Aggressivität, Mut zusammenstellen.

Als Hausaufgabe erstellen die SportlerInnen eine Playlist für eine selbst gewählte Situation, die sie beim nächsten Termin anspielen dürfen. Einzige Vorgabe: keine gewaltverherrlichenden, sexistischen oder fremdenfeindlichen Texte. Die SportlerInnen lernen so bewusster, Musik einzusetzen, um bestimmte Emotionen zu erzeugen.

Ein direkter Zugang zu den Emotionen kann auch über Gerüche erzeugt werden. Wird ein bestimmter Geruch zufällig oder bewusst mit einer bestimmten Emotion gekoppelt, wird eine entsprechende „Spur" im Gehirn abgelegt. Wird der Geruch anschließend wahrgenommen, wird die Emotion automatisch erzeugt, ohne bewusst an die Situation zu denken. Einen Duft, den wir in einer schönen Situation erleben, speichern wir also als angenehm ab, etwa Heu im Sommer.

So können Gerüche, einmal an Emotionen gekoppelt, später erneut starke Gefühle auslösen. Dieser Effekt wird von SportlerInnen viel zu selten genutzt. Wir empfehlen deshalb, schon bestehende Verbindungen zwischen Gerüchen und positiven Emotionen zu nutzen. SportlerInnen sollten im Teeladen, in der Parfümerie oder in Gewürzabteilungen, auf Märkten oder in Delikatessenläden nach Gerüchen suchen, die sie im Wettkampf einsetzen, um positive Emotionen zu erzeugen.

Der ABER-Plan

Ziel:
Die eigenen Emotionen und Reaktionen besser verstehen

Das ABER-Schema bildet eine wichtige Grundlage, um Emotionen besser zu verstehen (siehe „Die ABER-Analyse"). Dabei wird jede Emotion in die vier Bereiche unterteilt: Auslöser, Bewertungen bzw. Gedanken, Emotion (Körperempfindungen und Gefühle) und Reaktionen. Um sich einen Plan zu machen, wie Emotionen und Reaktionen in zukünftigen Situationen beeinflusst werden können, wird der ABER-Plan eingesetzt.

In diesem Kapitel wurden verschiedene Übungen vorgestellt, um bewusster mit Emotionen umzugehen und sie bei wichtigen Gelegenheiten zu steuern (siehe Tabelle). Ergänzend dazu sammeln SportlerInnen und TrainerInnen gemeinsam weitere Strategien, wie die SportlerInnen ihre Emotionen im Wettkampf beeinflussen können. Das ABER-Schema hilft den SportlerInnen dabei, neue Ideen zu generieren, wie sie in den Phasen der Emotionsentstehung „einen Fuß in die Tür" bekommen und automatisch ablaufende emotionale Reaktionsmuster beeinflussen können.

Auslöser:	• My Winner Place
Bewertung:	• Ich kann auch anders • Die 5-4-3-2-1-Technik
Emotion:	• Mönch oder Monster? • Kopfkino fürs Feeling • Emotion-Beat
Reaktion:	• Die 4-7-8-Atmung • So tun als ob

Bei der Übung spricht der*die TrainerIn die einzelnen Bereiche (A-B-E-R) mit den SportlerInnen durch, und gemeinsam tragen sie Techniken zusammen, die helfen, Emotionen zu regulieren. Damit die SportlerInnen sehen, was sie schon können, sollte man die Ideen pro Bereich auf jeweils einem Flipchart-Blatt sammeln.

Dann teilt die TrainerInnen das Arbeitsblatt 4-13 aus. Nun erstellt jede(r) SportlerIn einen Plan, wie zukünftig in welchen Situationen die Emotionen beeinflusst werden können. Anschließend tragen die SportlerInnen ihren individuellen ABER-Plan der Gruppe vor. Dieser Austausch verlangt natürlich etwas Offenheit und eine gute Atmosphäre im Team, bietet den SportlerInnen jedoch noch mal eine gute Inspiration und Gelegenheit, die eigenen Strategien zu ergänzen und sich Ideen bei den Teamkollegen abzuschauen.

Material
Arbeitsblatt Der ABER-Plan Nr. 4-13

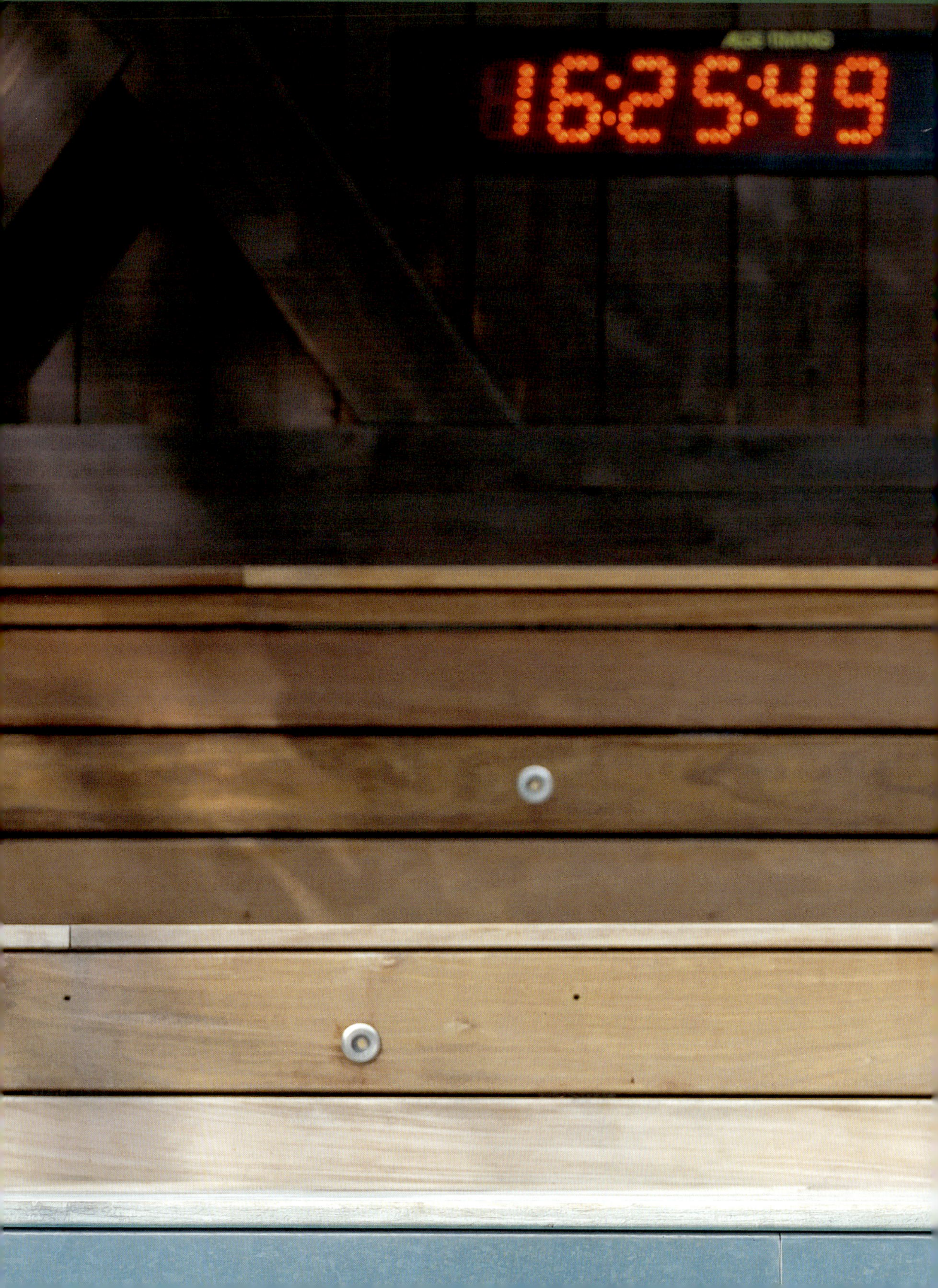
16:25:49

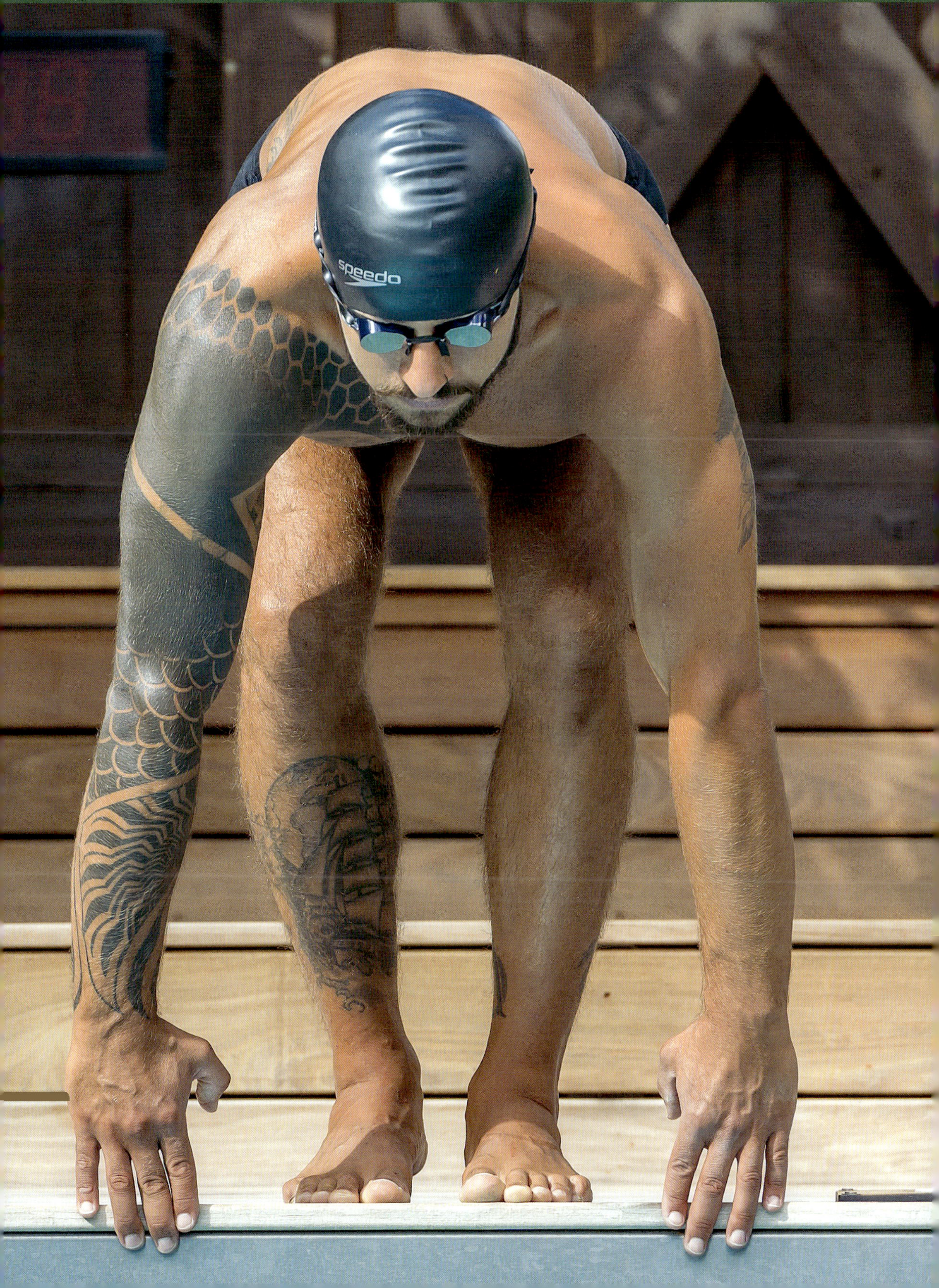
speedo

Fokus & Gelassenheit

Als zentrale Arbeitsbereiche des Mentalen Trainings haben sich in den vergangenen Jahren Vorstellungstraining, Aktivierungsregulation, motivationale Ansätze, Konzentration, Stärkung von Selbstvertrauen und Teambuilding etabliert. Neue Ansätze wie Blickbewegungen, Biofeedback, Kognitionstraining und weitere Einflüsse kamen hinzu. Seit einiger Zeit ergänzt auch das Thema Achtsamkeit das Mentale Training.

Obwohl Achtsamkeit als Bestandteil des Mentalen Trainings noch recht jung ist, ist das Konzept an sich ein sehr altes. Die Achtsamkeit kommt aus der buddhistischen Tradition und wird oft mit Meditation und Spiritualität assoziiert. Mit dem Ziel, sich besser zu fokussieren und gelassener zu werden, wurden in den vergangenen Jahren anwendungsbezogene Achtsamkeitstrainings entwickelt, die sich gut ins Mentale Training integrieren lassen.

Mit Achtsamkeit ist eine absichtliche und möglichst wertfreie Lenkung der Aufmerksamkeit auf den gegenwärtigen Augenblick gemeint. Das Bewusstsein ist wach und offen gegenüber inneren und äußeren Prozessen. Diese Prozesse werden wahrgenommen, ohne sie zu verändern. Dazu bedarf es einer akzeptierenden, wertfreien Haltung.

Obwohl die Achtsamkeitsmeditation entspannt, handelt es sich dabei nicht um ein Entspannungsverfahren. Durch Achtsamkeit erzeugen wir auch keine positiven Gedanken und keinen tranceartigen Zustand in Abwesenheit von Gedanken. Im Gegenteil, in der Achtsamkeit werden Gedanken, so wie sie entstehen, explizit beobachtet. Sie werden wie etwas behandelt, das auftaucht, bleibt und auch wieder verschwindet.

In den USA und Europa trugen die Veröffentlichungen von Kabat-Zinn wesentlich dazu bei, das Konzept der Achtsamkeit zu verbreiten. Das Programm „Mindfulness-Based Stress Reduction" (MBSR)[1] war das erste Achtsamkeitstraining, das zur Stressbewältigung und der Therapie von PatientInnen etwa mit Angststörungen genutzt wurde. Aus ihm entstanden unterschiedliche Konzepte mit verschiedenen Schwerpunkten. Etwa der „Mindfulness-Acceptance-Commitment"-Ansatz (MAC)[2], der mit dem Fokus der Leistungsoptimierung in der Sportpsychologie angewandt wird. Der Ansatz des MAC gründet auf dem Konzept der Akzeptanz- und Commitment-Therapie (ACT)[3], das auf Basis der Achtsamkeit die Ideen der Akzeptanz und Entschlossenheit in den Vorderrund rückt.

Der MAC-Ansatz als Trainingselement hilft SportlerInnen, einen wettkampforientierten Zustand im gegenwärtigen Moment zu erzeugen. Auch unterstützt er SportlerInnen dabei, leistungsorientierte Werte zu erarbeiten und ihr Verhalten in Hinblick auf diese Ziele auszurichten. Dabei werden die Persönlichkeit weiterentwickelt und mentale Fähigkeiten ausdifferenziert. So verstanden bedeutet Achtsamkeit, sich in einem Moment darauf zu fokussieren, eine sportliche Aufgabe zu bewältigen.

Die zentralen Bestandteile unterschiedlicher Achtsamkeitsansätze im Sport sind Gegenwärtigkeit, Aufmerksamkeitslenkung, Akzeptanz, Defusion, Bereitschaft, Selbst-Mitgefühl, leistungsorientierte Werte und Commitment. Diese Bestandteile werden im Folgenden weiter ausgeführt und in diesem Kapitel mit praktischen Übungen vertieft.

Unter **Gegenwärtigkeit** wird ein Zustand verstanden, der als Bewusstsein im „Hier und Jetzt" beschrieben wird. Statt in Gedanken abzuschweifen, sich Luftschlösser zu bauen oder Horrorszenarien auszumalen, bedeutet Gegenwärtigkeit, ganz im aktuellen Moment zu verweilen. Gelingt uns das, fühlen wir uns wach und offen.

Die **Aufmerksamkeitslenkung** geht mit dem Zustand der Gegenwärtigkeit einher. Wer mit Achtsamkeitstraining beginnt, übt vor allem, seine Aufmerksamkeit immer wieder auf den gegenwärtigen Moment und die aktuelle Aufgabe zu richten. Diese Methode ist auch bei klassischen Ansätzen zur Steuerung der Konzentration in der Sportpsychologie zu finden. Da Konzentration und Aufmerksamkeitslenkung ein Schwerpunkt in Teil 1 sind, wird das Thema in diesem Buch weniger intensiv behandelt.

Auch wenn die Aufmerksamkeit im Sport bisweilen eher auf handlungsrelevante Aspekte in der Außenwelt als auf innere Vorgänge gerichtet wird, ist es wichtig, interne Prozesse zu beachten. Der sogenannte **Innere Beobachter** soll Gedanken, Gefühle und körperliche Aspekte wahrnehmen. Er dient als Beobachter der Innenwelt, der Empfindungen nicht bewertet.

Akzeptanz bildet einen weiteren Baustein der Achtsamkeit und meint das Einnehmen einer beobachtenden Grundhaltung. Auf Bewertungen der Situation wie „gut" oder „schlecht" wird bewusst verzichtet und Situationen werden als objektive Gegebenheit betrachtet. Jede(r) SportlerIn weiß, wie schwer das ist, denn gerade der Wettkampfsport fußt darauf, gute Ergebnisse erzielen zu wollen. Akzeptanz hilft SportlerInnen, da sie zu Gelassenheit in Wettkampfsituationen führt. Sie sollte jedoch keinesfalls mit Gleichgültigkeit verwechselt werden.

Defusion gehört zur beobachtenden und akzeptierenden Grundhaltung und bedeutet, die Gedanken, Gefühle und körperlichen Empfindungen vom Verhalten bzw. der Identität der eigenen Person zu lösen. Ein Beispiel für eine Fusion von Gedanken und Verhalten wäre, zu denken „Ich kann das nicht" und reflexartig aufzugeben. Die defusionierte Variante dieses Gedankens wäre „Ich denke, dass ich das nicht kann". So beeinflusst der Gedanke die Handlung weniger.

Wichtig: Beobachtung, Akzeptanz und Defusion sind keine Mittel, um negative Gedanken, Gefühle und körperliche Empfindungen auszuschalten. Deshalb müssen SportlerInnen innerlich bereit sein, diesen Empfindungen zu begegnen. Das Konzept der **Bereitschaft** ist wichtig, da wir unsere Empfindungen nicht kontrollieren können. Wir können nur beeinflussen, wie wir mit Empfindungen umgehen, ob wir bereit sind, Emotionen mutig und entschlossen anzunehmen.

Self-Compassioni[4] oder **Selbst-Mitgefühl** meint einen wertschätzenden und positiven Umgang mit sich selbst. Selbst-Mitgefühl bedeutet, von negativen Erlebnissen und Emotionen berührt zu sein, und das Bestreben, dieses negative Erleben zu lindern. Das heißt, sich mit Verständnis und Fürsorge zu begegnen[5]. Selbst-Mitgefühl ist bei allen persönlichen Leidenserfahrungen relevant, einschließlich wahrgenommener Herausforderungen, Unzulänglichkeiten, Misserfolge und erlebten Schmerzen.

Doch Vorsicht: Es geht nicht darum, sich abzulenken oder schlechte Gefühle beiseitezuschieben. Stattdessen akzeptieren wir im Selbst-Mitgefühl, dass der Moment schmerzhaft ist, trösten uns selbst und erinnern uns daran, dass Misserfolge, Unzulänglichkeiten und Schwächen zum Leben dazugehören. So können wir uns selbst unterstützen und trösten, sodass wir mit einer schwierigen Situation gut umgehen.

In einem weiter gefassten Verständnis von Achtsamkeit sind auch die inneren Werte und die Verpflichtung diesen Werten gegenüber zentral. Sie dienen als Orientierungshilfe bei Entscheidungen und Handlungen. Im MAC-Ansatz wird explizit auf die Entwicklung von **leistungsorientierten Werten** im Sport hingewiesen. Innere Werte zu entwickeln und das Commitment, seine zukünftigen Entscheidungen und Verhaltensweisen diesen unterzuordnen, helfen, die eigenen Ziele fokussiert zu verfolgen.

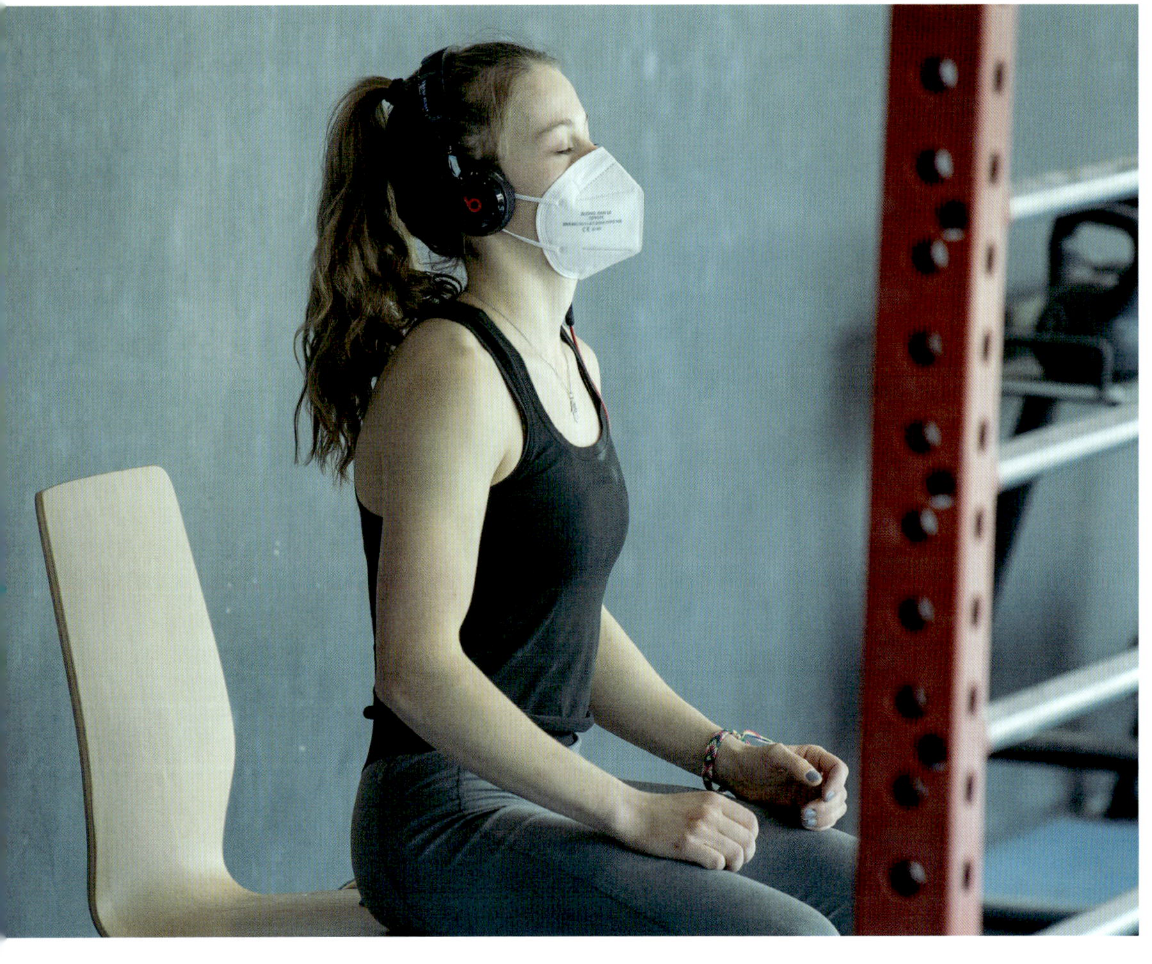

Achtsam oder abgelenkt?

Ziel:
Einen achtsamen Zustand wahrnehmen und steuern

Vielen SportlerInnen fällt es schwer, bewusst und ohne zu werten bei einer Sache zu bleiben. Im Training etwa ist es üblich, Ausführungen in „gut" oder „schlecht", in „cool" oder „peinlich" zu kategorisieren. Darüber hinaus locken Gespräche mit Teammitgliedern oder das Handy zur Ablenkung. So entsteht im Training die Gewohnheit, auf alle möglichen inneren und äußeren Ablenkungen zu reagieren. Das führt dazu, dass SportlerInnen auch im Wettkampf leichter abschweifen und ihren Fokus verlieren.

Deshalb sollen SportlerInnen üben, achtsam zu trainieren, bewusst und nicht bewertend bei der Sache zu bleiben und sich so einen ruhigen fokussierten Konzentrationsstil angewöhnen. Wesentliches Vorbild sind dabei die TrainerInnen und ihre Gestaltung des Trainings. Sind sie fokussiert, ruhig und auf Entwicklungen statt auf Fehler bedacht, überträgt sich diese Haltung auch auf die SportlerInnen. Für SportlerInnen ist es eine gute Einstiegsübung, eine achtsame Trainingsgestaltung mal am eigenen Leib zu spüren: Die TrainerInnen wechseln dazu in einer Trainingseinheit zwischen einem achtsamen und einem abgelenkten Modus. So erleben die SportlerInnen sehr direkt, wie sich die beiden Modi auf ihr Erleben und Handeln auswirken.

Nachdem der*die TrainerIn das grundlegende Konzept der Achtsamkeit eingeführt hat, wird diese Übung als Experiment während des Trainings angekündigt. Dazu werden die SportlerInnen angehalten, zehn Minuten lang unkonzentriert zu trainieren. Sie sollen also genau das machen, was sonst verboten ist: sich unterhalten, spaßen und all das tun, wozu sie gerade Lust haben. Trainiert wird eher nebenbei. Meist sorgt schon die Ankündigung der Aufgabe für Heiterkeit und Zerstreuung.

Die TrainerInnen können die Sportler noch zusätzlich ablenken, indem zwischendurch gefragt wird, wie es zu Hause läuft oder was die SportlerInnen nach dem Training vorhaben. So werden ihre Gedanken bewusst in die Zukunft oder die Vergangenheit gelenkt, weg vom gegenwärtigen Moment. Damit die Konzentration auf die Sache weiter sinkt, suchen die TrainerInnen eine sehr einfache Aufgabe aus. Das minimiert auch das Verletzungsrisiko.

Nach einer kurzen Unterbrechung sollen die SportlerInnen nun zehn Minuten betont achtsam trainieren. Ihr Fokus sollte ausschließlich auf der Übung liegen. Entscheidend ist, dass sie Ablenkungen nicht nachgehen, störende Impulse vorbeiziehen lassen und selbst möglichst wenig bewerten. Also sich mit der Aufgabe befassen und Details der Bewegungen spüren, welche die Abläufe verbessern.

Nach dem Experiment reflektieren TrainerIn und SportlerInnen, was der jeweilige Modus bei ihnen ausgelöst hat. Wichtig ist, dass das Ergebnis der Reflexion nicht bedeutet, dass ausschließlich achtsam trainiert werden darf. Stattdessen können die unterschiedlichen Modi zu verschiedenen Zeitpunkten im Training ihre Berechtigung haben. Während es beim Warmlaufen beispielsweise in Ordnung sein kann, sich mit den FreundInnen über alles Mögliche auszutauschen, sollte es im Verlauf des Trainings Phasen geben, in denen der Fokus ausschließlich auf der sportlichen Tätigkeit liegt.

Genusstraining

Ziel: Die Aufmerksamkeit mit verschiedenen Sinnen auf ein Objekt richten

Zentrales Ziel der Achtsamkeit ist, die Aufmerksamkeit auf den gegenwärtigen Moment zu lenken. Wie etwa beim Essen: Wir können die Speisen genießen und bei der Sache sein oder schnell nebenher einen Snack zu uns nehmen, ohne wirklich aufs Essen zu achten. Beim MBSR-Ansatz gibt es passend dazu die „Rosinenübung". Die Aufgabe besteht darin, eine Rosine zu essen und den Vorgang mit allen Sinnen bewusst wahrzunehmen. Wie sieht sie aus? Wie fühlt sie sich an? Wie riecht sie? Wie schmeckt sie?

Diese Übung lässt sich genauso mit jedem anderen Lebensmittel durchführen. Es kann Süßes, Saures oder Salziges verwendet werden. Der*die TrainerIn bietet den SportlerInnen verschiedene Lebensmittel in mundgerechten Häppchen an. Jede(r) SportlerIn wählt ein Stück (z. B. Rosine, Schokolade, Apfel oder Olive) aus.

Sehen: Zunächst betrachten die SportlerInnen die Rosine. Sie sollen sie genau inspizieren, als würden sie die Frucht zum ersten Mal sehen.

Fühlen: Nun konzentrieren sich die SportlerInnen darauf, wie sich die Rosine anfühlt. Sie können behutsam mit den Fingerspitzen darüberfahren, sie ein wenig zwischen den Fingern drücken und das Gewicht wahrnehmen.

Hören: Jetzt hören die SportlerInnen genau hin, ob sie akustisch etwas wahrnehmen, wenn sie etwa die Rosine zwischen den Fingern leicht quetschen. Haben sie ein Stück Schokolade gewählt, können sie ein Stück davon abbrechen.

Riechen: Die SportlerInnen führen die Rosine oder ein anderes Lebensmittel nun ganz dicht zur Nase und riechen daran.

Schmecken: Zum Abschluss nehmen die SportlerInnen die Rosine in den Mund. Zunächst bewegen sie die Rosine zwischen Zunge und Gaumen hin und her. Dann zerkauen sie sie langsam und nehmen die Veränderung wahr.

Im Anschluss reflektieren TrainerIn und SportlerInnen die Übung. Der*die TrainerIn fragt, wie die SportlerInnen das Lebensmittel wahrgenommen haben, was für sie besonders auffällig oder überraschend war und wie es ihnen gelungen ist, mit der Aufmerksamkeit bei der Sache zu bleiben. Abschließend wird besprochen, wie sich die Übung auf den Sport übertragen lässt und wann es in Training und Wettkampf hilfreich ist, die Aufmerksamkeit auf einen bestimmten Gegenstand zu richten.

Alternativ kann die Übung auch mit geschlossenen Augen durchgeführt werden. Dann fällt zwar das Sehen weg, aber so fällt es oft leichter, die Aufmerksamkeit zu bündeln. Die TrainerInnen können auch verschiedene Lebensmittel verteilen. Die SportlerInnen erraten, welches Lebensmittel ihnen serviert wurde.

Bei der Durchführung mit geschlossenen Augen sollten zuvor Allergien und Unverträglichkeiten abgeklärt werden.

Das Atemexperiment

Ziel:
Achtsamkeit über die Atmung erleben

Verschiedene Traditionen in Achtsamkeit oder Yoga beziehen ganz wesentlich die Atmung mit ein.[6] Ist sie uns im alltäglichen Handeln kaum bewusst, können wir sie doch willentlich stark beeinflussen. Auch um Anspannung im Sport zu regulieren, ist die Atmung zentral, da wir darüber viele körperliche und geistige Prozesse beeinflussen und so zur Entspannung oder Aktivierung von Körper und Geist beitragen.

In der hier vorgestellten Übung liegt der Fokus zunächst darauf, die Atmung zu beobachten, ohne sie bewusst zu beeinflussen. Das hört sich leicht an, ist es aber nicht. Auf die Atmung zu achten, ohne dabei ihren Rhythmus zu verändern, ist eine Herausforderung, von der viele SportlerInnen profitieren. Im zweiten Teil der Übung können die SportlerInnen auf Basis dieser Erfahrung ihre Atmung leicht variieren und Veränderungen spüren.

Die SportlerInnen können die Übung im Sitzen oder Stehen ausführen. Um sich noch intensiver auf die Übung einzulassen, kann es helfen, die Augen zu schließen. Zuerst sollen die SportlerInnen ihre Atmung beobachten, ohne sie zu beeinflussen. Sie werden angeleitet, wahrzunehmen, ob sie durch Mund oder Nase ein- und ausatmen. Dabei achten sie darauf, wo sie den Luftstrom besonders wahrnehmen und wie sich Brustkorb oder Bauchdecke beim Ein- und beim Ausatmen heben und senken.

Dann wird die Atmung in vier Phasen eingeteilt, die beobachtet werden. Der Kreislauf der Atmung (s. Abbildung) besteht aus Einatmen (1), einer kleinen Pause nach dem Einatmen (2), Ausatmen (3) und wieder einer kleinen Pause nach dem Ausatmen (4). Die SportlerInnen sollen versuchen zu spüren, wie sich ihr Erleben verändert, wenn sie diesen Zyklus beobachten.

Jetzt beginnen die SportlerInnen, mit den unterschiedlichen Phasen der Atmung zu experimentieren, indem sie diese beschleunigen oder verlangsamen. Auch die Pausen zwischen dem Ein- und Ausatmen können variiert werden. Im Fokus steht jedoch weiterhin das Beobachten der Atmung und der körperlichen und psychischen Folgen durch die Veränderung. Die SportlerInnen greifen sich einen Aspekt heraus (z. B. Aufmerksamkeit auf schnelles, tiefes Einatmen) und folgen ihm für einige Atemzüge. Dann beobachten sie einen anderen Aspekt (z. B. langes, ruhiges Ausatmen) und folgen dem Rhythmus für einige Atemzüge, während sie ihr körperliches und psychisches Erleben betrachten.

Ist das Prinzip verstanden, kann die Atembeobachtung auch ins Training integriert werden. So fordert der*die TrainerIn die SportlerInnen z. B. nach einer kurzen Krafteinheit oder nach einer langen Ausdauereinheit auf, ihre Atmung für einige Minuten zu beobachten. Je öfter diese Übung im Training stattfindet, desto besser lernen die SportlerInnen den beobachtenden Fokus der Achtsamkeit.

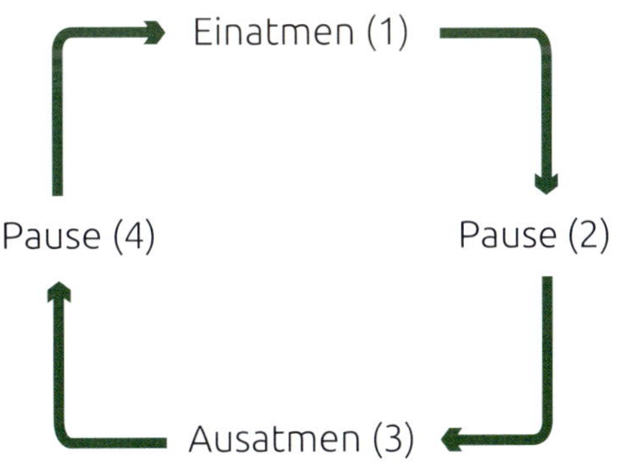

Achtsam trainieren

Ziel:
Achtsamkeitselemente ins Training integrieren

Die SportlerInnen lernen in dieser Übung, ihre Aufmerksamkeit auf die aktuelle Aufgabe zu lenken und diese bewusst und konzentriert auszuführen. Diesen achtsamen Aufmerksamkeitsfokus ins Training zu integrieren, gelingt besonders gut beim Ein- oder Auslaufen, beim Dehnen oder der regenerativen Arbeit mit der Faszienrolle.

Ein- und Auslaufen, Dehnen oder Rollen nutzen die SportlerInnen gerne, um private Gespräche zu führen oder Musik zu hören. Das kann dazu führen, dass sie nicht voll bei der Aufgabe sind und die Übungen eher passiv und nebenbei durchgeführt werden. Zwar sollte der soziale Austausch als Teambuilding bestehen bleiben, doch ist es ratsam, einzelne Trainingselemente zu nutzen, um die Achtsamkeit regelmäßig zu üben.

Ein- & Auslaufen:
Ohne miteinander zu sprechen, laufen sich die SportlerInnen locker warm. Sie beobachten ihren Körper und achten darauf, wie sich einzelne Muskeln und Gelenke anfühlen oder wie sich ihre Atmung verändert. So nehmen sie wahr, wie der gesamte Körper aktiviert wird.

Beim Auslaufen spüren sie, wie der Körper langsam wieder in seinen normalen Modus zurückkehrt. Auch hier nehmen die SportlerInnen Atmung, Muskulatur oder die Gelenke wahr. Der*die TrainerIn kann den SportlerInnen zusätzlich auftragen, etwa auf ihre Fußsohlen zu achten oder den Wind auf der Haut zu spüren. Gute Sinneserfahrungen können auch beim Barfußlaufen gesammelt werden. Im Sinne der Achtsamkeit überlegen sich die TrainerInnen am besten für den Beginn jeder Trainingseinheit etwas anderes, auf das die SportlerInnen für einige Minuten bewusst achten. Im weiteren Verlauf können immer wiederkehrende achtsame Elemente im Warm-up oder Cool-down helfen, einen wachen und achtsam fokussierten Zustand herzustellen. Die SportlerInnen können diese dann in ihre Wettkampfroutine übernehmen.

Dehnen & Rollen:
Auch beim Dehnen und der Arbeit mit der Faszienrolle lässt sich Achtsamkeit trainieren. Bevor die SportlerInnen eine bestimmte Stelle des Körpers bearbeiten, sollen sie wahrnehmen, wie sich der Körper jetzt im Augenblick anfühlt. Anschließend spüren sie, wo und wie sie Zug beim Dehnen oder Druck von der Rolle wahrnehmen. Die Aufmerksamkeit liegt ganz bei der Wahrnehmung des entsprechenden Körperbereichs, selbst kleinste Veränderungen werden erfasst. So trainieren die SportlerInnen nicht nur ihre Achtsamkeit, sondern steigern und überprüfen gleichzeitig die Effekte ihres Trainings. Am Ende der Übung spüren sie noch einmal nach, wie sich ihr Körper anfühlt und nehmen Veränderungen wahr.

Zentrieren

Ziel: Die Aufmerksamkeit in die Gegenwart lenken und die innere Balance finden

LeistungssportlerInnen müssen ihre Komfortzone immer wieder verlassen und setzen sich selbst einem starken Bewertungs- und Leistungsdruck aus. Auch wenn das freiwillig geschieht, kann dieser Druck dazu führen, dass sie ihre innere Balance verlieren. Dann können Ängste und destruktive Gedanken aufkommen, die die SportlerInnen zusätzlich aus der Bahn werfen.

Mit der Zentrierungsübung[7] lernen SportlerInnen, eine gelassene und selbstbewusste Präsenz im „Hier und Jetzt" zu entwickeln. Dabei spüren sie ein Gefühl von Vertrauen, Verbundenheit und Klarheit. Nach regelmäßigem Üben können sie so in Stresssituationen ruhiger und gelassener bleiben und nach Rückschlägen schneller wieder die Balance finden.
Um den Zustand der Gegenwärtigkeit herzustellen, ist es günstig, wenn dieser durch die Übungen „Genusstraining" und „Atemexperiment" bereits erlebt wurde. Das Zentrieren umfasst die folgenden vier Schritte (siehe Anleitung 5-1):

1. **Haltung:** Die SportlerInnen nehmen die Ausgangsposition ein.
2. **Atmung:** Die SportlerInnen achten auf die Atmung.
3. **Balance:** Die SportlerInnen bringen ihre Körper in eine ausgeglichene, stabile Position.
4. **Körperraum:** Die SportlerInnen richten die Aufmerksamkeit, ohne zu bewerten, auf die ganzheitliche Wahrnehmung des Körpers.

Zunächst erklärt der*die TrainerIn den SportlerInnen die Übung und führt sie dann mit Hilfe der Anleitung durch. Um das Zentrieren zu lernen, sollen die SportlerInnen die Übung mehrmals pro Woche selbstständig wiederholen. Den SportlerInnen wird es mit der Zeit immer leichter fallen, sich schnell zu zentrieren. Fortgeschrittene SportlerInnen sind dann in der Lage, sich sehr effizient zu zentrieren und diesen Zustand innerhalb von wenigen Sekunden auch in schwierigen und ablenkenden Umgebungen wie bei Wettkampfunterbrechungen oder in Pausen zu erzeugen.

Material
Anleitung Zentrieren Nr. 5-1

Mein(e) innere(r) BeobachterIn

Ziel:
Innere Prozesse neutral beobachten

Material
Arbeitsblatt Mein(e) innere(r) BeobachterIn Nr. 5-2

Ein Ziel von Achtsamkeitstechniken ist, äußere Reize und innere Prozesse neutral zu beobachten. Mit der Übung „Mein(e) innere(r) BeobachterIn" werden SportlerInnen angeleitet, ihre inneren Prozesse besser wahrzunehmen. Sie werden dabei feststellen, dass es gar nicht so einfach ist, frei von Bewertung zu beobachten. Mit etwas Übung hilft diese Fähigkeit, Drucksituationen gelassener zu bewältigen und negative Emotionen wie Frust und Ärger weniger intensiv und handlungsleitend zu erleben.

Ergänzend wird mit der Übung „Beobachten & Beschreiben" (siehe Kapitel „Vorstellungstraining") eine Technik vorgestellt, mit der sich äußere Objekte genau beobachten und von ihrer Funktion trennen lassen. Darüber hinaus lernen die SportlerInnen mit der Übung „Body-Scan" im Kapitel „Erholung & Regeneration", ihren Körper schrittweise und wertfrei wahrzunehmen.

Im Kapitel „Emotionen spüren & steuern" wurden bereits die einzelnen Bestandteile einer Emotion beschrieben. Diese Bestandteile werden hier wieder aufgegriffen. Der Schwerpunkt liegt nun jedoch weniger darauf, Emotionen zu steuern, sondern sie wertfrei zu beobachten.

Der*die TrainerIn teilt den SportlerInnen dazu das Arbeitsblatt 5-2 aus und bittet sie, ihre im Moment aufkommenden Gedanken, Gefühle und körperlichen Empfindungen aufzuschreiben. Während es SportlerInnen oftmals leichtfällt, ihren Körper und ihre Gedanken zu beobachten, fällt es ihnen meist deutlich schwerer, die eigenen Gefühle zu beschreiben. Deshalb ist es sinnvoll, für diesen Bereich etwas mehr Zeit zu geben, um Veränderungen in Ruhe wahrzunehmen und zu beschreiben.

Die TrainerInnen können diese Beobachtungsaufgabe entweder mit der gesamten Gruppe durchführen oder bei einzelnen SportlerInnen ins Training einbauen. Die Übung sollte jedoch in keinem Fall als Bestrafung eingesetzt werden. Stattdessen ist wichtig, sie in unterschiedlichen emotionalen Zuständen (positiven wie negativen) durchzuführen, um die unterschiedlichen Qualitäten der Emotionen genau beobachten zu können.

Regelmäßig angewendet, lernen SportlerInnen mit dem*der inneren BeobachterIn, ihre Gedanken, Gefühle und körperlichen Empfindungen besser wahrzunehmen, ohne sie sofort zu bewerten oder verändern zu wollen. Langfristig gelingt es ihnen so, im Wettkampf weniger nervös zu sein und gelassener zu bleiben.

Love it, Change it, Leave it

Ziel:
Die Beeinflussbarkeit einer Situation überprüfen

Ein wichtiger Baustein der Achtsamkeit ist die Akzeptanz. Akzeptanz bedeutet nicht, alles stoisch hinzunehmen oder über sich ergehen zu lassen. Vielmehr bedeutet Akzeptanz, die Dinge zu akzeptieren, die nicht beeinflussbar sind. Denn viele Menschen verschwenden oft Energie damit, sich über Dinge zu ärgern, die sie nicht ändern können. Viele SportlerInnen regen sich im Wettkampf über Rahmenbedingungen auf, die für sie nicht beeinflussbar sind.

Ein typisches Beispiel aus dem Alltag ist das Wetter. Aber haben uns die Organisatoren der Olympischen Spiele 2008 in Peking nicht bewiesen, dass sogar das Wetter beeinflussbar ist? Sie ließen die Wolken mit Silberjodid beschießen, damit sie abregneten, bevor sie das Olympiastadion erreichten und die Eröffnungsfeier stören konnten.[8]

Dies ist ein extremes Beispiel, um darzustellen, dass nicht immer eindeutig ist, was akzeptiert werden muss und was veränderbar ist. Diese Problematik findet auch Ausdruck im oft zitierten Gelassenheitsgebet[9]:

„Gib mir die Gelassenheit, Dinge zu akzeptieren, die ich nicht ändern kann, den Mut, Dinge zu verändern, die ich verändern kann, und die Weisheit, das eine vom anderen zu unterscheiden."

Wie das Beispiel der Regenwolken zeigt, liegt es nicht immer nur am Mut, Dinge zu verändern, sondern auch am Energieaufwand, der betrieben werden muss. Manchmal müssen prinzipiell veränderbare Dinge auch hingenommen werden, weil die Veränderung einen zu großen Energieaufwand bedeuten würde.

Anhand des Wolken-Beispiels und des Gebets führt der*die TrainerIn das Thema Beeinflussbarkeit ein. Es bietet sich an, Beispiele am Flipchart zu sammeln und diese unter den Überschriften „Love it", „Change it" und „Leave it" zu sortieren. Alternativ können die SportlerInnen auch in Kleingruppen eine Collage zu den Überschriften erstellen. Auf dieser Grundlage reflektieren die TrainerInnen mit den SportlerInnen, was sie beeinflussen können beziehungsweise welche Faktoren akzeptiert werden müssen, weil sie nicht veränderbar sind.

Auf dem Arbeitsblatt 5-3 ist eine Beeinflussungsanalyse in Form eines Pfaddiagramms dargestellt. Jede(r) SportlerIn bearbeitet das Arbeitsblatt zunächst für sich. Dazu wird eine Situation ausgewählt und die Beeinflussbarkeit bestimmt. Wenn die Situation beeinflussbar ist, stellt sich die Frage, wie viel Energie zur Veränderung aufgewendet werden muss und ob sich dieser Energieaufwand lohnt. Zuletzt werden Maßnahmen reflektiert, um die Situation zu ändern. Für die nicht-beeinflussbaren Aspekte der Situation sammeln die SportlerInnen Strategien, die helfen, diese Aspekte besser akzeptieren zu können. Abschließend diskutieren sie ihre Erkenntnisse in der Gruppe.

Material
Arbeitsblatt Love it, Change it, Leave it Nr. 5-3

Quäl dich, du Sau!

Ziel:
Bereitschaft und Entschlossenheit aufbauen

Material
Arbeitsblatt Quäl dich, du Sau! Nr. 5-4

„Quäl dich, du Sau!" – Mit diesen Worten motivierte Udo Bölts seinen Teamkapitän Jan Ullrich, als dieser 1997 als Gesamtführender auf einer Bergetappe der Tour de France etwas nachließ. Dieses Zitat zeigt, dass die Bereitschaft, sich zu quälen, gerade im Ausdauersport ein wichtiger Baustein zum Erfolg ist. Zu den körperlichen Strapazen kommen die mentalen Herausforderungen. Um sie zu meistern, benötigt man Willensstärke und die Bereitschaft, über die eigenen Grenzen hinauszugehen.

Natürlich müssen SportlerInnen nicht in jedem Training oder Wettkampf leiden. Vor besonderen Herausforderungen hilft es jedoch, ein Bewusstsein dafür zu schaffen, dass körperliche und psychische Strapazen ein Bestandteil des Sports sind. Dies sollten sich SportlerInnen gezielt klarmachen und die Bereitschaft entwickeln, sich Herausforderungen zu stellen. Hadern und schwanken SportlerInnen während des Trainings oder Wettkampfs immer wieder, verstärkt das ihr Anstrengungsempfinden.

Um möglichst wenig Energie in diesen inneren Kampf zu stecken, hilft Achtsamkeit mit den Konzepten von „Bereitschaft" und „Commitment". Zentraler Gedanke dabei: Die SportlerInnen müssen bereits vor der Belastung die Bereitschaft aufbringen, die kommenden Strapazen zu akzeptieren. Die damit verbundenen emotionalen und körperlichen Empfindungen lassen sich nicht kontrollieren, die Bereitschaft dazu aber schon! Mit der „Bereitschaft zum Leiden" lernen SportlerInnen neben den im Kapitel „Emotionen spüren & steuern" beschriebenen Ansätzen eine weitere Möglichkeit, mit Gefühlen, Gedanken und körperlichem Erleben umzugehen.

Die SportlerInnen bereiten sich vor einem anstrengenden Training oder Wettkampf mit dem Arbeitsblatt 5-4 vor. In der ersten Spalte tragen die SportlerInnen die erwarteten Strapazen ein. Wenn sie tatsächlich bereit und entschlossen sind, sich den Anstrengungen auszusetzen, setzen sie in der zweiten Spalte einen Haken. Natürlich ist wichtig, dass die SportlerInnen mit dem Setzen des Hakens einen Beschluss für sich fassen und ihn nicht nur pro forma setzen. Kommen bei einzelnen SportlerInnen Unsicherheiten oder Zweifel auf, können diese in der Gruppe oder in einem vertrauensvollen Gespräch geklärt werden. Anschließend sammeln die TrainerInnen die Arbeitsblätter ein.

Nach dem Training oder Wettkampf teilen die TrainerInnen die Arbeitsblätter erneut aus. Die SportlerInnen checken zunächst, ob die erwarteten Anstrengungen tatsächlich eingetreten sind. Anschließend überprüfen sie, ob sie ihrem eigenen Anspruch gerecht geworden sind und ob sie die geplante Bereitschaft aufgebracht haben. In der letzten Spalte beschreiben die SportlerInnen, wie sie die mentale Belastung erlebt haben und wie sie mit ihr umgegangen sind. Aus der Analyse und den Erkenntnissen können Pläne für kommende Herausforderungen abgeleitet werden.

Auf Abstand zur Denkmaschine

Ziel:
Gedanken identifizieren und distanziert beobachten

Unter Defusion versteht man die Fähigkeit, zwischen Gedanken und ihrem Einfluss auf das Verhalten zu trennen. Im Alltag steuern unsere Gedanken oft automatisch das Handeln, ohne dass wir diese Prozesse reflektieren. Wir denken etwa „Ich brauche noch Milch" und steuern automatisch mit dem Einkaufswagen das entsprechende Regal an. Das ist gut so, denn dieser Automatismus ermöglicht, viele Aufgaben effizient zu erledigen. Im Wettkampf kann genau das jedoch zum Problem werden, wenn etwa der Gedanke „Ich kann nicht mehr" automatisch zum Aufgeben führt. Gleiches gilt für das Selbstbild: Nur weil in einer Niederlage der Gedanke „Ich bin ein Versager" aufkommt, sollte man nicht gleich davon überzeugt sein, auch wirklich einer zu sein.

Um selbstbewusst zu bleiben, hilft es, hinderliche Gedanken als solche zu erkennen und sich innerlich davon zu distanzieren. Im Sport gibt es auch viele Gedanken, die mit hilfreichen Handlungsimpulsen verknüpft sind. SportlerInnen sollten also lernen zu erkennen, wann ihre Gedanken hilfreich sind und wann sie „Abstand zur Denkmaschine" gewinnen müssen. In der Regel wird dies vor allem bei destruktiven oder negativen Gedanken nötig sein. Doch auch Freude oder der Gedanke „Gleich habe ich es!" können ablenken und blockieren.

In dieser Übung werden SportlerInnen sensibilisiert, ihre Gedanken achtsam wahrzunehmen und sie mit innerer Distanz zu prüfen. Dabei fällt oft auf, dass ein Gedanke zwar nachvollziehbar, aber in einer bestimmten Situation nicht hilfreich ist. Impulsive oder ängstliche SportlerInnen werden diese Übung als schwierig und anfangs vielleicht sogar als unmöglich erleben. Doch gerade für sie bietet diese Technik Potenzial, mehr Gelassenheit und Fokussierung in Stresssituationen zu lernen.

Um Abstand zum eigenen Denken zu gewinnen, muss man lernen, die Gedanken als solche zu erkennen. So macht es einen großen Unterschied, ob man einen Gedanken einfach so stehen lässt, etwa „Ich kann das nicht", oder ob man ihn als Gedanken betrachtet und einordnet: „Ich denke, dass ich das nicht kann." Mit etwas innerer Distanz zum Gedanken kann dieser besser überprüft werden.

Diese Technik eignet sich besonders für schwierige Situationen, in denen Gedanken drohen, das Erleben oder Verhalten automatisch zu steuern. Das braucht natürlich Übung! Je öfter man übt, die Gedanken vom Verhalten und Erleben zu trennen, desto leichter gelingt es, sich auf die Aufgabe zu konzentrieren und störende Gedanken auszuhalten.

Um ein Bewusstsein zu schaffen, Gedanken zu beobachten, hilft das Arbeitsblatt 5-5. SportlerInnen reflektieren damit, ob es am Tag hinderliche Gedanken gab, wie aufdringlich diese waren und wie gut es ihnen gelungen ist, sie mit etwas Distanz zu betrachten.

Material
Arbeitsblatt Auf Abstand zur Denkmaschine Nr. 5-5

Die Gedanken-Demo

Ziel:
Gedanken wahrnehmen und mit Distanz beobachten

Material
Anleitung Die Gedanken-Demo Nr. 5-6

In der Übung „Auf Abstand zur Denkmaschine“ lernen die SportlerInnen, Gedanken als solche zu erkennen und mit Abstand zu betrachten. Diese Übung vertieft die Idee der inneren Distanz zu den eigenen Gedanken. Gerade für impulsive oder ängstliche SportlerInnen kann dies als Vorbereitung für stressige Wettkampfsituationen eine gute Übung sein. Sie lernen, „auf Kurs zu bleiben“ und ihrem Matchplan zu folgen, selbst wenn sie zweifelnde Gedanken oder Handlungsimpulse wahrnehmen.

Der*die TrainerIn bespricht mit den SportlerInnen, wie sich Gedanken in Training und Wettkampf auf das Erleben und Handeln auswirken können. Es wird betont, dass selbst bei der besten Vorbereitung eines Selbstgesprächs (siehe Teil 1) negative Gedanken aufkommen können.

Um die Übung vorzubereiten, schreiben die SportlerInnen gemeinsam hinderliche Gedanken auf Moderationskarten. Anschließend schickt die TrainerInnen sie auf eine Gedankenreise, bei der sie sich vorstellen, wie sie als BeobachterIn am Rande eines Demonstrationszugs stehen und DemonstrantInnen ihre Gedanken auf Transparenten an ihnen vorbeitragen. Dazu wird die Anleitung 5-6 vorgelesen. Die SportlerInnen setzen oder legen sich dazu entspannt hin. Anders als bei der Selbstgesprächsregulation (siehe „Rote und grüne Gedanken“ in Teil 1) werden die Gedanken bei dieser Herangehensweise nicht verändert, sondern achtsam und gelassen aus der Ferne beobachtet.
Diese Übung wird so oder ähnlich in verschiedenen Achtsamkeitsansätzen angewandt. Entscheidend ist, dass die Übenden eine Außenperspektive zu ihren Gedanken einnehmen und lernen, diese wie Gegenstände zu betrachten. Je nach Vorliebe können sie dazu unterschiedliche Bilder verwenden.

Hier einige Anregungen:

- Wolken, die am Himmel vorüberziehen
- Blätter, die in einem Bach vorbeitreiben
- Eisschollen, die auf dem Meer treiben
- Wellen, die an den Strand gespült werden und sich wieder zurückziehen
- Seifenblasen, die entstehen, durch die Luft fliegen und zerplatzen
- Autos oder Güterwagons, die vorbeirauschen

Mein Gelassenheits-Mantra

Ziel: Gelassenheit entwickeln

In Drucksituationen lässt sich Gelassenheit entweder durch positive Selbstinstruktionen oder Vorstellungen erzeugen. Auch Kombinationen sind möglich. SportlerInnen wenden beide Varianten häufig intuitiv an. Die intuitiv eingesetzten Methoden zu reflektieren und auszubauen, lohnt sich für alle SportlerInnen. Sie helfen gerade unerfahrenen SportlerInnen, sich im Wettkampf gelassen und sicher zu fühlen. Dazu entwickeln die SportlerInnen ein individuelles Gelassenheits-Mantra, einen Satz oder Gedanken, der sie beruhigt.

Im religiösen Kontext beschreibt ein Mantra einen Satz oder Vers, der im Gebet oder der Meditation leise gesprochen oder in Gedanken wiederholt wird. Das beruhigt und hilft, die Gedanken zu sortieren.

Der*die TrainerIn erklärt den Sinn eines Gelassenheits-Mantras und sammelt mit den SportlerInnen Beispiele:

- ***„Schritt für Schritt erreiche ich mein Ziel."***
- ***„Gedanken kommen, Gedanken gehen."***
- ***„Ruhig, Johnny, brrrr."***
- ***„Das ist jetzt unangenehm, aber keine Katastrophe."***

Dann teilen die TrainerInnen das Arbeitsblatt 5-7 aus. Jede(r) SportlerIn sucht sich einen Wettkampf, in dem er*sie ruhig und gelassen bleiben konnte. Sollte jemandem kein Wettkampf einfallen, findet sich bestimmt eine Situation in einem anderen Zusammenhang, etwa in der Schule, mit FreundInnen oder der Familie.

Nun überlegen die SportlerInnen, wie sie es in der Situation geschafft haben, gelassen zu bleiben oder wieder zu werden. Vielleicht merkten sie im Wettkampf, dass sie gut vorbereitet waren und es deshalb keinen Grund zur Panik gab? Vielleicht fühlten sie sich sicher, weil sie genau wussten, was sie taten? Möglicherweise erinnern sich die SportlerInnen noch, was ihnen damals durch den Kopf ging – Gedanken, die sie jetzt für ihr Mantra verwenden können.

Auf dieser Grundlage entwickeln die SportlerInnen nun ihr eigenes Mantra, einen Satz, den sie sich immer wieder vorsagen können und der sie an das Gefühl von Gelassenheit erinnert. Dazu notieren sie zu Beginn mehrere Sätze und verknappen sie so, dass am Ende ein möglichst klarer Satz oder nur ein Schlagwort übrigbleibt. Auch zwei bis drei kurze Sätze sind möglich. Die SportlerInnen schreiben ihr Mantra auf und merken es sich.

Zum Abschluss führen die TrainerInnen mit den SportlerInnen eine kurze Gedankenreise entsprechend der Anleitung 5-8 durch. So spüren sie noch einmal dem Gefühl der Gelassenheit nach und vertiefen die Verknüpfung zu ihrem Mantra.

Gelassenheits-Bild: Ergänzend zum Mantra, entwerfen die SportlerInnen im Kopf ein Bild, das sie mit Gelassenheit verbinden. Während sie sich ihr Mantra vorsprechen, stellen sie sich dieses Bild mit allen Sinnen vor (siehe Kapitel „Vorstellungstraining"). Die Bilder und Mantras sollten die SportlerInnen regelmäßig abrufen, bis sie schnell und ohne viel Aufwand in der Lage sind, Gelassenheit zu entwickeln.

Material
Arbeitsblatt Mein Gelassenheits-Mantra Nr. 5-7

Anleitung Mein Gelassenheits-Mantra Nr. 5-8

Die Eis-Challenge

Ziel: Den gelassenen Umgang mit herausfordernden Situationen trainieren

In den bisherigen Übungen wurden Techniken vorgestellt, die Achtsamkeit in Form von Gelassenheit, Gegenwärtigkeit und Akzeptanz zu trainieren. In der „Eis-Challenge“[10] geht es darum, das Gelernte in die Tat umzusetzen und in einer realen herausfordernden Situation achtsam zu reagieren. Diese Übung fordert die SportlerInnen heraus, da sie erkunden, wie sie tatsächlich mit unangenehmem und schmerzhaftem Erleben umgehen.[11] Sie lernen ihre Gedanken, Gefühle und Reaktionen besser kennen und üben, diese auszuhalten. Wichtig ist, dass die SportlerInnen bereits Gelassenheit und Akzeptanz trainiert haben und über Strategien verfügen, schwierige Situationen entsprechend zu meistern.

In der Übung geht es darum, sich einem Kälte-Reiz auszusetzen. Die Übung kann in drei Schwierigkeitsstufen unterteilt werden.

Level 1 Eiswürfel: Jede(r) SportlerIn nimmt einen Eiswürfel in die Hand. Sie schließen die Hand und halten den Eiswürfel darin so lange wie möglich fest.

Level 2 Eisbecken: Jede(r) SportlerIn taucht, so lange er*sie es schafft, eine Hand oder einen Fuß in eine Schüssel mit kaltem Wasser und zwei Händen voll mit Eiswürfeln.

Level 3 Eistonne: Spätestens seit der Ansage von Per Mertesacker bei der Fußballweltmeisterschaft 2014 „Ich lege mich jetzt drei Tage in die Eistonne, und dann werden wir das Spiel in Ruhe analysieren“, kennen alle die Eistonne. Jede(r) SportlerIn steigt für mehrere Minuten bis zu den Schultern in eine mit sehr kaltem Wasser befüllte Tonne.

Hinterher besprechen die TrainerInnen mit den SportlerInnen, wie sich die Übung angefühlt hat und was ihnen geholfen hat, gelassen mit ihren Empfindungen umzugehen. Darüber hinaus wird reflektiert, wie sich die Erfahrungen der Eis-Challenge im Sport nutzen lassen.

Den Weltrekord in der Kategorie „längster Ganzkörperkontakt mit Eis“ stellte 2019 der Österreicher Josef Köberl auf. Er hielt es zwei Stunden, 30 Minuten und 57 Sekunden nur mit einer Badehose bekleidet bis zu den Schultern mit Eiswürfeln bedeckt aus. Danach sei er überglücklich gewesen und habe sich über die wärmende Sonne gefreut.

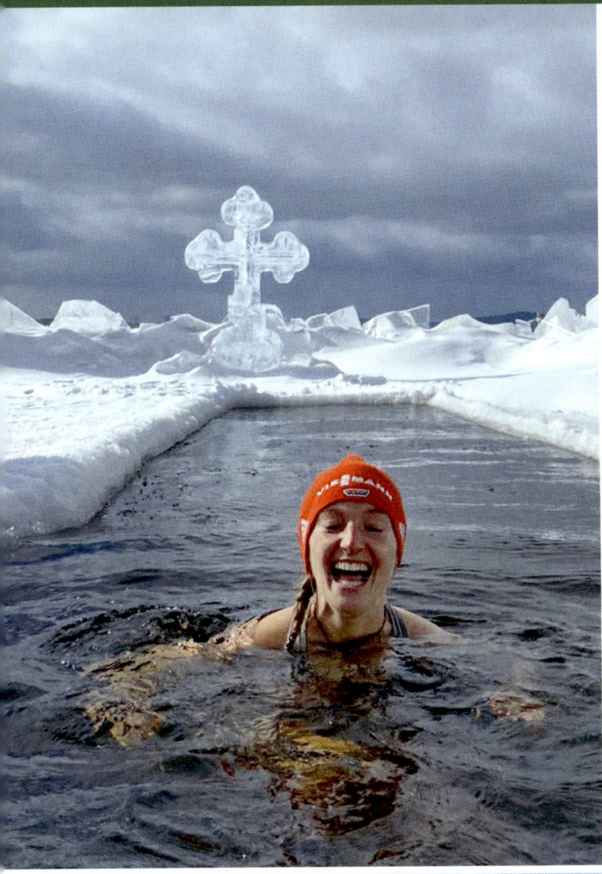

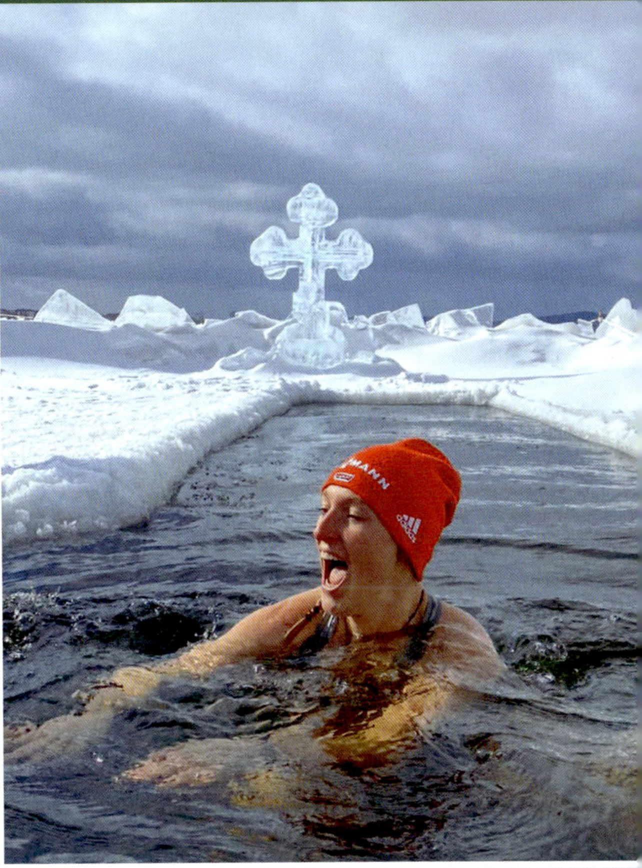

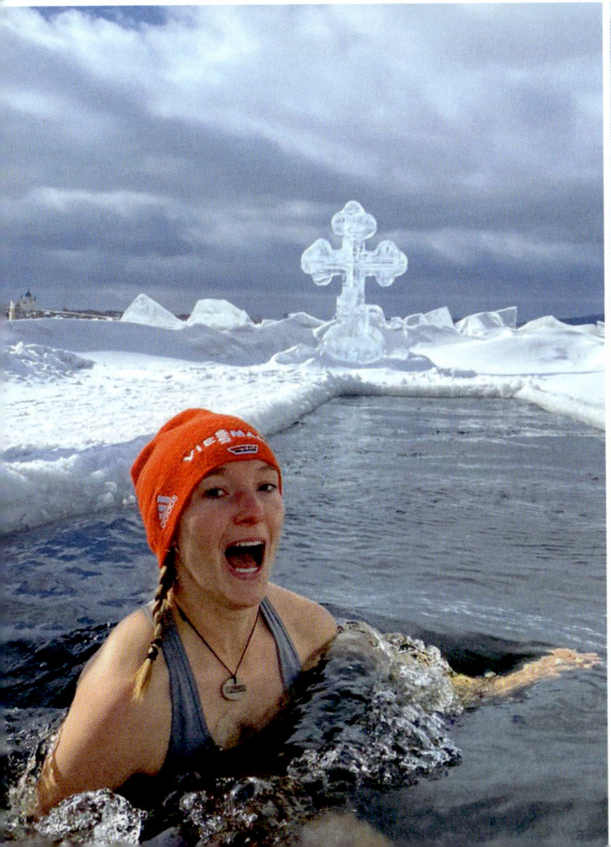

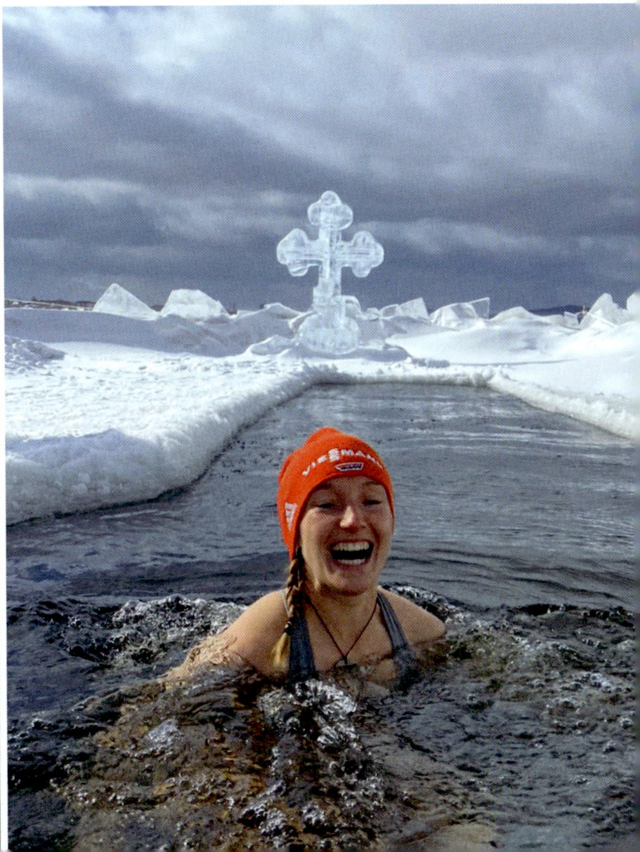

Selbst-Mitgefühl

Ziel: Sich wohlwollend und freundlich betrachten

„Sei nicht so streng zu dir selbst" – den Satz kennen wir alle. Auch wenn Fehleranalysen und Manöverkritik zum Sport gehören, sollten sich SportlerInnen nach Fehlern, Misserfolgen oder in Krisen nicht abwerten, sondern wertschätzend und mitfühlend mit sich umgehen. Der Grat zwischen Ehrgeiz und Selbstabwertung ist oft schmal und einige SportlerInnen gehen teilweise zu hart mit sich ins Gericht.

Durch Selbst-Mitgefühl kann einer Abwärtsspirale aus Selbstvorwürfen und Selbstabwertungen entgegengewirkt werden.[12] Lernen SportlerInnen, negative Gefühle hinzunehmen und sich gegenüber Verständnis aufzubringen, gehen sie langfristig gelassener und konstruktiver mit Misserfolgen und Niederlagen um.

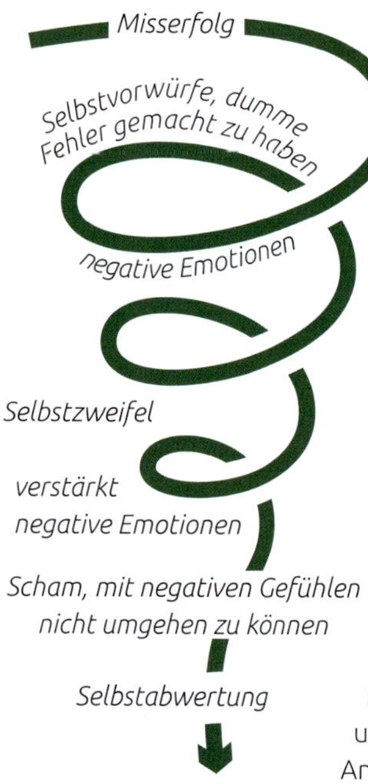

Um mehr Selbst-Mitgefühl zu entwickeln, hilft es, sich vor Augen zu führen, wie man einem* einer guten FreundIn begegnen würde, wenn er*sie in dieser Situation wäre. FreundInnen bringen wir in der Regel viel Mitgefühl und Verständnis entgegen, wenn es ihnen schlecht geht oder sie Niederlagen einstecken müssen. So kann Selbst-Mitgefühl als Übung angeleitet werden: Der*die TrainerIn bittet die*den SportlerIn zu erzählen, wie er*sie nach Misserfolgen mit sich sprechen und mit sich umgehen. Die Antworten werden auf Moderationskarten gesammelt und nach Verhaltensweisen und Gedanken sortiert. Anschließend werden die SportlerInnen gefragt, wie sie mit guten FreundInnen in derselben Situation umgehen würden. Auch diese Antworten werden gesammelt, sortiert und den Antworten auf die erste Frage gegenübergestellt.

In der Regel kommt dabei heraus, dass man mit sich selbst härter ins Gericht geht als mit FreundInnen. An dieser Stelle setzt meist schon der erste „Aha-Effekt" ein. Einige SportlerInnen werden erkennen, dass ihr kritisches und abwertendes Verhalten sich selbst gegenüber weder hilfreich noch notwendig ist. Fazit sollte sein, dass etwas mehr Nachsicht und Mitgefühl sich selbst gegenüber besser und fairer wäre.

Um diese Erkenntnis noch deutlicher bewusst zu machen, konstruieren die TrainerInnen mit den SportlerInnen aus den Antworten auf die erste Frage eine Abwärtsspirale (vgl. Abb. links). Mit diesen Erkenntnissen überlegen SportlerInnen und TrainerInnen gemeinsam, wie es gelingen kann, bei Misserfolgen fürsorglicher mit sich umzugehen, und wie sich das anfühlen würde. Um sich selbst gegenüber eine wohlwollende Perspektive einzunehmen, können die SportlerInnen zusätzlich einen kurzen Brief aus der Sicht von guten FreundInnen an sich selbst schreiben.

Achtung: Selbst-Mitgefühl bedeutet nicht, in Selbstmitleid zu versinken, aufzuhören, an sich zu arbeiten, oder die eigenen Grenzen zu verschieben. Es bedeutet, sich nach einer Erfahrung des Scheiterns oder bei Zweifeln nicht abzuwerten und in eine gedankliche Abwärtsspirale zu geraten. Ziele dürfen hochgesteckt werden, müssen aber realistisch bleiben. Auch lohnt es sich, hart dafür zu arbeiten. Scheitern wir, sollten wir wertschätzend und mitfühlend mit uns umgehen.

Ich sorge für mich

Ziel: Den selbstfürsorglichen Umgang in Training und Wettkampf festigen

Selbst-Mitgefühl bedeutet nicht nur, einen positiven inneren Dialog zu führen, sondern auch, fürsorglich und achtsam mit sich und seinem Körper umzugehen. Häufig bestrafen sich SportlerInnen nach einem schlechten Training mit einem intensiven Straftraining. Sie versuchen so, aufgestauten Ärger abzubauen. Gleichzeitig verfestigen sich damit ein negatives Selbstbild und destruktive Selbstgespräche. Auch wirkt sich so ein Wut-Training negativ auf den Regenerationsprozess aus (siehe Kapitel „Erholung & Regeneration").

Ziel der Übung ist es, ein Bewusstsein dafür zu schaffen, dass hartes Training und intensive Wettkämpfe nur möglich sind, wenn immer wieder Erholung für Körper und Geist folgt. Das ist besonders für SportlerInnen wichtig, die vor Ehrgeiz häufig ihre Bedürfnisse aus den Augen verlieren.

Vielen SportlerInnen hilft es, Selbstfürsorge-Einheiten regelmäßig als feste Einheiten in den Trainingsplan zu integrieren. Doch auch im Wettkampf sollte man überlegen, wann und wie Selbstfürsorge stattfinden kann. Möglicherweise in Pausen vor, während oder nach dem Wettkampf, in denen die SportlerInnen versuchen, mit Abstand, gelassenen und positiv auf die Dinge zu schauen.

Nachdem der*die TrainerIn das Konzept der Selbstfürsorge erklärt hat, werden gemeinsam mit den SportlerInnen Strategien zur Selbstfürsorge überlegt. Ein gutes Beispiel ist die allseits bekannte Notfall-Schokolade. Doch auch andere Strategien sind möglich: lockeres Training in abwechslungsreicher Umgebung, sich mit FreundInnen treffen oder bewusste Pausen. Einfache und praktikable Gesten, wie ein aufmunternder Satz zu sich selbst, zählen genauso dazu. Die SportlerInnen sammeln alle Strategien auf Moderationskarten und sortieren sie nach Einsatzmöglichkeiten in Training und Wettkampf.

Anschließend erstellen die SportlerInnen einen konkreten „selbstfürsorglichen Matchplan". Darin bestimmen sie, wann sie an ihre Grenzen gehen müssen und wann Selbstfürsorge und Auftanken wichtig sind. Sie legen auch fest, wie TrainerInnen oder TeamkollegInnen sie unterstützen können. Manche SportlerInnen suchen sich in der Pause einen ruhigen Platz, andere tauschen sich lieber aus. Um Vollgas-Phasen und Selbstfürsorge-Phasen noch klarer zu trennen, werden sie im Matchplan farbig hinterlegt.

Tipp: Auch der Trainingsplan sollte farblich abgesetzte Einheiten zur Selbstfürsorge enthalten. Dann wissen die SportlerInnen gleich, wann eine harte Einheit bevorsteht und wann Selbstfürsorge und Regeneration im Vordergrund stehen.

Was treibt mich an?

Ziel: Leistungsorientierte Werte für Verhalten und Entscheidungen festlegen

SportlerInnen mit stabilen Werten und Überzeugungen fällt es leichter, in schwierigen Situationen fokussiert und gelassen zu bleiben. Darüber hinaus können sie sich bei Entscheidungen an ihnen orientieren. Sie behalten ihre Ziele im Blick und lassen sich weniger von Emotionen oder Impulsen leiten. Als Leitfrage gilt: Handle ich gerade gemäß meiner Werte und Ziele oder verhalte ich mich so, weil es sich jetzt im Moment gut anfühlt?

In dieser Übung werden leistungsorientierte Werte gesucht. Wichtig ist, dass jede(r) SportlerIn die persönliche Antwort findet, welche inneren Werte, Haltungen und Einstellungen erfolgreich machen und antreiben. Um diese zu erarbeiten, blicken die SportlerInnen mit Abstand auf die eigene Karriere, indem sie einen Artikel über sich selbst verfassen.

Dazu schlüpfen sie in die Rolle von SportjournalistInnen, die am Ende der Karriere einen Rückblick schreiben sollen. Die SportlerInnen verfassen den Artikel so, wie sie ihn gerne über sich lesen würden. Sie beschreiben, welche Eigenschaften sie im Laufe ihrer Karriere zeigten, mit welcher Einstellung sie Sport getrieben haben und welches Verhalten ausschlaggebend war, um erfolgreich zu sein. Sie sollten dabei jedoch nicht zu sehr übertreiben.

Zum Schluss unterstreichen die SportlerInnen ihre leistungsorientierten Werte oder bringen sie in einem Fazit auf den Punkt. Gemeinsam reflektieren TrainerIn und SportlerInnen, wie sie diese Einstellungen zukünftig bewusster als Kompass für ihr Verhalten und ihre Entscheidungen nutzen und wie sie es schaffen, sich im Alltag oder im Eifer eines Wettkampfes immer wieder auf diese Werte zu besinnen.

Lehrberuf LeistungssportlerIn: Die SportlerInnen gestalten eine Anzeige für den fiktiven Lehrberuf LeistungssportlerIn. Wie in einer Stellenanzeige listen sie darin auf, was die BewerberInnen mitbringen müssen, welche Einstellung, Eigenschaften und Kompetenzen erwartet werden. Auch benennen sie, was die Stelle ihnen bietet. So wird klar, worauf man sich einlässt.

Diese Variation eignet sich besonders für junge SportlerInnen, die in Kleingruppen mit Flipchart, Filzstiften und anderen Arbeitsmaterialien eine solche Anzeige gestalten und sich gegenseitig präsentieren. So reflektieren sie ihre Werte und Einstellungen spielerisch.

Werten folgen

Ziel: Die Selbstverpflichtung gegenüber eigenen Werten und Zielen stärken

Ziele und Werte im Sport sind leider oft wie Neujahrsvorhaben – mit großem Elan aufgestellt, aber schnell wieder vergessen. Im ACT- und MAC-Ansatz wird deshalb Commitment als Verpflichtung beschrieben, den eigenen Zielen und Werten zu folgen. Sind erst mal einige Grundwerte festgelegt und mit bestimmten Zielen und Verhaltensweisen verknüpft, fällt es leichter, sich im täglichen Handeln daran auszurichten.

In dieser Übung geht es darum, Commitment aufzubauen, indem definierte Leistungswerte mit langfristigen und kurzfristigen Zielen sowie dem täglichen Verhalten in Beziehung gesetzt werden. Die SportlerInnen lernen so, ihre Ziele zu erreichen, indem sie sich konsequent ihren Werten entsprechend verhalten. Leitfrage dabei: Bin ich bereit, mich täglich an meine Werte zu halten, auch wenn Schwierigkeiten auftauchen?

Der*die TrainerIn teilt das Arbeitsblatt 5-9 aus. In die obere Zeile tragen die SportlerInnen ihre bereits herausgearbeiteten Leistungswerte ein (siehe „Was treibt mich an?"). Dann überlegen sie, welche langfristigen Ziele sie verfolgen und wie ihre Leistungswerte helfen, diese zu erreichen. Jetzt legen die SportlerInnen fest, wie sie ihre Werte durch kurz- und langfristige Zielen im Alltag umsetzen (siehe „Meine Bergtour" in Teil 1).

Haben die SportlerInnen ihre Leistungswerte und die damit verbundenen Verhaltensweisen festgelegt, können sie sich immer wieder darauf beziehen und daran messen. Dazu setzen sich die TrainerInnen nach ein paar Wochen wieder mit ihnen zusammen und reflektieren ihre Erfahrungen. Sollten die Ziele zu anspruchsvoll gewesen sein, sind eventuell Anpassungen im Sinne des Selbst-Mitgefühls nötig – auch der*die ehrgeizigste und wertorientierteste SportlerIn ist nur ein Mensch!

Material
Arbeitsblatt Werten folgen Nr. 5-9

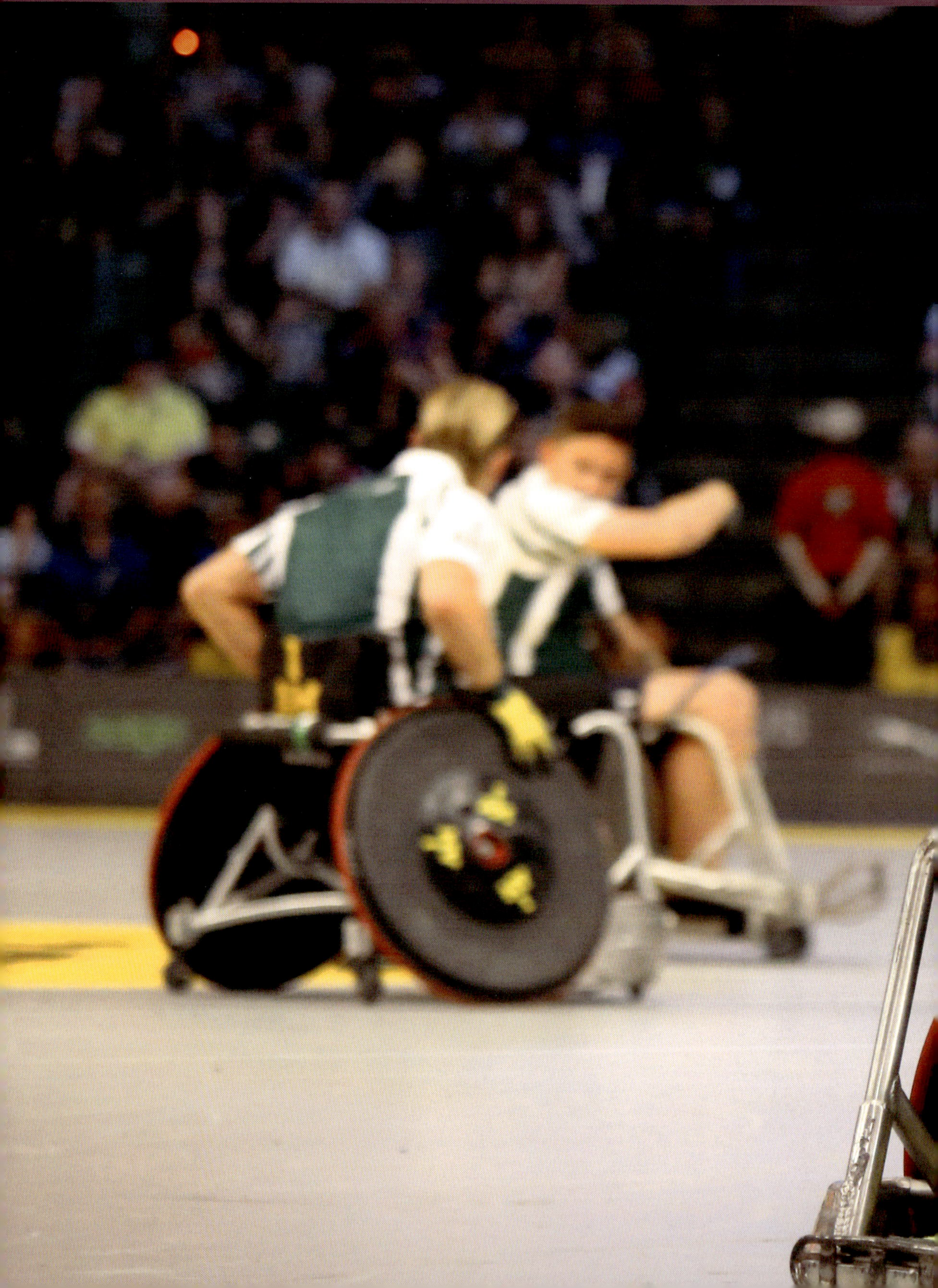

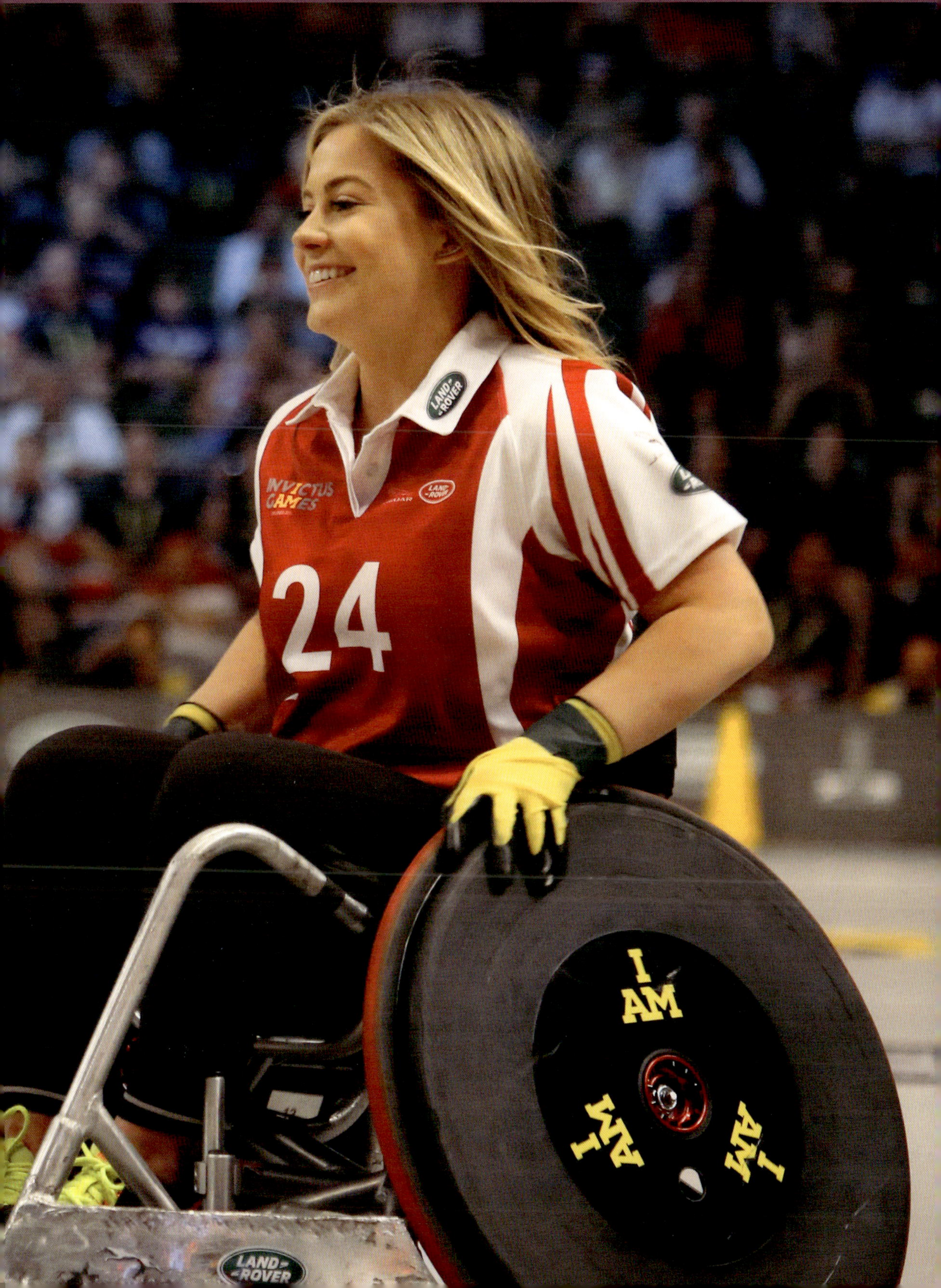
INVICTUS GAMES
LAND ROVER
24
I AM
I AM
I AM
LAND ROVER

Selbstvertrauen

Um Leistung unter Druck abrufen zu können, ist das Vertrauen in die eigenen Fähigkeiten und Kräfte eine zentrale Kompetenz. Wenn SportlerInnen wissen, was sie können, ihre Stärken im Blick haben und sich auf das verlassen, was sie im Training aufgebaut haben, bleiben sie mit dem Kopf bei der Aufgabe.[1] Selbstvertrauen ist kein Talent, das man von Geburt an hat oder nicht. Es ist eher als Gewohnheit im Denken und Handeln zu verstehen, die sich durch Erfahrungen und Lernen ausbildet.

Besonders in der Ausprägung ihres Selbstvertrauens unterscheiden sich SportlerInnen: Während die einen in ihrem bisherigen Leben schon eine große Portion Selbstvertrauen aufbauen konnten, sind andere weniger überzeugt von ihren Fähigkeiten und immer wieder überrascht, wenn sie erfolgreich sind. Darüber hinaus ist Selbstvertrauen auch bereichsspezifisch. Jemand, der*die im sozialen Bereich schüchtern ist, kann im Sport sehr selbstbewusst sein und souverän auftreten.

In diesem Kapitel wurden Übungen zu drei zentralen Bereichen des Selbstvertrauens zusammengestellt. Diese sind: eine realistische Selbsteinschätzung, eine gesunde Stärkenorientierung und positive Selbstgespräche zu führen.

Selbsteinschätzung
Ein wesentliches Ziel des Mentalen Trainings ist, SportlerInnen zu unterstützen, eine realistische Selbsteinschätzung zu entwickeln. Dazu gehören, sich passende Ziele zu setzen und das eigene Können realistisch zu bewerten. Sind SportlerInnen in der Lage, sich realistisch-ambitionierte Ziele zu setzen, vermeiden sie wiederholte Frustrationen. Frust entsteht besonders dann, wenn man durch unerwartete Niederlagen vom eigenen Können enttäuscht ist. Im Gegenzug fördert es das Selbstvertrauen, wenn Herausforderungen gemeistert und positive Erfahrungen gespeichert werden. Die Übungen „Kompetenzwippe" und „Die 50/50-Regel" helfen SportlerInnen, einen realistischen und differenzierten Blick für ihre Leistung zu entwickeln.

Um sich Herausforderungen zu stellen und positive Erfahrungen zu sammeln, bedarf es Mutes. Vorsichtige SportlerInnen brauchen oft einen Impuls, um ihre Komfortzone zu verlassen und sich einer neuen Herausforderung zu stellen. Die Übungen „Trau dich!" und „Raus aus der Komfortzone!" unterstützen SportlerInnen darin. Beide Übungen fördern das Verständnis dafür, wie wichtig neue Herausforderungen für positive Lernerfahrungen sind.

Stärkenorientierung
Im leistungsorientierten Sport liegt der Fokus leider oft zu stark auf der Analyse und der Verbesserung von Fehlern und Defiziten. Auch wenn das aus taktischen Gründen sinnvoll ist, birgt es auf psychologischer Ebene Risiken für das Selbstvertrauen. Werden junge SportlerInnen zu stark und kontinuierlich mit Fehlern und Versagen konfrontiert, wachsen Selbstzweifel und das Zutrauen in die eigenen Fähigkeiten leidet. Daher sollte der Blick immer wieder auf Kompetenzen, Fähigkeiten und Stärken gerichtet werden. Die Übungen „Stärkentagebuch", „Werbung für mich selbst" und „Der Blick zurück" geben SportlerInnen und TrainerInnen Gelegenheit, sich strukturiert mit dem auseinanderzusetzen, was gut gelingt. Die Übungen „Ich bin ich" und „Meine Säulen im Leben" helfen, sich die eigenen Fähigkeiten bewusst zu machen und Selbstvertrauen zu stärken.

Selbstgespräche

Das Selbstvertrauen lässt sich nicht von unseren Gedanken trennen. Ein stabiles Selbstvertrauen beeinflusst den inneren Dialog, den SportlerInnen in herausfordernden Situationen mit sich führen. Gedanken und Selbstgespräche sind mächtige Gewohnheiten: Je negativer SportlerInnen mit sich selbst sprechen und über sich denken, desto größer der Angriff auf das Selbstvertrauen. Daher ist ein wesentlicher Bestandteil des Mentalen Trainings die Arbeit am inneren Dialog. Dieser zentrale Bereich wurde bereits in Teil 1 aufgegriffen und beispielsweise mit der Übung „Rote und grüne Gedanken" aufbereitet.

Darauf aufbauend, werden z. B. mit der Übung „Selbstgespräche vorbereiten" in diesem Kapitel weiterführende Ideen dazu aufgezeigt. Die Übungen „Mein inneres Team" und „Teambuilding im inneren Team" bedienen sich einer etablierten Metapher, welche die Vielfalt im inneren Dialog berücksichtigt, und machen diese auch für junge SportlerInnen verständlich. Mit inneren Zweifeln und ängstlichen Persönlichkeitsanteilen wertschätzend und verständnisvoll umzugehen ist zentral, um langfristig im Wettkampfsport erfolgreich zu sein.

Kompetenzwippe

Ziel: Anforderungen und Kompetenzen gegeneinander abwägen

Material
Arbeitsblatt Kompetenzwippe Nr. 6-1

Je besser SportlerInnen sich selbst einschätzen können, desto seltener erleben sie Über- oder Unterforderung. Eine realistische Selbsteinschätzung verhindert zudem übermäßige Nervosität im Wettkampf, denn wenn man vor einer subjektiv lösbaren Aufgabe steht, gibt es wenig Grund, aufgeregt zu sein!

Diese Übung unterstützt SportlerInnen, ein gutes Gespür für die Balance zwischen Kompetenzen und Anforderungen zu entwickeln. Dadurch verringert sich das Gefühl der Überforderung, Selbstvertrauen wird aufgebaut und dem Grübeln entgegengewirkt.

Mit dem Arbeitsblatt 6-1 werden die SportlerInnen angeleitet, vor herausfordernden Aufgaben zwischen Anforderungen und Kompetenzen abzuwägen. Sie lernen dadurch, ihre Kompetenzen zu analysieren und einzuschätzen, welche Stärken ihnen bei der Lösung der Aufgabe helfen. Statt passiv und nervös zu werden, bleiben sie aktiv und selbstbewusst.

Anhand des Arbeitsblattes 6-1 bespricht der*die TrainerIn mit den SportlerInnen, welche Anforderungen sie in einer bestimmten Situation erlebt haben. Dann arbeiten die SportlerInnen individuell heraus, über welche Kompetenzen sie verfügen, um diese Anforderungen zu bewältigen. Je stärker das Wissen um die eigenen Fähigkeiten im Vergleich zu den Anforderungen in den Fokus rückt, desto mehr Selbstvertrauen entwickeln die SportlerInnen.

Übersteigen die wahrgenommenen Anforderungen die Handlungskompetenzen der SportlerInnen stark, sollten die TrainerInnen zunächst konkrete, kleine Schritte mit den SportlerInnen besprechen, mit denen sie sich der Aufgabe nähern können. Genauso können Kompetenzen aufgebaut beziehungsweise mehr in den Fokus gerückt werden. Entscheidend ist zu verstehen, dass über das Selbstvertrauen auf beiden Seiten der Wippe nicht allein die objektive Last entscheidet, sondern die Bewertung der SportlerInnen. So kann eine Kompetenzwippe bereits dadurch ins Gleichgewicht gebracht werden, dass die eigenen Kompetenzen stärker beachtet oder die Bedeutung der Aufgabe relativiert wird.

Zum Abschluss der Übung bespricht der*die TrainerIn mit den SportlerInnen, wie sich die Kompetenzwippe von ihrem bisherigen Vorgehen in schwierigen Situationen unterscheidet. Auch wird reflektiert, in welchen Situationen die SportlerInnen das neue Vorgehen als hilfreiche Gewohnheit verankern können.

Die 50/50-Regel

Ziel: Einen fairen Blick auf die eigene Leistung werfen

Fehler zu analysieren ist notwendig, um sich im Sport zu entwickeln. Dadurch schärfen SportlerInnen ihren Blick für das, was noch trainiert werden muss. Dagegen ist aus psychologischer Sicht nichts einzuwenden, solange der Blick durch die Fehlerbrille nicht überhandnimmt. Wird der Fokus auf die Vermeidung von Fehlern zu groß, entwickeln SportlerInnen eine(n) starke(n) inneren KritikerIn, der*die sie ständig daran erinnert, was verbessert werden muss. Viele SportlerInnen gehen mit sich selbst sogar viel kritischer um als mit ihren KonkurrentInnen: Bei denen sehen sie oft eher die Stärken.

Oft fällt es im Training leichter, sich an Kritik und Fehler zu erinnern als an gute Leistungen. Die folgende Übung hilft daher, durch die faire Auswertung einer Trainingseinheit eine verschobene Sicht auf sich selbst geradezurücken. Mit Hilfe des Arbeitsblattes 6-2 wird eine Trainingseinheit nachbereitet. Dabei sollen die SportlerInnen für jeden Kritikpunkt eine Sache benennen, die ihnen gut gelungen ist. So müssen sie gemäß der 50/50-Regel die Trainingseinheit ausgewogen beurteilen. Positive Erlebnisse werden so weniger gering geschätzt oder übersehen. Stattdessen bilden sie bewusst ein Gegengewicht zu kritischen Punkten und Fehlern.

Der*die TrainerIn betont, dass es nicht darum geht, sich gute Erfahrungen einzureden, sondern mit der 50/50-Regel zu lernen, eigene Leistungen ausgewogen zu betrachten. Gemeinsam fördern TrainerIn und SportlerInnen eine Kultur im Team, in der alle geschult werden, sich gegenseitig daran zu erinnern, die positiven Seiten zu betrachten und sich die eigenen Stärken bewusst zu machen.

Material
Arbeitsblatt 50/50-Regel Nr. 6-2

Raus aus der Komfortzone!

Ziel:
Den Mut entwickeln, Neues auszuprobieren

Material
Arbeitsblatt Raus aus der Komfortzone! Nr. 6-3

Vielen SportlerInnen fällt es schwer, neue Trainingsinhalte und Herausforderungen anzunehmen. Gerade ängstlichen SportlerInnen fehlt oft der Mut, Neues auszuprobieren und Fehler zu machen. Dahinter kann die Angst stecken, nicht zu genügen, in der Gruppe schlecht dazustehen oder zu versagen. Diese Hemmungen sind verständlich, behindern aber leider Entwicklungsmöglichkeiten.

Die folgende Übung hilft zu verstehen, warum es wichtig ist, Herausforderungen mutig anzugehen.[2] SportlerInnen lernen, dass es Überwindung kostet, sich aus der eigenen Komfortzone herauszubewegen, daraus aber Entwicklungsmöglichkeiten entstehen. Entscheidend ist, dass dieser Schritt nicht als Bedrohung aufgefasst wird, sondern als Notwendigkeit, um sich weiterzuentwickeln. Aufbauend auf der Übung „Kompetenzwippe", lernen die SportlerInnen, Anforderungen außerhalb der Komfortzone in Verbindung mit ihren Fähigkeiten zu setzen. Wichtig: Kleine Schritte führen zum Erfolg. Zu wissen, dass außerhalb der Komfortzone nicht gleich die Panikzone beginnt, hilft sehr.

Um das Modell der Komfortzone mit den SportlerInnen in der Gruppe zu entwickeln, zeichnen die TrainerInnen das Konzept der verschiedenen Zonen auf einem Flipchart auf und teilen das entsprechende Arbeitsblatt 6-3 aus. Gemeinsam erarbeiten sie, was es bedeutet, sich in den verschiedenen Zonen zu bewegen. Dazu werden anhand von Beispielen Emotionen herausgearbeitet, die in den unterschiedlichen Zonen erlebt werden. Die SportlerInnen stellen sich diese farblich wie ein Ampelsystem vor.

Komfortzone: In der Komfortzone ist es gemütlich und angenehm. Die Aufgaben sind bekannt und werden so durchgeführt wie immer. Vorteil: Es lauern keine Bedrohungen. Nachteil: Es wird kaum Neues entwickelt.

Lernzone: Sich in der Lernzone zu bewegen, ist bereits etwas anstrengender. Man spürt die Herausforderung und merkt, dass nicht alles sofort gelingt. Trotzdem hat man noch das Gefühl, die Situation mit den eigenen Fähigkeiten bewältigen zu können. Vorteil: Man lernt Neues und entwickelt sich weiter. Das macht stolz und fördert das Selbstvertrauen. Nachteil: Es ist anstrengender als in der Komfortzone.

Panikzone: Nehmen die Anforderungen überhand, entwickelt sich Angst und die SportlerInnen befinden sich in der Panikzone. Das Gefühl, der Situation gewachsen zu sein, geht verloren. Hilflosigkeit und Kontrollverlust entstehen. Körperliche Stresssymptome, wie verstärktes Schwitzen oder Zittern, kommen hinzu. Das sind klare Anzeichen, sich sofort wieder in die Lernzone zu begeben. Vorteil: keiner. Nachteil: Die starke Anspannung verhindert Lernfortschritte. Das Selbstvertrauen schwindet, weil positive Erfahrungen nicht mehr möglich sind.

Jetzt überlegen die SportlerInnen individuell, in welcher Situation sie sich in der entsprechenden Zone befunden haben, und tragen dies auf dem Arbeitsblatt ein. Gemeinsam wird anschließend diskutiert, wann es sinnvoll ist, sich in die Lernzone zu begeben und was dazu getan werden kann. Zum Abschluss der Übung legen die SportlerInnen Situationen fest, in denen sie sich in nächster Zeit einer Herausforderung stellen möchten, und definieren, wie sie diese selbstbewusst angehen können.

Stärkentagebuch

Ziel: Erfolge aufschreiben, um das Selbstvertrauen zu stärken

Ein Trainingstagebuch zu führen gehört für LeistungssportlerInnen zum Alltag. Zusätzlich zur vorgegebenen Dokumentation hilft SportlerInnen ein privates Trainingstagebuch, um Trainingsprozesse besser zu verstehen und zu steuern. Neben Trainingsinhalten, Bedingungen und Verfassung notieren viele SportlerInnen darin auch Informationen zu Ernährung und Schlafqualität (siehe Kapitel „Erholung & Regeneration").

Die Übung „Stärkentagebuch" soll SportlerInnen ermutigen, ihre Stärken mehr in den Fokus zu rücken. Aufbauend auf der Lernkultur, entwickeln SportlerInnen so die Gewohnheit, besonders die positiven Leistungen, Stärken und gute Aktionen zu erinnern. Die Aufgabe ist simpel: Nach jedem Training werden drei Dinge aufgeschrieben, die man richtig gut gemacht hat.

Didaktisch kann die Idee des Stärkentagebuchs individuell oder in der Gruppe eingesetzt werden. In der Gruppenvariante besorgt der*die TrainerIn die Stärkentagebücher vor der Übung gesammelt, im Einzelcoaching kann der*die SportlerIn sich selbst ein persönliches und schönes Buches kaufen, was dann bereits Bestandteil der Übung ist.

Die TrainerInnen erklären den SportlerInnen, dass sie in dem Buch ausschließlich Stärken und gelungene Aktionen notieren sollen. Es empfiehlt sich, sofort loszulegen und die SportlerInnen Aktionen aus dem letzten Training aufschreiben zu lassen, die ihnen gelungen sind.

Die TrainerInnen betonen zum Abschluss der Übung, dass die Stärkentagebücher selbstständig geführt werden müssen. Wegen der persönlichen Inhalte ist Kontrolle hier nicht sinnvoll. Je nach Alter der SportlerInnen bietet es sich aber an, nach einigen Wochen zu überprüfen, ob die Stärkentagebücher prinzipiell geführt werden. Alternativ widmen die TrainerInnen dem Ausfüllen des Stärkenbuchs regelmäßig die letzten drei Minuten des Trainings. Dieses Vorgehen sorgt für Routine und erleichtert es den SportlerInnen, das Stärkentagebuch regelmäßig zu führen.

! SportlerInnen können das Stärkentagebuch auch vor Wettkämpfen nutzen. Immer wenn Zweifel aufkommen, wird das Selbstvertrauen gestärkt, indem die SportlerInnen lesen, was sie in den vergangenen Wochen im Training alles geschafft haben.

Trau dich!

Ziel: Fehler als Lernerfahrung annehmen

Die Einstellung zu Fehlern und der Umgang damit entscheiden, wie sich SportlerInnen entwickeln. Nur wer etwas wagt und Fehler riskiert, kann neue Lernerfahrungen machen und den eigenen Handlungsspielraum erweitern. Viele SportlerInnen stehen sich allerdings durch ihren Perfektionismus selbst im Weg. Sie gehen zu kritisch mit sich um, setzen Fehler mit Versagen gleich und versuchen, diese zu vermeiden.

Diese Übung hilft, eine konstruktive Lernkultur zu entwickeln und Fehler als normalen Bestandteil des Entwicklungsprozesses zu begreifen.[3] Werden Fehler als konstruktives Feedback angenommen, wachsen SportlerInnen daran. Um eine konstruktive Lernkultur zu entwickeln, reflektieren die TrainerInnen mit den SportlerInnen zuerst deren Einstellung zu Fehlern.

Folgende Fragen helfen:

- Bedeuten Fehler, dass man etwas schlecht gemacht hat oder dass man allgemein schlecht ist?
- Bedeuten Fehler ein persönliches Scheitern?
- Wie können Fehler noch betrachtet werden?
- Wie verändert sich der innere Dialog nach Fehlern?

Dann besprechen die TrainerInnen mit den SportlerInnen ihr Verhalten in Situationen, in denen sie aus Angst vor Fehlern gezögert haben. Statt Fehler zu vermeiden, motivieren sie sie, Fehler zu machen und damit gelassen umzugehen. Auch hier hilft das Bild der Komfort- und Lernzone: Eine gelassene Fehlerkultur ermöglicht, sich ohne Angst aus der Komfortzone herauszubewegen.

Folgende Fragen helfen, das Verhalten gegenüber hohen Anforderungen zu reflektieren:

- In welcher Situation wurde aus Angst vor Fehlern gezögert?
- Wie wirken sich Fehler auf die Konzentration aus?

Jetzt entwickelt jede(r) SportlerIn einen hilfreichen Satz oder ein Ritual, um sich in herausfordernden Situationen daran zu erinnern, dass Fehler zum Lernen gehören. Hierzu knüpfen die SportlerInnen an ihre Erfahrungen im Bereich Selbstgespräche an und die TrainerInnen erinnern an die Übung der hilfreichen grünen und der hinderlichen roten Gedanken (siehe Teil 1). Auch die Übungen „Lessons Learned", „Schatzkiste & Mülleimer" und „Woran lag's?" im Kapitel „Wettkampfmanagement" helfen, eine konstruktive Lernkultur zu fördern.

Tipp: Zu dieser Übung kann auch ein kleines Experiment durchgeführt werden: Den ersten Durchgang einer beliebigen Trainingsaufgabe (z. B. Balancieren auf der Slackline) sollen die SportlerInnen mit einer fehlervermeidenden Erwartungshaltung durchführen und sich über jeden Fehler richtig aufregen. Den zweiten Durchgang sollen sie mit gelassener Erwartungshaltung angehen. Sie machen sich bewusst, dass sich Fehler nicht vermeiden lassen, akzeptieren das und konzentrieren sich auf die Aufgabe. Anschließend besprechen TrainerIn und SportlerInnen die Unterschiede zwischen den Durchläufen und reflektieren, was das Ergebnis des Experiments für die nächsten Trainingseinheiten bedeutet.

Eine Lernkultur etablieren

Um die Angst vor Fehlern abzubauen, sollten TrainerInnen eine konstruktive Lernkultur fördern. Dabei geht es weniger um große Ansprachen, sondern vielmehr darum, diese Haltung im Training umzusetzen. Folgende Punkte können dabei helfen:

- Die Anstrengung mehr wertschätzen als das Ergebnis.[4]
- Den Fokus auf den Prozess des Lernens und der Entwicklung legen: Wer die steilste Lernkurve erreicht, ist der*die beste SportlerIn – nicht, wer die wenigsten Fehler macht.
- Den SportlerInnen genügend Zeit einräumen, sich ohne Instruktionen eigenständig auszuprobieren.[5]
- Die Einschätzung der SportlerInnen vor der Korrektur erfragen.
- Positive Ausführungen in gleichem Maße betonen wie Korrekturen und konstruktive Lösungsvorschläge.
- Fehler sind Teil des Sports und keine zu vermeidende Katastrophe.
- Die SportlerInnen motivieren dranzubleiben, auch wenn etwas nicht gleich klappt.
- Den Durchgang im Training auch bei kleineren Fehlern zu Ende führen. So lernen die SportlerInnen, im Wettkampf mit Unregelmäßigkeiten umzugehen.
- Auch Misserfolge zur Entwicklung nutzen (s. Kapitel „Wettkampfmanagement").

Werbung für mich selbst

Ziel:
Eigene Stärken hervorheben

Material
Arbeitsblatt Werbung für mich selbst Nr. 6-4

Ein gutes „Marketing", nicht nur nach außen, sondern auch gegenüber sich selbst, ist grundlegend für ein stabiles Selbstvertrauen im Wettkampf. Nur wenn SportlerInnen von sich selbst überzeugt sind, können sie selbstbewusst in den Wettkampf gehen und das auch nach außen in Körpersprache und Aktionen verkörpern. Zwar muss man in einer guten Werbekampagne vom Produkt überzeugt sein, es muss jedoch nicht perfekt sein! Möglicherweise ist es aktuell noch ein Prototyp, der auf einer Messe vorgestellt wird.

Diese Übung hilft SportlerInnen, von außen auf sich zu blicken und dabei besonders Stärken und positive Eigenschaften zu erkennen. Die Idee der Übung ist, eine Werbekampagne für sich selbst zu entwickeln, in der die Stärken und positiven Eigenschaften hervorgehoben werden. Durch das Einnehmen einer Außenperspektive lernen die SportlerInnen, sich etwas positiver zu beurteilen.

Nachdem der*die TrainerIn die Idee der Übung erklärt hat, erhalten die SportlerInnen die Aufgabe, ein Werbekonzept für sich selbst zu entwickeln. Sie können die Kampagne in Form eines Imagefilms, einer Radiowerbung oder einer Printwerbung als Plakat entwerfen. Die Umsetzung sollte auf die Zielgruppe angepasst werden. Das Arbeitsblatt 6-4 enthält verschiedene Checkfragen, die den SportlerInnen helfen, ihre Kampagne zu entwickeln. Gegebenenfalls inspiriert es, Social-Media-Profile erfolgreicher SportlerInnen anzusehen.

Jede erfolgreiche Kampagne ist durch positive Emotionen, ausdrucksstarke Bilder und einen griffigen Slogan ausgezeichnet. Ein Schlagwort, das die eigenen Stärken auf den Punkt bringt, ein Bild oder ein passender Sound dazu – so etwas merken wir uns und kann als Gedanke oder Bild im Wettkampf genutzt werden. Die TrainerInnen erinnern die SportlerInnen jedoch daran, dass das Entscheidende bei der Übung nicht ist, sich stark nach außen darzustellen, sondern die Stärke innerlich zu spüren.

Die Werbung für sich selbst eignet sich auch gut fürs individuelle Coaching und kann als Hausaufgabe eingesetzt werden. Oft sind SportlerInnen sehr kreativ und produzieren tolle Collagen, Kampagnen oder kurze Filme.

Ich bin ich

Ziel:
Die eigene Individualität wertschätzen

Höher, schneller, weiter – im Sport geht es um die Optimierung von Bewegungen, Abläufen und komplexen Handlungsmustern. Jede(r) SportlerIn will sich stetig verbessern und gerade junge SportlerInnen orientieren sich stark an ihren Vorbildern. Das motiviert, birgt jedoch die Gefahr, dass die Vorbilder zu sehr idealisiert werden. Dann erleben sich SportlerInnen teilweise als unzureichend, akzeptieren ihre eigene Individualität nicht ausreichend und ihr Selbstvertrauen leidet.

Die Übung „Ich bin ich"[6] hilft jungen SportlerInnen, das Beste aus sich herauszuholen, indem sie ihre Individualität, mit Stärken und Schwächen, auf positive Weise zu akzeptieren und wertzuschätzen lernen. Auf Grundlage solcher positiver Selbst-Akzeptanz entwickeln SportlerInnen ein stabiles Selbstvertrauen und können ihre Stärken voll nutzen.

Zu Beginn der Übung stellt die TrainerInnen einige Größen aus der Sportart vor und fragen die Gruppe, was diese auszeichnet. Dabei nennen die SportlerInnen in der Regel zuerst Stärken, Leistungen und Erfolge. Mit etwas Hintergrundwissen wird aber klar, dass diese Vorbilder Menschen mit Stärken und Schwächen, Talenten und Fehlern sind. Diese Sichtweise hilft den SportlerInnen, sich so anzunehmen, wie sie sind!

Jetzt überlegt jede(r) SportlerIn individuell, was ihn*sie auszeichnet. Die TrainerInnen achten dabei darauf, dass die SportlerInnen alle Eigenschaften und Eigenheiten zunächst nur sammeln, ohne sie zu bewerten. Dazu fertigen sie etwa eine Mindmap an, schreiben eine Liste oder gestalten eine Collage.

Abschließend stellen die SportlerInnen ihr Ergebnis der Gruppe vor. Die TrainerInnen achten dabei auf ein wertschätzendes und vertrauensvolles Klima und unterstützen, dass alle Eigenschaften und Eigenheiten gewürdigt werden. Auch negativ bewertete Eigenschaften, wie Ungeduld oder Vergesslichkeit, machen einen Menschen aus. Zusätzlich können die TrainerInnen die SportlerInnen fragen, welche Gefühle aufkommen, wenn sie sich ihre Sammlung anschauen. Oft fühlen sich SportlerInnen selbstbewusster und stärker, wenn sie es schaffen, sich mit all ihren Eigenheiten zu akzeptieren und sich so anzunehmen, wie sie sind.[7]

Sich selbst zu akzeptieren und zu mögen heißt übrigens nicht, dass man nicht mehr an sich arbeiten muss. Auch der sympathische Schussel sollte sich bemühen, sich besser zu strukturieren und sich nicht mit einem „So bin ich nun mal" herausreden.

Meine Säulen im Leben

Ziel:
Ein stabiles und breites Selbstvertrauen entwickeln

Gastautor

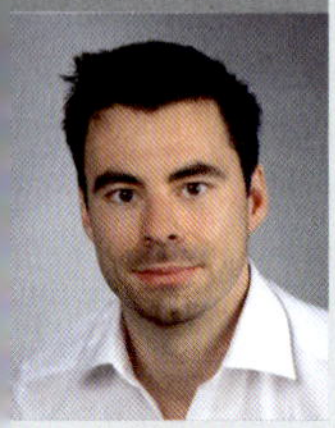

Simon Kohl

Details zum Autor auf Seite 251

Material
Arbeitsblatt Meine Säulen im Leben Nr. 6-5

Oft sind SportlerInnen so auf ihre aktuelle Leistung fokussiert, dass sie alles andere aus dem Blick verlieren. Das führt zu einseitigem Selbstvertrauen, Instabilität und Versagensängsten in Drucksituationen. Daher ist es besonders für sehr ehrgeizige SportlerInnen wichtig, den Blick regelmäßig zu weiten und sich bewusst zu machen, was sie außerhalb der sportlichen Leistung ausmacht.

In der folgenden Übung wird das Bild eines Tempels verwendet, dessen Dach (Selbstvertrauen) von Säulen getragen wird. SportlerInnen, die in ihrem Leben einzig und allein auf die Leistung blicken, vertrauen dann nur auf eine tragende Säule. Für die Stabilität des Tempels ist das kritisch. Etwa bei wichtigen Wettkämpfen oder nach Misserfolgen droht dann gleich das ganze Gebäude einzustürzen. Wird das Dach dagegen von mehreren Säulen getragen, ist eine wackelnde Säule weniger bedrohlich und es besteht nicht gleich Einsturzgefahr. Je mehr SportlerInnen also wissen, dass sie noch andere Eigenschaften tragen als die Leistungsfähigkeit, desto stabiler ist ihr Selbstvertrauen.

Mit Hilfe des Arbeitsblatts 6-5 überlegen TrainerInnen und SportlerInnen, welche Stärken, Interessen und Eigenschaften ihr Selbstvertrauen ausmachen. Neben der sportlichen Leistung zählen dazu auch Fähigkeiten, Gemeinschaft und Ausbildungen. Familie, PartnerInnen und FreundInnen stärken die sozialen Säulen. Auch Interessen in anderen Bereichen wie etwa Hobbys, Musik, Kunst, Kultur, soziales Engagement und vieles mehr können stabile Säulen des Selbstvertrauens bilden.

Oft fallen SportlerInnen nach einigem Nachdenken viele Säulen ein, allerdings pflegen sie diese manchmal nicht ausreichend. Es lohnt sich darüber nachzudenken, welche Säulen bereits stabil stehen und welche es verdienen, besser gepflegt zu werden.

Zum Abschluss der Übung reflektieren TrainerInnen und SportlerInnen, welche Gefühle sie mit ihrem Tempel verbinden. Je mehr Vertrauen in die unterschiedlichen Säulen vorhanden ist, desto sicherer fühlt man sich in seinem Handeln. Wenn SportlerInnen verstehen, dass sie mehr sind als ihre Leistung, können sie sich freier, bewusster und überzeugter auf den Sport konzentrieren, ohne unter Druck zu geraten.

Der Blick zurück

Ziel:
Positive Erfahrungen und Erfolge abspeichern

Fragt man SportlerInnen nach ihren Erfolgen, listen sie meist ihre Titel und Platzierungen auf. Das ist verständlich, doch reduziert man Erfolge nur auf Ergebnisse, bleiben viele Erfahrungen und positive Erlebnisse auf der Strecke. Um ein stabiles Selbstvertrauen zu entwickeln, sollten SportlerInnen nicht nur die erreichten Ergebnisse, sondern auch ihren Einsatz und sogar Rückschläge auf dem Weg zum Ziel abspeichern.

Zum Einstieg in die Übung erzählt der*die TrainerIn den SportlerInnen folgende Geschichte:

Zwei Bergsteiger, Hans und Franz, wollen den Gipfel eines Berges erklimmen. Hans beginnt seinen Aufstieg von der Südseite des Berges. Schnell stellt er fest, dass er auf einer sehr anspruchsvollen Route unterwegs ist. Es gibt leichte Abschnitte, aber auch schwierige Passagen und raues Gelände. Aber Hans gibt nicht auf und kommt schließlich geschafft und ausgepowert am Gipfel an. Dort trifft er auf Franz. Dieser hat sich dem Berg von der Nordseite genähert. Dort entdeckte er, dass es eine Seilbahn gibt. Um sich die Strapazen des Aufstiegs zu ersparen, ist Franz mit der Seilbahn zum Gipfel gefahren.

Jetzt fragt der*die TrainerIn die Gruppe, welcher von beiden Bergsteigern stolzer und zufriedener ist, da oben zu stehen. Die meisten SportlerInnen nennen an dieser Stelle Hans, da er mehr Einsatz gebracht hat. Und auch auf die Frage, wer sich länger an den Tag erinnern wird und wer mehr Erlebnisse und Erfahrungen gesammelt hat, lautet die Antwort wohl Hans.

Gemeinsam mit den SportlerInnen reflektieren die TrainerInnen die Geschichte und setzen sie in Bezug zum Sport. Gerade herausfordernde Trainingseinheiten, Überwindung und Einsatz sind Erfahrungen, die das Selbstvertrauen stärken. Entsprechend thematisieren die TrainerInnen besonders die Bedeutung von Einsatz und Rückschlägen auf dem Weg zum Ziel. Sie weisen darauf hin, dass es wertvoll ist, diese Erlebnisse positiv abzuspeichern, um Selbstvertrauen aufzubauen.

Um die besprochenen Punkte emotional zu verankern, können die TrainerInnen mit den SportlerInnen anschließend eine Gedankenreise unternehmen. Entsprechend der Anleitung 6-6, helfen sie ihnen dabei, sich die Erlebnisse bewusst zu machen, die neben Platzierungen und Resultaten auch vorhanden sind: neue Fähigkeiten lernen, sich charakterlich weiterentwickeln, mit Herausforderungen und Widerständen umgehen.

Nach der Gedankenreise halten die SportlerInnen die gesammelten Erfolgserlebnisse schriftlich fest. Dazu zeichnen sie einen Zeitstrahl und markieren darauf Meilensteine. Darauf notieren sie, welche Fähigkeiten und Stärken sie wann entwickelt haben. Je nach Alter der SportlerIn kann es auch passen, ein Bild von seinem Weg zu malen. Sich all die Dinge bewusst zu machen, die man auf seinem Weg entwickelt hat, stärkt das Selbstvertrauen.

Gastautor

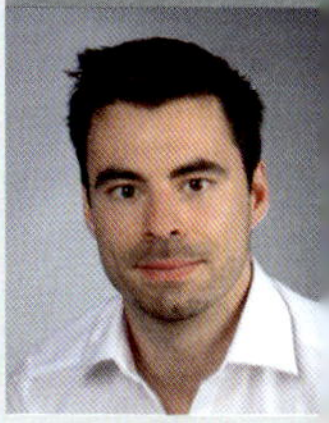

Simon Kohl

Details zum Autor auf Seite 251

Material
Anleitung Der Blick zurück Nr. 6-6

Selbstgespräche vorbereiten

Ziel:
Hilfreiche Selbstgespräche entwickeln

Selbstgespräche, ob laut oder leise als Gedanken im Kopf, führt jeder. Je mehr Stress auftritt, desto lauter wird der innere Dialog. Doch Selbstgespräche sind mitnichten nur störendes Hintergrundrauschen. Ein konstruktives Selbstgespräch an der richtigen Stelle motiviert und gibt Selbstvertrauen. Daher sind hilfreiche Selbstgespräche eine zentrale Technik des Mentalen Trainings.[8]

In Teil 1 greift die Übung „Rote und grüne Gedanken" diese Technik auf. SportlerInnen unterteilen darin ihre Gedanken in hilfreiche (grün) und störende (rot). Auf dieser Basis beginnen sie dann, rote in grüne Gedanken umzuformulieren. Jedoch sind viele SportlerInnen zu früh bestrebt, ihre Selbstgespräche ad hoc zu regulieren. Das heißt, sie versuchen spontan, die aufkommenden roten Gedanken durch grüne Alternativen zu ersetzen. Das ist prinzipiell machbar, jedoch schwierig – für den Anfang oft zu schwierig.

In der Praxis hat es sich bewährt, ein Selbstgespräch zunächst nicht spontan regulieren zu wollen, sondern mit klar vorbereiteten Selbstgesprächen zu arbeiten. Im Sport wiederholen sich viele Situationen immer wieder. So können sich SportlerInnen vorab überlegen, welche Sätze, Wörter und Gedanken in welcher Situation passen.

Zuerst sammelt die TrainerInnen mit den SportlerInnen in der Gruppe prototypische grüne und rote Gedanken, die im Wettkampf oder im Training auftauchen. So werden die SportlerInnen für spontan auftretende Selbstgespräche sensibilisiert und merken, welche Sätze oder Gedanken hilfreich sind und welche stören.

Jetzt antizipieren die SportlerInnen individuell kritische Wettkampfsituationen und überlegen, welche Sätze und Gedanken ihnen helfen würden. Die Aufgabe besteht darin, für bestimmte Situationen grüne Gedanken im Voraus festzulegen, statt sie sich erst in der Situation selbst zu überlegen. Dabei müssen sie nicht unbedingt für jede Situation einen anderen Satz oder Gedanken suchen. Oft finden sie zwei bis drei Standardsituationen, für die sie Wenn-Dann-Regeln formulieren, etwa: „Immer, wenn ich einen Punkt abgebe, sage ich mir: Der ist weg, aber der nächste ist deiner!"

Zuletzt überlegen TrainerInnen und SportlerInnen, wie sie es schaffen, sich in der Situation an die vorher festgelegten grünen Gedanken zu erinnern. Dazu werden die grünen Gedanken fest an Situationen oder andere Reize wie Geräusche und Gerüche (siehe „Emotion-Beat") gekoppelt. Ein Beispiel: Wenn meine Skibindung vor dem Start zuschnappt, dann ist es Zeit für den Gedanken „Ich habe Bock aufs Rennen" mit dem dazugehörigen Gefühl.

Spickzettel schreiben

Was in der Schule verboten ist, ist im Mentalen Training sogar gewünscht. Haben die SportlerInnen überlegt, welche Sätze ihnen wann helfen, schreiben sie diese auf einen Zettel. Den stecken sie etwa in ihre Sporttasche, um im entscheidenden Moment noch einmal draufzuschauen. So erinnern sich die SportlerInnen etwa kurz vor dem Start noch mal an die vorbereiteten grünen Gedanken und schaffen sich ein gutes Gefühl. Als zusätzlicher Effekt gibt diese Übung Sicherheit, weil die SportlerInnen etwas Greifbares bei sich haben. So wie der Spickzettel in der Schule, der bereits durch das Wissen hilft, dass man ihn zur Not nutzen könnte.

Mein eigener Coach

Oft hilft ein guter Satz der TrainerInnen zur richtigen Zeit, ein negatives Selbstgespräch in ein positives zu ändern. In dieser Übung überlegen sich die SportlerInnen, welche Sätze etwa ihrer TrainerInnen ihnen in einer bestimmten Situation helfen würden. Darüber hinaus erinnern sie sich daran, was ihnen in der Vergangenheit bereits geholfen hat. Wenn die SportlerInnen im Training oder Wettkampf merken, dass sie Anschub brauchen, sagen sie sich den entsprechenden Satz einfach selbst.

Wörter deponieren

Gerade SportlerInnen, die sehr von der Arbeit mit Bildern und Vorstellungen profitieren, hilft es, Wörter an bestimmten Stellen zu deponieren. Also sich in der Wettkampfvorbereitung vorzustellen, dass etwa am Start das Wort „Fokus" liegt. Oder sie stellen sich ein Schild vor, auf dem ein Symbol, ein Satz oder eine Anweisung steht. Gerade im Ausdauersport kann diese Übung helfen, das Rennen zu strukturieren und sich selbst Impulse zu geben. Entscheidend ist immer, dass SportlerInnen es schaffen, sich in der stressigen Wettkampfsituation an ihr vorbereitetes Selbstgespräch zu erinnern.

Mein inneres Team

Ziel: Unterschiedliche Bedürfnisse besser verstehen

Material
Arbeitsblatt Mein inneres Team
Nr. 6-7

Das innere Team[9] ist eine Metapher für gedankliche Ambivalenz. Gerade wenn es stressig wird, haben wir nicht nur eine Stimme im Kopf, sondern sind oft zwischen „Engelchen und Teufelchen" hin- und hergerissen, die uns beide etwas anderes einflüstern. SportlerInnen sind oft regelrecht von ihren Gedanken und Emotionen überfordert, die mit unterschiedlichen Bedürfnissen einhergehen. Mit dem Bild des inneren Teams lernen sie in zwei aufeinander aufbauenden Übungen, ihre Gedanken zu ordnen und die unterschiedlichen Aspekte ihrer Persönlichkeit besser kennen.

Didaktisch kann das innere Team individuell oder in der Gruppe erarbeitet werden. Der*die TrainerIn knüpft an den Themenbereich Selbstgespräche an und erklärt, dass sich in herausfordernden Situationen wie einem wichtigen Wettkampf selten nur eine Stimme zu Wort meldet. In der Regel melden sich verschiedene innere Anteile, die sich nicht immer einig sind. Der*die TrainerIn kann das Duo Engelchen und Teufelchen als Prototypen solcher innerer Stimmen und Handlungstendenzen anführen.[10]

Um ihr inneres Team besser kennenzulernen, wählen die SportlerInnen mit Hilfe des Arbeitsblatts 6-7 eine Situation, in der sie unter Druck gerieten und intensive Selbstgespräche führten. Sie sammeln alle Stimmen, die sich damals zu Wort meldeten. Nach einer ersten Sammlung werden die einzelnen Charaktere des inneren Teams genauer betrachtet und mit Namen beschrieben. So können etwa „Mein Ehrgeizbolzen", „Der*die innere SchisserIn" oder „Mein Teamclown" als Bezeichnungen für die verschiedenen Anteile stehen.

Auf dieser Basis werden die Charaktere des inneren Teams noch genauer herausgearbeitet. Dazu ordnen die SportlerInnen jeder Figur typische Sätze, Grundhaltungen und Absichten zu. So will der oft nervige ängstliche Anteil sie etwa schützen. Auf diese Weise wird auch „Der* die innere SchisserIn" zum wichtigen Bestandteil des inneren Teams.

Abschließend überlegen die SportlerInnen, welche Teammitglieder sie überwiegend wahrnehmen und welche sie meist überhören. Diese Erkenntnisse tragen die SportlerInnen anschließend der Gruppe vor. Voraussetzungen dafür sind ein gutes Vertrauensverhältnis untereinander, ein wertschätzendes Gruppenklima und gefühlvoll moderierende TrainerInnen.

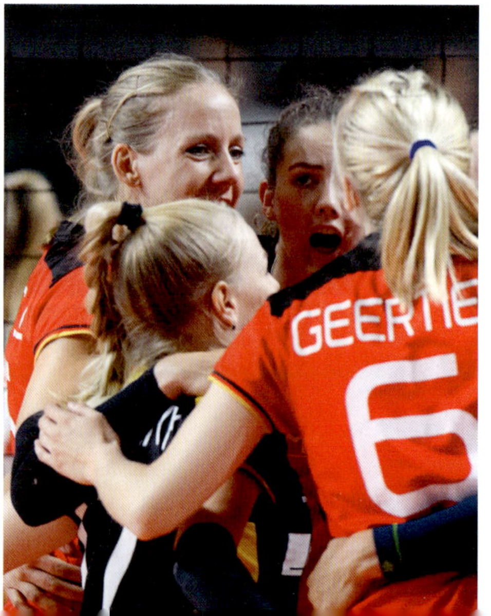

Teambuilding fürs innere Team

Ziel:
Unterschiedliche Bedürfnisse steuern und integrieren

Im ersten Teil der Übung haben die SportlerInnen ihr inneres Team kennengelernt, die Mitglieder charakterisiert und sie benannt. Jetzt gilt es, das innere Team zu führen. Genau wie eine Fußballmannschaft von unterschiedlichen Charakteren profitiert, kann auch ein inneres Team gemeinsam mehr bewirken als eine einzelne Stimme.

Die SportlerInnen müssen also lernen, die inneren Stimmen als Team in die richtige Richtung zu lenken. Ähnlich wie TrainerInnen ihre Mannschaft führen, die Dynamik zwischen den Teammitgliedern moderieren und bei Streit einen Konsens suchen. Laute und forsche Teammitglieder müssen manchmal zur Ruhe gebracht werden, während ruhige und ängstliche Anteile ähnlich wie zurückhaltende SpielerInnen gefördert und integriert werden müssen.

In Stresssituationen passiert es schnell, dass ein einzelner Charakter des inneren Teams die Führung an sich reißen möchte und andere dabei untergehen. Um das zu verhindern und etwa in Wettkampfsituationen ruhig zu bleiben, ist etwas Distanz und Führung des Teams notwendig. Die SportlerInnen lernen, alle inneren Stimmen wahrzunehmen und zu entscheiden, welche wie viel Gehör findet. Vermitteln die SportlerInnen als TeamchefIn allen ein gutes Gefühl und holen das Beste aus den jeweiligen Teammitgliedern raus, werden sie klar und ruhig in den Wettkampf gehen.

Mit dem Arbeitsblatt 6-8 benennen die SportlerInnen typische Diskussionen und Streitpunkte ihres inneren Teams. Gibt es eine(n) innere(n) KritikerIn, dem*der nie etwas gut genug ist und der*die insgeheim Angst hat zu versagen? Oder streiten sich „Andi Angst" und „Erwin Ehrgeiz" vor dem Wettkampf so sehr, dass sich kein Mensch konzentrieren kann?

Jetzt erarbeiten die SportlerInnen Lösungen für typische Diskussionen im inneren Team. Welcher Konsens hilft dem Team weiter? Wie können vorsichtige Teammitglieder mit einbezogen und allzu forsche gebremst werden? Gerade die Integration von vorsichtigen und ängstlichen Mitgliedern (Ziel: Schutz) fällt SportlerInnen nicht leicht. Sie neigen dazu, diese zu überhören. Unterdrücken sie diese Stimmen jedoch allzu stark, melden sie sich meist genau dann wieder, wenn sie am wenigsten helfen. Darum ist es notwendig, auch diese Anteile vorher mit einzubeziehen, ihnen zu erklären, dass keine Gefahr für Leib und Leben droht, und ihnen zu versichern, dass die Situation unter Kontrolle ist. Dann fühlen sie sich gehört und das Team kann voll konzentriert in den Wettkampf ziehen.

Zum Abschluss der Übung erfolgt der „ChefIn-Check", um deutlich zu machen, dass der*die SportlerIn der*die ChefIn des inneren Teams ist. Er*sie trifft die Entscheidungen und gibt im Sinne der Selbstführung die Richtung vor. Wie jede(r) gute TrainerIn sollte er*sie in dieser Position Diskussionen nicht abwürgen, aber sich auch nicht scheuen, im richtigen Moment ein Machtwort zu sprechen.

Material
Arbeitsblatt Teambuilding fürs innere Team Nr. 6-8

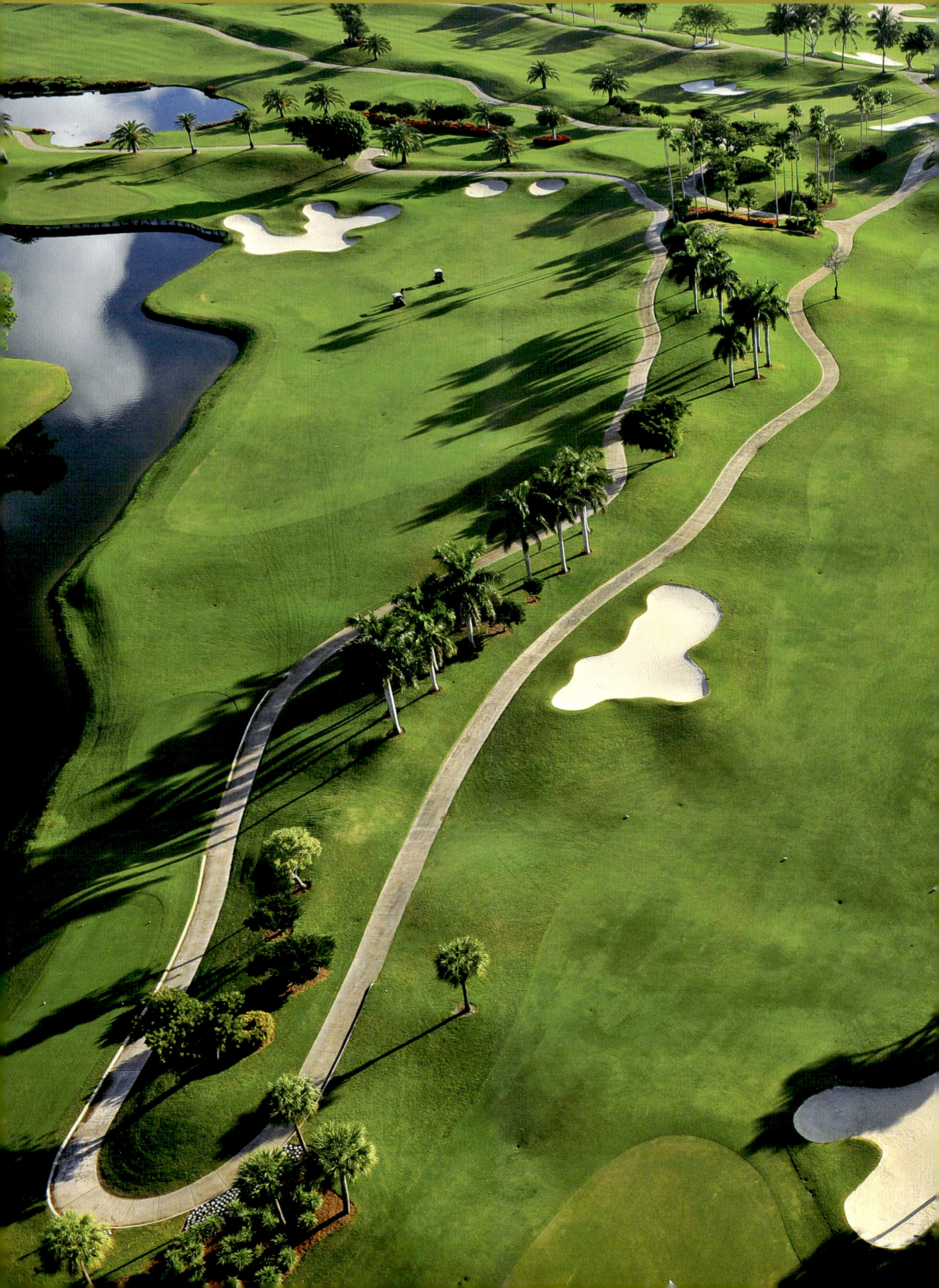

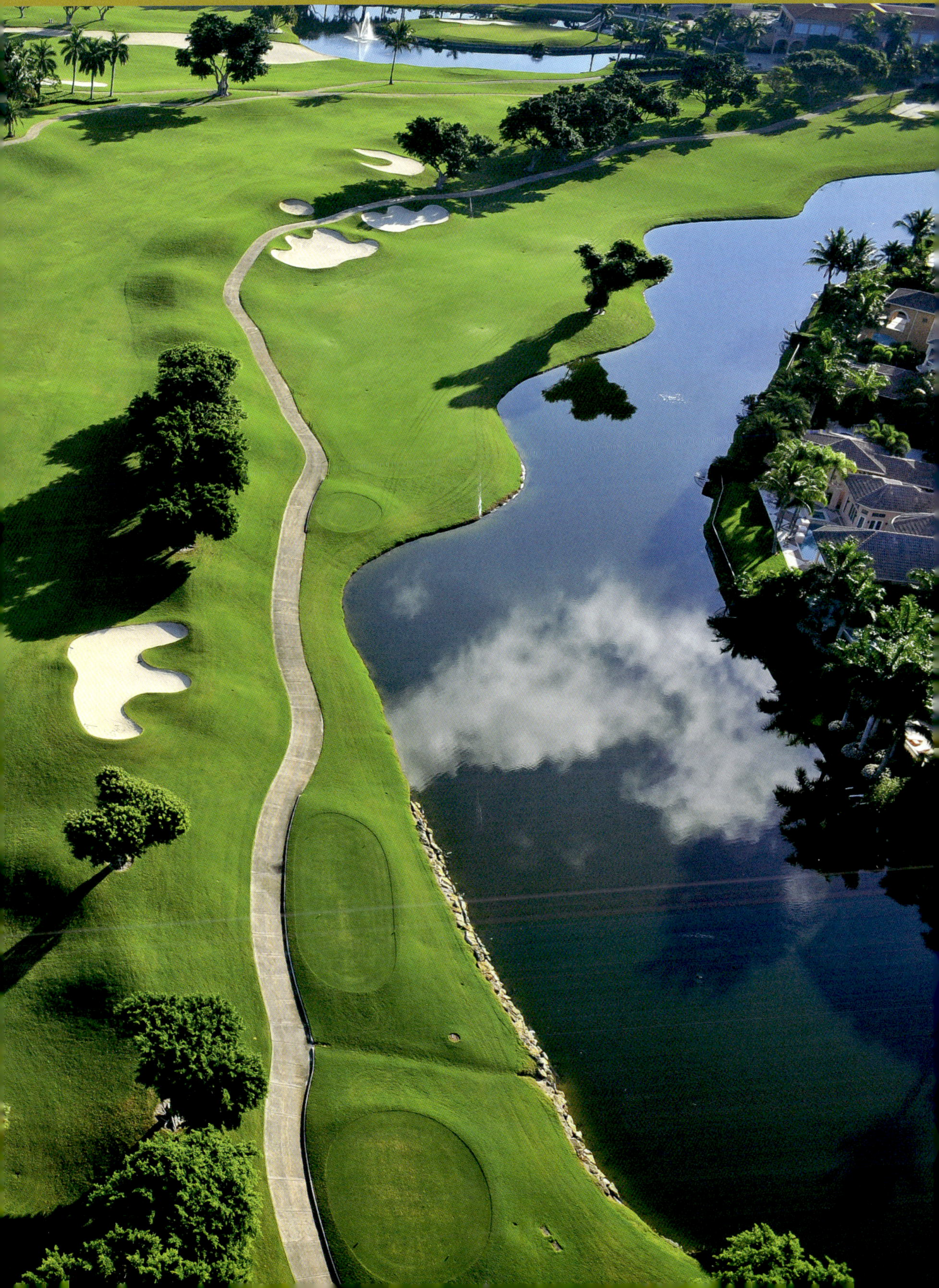

Wettkampfmanagement

Wettkämpfe machen einen wichtigen Bestandteil des Leistungssports aus. Es geht darum, sich mit anderen zu messen und die eigene Leistung bestmöglich abzurufen. Wettkämpfe machen Spaß und setzen Motivation fürs Training frei. Sein Bestes gegeben zu haben und dafür belohnt zu werden, sind Momente, für die sich die Schindereien lohnen.

Gleichzeitig sind Wettkämpfe mit vielen Erwartungen, Hoffnungen und Ängsten verbunden. Am Tag der Entscheidung entsteht dadurch eine ganz besondere Atmosphäre, gekennzeichnet durch Vorfreude, einen speziellen Fokus und Nervenkitzel. Diese Emotionen sind für viele SportlerInnen das Salz in der Suppe und machen den Reiz von Wettbewerben aus. Doch sollte eben nicht zu viel Salz in der Suppe landen. Sind SportlerInnen im Wettkampf zu angespannt, verlieren sie ihren Fokus und schaffen es nicht, ihre Trainingsleistung abzurufen. Häufig wird diesen „TrainingsweltmeisterInnen" vorgeworfen, nicht „mental stark" zu sein. Doch was zeichnet Mentale Stärke aus und wie wird sie entwickelt? Wie also erreicht man das, was man in der Sportpsychologie auch Abrufkompetenz nennt?

Abrufkompetenz

Die sportpsychologische Forschung hat klar gezeigt, dass Mentale Stärke kein Talent ist, das man von Natur aus hat oder eben nicht hat.[1] Stattdessen sind Abrufkompetenz und Mentale Stärke – wie körperliche Stärke auch – als Ergebnis eines periodisierten und strukturierten Lernprozesses zu betrachten. So wie motorische Fähigkeiten trainiert werden, müssen SportlerInnen auch in die mentale Seite der Wettkämpfe „hereinwachsen".

Auch wenn im Wettkampf das Gleiche wie im Training gefordert ist, sind Wettkämpfe psychologisch gesehen etwas völlig anderes als das Training. Sie zeichnen sich beispielsweise durch Einmaligkeit (man hat nur eine begrenzte Anzahl von Versuchen) und eine hohe Verbindlichkeit (die Leistung ist etwa zu einem gewissen Zeitpunkt zu bringen) aus. Dazu kommen eine spezielle Umgebung und besondere Erwartungen, sei es von den SportlerInnen selbst, von den TrainerInnen oder vom Umfeld. Gerade bei Letzteren können nicht nur die explizit ausgesprochenen, sondern gerade die implizit vermittelten Erwartungen in einer Wettkampfsituation psychologisch einen deutlichen Unterschied zum Training darstellen.

Um mit diesen Rahmenbedingungen gut umzugehen, gibt es nicht den einen Trick oder die eine entscheidende Idee. Aberglaube und „die heilige Wettkampfsocke" helfen den SportlerInnen leider auch auf Dauer nicht weiter. Stattdessen müssen SportlerInnen sich aktiv mit Situationen auseinandersetzen, in denen sie Druck erleben, Herausforderungen antizipieren und Handlungsoptionen vorbereiten. Das macht deutlich, dass ein Wettkampftraining schon lange vor der entscheidenden Situation beginnt. Eine gute mentale Vorbereitung hilft, sich auf die Eigenheiten eines Wettkampfes gut einzustellen.

Wettkampftraining

Beim mentalen Wettkampftraining ist die Gewöhnung an die Bedingungen ein zentraler Faktor. Darüber hinaus üben die SportlerInnen die praktische und eigenständige Anwendung mentaler Techniken. Dazu gehören etwa förderliche Selbstgespräche oder der Umgang mit Nervosität. Um solche Techniken aufzubauen, braucht es Zeit. Nur wer kontinuierlich übt, kann seine mentalen Techniken im Wettkampf schnell, effizient und zielgerichtet nutzen. Klar ist auch, dass das Wettkampftraining nicht isoliert vom „normalen" Training stattfindet. Im Gegenteil: Mentale Inhalte und Aufgaben sollten so in das übliche Training integriert werden, dass die SportlerInnen gleichzeitig an körperlichen wie an mentalen Fähigkeiten arbeiten.

Ein klassisches Beispiel für ein bewährtes und praxisnahes Wettkampftraining ist das Nichtwiederholbarkeitstraining (siehe Teil 1). Indem sie die Einmaligkeit und Verbindlichkeit des Wettkampfs im Training simulieren, verbessern sie ihre Abrufkompetenz. Dies ist beispielsweise der Fall, wenn Ski-TrainerInnen morgens bestimmen, welcher Trainingslauf als Wettkampflauf zählt. Muss der*die SportlerIn hier zusätzlich eine Leistungsprognose abgeben oder winken Konsequenzen wie Belohnungen und Bestrafungen, werden die Wettkampfbedingungen immer realer. Solche wichtigen Übungen sollten nicht zu oft eingesetzt werden, damit sie etwas Besonderes bleiben. Darüber hinaus sollten SportlerInnen über die nötigen (mentalen) Bewältigungskompetenzen verfügen, damit kein Frust entsteht. Der Zeitpunkt für diese Übung ist im Verlauf der Saison eher wettkampfnah zu wählen.

Über die in Teil 1 vorgestellten Methoden hinaus wird in diesem Kapitel mit der Übung „Die Ablenkungs-Impfung" eine weitere Idee vorgestellt, um an der Abrufkompetenz zu arbeiten. SportlerInnen trainieren dabei bewusst, in komplexen und ablenkenden Situationen fokussiert zu bleiben, Emotionen zu steuern und ihre Leistung auf den Punkt abzurufen. Ergänzend kann mit der Übung „Thinking-Box & Playing-Box" geübt werden, vom Denken und Planen ins Handeln zu wechseln. Gerade sehr nachdenklichen SportlerInnen fällt es besonders in Stresssituationen schwer, „den Kopf auszuschalten" und „einfach zu machen". Ein ähnliches Ziel verfolgt die Übung „Mein inneres Go". Sie ist vor allem für diejenigen geeignet, die unter Druck zögern und sich nicht entschließen können. Gerade sie profitieren davon, bereits im Wettkampftraining daran zu arbeiten, klare Entscheidungen zu treffen und diese dann entschlossen und mit dem nötigen Einsatz auszuführen.

Wettkampfvorbereitung

Aufbauend auf dem Wettkampftraining, geht es in der Wettkampfvorbereitung darum, die Eigenheiten des konkret bevorstehenden Wettkampfes zu antizipieren und sich innerlich darauf einzustellen. Zum Start in die Wettkampfvorbereitung hilft etwa die Übung „Meine Wettkampfcheckliste", mit der Sportler sich mit dem bevorstehenden Wettbewerb auseinandersetzen und ihre Abläufe gedanklich durchgehen. Neben den Rahmenbedingungen gehört dazu auch die emotionale Einstimmung. Als ein Herzstück des Mentalen Trainings arbeiten SportlerInnen dabei gezielt daran, ihren optimalen mentalen Wettkampfzustand zu erreichen. Im Vordergrund sollte dabei jedoch nicht der Kampf gegen die Nervosität, sondern immer das aktive Erzeugen hilfreicher Emotionen und körperlicher Zustände stehen. Um zu lernen, welche Emotionen unterstützend wirken, werden hier die Übungen „Groove dich ein" und „Performance-Cocktail" vorgestellt. Darüber hinaus unterstützt die Übung „Performance-Tunnel", positive Zustände auch aktiv herzustellen.

Wettkampfsteuerung

Gelingt es den SportlerInnen, ihren optimalen Wettkampfzustand zu erzeugen, gilt es diesen auch über den Wettkampftag hinweg zu regulieren. Diese Wettkampfsteuerung spielt besonders in den Sportarten eine Rolle, in denen sich die Austragungen über einen längeren Zeitraum erstrecken (etwa Fechten), es andauernde Phasen wechselnder Anspannung gibt (z. B. Golf) oder mehrere Matches (wie Badminton) oder Kämpfe (wie Judo) an einem Tag anstehen. Mit der Übung „Den Wettkampftag managen" erarbeiten sich die SportlerInnen, wie sie die Wettkampfspannung im Verlauf des Tages bewusst und gezielt regulieren.

Gut geplante Pausen sind wichtig, um den „Energietank" über den Wettkampf hinweg immer wieder aufzufüllen (siehe Kapitel „Erholung & Regeneration"). Gerade das Wechselspiel aus Anspannung und dem darauffolgenden Zur-Ruhe-Kommen ist in vielen Sportarten entscheidend. Mit den Übungen „Auf Kurs bleiben", „Back to Business" und „Triple-A-Timeout" lernen SportlerInnen, kleinere Pausen und Unterbrechungen im Wettkampf zu nutzen, um kurz durchzuatmen und sich neu zu fokussieren. Das hilft, um sich von Unterbrechungen nicht aus dem Konzept bringen zu lassen und keine Energie durch Grübeln oder Ablenkungen zu verlieren.

Wettkampfnachbereitung

Genau wie die mentale Vorbereitung gehört auch eine anschließende Nachbereitung zum Wettkampfmanagement dazu. Je emotionaler der Wettkampf lief, desto wichtiger ist es, diese Emotionen nach dem Wettkampf wieder abzubauen. Dazu gehört, innerlich „herunterzufahren" und die Ereignisse für sich einzuordnen. Die Übungen „Cool down!", „Mut zum Blues" und „Club der Loser" unterstützen SportlerInnen gerade nach Misserfolgen, mit den eigenen Emotionen umzugehen.

Unabhängig vom Ergebnis wird in jedem Wettbewerb eine Vielzahl von Erfahrungen gesammelt. Diese Erkenntnisse können zukünftig genutzt werden, um die Abrufkompetenz weiter zu verbessern und zu stabilisieren. Mit den Übungen „Woran lag's?" und „Schatzkiste & Mülleimer" erhalten TrainerInnen und SportlerInnen verschiedene Ansätze, um Wettkämpfe auszuwerten, systematische Ursachenforschung zu betreiben und positive Erlebnisse abzuspeichern.

Thinking-Box & Playing-Box

Ziel:
Den Fokus aktiv vom Denken aufs Handeln lenken

Material
Arbeitsblatt Thinking-Box & Playing-Box Nr. 7-1

Oft sind SportlerInnen nicht voll bei der Sache, weil sie unentschlossen oder mit dem Kopf noch beim vorherigen Durchgang oder bei möglichen Konsequenzen sind. Anstatt sich also voll auf die aktuelle Aufgabe zu konzentrieren, grübeln sie über Vergangenes oder Zukünftiges nach. Ein ganz normaler, menschlicher Prozess. Im Wettkampf kann dies jedoch zum Stolperstein werden. Entscheidend ist daher für SportlerInnen zu lernen, ihr Denken vom Handeln zu trennen. Denken und technisch-taktische Überlegungen sind wichtig – aber nicht während der Ausführung der nächsten Aktion!

Die hier vorgestellte Übung stammt aus dem Golfsport[4] und hilft SportlerInnen dabei, sich zu fokussieren, indem sie Denken und Handeln räumlich voneinander trennen. Die AkteurInnen lernen, mental, aber auch physisch den Schritt vom Abwägen zum Handeln zu gehen. Vor allem den „Grüblern" unter den SportlerInnen hilft sie, das Abwägen symbolisch abzuschließen und beim Handeln voll bei der Sache zu sein.

Die Grundidee der Aufgabe ist simpel: In der Thinking-Box wird gedacht, abgewogen und die Taktik festgelegt. In der Playing-Box wird die Aktion durchgeführt. Bevor der*die GolferIn also zum Abschlag in die Playing-Box geht, können in der Thinking-Box Vor- und Nachteile abgewogen werden, Unsicherheit erlebt und gezweifelt werden. Am Ende der Zeit in der Thinking-Box sollte jedoch eine klare und bewusste Entscheidung für die Aktion getroffen werden. Dieses Prinzip lässt sich auch auf viele andere Sportarten übertragen. So kann man den Wechsel von der Thinking-Box in die Playing-Box am Start (z. B. Sprint, Ski-Alpin, Schwimmen), bei einer Einwechslung (z. B. Eishockey, Fußball) oder bei einer Standardaktion (z. B. Tennis, Volleyball) einsetzen.

Im ersten Schritt erarbeiten die SportlerInnen mit Hilfe des Arbeitsblatts 7-2, welche Handlungen, Gefühle und Gedanken sie jeweils den beiden Boxen zuordnen. Dabei sollten sie auch die Vorteile der Thinking-Box erarbeiten. Sie hilft beispielsweise, Gefahren nicht zu übersehen oder zwischen unterschiedlichen Alternativen abzuwägen. Die Vorteile der Playing-Box liegen in der Entschlossenheit und der Fokussierung auf die Handlung.

Im zweiten Schritt probieren die SportlerInnen diese Technik im Training aus. Dazu legen sie zunächst einen Bereich fest, in dem noch überlegt und abgewogen werden darf, und einen Bereich, in dem sie sich voll auf die Aktion konzentrieren wollen. Diese Bereiche können die SportlerInnen mit Kreppband oder einem Seil markieren. Sind die Boxen und die entsprechenden Inhalte im Training erarbeitet, sollten die SportlerInnen zukünftig auch ohne markierte Bereiche wissen, wann sie sich in ihrer Thinking-Box befinden und wann sie in die Playing-Box wechseln. Dieser Wechsel kann sich symbolisch durch einen physischen Schritt äußern. Für die Entschlossenheit entscheidend ist insbesondere der „innere Schritt"!

Den Wechsel von der Thinking-Box in die Playing-Box können Elemente aus dem Vorstellungstraining unterstützen, indem SportlerInnen diesen Schritt und die damit verbundenen Änderungen gedanklich und emotional im Kopf immer wieder durchgehen. Vor dem inneren Auge können sie die Boxen zusätzlich noch farbig hinterlegen. So können die SportlerInnen die Thinking-Box beispielsweise rot einfärben (Stopp, denk nach!) und die Playing-Box grün (Go, voller Fokus, volle Entschlossenheit).

Die Ablenkungs-Impfung

Ziel:
Trotz Ablenkungen fokussiert bleiben

Material
Arbeitsblatt Die Ablenkungs-Impfung Nr. 7-2

Wettkampfsituationen unterscheiden sich zum Teil erheblich vom alltäglichen Training. Das gilt zum einen für mentale Faktoren, wie etwa die Bedeutung des Wettkampfes und die Verbindlichkeit der Situation. Zum anderen sind die Rahmenbedingungen der Wettkampfstätte oft ungewohnt und bieten mit ZuschauerInnen, Eltern oder anderen TrainerInnen Ablenkungen, die im normalen Trainingsbetrieb fehlen.

Im Mentalen Training lernen die SportlerInnen daher Werkzeuge und Techniken kennen, wie sie mit solchen inneren und äußeren Ablenkungen konstruktiv umgehen können. Diese Strategien liegen beispielsweise im Bereich der Konzentration (siehe Kapitel „Fokus & Gelassenheit" oder Kapitel „Konzentration" in Teil 1), der Steuerung von Selbstgesprächen (siehe Kapitel „Selbstvertrauen") und der Regulierung körperlicher Anspannung (siehe Kapitel „Entspannung & Aktivierung" in Teil 1).

Entscheidend für den Erfolg im Wettkampf ist allerdings, diese Techniken nicht nur zu kennen, sondern sie auch zu üben und anzuwenden. TrainerInnen sollten die SportlerInnen daher bereits im Training mit Ablenkungen und Druck konfrontieren. Solche „Ablenkungs-Impfungen"[2] sind zwar zusätzliche Aufgaben, die das Training kurzfristig schwieriger machen, doch helfen sie den SportlerInnen langfristig, ihre mentalen Werkzeuge anzuwenden und so ihr „mentales Immunsystem" zu stärken.[3]

Welche Formen der Ablenkung die TrainerInnen konkret auswählen, hängt stark von der jeweiligen Sportart ab. Hier kommen als äußere Ablenkungen ZuschauerInnen oder Kommentare von außen in Frage. Auch laute Musik oder andere akustische Störquellen können genutzt werden. Ein kurzfristiger Wechsel des Trainingsumfelds ist zwar oft mit etwas Aufwand verbunden, der sich aber normalerweise lohnt. Um innere Ablenkungen zu schaffen, können Druck oder Erwartungen aufgebaut sowie Konsequenzen oder Einmaligkeit eingeführt werden. Folgende inneren und äußeren Ablenkungen können zum Einsatz kommen:

Äußere Ablenkungen	**Innere Ablenkungen**
Zuschauer-Impfung	Druck-Impfung
Zeitdruck-Impfung	Konsequenz-Impfung
Lärm-Impfung	Einmaligkeits-Impfung
Unbekannter-Ort-Impfung	Erwartungs-Impfung

Um die Arbeit an der Abrufkompetenz kontinuierlich im Training zu verankern, hilft es, einen „Impfpass" zu führen. Damit können die SportlerInnen protokollieren, welche Formen der Ablenkung sie bereits trainiert haben (siehe Arbeitsblatt 7-2). In ihren Impfpass tragen die SportlerInnen nach jedem Ablenkungstraining das Datum, die Art der Impfung und ihre angewendeten Strategien ein. Darüber hinaus wird auf einer Skala von 1 (nicht erfolgreich) bis 5 (sehr erfolgreich) bewertet, wie gut es gelungen ist, den Fokus trotz Ablenkung zu halten. Zuletzt unterschreibt der*die TrainerIn den SportlerInnen ihre Impfung, was gerade bei jüngeren SportlerInnen eine wirkungsvolle „offizielle Bestätigung" der Maßnahme ist. Um bei den AkteurInnen eine zusätzliche Motivation für das Ablenkungstraining aufzubauen, sollte in der letzten Zeile des Arbeitsblatts der Zielwettkampf stehen. Dieser sollte noch einige Wochen entfernt liegen, sodass genug Zeit bleibt, verschiedene Ablenkungsimpfungen ins Training zu integrieren.

Damit die SportlerInnen diese Maßnahmen auch richtig einordnen können, sollte die TrainerInnen anschließend mit ihnen reflektieren, wie sie mit der Ablenkungs-Impfung umgegangen sind. Dadurch lernen sie sich selbst besser kennen und können ihre mentalen Strategien in Zukunft noch bewusster einsetzen. Im Vordergrund steht dabei, vor allem die positiven Erfahrungen abzuspeichern. Wenn die SportlerInnen einmal selbst gespürt haben, dass sie trotz der Ablenkungen bei der Sache bleiben konnten, werden sie selbstbewusster und allein dadurch schon fokussierter in den nächsten Wettkampf gehen.

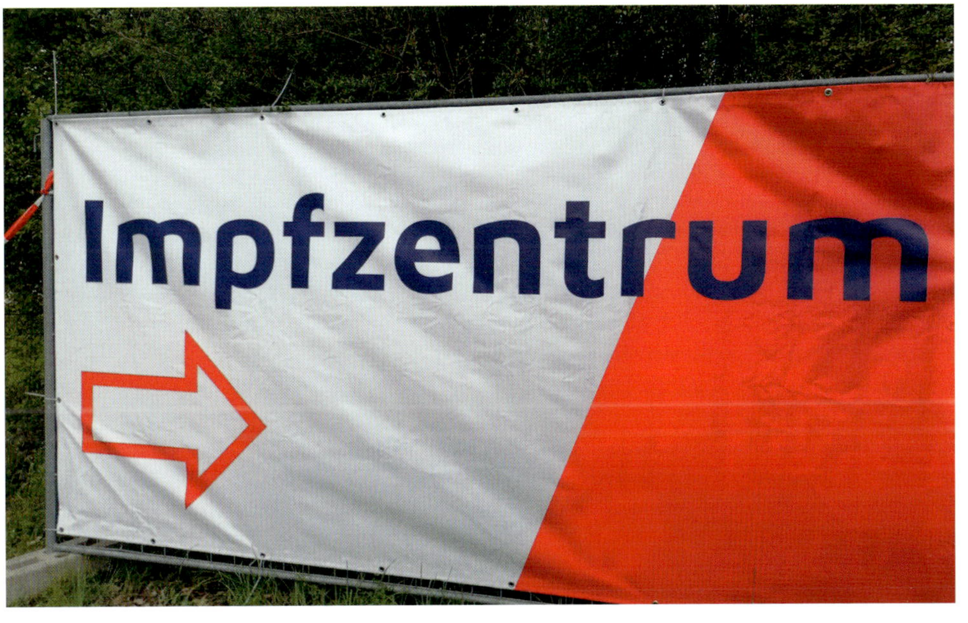

Mein inneres Go!

Ziel: Entscheidungen bewusst treffen und Entschlossenheit aufbauen

Im Sport müssen viele Entscheidungen aus dem Bauch heraus getroffen werden.[5] Doch leider klappt genau dieses schnelle und intuitive Entscheiden nicht immer. Manchmal schwirren den SportlerInnen zu viele Gedanken, Erwartungen und Abwägungen im Kopf herum, um intuitiv handeln zu können. Das ist etwa dann der Fall, wenn FußballspielerInnen am Elfmeterpunkt „verkopft" und blockiert sind, weil ihnen in diesem Moment klar wird, dass ihr Schuss spielentscheidend sein könnte.

Gerade in solchen Situationen brauchen SportlerInnen Strategien, ihr Durcheinander im Kopf zu ordnen. Ähnlich wie die Übung „Thinking-Box & Playing-Box" vermittelt diese Übung ein Schema zum strukturierten Abwägen und Entscheiden. Auf dieser Basis können die SportlerInnen sich dann selbst ein „inneres Go!" geben und entschlossen handeln.[6] Das hilft vor allem in Situationen, in denen die SportlerInnen etwas Zeit haben. Etwa vor einem Elfmeter oder in Sportarten, in denen etwas Zeit für das Treffen von Entscheidungen bleibt: z. B. Golf, Curling, Klettern oder Bouldern. Das heißt nicht, dass SportlerInnen nun nicht mehr aus dem Bauch beziehungsweise dem Gefühl heraus handeln dürfen. Herrscht jedoch Chaos im Kopf, sollten SportlerInnen nicht einfach „irgendwas" machen, sondern ein Schema haben, mit dem sie ihre Gedanken schnell ordnen und Entschlossenheit aufbauen können.

Um sich in solchen Situationen zu strukturieren, hat sich in der Praxis ein Schema aus drei Schritten bewährt. In Abwandlung des berühmten Satzes „Ich kam, sah und siegte"[7] sollen SportlerInnen erstens kurz **wahrnehmen**, welche Gedanken, Gefühle und Handlungsimpulse sie beschäftigen. Im zweiten Schritt geht es darum, klar und eindeutig zu **entscheiden**. Die genauen Kriterien dafür variieren von Sportart zu Sportart. Insgesamt ist wichtig, dass die SportlerInnen überhaupt trainieren, zügig und bewusst zu entscheiden, anstatt unentschlossen und ohne Plan zu handeln. Drittens können die SportlerInnen auf Basis dieser Entscheidung ein inneres „Go!" geben und fokussiert **handeln**.

Um den SportlerInnen dieses Schema zu vermitteln, werden zunächst Gedanken, Gefühle und Impulse, die in Entscheidungssituationen im Kopf herumschwirren, gesammelt. Danach stellt der*die TrainerIn die drei Schritte Wahrnehmen, Entscheiden und Handeln als eine Möglichkeit vor, um dieses Gedankenkarussell zu ordnen. Bewährt hat sich, direkt daran eine einfache sportartspezifische praktische Übung anzuschließen, in der die SportlerInnen dieses Schema ausprobieren können. Je mehr die SportlerInnen sich an dieses strukturierte Vorgehen gewöhnen, können sie es auch in zeitkritischen Situationen und wettkampfnäheren Entscheidungen (etwa mit Konsequenzen) einsetzen und üben.

Manche SportlerInnen profitieren besonders von der Arbeit mit Bildern und Vorstellungen. Um entschlossen handeln zu können, kann es ihnen helfen, sich bildlich einen „Entschlossenheitsknopf" vorzustellen. Haben sie eine Entscheidung hinsichtlich der Handlung und der Strategie getroffen, können sie in der Vorstellung diesen inneren Entschlossenheitsknopf drücken. Damit assoziiert passt das Gefühl eines Startschusses: Et voilà! – schon läuft das vorher zurechtgelegte Handlungsprogramm wie von selbst ab.

Mein inneres Go!

1. Wahrnehmen:

Was ist gerade los? Die Situation und die damit verbundenen Gedanken und Gefühle beschreiben.

*„Der*die TrainerIn möchte, dass ich einen wichtigen Elfmeter schieße. Ich bin stolz und gleichzeitig nervös. Ich will nicht vorbeischießen, merke, dass ich nervös werde, und bin mir unsicher, was ich machen soll."*

2. Entscheiden:

Was kann ich tun? Was habe ich für Handlungsoptionen? Was sind Ziele und mögliche Konsequenzen?

„Ich will den Elfer verwandeln, das ist klar. Dazu muss ich eine Ecke wählen, die ich gut kann. Oben rechts habe ich im letzten Training die besten Treffer gelandet, da habe ich ein gutes Gefühl und die beste Chance."

3. Handeln:

Den Fokus auf die Aufgabe richten und sich ein inneres „Go!" geben.

„Alles klar, ich schieße ihn oben rechts in den Winkel. Auf geht's!"

Meine Wettkampfcheckliste

Ziel:
Mentale Wettkampfvorbereitung

Gastautor

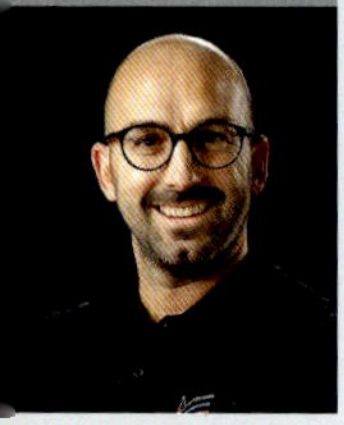

Moritz Anderten

Details zum Autor auf Seite 250

Material
Arbeitsblatt Meine Wettkampfcheckliste Nr. 7-3

Um sich mental auf einen Wettkampf vorzubereiten, hilft es SportlerInnen, alle relevanten Faktoren noch einmal strukturiert durchzugehen. Das nimmt auch großen Herausforderungen die Bedrohlichkeit und macht den Wettkampf überschaubar und kontrollierbar. Zudem stärkt es das Selbstvertrauen und die Konzentration während des Wettkampfes. In der Praxis hat sich eine Aufteilung in folgende vier Faktoren bewährt:

- **Ich**
- **Konkurrenz**
- **Umgebung**
- **Wettkampf**

Der ideale Zeitpunkt für diese Übung liegt in den letzten Tagen vor dem Wettkampf. Anhand des Arbeitsblattes 7-3 gehen die SportlerInnen alle Besonderheiten des bevorstehenden Wettkampfes gedanklich durch. Die TrainerInnen moderieren die Aufgabe an und erklären kurz die jeweiligen Faktoren. Nach einer Zeit der individuellen Arbeit können die Ergebnisse mit dem Trainer und ggf. auch in der Gruppe gesammelt und reflektiert werden.

Faktor „Ich": Hier schärfen die SportlerInnen ihre Selbstwahrnehmung und spüren in sich hinein. Positive Gefühle wie Vorfreude, Mut und Selbstbewusstsein werden verstärkt und ausgebaut. Negative Gefühle wie Unsicherheit oder Nervosität dagegen eingeordnet und „entschärft". Darüber hinaus überlegen die SportlerInnen, welche Techniken sie einsetzen werden, um ihre Emotionen im Wettkampf positiv zu beeinflussen und sich in ihren optimalen Wettkampfzustand hineinzuarbeiten (siehe „Performance-Cocktail").

Faktor „Konkurrenz": Jetzt richten die SportlerInnen den Fokus auf die GegnerInnen. Über welche sportlichen Stärken verfügen sie? Wo liegen ihre Schwächen? Gerade in Sportarten, bei denen eine direkte Auseinandersetzung mit den GegnerInnen besteht, wie etwa im Tennis oder Kampfsport, hilft dieser Schritt, sich gut auf die KontrahentInnen einzustellen, bereit zu sein und sich im Wettkampf dann ganz auf sich selbst und den Match-Plan zu konzentrieren.

Faktor „Umgebung": Jede Wettkampfstätte ist anders und hat ihre Eigenarten. Die SportlerInnen machen sich bewusst, wie dieser Ort aussieht und gehen die zeitlichen Abläufe durch. Dabei können sie sich mental schon einmal die Plätze aussuchen, an denen sie sich ungestört vorbereiten und Pause machen können. Wenn die SportlerInnen die Wettkampfstätte noch nicht kennen, planen sie am Wettkampftag Zeit ein, um sich mit der Umgebung vertraut zu machen.

Faktor „Wettkampf": Die SportlerInnen machen sich die Bedeutung des kommenden Wettkampfs klar. Sie überprüfen ihre Erwartungen und überlegen, welche Regulationsstrategien sie nutzen können. Anschließend visualisieren sie ihren Wettkampfplan und die taktische Herangehensweise. Das bringt Klarheit, Struktur und Sicherheit. Sie achten darauf, in der Vorstellung zu spüren, wie sie trotz schwieriger Situationen bei sich und ihrem Plan bleiben, sich mit positiven Selbstgesprächen bestärken und ihren optimalen Wettkampfzustand beibehalten.

Performance-Cocktail

Ziel: Hilfreiche Emotionen und Zustände für den Wettkampf erarbeiten

Oft fokussieren sich SportlerInnen zu sehr darauf, wie sie sich im Wettkampf „NICHT" fühlen wollen: nicht nervös sein beispielsweise. Sie versuchen, diese Nervosität „wegzubekommen". Meist erreichen sie damit jedoch genau das Gegenteil. Je mehr sie sich mit der ungeliebten Emotion beschäftigen, desto mehr verstärkt sie sich. Diesen Effekt kann man gut am bekannten Beispiel des rosa Elefanten verdeutlichen. Versucht man bewusst, nicht an einen rosa Elefanten zu denken, ist das ziemlich schwer. Erst wenn man sich darauf konzentriert, an etwas anderes zu denken, etwa einen blauen Elefanten, verschwindet sein rosa Kollege fast wie von selbst.

Der gleichen Logik folgt die hier vorgestellte Übung zur Wettkampfvorbereitung: TrainerInnen und SportlerInnen erarbeiten zunächst gemeinsam, welche Erlebenszustände sie aus guten Wettkämpfen kennen. Ein Brainstorming mit Moderationskarten unterstützt das. Entscheidende Fragen dazu:

- Wie fühlt sich ein guter Wettkampf für dich an?
- Welche Gedanken gehen dir vor und während eines guten Wettkampfes durch den Kopf?
- Wie fühlen sich dein Körper und deine Bewegungen an, wenn du gut drauf bist?
- Mit welchen Emotionen ist ein guter Wettkampf für dich verbunden?

Danach erarbeiten die SportlerInnen den individuell passenden Mix aus Emotionen und körperlichen Zuständen für den „richtigen" Performance-Cocktail. Auf dem Arbeitsblatt 7-4 tragen sie dazu jeweils die für sie wichtigsten Erlebenszustände in Form eines Tortendiagramms ein. Diese Aufteilung hilft zu reflektieren, in welchem Verhältnis die jeweiligen Komponenten (z. B. Aggressivität und Gelassenheit) zueinander stehen sollten. Der*die TrainerIn kann bei der Einteilung unterstützen und Feedback geben: „In guten Wettkämpfen habe ich dich bisher immer sehr gelassen erlebt. In deinem Diagramm steht ganz viel Aggressivität, das passt für mich noch nicht zusammen. Was meinst du dazu?"

Am Ende kann der*die TrainerIn das Erarbeitete in einer Gedankenreise festigen und emotional vertiefen. Durch eine ressourcenorientierte Reflexion, die mit dem emotionalen Erleben kombiniert wird, verinnerlichen die SportlerInnen, wie sich ein guter Wettkampf anfühlt. In den folgenden Trainings und Wettkämpfen erinnert der*die TrainerIn sie immer mal wieder an ihr positives Wettkampfgefühl. Damit sie einen stabilen Weg in ihren Performancezustand finden, sollte diese Übung mit der Übung „Performance-Tunnel" kombiniert werden.

Material
Arbeitsblatt Performance-Cocktail Nr. 7-4

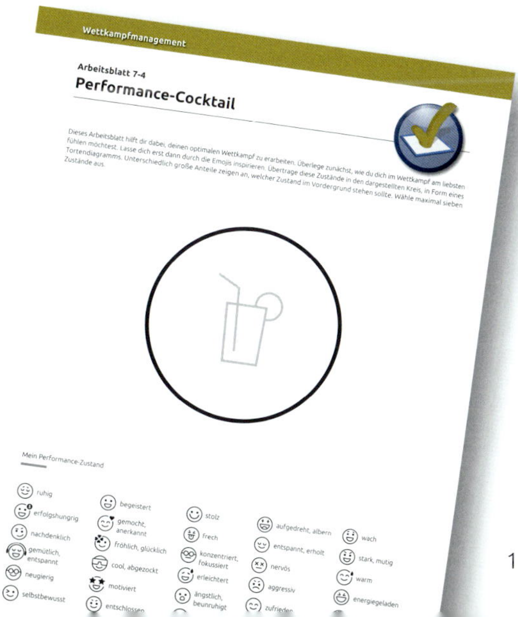

Performance-Tunnel

Ziel: Hilfreiche Emotionen und körperliche Zustände im Wettkampf aufbauen

Material
Arbeitsblatt Performance-Tunnel Nr. 7-5

„Da war ich voll im Tunnel und habe um mich herum echt nichts mehr mitbekommen …!" Jede(r) WettkampfsportlerIn kennt das Gefühl von Konzentration und Flow, welches meist für eine gute Wettkampfleistung steht. Zwar kann man einen optimalen Wettkampfzustand nicht erzwingen, doch durch eine gute Startvorbereitung, in Form einer passenden Routine, lässt sich darauf hinarbeiten. Genau wie ein(e) FußballerIn, der*die auf dem Weg durch den Spielertunnel Stück für Stück alles Ablenkende hinter sich lässt, um auf dem Platz voll fokussiert zu sein.

Bei dieser Übung geht es nun darum, diesen mentalen und körperlichen Zustand aus dem „Performance-Cocktail" zu erzeugen. Daher sollten die SportlerInnen das entsprechende Arbeitsblatt zu dieser Einheit wieder mitbringen.

Zunächst fragen die TrainerInnen die SportlerInnen, wie für sie eine gute Wettkampfvorbereitung aussieht. Die Antworten werden erst als Stichwort-Wolke am Flipchart oder auf Moderationskarten gesammelt und dann in mentale Techniken (wie Selbstgespräch) oder sportspezifische Handlungen (etwa Aufwärmen) gruppiert.

Im zweiten Schritt setzen die SportlerInnen die erarbeiteten Wettkampfzustände aus der Übung Performance-Cocktail in Bezug zu den mentalen Techniken und Handlungsabläufen. Beispielsweise kann man das Ausziehen der wärmenden Überbekleidung vor dem Start mit dem Gedanken „Jetzt geht's los!" und der bewussten Erinnerung an das positive Gefühl von Stärke kombinieren.

Einige Beispiele:

• Tasche packen am Vorabend	❯	Ruhe & Fokus
• Müsli mit Obst frühstücken	❯	Energie & Kraft
• Besichtigen	❯	Entschlossenheit
• Selbstgesprächsregulation	❯	Fokus & Motivation
• Musik hören	❯	Aggressivität & Freude
• Atemregulation	❯	Ruhe & Entspannung
• Warm machen	❯	Optimaler Anspannungszustand

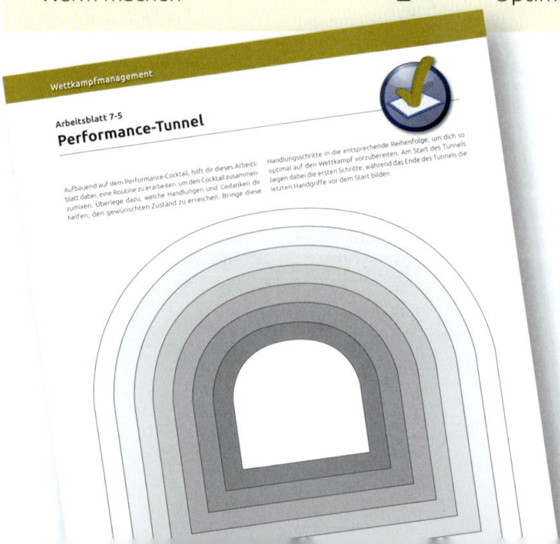
Wettkampfmanagement

Arbeitsblatt 7-5

Performance-Tunnel

Aufbauend auf dem Performance-Cocktail, hilft dir dieses Arbeitsblatt dabei, eine Routine zu erarbeiten, um den Cocktail zusammenzumixen. Überlege dazu, welche Handlungen und Gedanken dir helfen, den gewünschten Zustand zu erreichen. Bringe diese Handlungsschritte in die entsprechende Reihenfolge, um dich so optimal auf den Wettkampf vorzubereiten. Am Start des Tunnels liegen dabei die ersten Schritte, während das Ende des Tunnels die letzten Handgriffe vor dem Start bilden.

Entscheidend ist, dass die SportlerInnen regelmäßig wiederkehrende Abläufe rund um den Wettkampf wie Aufwärmen, Besichtigung der Wettkampfstätte und anderes nutzen, um sich auch mental auf den Wettkampf einzustellen und so dafür sorgen, ihren individuellen Performance-Zustand herzustellen.

Diese Kombination aus körperlicher und mentaler Wettkampfvorbereitung hält jede(r) auf dem Arbeitsblatt 7-5 fest. Dort sollten die SportlerInnen ihre Abläufe und Stationen in der Wettkampfvorbereitung auf den Linien notieren. Auch die psychologischen Maßnahmen, wie positive Selbstgespräche oder Entspannungstechniken, werden auf dieser Ebene beschrieben. Vom Start weit entfernte Handlungsschritte stehen am Anfang des Tunnels. Schritte, die nah am Wettkampf liegen, schreiben die SportlerInnen ans Ende des Tunnels. In den Bögen halten sie auch fest, in welchen mentalen oder physischen Zustand sie jeder Schritt bringt.

Wann die SportlerInnen mit der Vorbereitung beginnen oder wie lange sie dauert, fällt sehr unterschiedlich aus. Während sich die einen in den letzten zehn Minuten vor dem Start vorbereiten, beginnt dieser Ablauf für die anderen bereits beim Packen der Tasche am Vorabend. Dies klar und bewusst zu tun, hilft dabei, sich gedanklich auf den Wettkampf einzustellen, ein gutes Gefühl aufzubauen und sich zu strukturieren. Die TrainerInnen sollten darauf achten, dass die Routinen nicht zu zwanghaften Handlungsabläufen bei den SportlerInnen führen, sondern dass sie mit einer gewissen Lockerheit durchgeführt werden, um den Wettkampfzustand zu erzeugen.

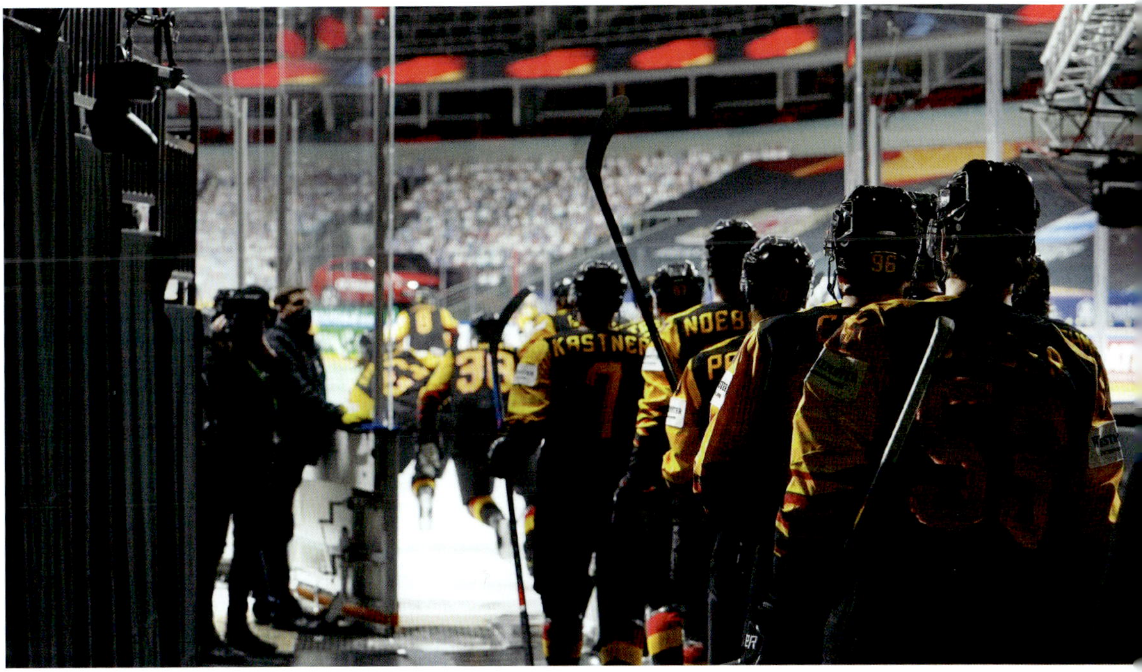

Groove dich ein

Ziel: Emotionsregulation in der Wettkampfvorbereitung

Material
Arbeitsblatt Groove dich ein Nr. 7-6

Vor dem Wettkampf fühlen sich viele SportlerInnen ihren Emotionen ausgeliefert und hoffen darauf, dass sich von selbst ein gutes Gefühl einstellt. Um dem entgegenzuwirken und eine stärkere Bewältigungskompetenz aufzubauen, zielt diese Übung auf die aktive Regulation von Emotionen in der Wettkampfvorbereitung[8] ab. Zwar kann man positive Emotionen nicht erzwingen. Doch sollten SportlerInnen lernen, diese wie bei einem großen Mischpult zu steuern, sodass ein gut abgemixter „emotionaler Sound" entsteht.

Dabei gibt es nicht „das eine optimale Wettkampfgefühl". Stattdessen muss jede(r) SportlerIn die eigene Mischung aus Anspannung und Ruhe, aus Vertrauen und Kontrolle oder aus Fokus im Kopf und Bauchgefühl finden. Wenn SportlerInnen sich bereits vor dem Wettkampf überlegen, wie sie den besten „emotionalen Sound" für den Wettkampf abmischen, dann haben sie nicht nur den einen berühmten Knopf, um den Kopf abzuschalten, sondern eine ganze Palette von Einstellmöglichkeiten.

Zunächst erklärt die TrainerIn, dass es darum geht, den „emotionalen Sound für den Wettkampf zusammenzumixen". Danach werden einige Regler auf ein Flipchart gemalt und als Beispiel die Endpole für die ersten drei Regler (Kopf vs. Bauch, Anspannung vs. Ruhe, Vertrauen vs. Kontrolle) geliefert. Gemeinsam mit den SportlerInnen werden weitere Regler bestimmt und ihre Endpole in einem Wort definiert.

Jetzt halten die SportlerInnen ihre individuell wichtigen Regler auf dem Arbeitsblatt 7-6 fest. Nachdem sie die Endpole charakterisiert haben, schieben sie die Regler auf die passenden Positionen, um den perfekten emotionalen Sound zu erzeugen, und zeichnen sie auf dem Blatt ein. Damit legen sie fest, wie für sie etwa die optimale Mischung aus „Bauch" und „Kopf" aussieht. Dazu schreiben sie an diese Position, wie sich der jeweilige Mix anfühlt und woran sie merken, dass ein bestimmter Regler gut eingestellt ist.

Anschließend besprechen die TrainerInnen mit den SportlerInnen, wie sie es schaffen, diesen emotionalen Sound vor dem nächsten Wettkampf oder wettkampforientierten Training anzusteuern. Dabei kann beispielsweise ein Blick auf das Arbeitsblatt oder eine kurze individuelle Visualisierung der jeweiligen Einstellung der Regler helfen. Die TrainerInnen achten darauf, dass die SportlerInnen dieses Einstellen vor dem Wettkampf als bewussten und aktiven Bestandteil ihrer Wettkampfvorbereitung nutzen. Das stärkt die Eigenverantwortung und gerade ängstliche SportlerInnen können sich dann von einem passiven Hoffen auf einen guten Wettkampfzustand lösen und ihr Glück selbst in die Hand nehmen.

Viele SportlerInnen profitieren davon, sich schon im Training mit ihrem emotionalen Sound zu beschäftigen. Gerade sehr nervöse SportlerInnen und solche mit einer großen Diskrepanz zwischen Trainings- und Wettkampfleistung fühlen sich im Wettkampf oft völlig anders als im Training. Mit dieser Übung können die TrainerInnen diesem Kontrast entgegenwirken. SportlerInnen lernen, wettkampfspezifische Emotionen auch im Training zu fühlen und zu beeinflussen. So werden sie beim Wettkampf besser in der Lage sein, sich auf ein angemessenes Niveau einzugrooven.

Performance-Protection

Ziel: Stressoren im Wettkampf antizipieren und Bewältigungsstrategien entwickeln

Jede(r) SportlerIn sollte vor und im Wettkampf wissen, welcher individuelle Mix aus mentalen und physischen Zuständen ihm*ihr hilft, die beste Leistung zu bringen (siehe „Groove dich ein" und „Performance-Cocktail"). Doch selbst dann ist der Wettkampf immer noch kein Selbstläufer. An vielen Stellen lauern Gefahren, die dieses Gleichgewicht bedrohen. Egal, ob intern (etwa durch Zweifel und Aufregung) oder extern (etwa durch Sprüche der GegnerIn oder Zeitverschiebungen).

Die hier vorgestellte Übung unterstützt SportlerInnen dabei, konkrete Stressoren im Wettkampf zu antizipieren und individuelle Bewältigungsstrategien für stressige Situationen parat zu haben. Dieses Wettkampfmanagement unterstützt, dass die SportlerInnen aktiv bleiben, und verhindert, in eine „Opferrolle" abzurutschen.

Zunächst definieren die SportlerInnen ihren optimalen Wettkampfzustand. Dazu halten sie in der Mitte des Arbeitsblattes 7-7 fest, wie sie sich im Wettkampf fühlen wollen (siehe „Performance-Cocktail"). Sie beschreiben beispielsweise, wie sich ihr Körper anfühlen soll und welche emotionalen Bedingungen in der Situation wichtig sind. Darüber hinaus notieren sie, welche Gedanken sie im Wettkampf als hilfreich erleben.

Als Nächstes überlegen die SportlerInnen, welche Stressoren den optimalen Wettkampfzustand gefährden. Dabei hilft es zu reflektieren, was sie schon mal aus der Bahn gebracht, irritiert oder genervt hat. Egal, ob interne oder externe Stressfaktoren, je besser sich die SportlerInnen darauf vorbereiten, desto leichter fällt es ihnen, damit auch unter Wettkampfbedingungen umzugehen. Viele Stressoren verlieren ihre Bedrohlichkeit, wenn SportlerInnen im Vorfeld Strategien erarbeiten, wie sie mit ihnen umgehen können.

Um Stressfaktoren selbstbewusst zu begegnen, überlegen sich die SportlerInnen genau, was sie konkret tun können, wenn sie tatsächlich auftreten. Deshalb stellen sie dem jeweiligen Stressor die für sie angemessene Reaktion gegenüber und halten diese Strategien anhand von „Wenn-Dann-Plänen" schriftlich fest. Dabei kann es sich einerseits um ganz einfache Verhaltensregeln handeln, wie etwa: „Wenn mich jemand beim Warmmachen nervt, dann suche ich mir eine andere ruhige Ecke." Andererseits können die SportlerInnen auch interne Regulationsstrategien notieren, wie beispielsweise: „Wenn ich zappelig bin, dann atme ich dreimal ruhig ein und aus."

Am Wettkampftag hilft vielen SportlerInnen ein Blick auf das Arbeitsblatt, um sich an den optimalen Wettkampfzustand zu erinnern und ihre Verteidigungsstrategien gedanklich zu aktivieren. Mit der Zeit können sie die Erfahrungen aus den Wettkämpfen nutzen, um ihr individuelles Wettkampfmanagement zu optimieren und den Umgang mit Stressoren zu verbessern.

Gastautor

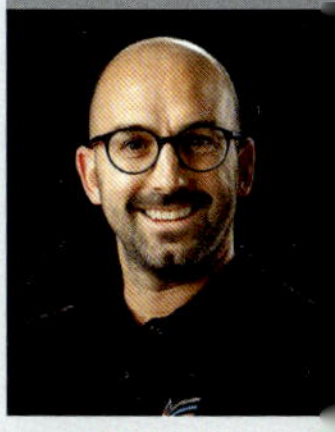

Moritz Anderten

Details zum Autor auf Seite 250

Material
Arbeitsblatt Performance-Protection Nr. 7-7

Auf Kurs bleiben

Ziel: Einen bewussten Umgang mit Ablenkungen entwickeln

Material
Arbeitsblatt Auf Kurs bleiben Nr. 7-8

Anhand dieser Übung lernen gerade jüngere SportlerInnen, mit Ablenkung im Wettkampf umzugehen. Ähnlich wie in der vorangegangenen Übung „Performance-Protection" richten sie ihren Fokus dabei immer wieder auf das Ziel aus. Im Zentrum stehen hier jedoch weniger die Anspannungsregulation und der optimale Wettkampfzustand. Stattdessen nutzt der*die TrainerIn die Metapher einer Rakete, um zu verdeutlichen, wie die SportlerInnen trotz Ablenkung auf ihr Ziel ausgerichtet bleiben.

Zu Beginn zeichnet der*die TrainerIn eine große Rakete und einen Planeten als Ziel der Reise auf ein Papier. Dann werden die SportlerInnen gefragt, wie sie dort hingelangen. Gemeinsam erarbeiten sie, dass die Rakete, wenn sie einmal die Anziehungskraft der Erde verlassen hat und sich im luftleeren Raum befindet, auch durch die Anziehungskraft des Planeten (des Zieles) gesteuert wird (Motivation).

Der*die TrainerIn erklärt, dass hin und wieder andere Himmelskörper, wie große Gesteinsbrocken (Asteroide), durchs Weltall fliegen und die Rakete ablenken. Dann braucht sie den eigenen Antrieb, um auf Kurs zu bleiben (Wille). Der*die TrainerIn fragt die SportlerInnen: „Ist es euch schon mal schwergefallen, im Wettkampf bei der Sache zu bleiben? Warum war das so?" Danach überlegen die SportlerInnen, was sie in dieser Situation unternommen haben oder machen könnten, um am Kurs festzuhalten. Auf dieser Basis reflektieren sie nun mit dem entsprechenden Arbeitsblatt 7-8, welche Ziele sie im Wettkampf haben. Die TrainerInnen achten darauf, dass alle möglichst nicht nur das Endergebnis, sondern auch Zwischenziele notieren.

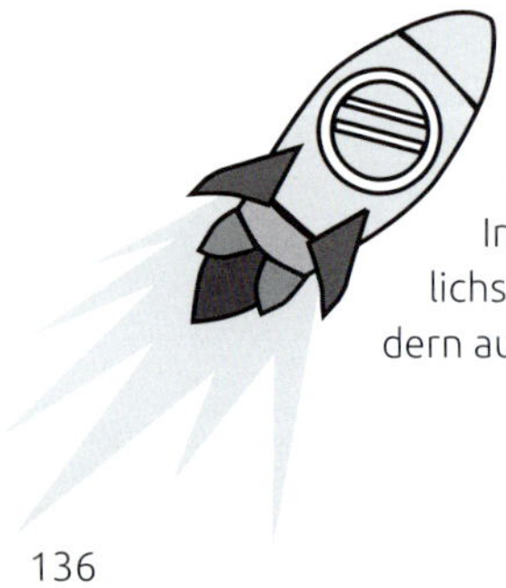

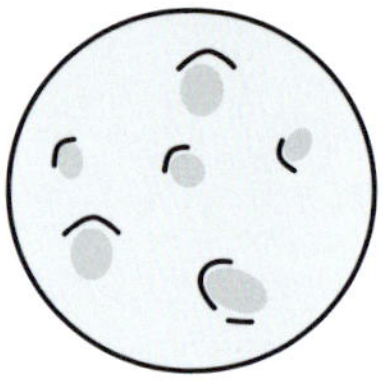

Nachdem die Ziele klar sind, benennen die SportlerInnen mögliche Störquellen und schreiben diese in die weiteren Himmelskörper. Dazu passend notieren sie im Raketenantrieb, was sie sich im Wettkampf vornehmen, um den Kurs zu halten. Dieses Element ist wichtig, um die Selbstwirksamkeit im Umgang mit Ablenkungen zu stärken und den SportlerInnen zu signalisieren, dass sie es sind, die die Rakete steuern. Wohin die Reise geht, bleibt nicht den anderen Himmelskörpern überlassen.

Anschließend reflektieren und ergänzen die SportlerInnen die Ergebnisse in der Gruppe. In den nächsten Wochen können die TrainerInnen das Bild der Rakete und das Abwehren der Asteroide als Metapher nutzen, um zu fokussieren und um bewusst die Konzentration auszurichten. Man darf gespannt sein, wie viele störende Himmelskörper auf einem Tennisplatz, einer Skipiste oder im Schwimmbecken lauern – einmal als unerwünschte Himmelskörper identifiziert, fällt es den jungen RaumfahrerInnen leichter, das Raketentriebwerk zu zünden und unbeirrt ihr Ziel anzusteuern.

Diese Übung kann man nicht nur auf einzelne Wettkämpfe anwenden, sondern sie ist auf eine ganze Saison übertragbar. Entsprechend bildet der Zielplanet das Saisonziel, die Himmelskörper die Ablenkungen, die auftauchen können, und der Raketenantrieb ihre Handlungsstrategien, um bei Schwierigkeiten und Rückschlägen auf Kurs zu bleiben.

Den Wettkampftag managen

Ziel: Den optimalen Zustand im Verlauf des Wettkampfes regulieren

Der optimale Wettkampfzustand ist keine Momentaufnahme, die nur kurz vor dem Start eine Rolle spielt (siehe „Performance-Cocktail"). Vielmehr geht es darum, die Anspannung über den gesamten Wettkampftag wahrzunehmen und zu beeinflussen. Dann gelingt es, in unterschiedlichen Situationen im jeweils passenden Zustand zu sein: etwa wach und fokussiert am Start, entspannt in der Pause oder aktiv und angespannt während des Wettkampfes.

Bei dieser Übung lernen SportlerInnen, ihre Anspannung und den zeitlichen Ablauf des Wettkampftages miteinander zu verbinden. Anhand eines Zeitstrahls definieren sie wichtige Stationen im Tagesverlauf. Dazu notieren sie, wie sie sich in diesen Momenten fühlen wollen und was sie konkret tun werden, um diesen Zustand zu erreichen. Dabei entsteht eine individuelle Verlaufskurve, bei der die SportlerInnen die Stationen des Tages und den jeweiligen Aktivierungszustand miteinander verknüpfen. Auch bei dieser Aufgabe gilt: mit etwas Vorlauf vor dem Wettkampf damit beginnen, nicht erst am Vortag.

Auf der Zeitachse des Arbeitsblattes 7-9 markieren die SportlerInnen den Beginn des Wettkampfs und weitere wichtige Stationen (etwa Ankunft, Aufwärmen). Auf der Y-Achse tragen sie dann ihr Aktivierungslevel über den Wettkampf hinweg ein. Diese Kurve ist natürlich sehr subjektiv und bezieht sich auf das jeweilige Erleben der SportlerInnen. Zur Orientierung: Der kleine Pfeil an der Y-Achse markiert das Niveau des optimalen Wettkampfzustands.

Nun folgt die aktive Regulierung der Anspannungskurve. Die SportlerInnen notieren dazu konkrete Maßnahmen, wie sie ihre Anspannungskurve Schritt für Schritt steuern. Konkrete Punkte sind etwa das Aufwärmen oder mentale Routinen in der Pause. Dabei gibt es kein Richtig oder Falsch – wichtig ist, die Zeit so zu nutzen, dass stets der optimale Zustand im Wettkampf erreicht wird.

Weil sich die Sportarten in der zeitlichen Wettkampfstruktur unterscheiden, müssen SportlerInnen den Verlauf ihrer Anspannungskurve anpassen. So beginnt und endet beispielsweise ein Handballspiel zu klar definierten Zeitpunkten. Im Judo aber bringen die Follow-up-Zeiten die Zeitstruktur oft durcheinander. Im Badminton finden häufig mehrere Spiele an einem Tag statt, sodass die SportlerInnen ihre Wettkampfspannung immer wieder neu aufbauen und herunterregulieren müssen. Zudem spielt in vielen Sportarten die Regeneration während des Wettkampftags (etwa bei Wechseln, in Spielunterbrechungen, in der Pause oder nach einem Spiel) eine große Rolle.

Gastautor

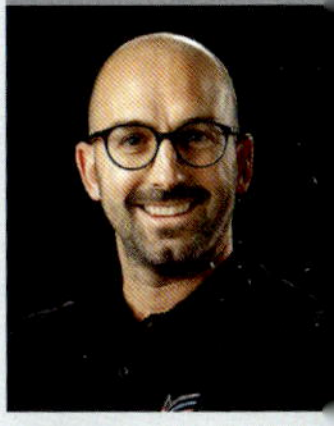

Moritz Anderten

Details zum Autor auf Seite 250

Material
Arbeitsblatt Den Wettkampftag managen Nr. 7-9

Back to Business

Ziel:
Den Fokus nach Ablenkungen wiederherstellen

Gastautor

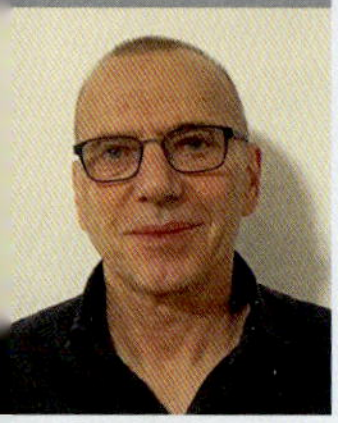

Walter Wölfle

Details zum Autor auf Seite 251

Während eines Wettkampfes dauerhaft fokussiert zu bleiben ist meist ein unrealistisch hoher Anspruch, den SportlerInnen an sich stellen. Zudem stören viele Ablenkungen und Unterbrechungen unerwartet ihre Konzentration. Im Wettkampfmanagement geht es also vor allem darum, sich nicht über Störungen und Konzentrationsverluste zu ärgern. Wesentlich ist, sie wahrzunehmen und möglichst rasch abzuhaken, um sich wieder auf die Aufgabe auszurichten. Das gilt besonders für den Umgang mit Fehlern während des Wettkampfes. Wer Fehler früh professionell abhaken kann, produziert weniger Folgefehler und behält einen „kühlen Kopf“.

In dieser Übung erarbeiten SportlerInnen ihre individuelle Routine zur Refokussierung. Anhand einer inneren Checkliste können sie sich nach einer Ablenkung wieder neu fokussieren. Zunächst fragt der*die TrainerIn nach Situationen, welche die SportlerInnen in der Vergangenheit aus dem Konzept gebracht haben und in denen sie in Zukunft cooler agieren möchten. Diese Auslöser werden an einem Flipchart gesammelt.

Im zweiten Schritt tragen die SportlerInnen gemeinsam Strategien zusammen, die ihnen in der Vergangenheit geholfen haben, sich nach Ablenkungen wieder neu zu konzentrieren. Dabei listen sie alle Ideen auf, die sowohl gedankliche als auch emotionale und Verhaltensaspekte beinhalten, und tauschen sich darüber aus.

Anschließend stellen sich die SportlerInnen aus diesem Pool an Strategien ihre individuelle Refokussierungsroutine zusammen. Dafür suchen sich die SportlerInnen individuell passende Schritte und Verhaltensweisen aus und bringen sie in eine geeignete Reihenfolge, möglichst kurz und knackig. Das Gerüst aus den folgenden vier Schritten hat sich als hilfreich erwiesen:

1. **Entlüften:** Emotionen wie Ärger oder übermäßige Freude kurz rauslassen (soweit sozial angemessen möglich).
2. **Beruhigen:** Durch tiefes Durchatmen den Blick abwenden oder durch das Verlassen der Situation für etwas Ruhe sorgen.
3. **Analyse und Plan:** Mit klaren Fragen, wie „Was ist los?“, „Worauf muss ich jetzt verstärkt achten?“ oder „Was ist der nächste Schritt?“, die gegenwärtige Situation analysieren und einen Plan für die nächste Aktion entwickeln.
4. **Motivation und Selbstvertrauen:** Mit positiven Gedanken, durch Visualisierung oder mit einem aufmunternden Satz für Selbstvertrauen und Motivation sorgen.

Meist benötigen die SportlerInnen etwas Übung, bis sie ihre individuelle Refokussierungsroutine gefunden haben. Mit Hilfe dieser Routine lernen sie bereits im Training, ihre Konzentration schnell und effizient wiederherzustellen. Dazu gehört, dass die TrainerInnen die SportlerInnen immer wieder motivieren, ihre Routine auch durchzuführen, um sich zu refokussieren. Dies gilt besonders für stressige Situationen, die die TrainerInnen auch bewusst erzeugen können (siehe „Die Ablenkungs-Impfung“). Obwohl es im Training grundsätzlich nicht schlimm ist, mal unkonzentriert zu sein, können gerade diese Situationen dafür genutzt werden, die Refokussierungsroutinen zu trainieren.

Triple-A-Timeout

Ziel: Pausen und Unterbrechungen im Wettkampf bewusst gestalten

Im Verlauf eines Wettkampftages gibt es immer wieder Pausen und Unterbrechungen. Neben dem Umziehen, Essen und Trinken steht oft Zeit zur Verfügung, die sinnvoll genutzt werden sollte. Manchen SportlerInnen fällt es leicht, in solchen Pausen abzuschalten und sich zu erholen. Bei anderen hingegen besteht die Gefahr, dass sie grübeln, angespannt bleiben und im nächsten Match unkonzentriert agieren. Gerade diese SportlerInnen sollten im Wettkampfmanagement lernen, kurze Pausen und Unterbrechungen bewusst zu gestalten.

Da sich die Sportarten im Ablauf des Wettkampftags unterscheiden, gibt es kein allgemeingültiges Rezept für eine gelungene Pause. Wie SportlerInnen diese am besten strukturieren, müssen sich die SportlerInnen individuell erarbeiten. Als allgemeiner Rahmen hat sich in der Praxis das Triple-A-Timeout bewährt:

Abschalten: Erst mal sollten SportlerInnen langsam „runterkommen" und die Emotionen aus dem vergangenen Match oder Kampf abkühlen lassen. Falls die Anspannung noch hoch ist, bieten sich unterschiedliche Übungen aus dem Bereich der Anspannungsregulation an (siehe Teil 1). Manchmal hilft es, sich zurückzuziehen, um in Ruhe durchzuatmen.

Analyse: Aus mentaler Sicht ist es wichtig, dass SportlerInnen den bisherigen Wettkampfverlauf verstehen, Fehler abhaken und Positives abspeichern können. Falls nötig, geben die TrainerInnen ein kurzes Feedback. Keinesfalls geht es hier um eine ausführliche Wettkampfnachbereitung! Intuitiv ist hier oft der Austausch mit den MannschaftskollegInnen das Mittel der Wahl. Prinzipiell ist das gut, birgt jedoch immer die Gefahr, dass die SportlerInnen das Vergangene zu ausführlich durchsprechen, keinen Schlusspunkt finden und sich gegenseitig mit (negativen) Emotionen anstecken.

Aktivieren: Bevor es wieder losgeht, müssen sich die SportlerInnen erneut auf den Wettkampf konzentrieren. Das gelingt am besten mit Hilfe eines inneren Startschusses. Dieser kann beispielsweise eine motivierende Selbstinstruktion sein oder die SportlerInnen bauen bewusst Körperspannung auf. Zusätzlich können sie diesen Moment symbolisch markieren, indem die SportlerInnen in die Wettkampfbekleidung schlüpfen oder bewusst den Aufenthaltsort wechseln. Sie können hier auch auf Elemente aus ihrer mentalen Startvorbereitung zurückgreifen, um das Timeout abzuschließen und sich wieder für den Wettkampf zu aktivieren (siehe „Performance-Tunnel").

Um sich ein individuelles Timeout zu erarbeiten, erklärt der*die TrainerIn den SportlerInnen zunächst das Schema: Abschalten – Analysieren – Aktivieren. Gemeinsam bespricht er*sie mit ihnen Strategien, was sie in den drei Phasen für sich tun können. Auf dem Arbeitsblatt 7-10 halten die SportlerInnen ihre Vorgehensweisen fest, die sie in Zukunft in Pausen einsetzen möchten. Nach den Wettkämpfen reflektiert der*die TrainerIn mit den SportlerInnen, wie effektiv die Pausengestaltung war.

Material
Arbeitsblatt Triple-A-Timeout Nr. 7-10

Cool down!

Ziel:
Nach dem Wettkampf körperlich und mental runterfahren

Material
Arbeitsblatt Cool down! Nr. 7-11

Niederlagen tun weh und Siege setzen Energie frei – doch egal, in welche Richtung die Emotionen ausschlagen: Nach dem Wettkampf sind die SportlerInnen physisch und mental meist noch stark angespannt. So wie sich jede(r) vor dem Wettkampf körperlich aufwärmt, mental pusht und in die SportlerInnenrolle schlüpft, gilt es nach dem Wettkampf runterzufahren und wieder etwas Distanz zum SportlerInnen-Ich herzustellen. Passiert das nicht, nehmen die SportlerInnen die Anspannung aus dem Wettkampf mit. Dies kann sich negativ auf die Regeneration auswirken und eine objektive Auswertung des Wettkampfes fällt schwer.

Mit dieser Übung können SportlerInnen im Vorfeld reflektieren, wie sie nach einem anstrengenden Wettkampf körperlich und mental langsam runterfahren. Dazu erarbeiten sie eine individuelle Cool-down-Routine, mit der sie Körper und Geist entspannen und die Regeneration einleiten können. Darüber hinaus hilft die Cool-down-Routine, den Wettkampf innerlich abzuschließen, egal, ob er erfolgreich war oder nicht.

Zu Beginn fragt der*die TrainerIn, was die SportlerInnen normalerweise machen, um nach dem Wettkampf runterzukommen. Für den körperlichen Bereich entwickeln die SportlerInnen meist schnell gute Ideen. Für den mentalen Bereich hingegen ist es oft schwieriger, Strategien zu finden, um innerlich herunterzufahren und allmählich zu entspannen. Der*die TrainerIn strukturiert und ergänzt die Sammlung mit eigenen Ideen und Vorschlägen.

Im nächsten Schritt halten die SportlerInnen auf dem Arbeitsblatt 7-11 ihre persönliche Cool-down-Routine fest. Ähnlich wie beim Performance-Tunnel können sie hier wieder körperliche (etwa Auslaufen) und mentale Aspekte miteinander verknüpfen. Wichtig: In der Cool-down-Routine sind alle Emotionen erlaubt, positive wie negative. Man muss auch mal Dampf ablassen dürfen! Auf diese Weise können Anspannung und angestaute Emotionen nach einer gewissen Zeit abklingen und die SportlerInnen können zu einer rationalen Wettkampfanalyse übergehen (siehe „Schatzkiste & Mülleimer" oder „Woran lag's?").

Gerade nach Misserfolgen, Niederlagen oder intensiv erlebten negativen Emotionen wie Frust, Wut, Ärger oder Trauer fällt es SportlerInnen manchmal schwer, diese Emotionen abklingen zu lassen. Hier kann die Übung „Mut zum Blues" helfen, sich auch unangenehmen Emotionen zu stellen, statt sie einfach „wegdrücken" oder „deckeln" zu wollen. So können die SportlerInnen den Wettkampf bewusst abhaken.

Mut zum Blues

Ziel:
Einen konstruktiven Umgang mit Niederlagen entwickeln

Material
Arbeitsblatt Mut zum Blues Nr. 7-12

Dass SportlerInnen auf ein verlorenes Spiel, eine Niederlage oder eine Nicht-Nominierung zunächst traurig oder niedergeschlagen reagieren, ist ein ganz normaler und völlig gesunder Vorgang. Trauer als Emotion signalisiert uns, dass wir einen Verlust wahrnehmen, in dem Fall vielleicht den Verlust einer sportlichen Chance oder eines wichtigen Spiels.[9] Das macht das Zitat des Fußballers Bastian Schweinsteiger deutlich, der sagte: „Bevor man zu einem großen Champion wird, muss man erst einmal lernen, zu verlieren und die richtigen Schlüsse daraus zu ziehen!“[10]

Doch wie verliert man psychologisch richtig? Wie Siege und Freude gehören auch Trauer und Niederlagen zum Wettkampf. Sofern kein direkter Zeitdruck herrscht (etwa durch ein nächstes Spiel), darf jede(r) SportlerIn „einfach mal traurig sein“. Oft ist der Umgang mit negativen Emotionen sogar einfacher, wenn man nicht gegen sie ankämpft, sondern sie wie Niederlagen als Teil des Sports zu akzeptieren lernt.

Indem der*die TrainerIn den SportlerInnen die drei Schritte **Trauer, Abschluss** und **Auswertung** als gedankliche Routine nach einer Niederlage beibringt, unterstützt er*sie sie im Sinne des Schweinsteiger-Zitats dabei, Champions zu werden. Die SportlerInnen können dazu auf dem entsprechenden Arbeitsblatt 7-12 benennen, was ihnen hilft, eine Niederlage zu verdauen, einen Haken dahinter zu setzen und die richtigen Schlüsse für die Zukunft zu ziehen.

Trauer: Zunächst sollte der*die TrainerIn den SportlerInnen also „Mut zum Blues“ zusprechen und ihnen klarmachen, dass sie sich nach einer Niederlage Zeit lassen dürfen, um sauer, traurig oder niedergeschlagen zu sein. Vorausgesetzt, dabei gehen keine Sportgeräte zu Bruch oder MitspielerInnen werden beschimpft (was eher auf Wut und mangelnde Akzeptanz der Niederlage hindeutet). TrainerInnen können SportlerInnen in dieser Zeit unterstützen, indem sie signalisieren, dass man „gemeinsam gewinnt und gemeinsam verliert“. Diese Trauerphase sollte jedoch nicht zu ausgedehnt werden.

Abschluss: Danach überlegen die TrainerInnen mit den SportlerInnen, an welchem Punkt es sinnvoll erscheint, einen Schlussstrich zu ziehen, den „Blues“ zu beenden und wieder nach vorne zu schauen. In Mannschaftssportarten kann die Phase etwa mit einem Teamkreis abgeschlossen werden. In Individualsportarten hilft es, wenn die SportlerInnen sich selbst ein Zeichen geben, um die Gedankenschleifen zu unterbrechen. Selbstgespräche und Selbstinstruktionen unterstützen dies genauso gut wie eine Aktion, mit der man den Wettkampf symbolisch abschließt, etwa mit dem Duschen oder Umziehen (siehe „Cool down!“).

Auswertung: Im letzten Schritt erarbeiten die TrainerInnen mit den SportlerInnen, wie sie nach einem Misserfolg konstruktiv nach vorne schauen und daraus die richtigen Schlüsse für die Zukunft ziehen. Dabei können die Übungen „Schatzkiste & Mülleimer“ und „Woran lag's?“ eingesetzt werden. Beide Aufgaben unterstützen eine rationale Wettkampfauswertung und es lassen sich Trainingsziele ableiten. Die zunächst ungewohnte Auseinandersetzung mit Misserfolgen und Niederlagen fördert mittelfristig ein stabiles Selbstvertrauen und ermöglicht es, an Niederlagen zu wachsen, anstatt sie zu verdrängen.

Club der LoserInnen

Ziel:
Niederlagen als Teil des Sports einordnen

Für alle SportlerInnen ist die Auseinandersetzung mit Misserfolgen und Niederlagen mühsam und unangenehm. Viele SportlerInnen sehen ein Scheitern als persönlichen Makel oder sogar als Beweis dafür an, dass sie zu wenig Talent haben oder es sowieso nie schaffen. Um einen Gegenpol zu solchen defizitorientierten Denkmustern zu entwickeln, sollten SportlerInnen von Beginn ihrer Karriere an lernen, eine konstruktive innere Haltung zu Niederlagen und Fehlschlägen einzunehmen. Vor allem sollten sie verstehen, dass Niederlagen nicht bedeuten, dass sie VersagerInnen oder gar schlechte Menschen sind.

Diese Übung hilft SportlerInnen, Misserfolge und Niederlagen als Momentaufnahmen zu verstehen, indem sie den Vergleich mit bekannten Vorbildern anregt. Werten sich junge WettkämpferInnen bei einem Fehlschlag selbst ab, zweifeln sie interessanterweise selten an ihren Vorbildern, wenn diese mal einen Misserfolg oder gleich eine Serie davon hinlegen. Das macht klar, wie wichtig es ist, Rückschläge abzuhaken und beim nächsten Mal wieder mit dem gleichen Selbstbewusstsein an den Start zu gehen.

Zu Beginn moderiert der*die TrainerIn das Thema an und verdeutlicht, dass alle erfolgreichen SportlerInnen im Laufe ihrer Karriere auch Niederlagen einstecken müssen. Dazu gibt es vermutlich in jeder Sportart Vorbilder, die auch nach empfindlichen Schlappen weiter an sich geglaubt haben und deswegen stark zurückgekommen sind.

Danach fragt der*die TrainerIn: Wie glaubt ihr, gingen oder gehen diese Vorbilder mit Misserfolgen um? Gemeinsam sammelt die Gruppe mögliche Strategien für einen konstruktiven Umgang mit Misserfolgen, die sie am Flipchart strukturieren. Eine Kleingruppenarbeit kann das ergänzen. Dazu recherchieren die SportlerInnen im Internet und stellen eine Collage mit Zitaten und Ideen zusammen.

Zum Abschluss sollten die SportlerInnen die Ergebnisse zusammenfassen. Bei den SportlerInnen sollte das Gefühl entstehen, dass sie in der Niederlage nie allein sind. Jeder zieht immer mal wieder ein „Ticket zum LoserInnen-Club", alle erleben Misserfolge, aber das ist kein Grund, sich vom Weg abbringen zu lassen. Um sich dies auch im Alltag immer wieder vor Augen zu führen, kann man die Ergebnisse dieser Übung etwa als große Collage unter der Überschrift: „Wir lassen uns nicht unterkriegen!" in der Kabine oder Trainingsstätte aufhängen.

Richtig trösten

Richtig trösten will gelernt sein. Da sich TrainerInnen und Eltern aber teilweise schwertun, die richtigen Worte zu finden, werden hier ein paar Tipps gegeben, um SportlerInnen wieder aufzubauen. Natürlich liegt es nicht nur am Tröster, den richtigen Ton zu treffen. Manchmal ist es für SportlerInnen sehr schwer, nach einer Niederlage Trost zuzulassen.

1) Sich selbst sortieren:

- Die eigenen Emotionen spüren, die durch den Misserfolg der SportlerInnen aufkommen.
- Das eigene Gefühl reflektieren, wenn man die SportlerInnen enttäuscht oder traurig sieht (Mitleid, Wut, Verachtung usw.).
- Welchen Impuls habe ich (trösten, abwiegeln, weggehen oder aufheitern)?

2) Dabei sein ist alles:

- Nähe schaffen und dadurch zeigen, dass man für die SportlerInnen da ist.
- Es muss nicht immer etwas gesagt werden, einfach da sein reicht oft aus.
- Vorsichtige Berührung wie Hand auf die Schulter. Auch mal drücken[11]!
- Einen Moment lang mal Ersatz-Mama oder -Papa sein.

3) Emotionen auffangen und sortieren:

- Emotionen ansprechen: „Ich sehe, dass du enttäuscht bist …"
- Den SportlerInnen helfen, negative Gefühle anzunehmen. Kernbotschaft: „Es ist okay traurig, sauer oder wütend zu sein."
- Den SportlerInnen das negative Gefühl nicht sofort „wegnehmen" wollen.
- Dosierte Selbstöffnung: „Da haben wir beide mehr erwartet und sind jetzt enttäuscht."
- Gemeinsam ärgern: „Mist, wir wissen beide: Das kannst du besser!"

4) Gemeinsamkeit & Wir-Gefühl fördern:

- Keine Vorwürfe gegenüber den SportlerInnen äußern und Selbstvorwürfe der SportlerInnen begrenzen.
- Gemeinsam verlieren: Wir-Formulierungen verwenden.
- Ein gemeinsamer Außenfeind stärkt das Team nach innen: Sich zusammen über die SchiedsrichterInnen zu ärgern schafft Gemeinsamkeit. Dabei aber fair bleiben!
- Sich mit den SportlerInnen solidarisieren: „Ich habe es mir auch anders vorgestellt."
- Den eigenen Anteil am Misserfolg reflektieren: „Das hätten wir mehr üben sollen."
- Soziale Unterstützung, kleine Gesten des Zusammenseins (z. B. Sachen packen helfen).

5) Rationalisieren & Akzeptanz fördern:

- Den Einsatz der SportlerInnen herausstellen.
- Unveränderbarkeit hervorheben: „Das können wir jetzt nicht mehr ändern."
- Den Blick auf Positives richten: Auch in der Niederlage ist nicht alles schlecht.
- SportlerInnen validieren: „Du bist okay und du hast dein Bestes gegeben."

Schatzkiste & Mülleimer

Ziel:
Den Wettkampf abschließen und auswerten

Material
Arbeitsblatt Schatzkiste & Mülleimer Nr. 7-13

Nach dem Wettkampf ist vor dem Wettkampf! Bei der Analyse ihrer Wettkämpfe sollten SportlerInnen deshalb immer zwei Punkte berücksichtigen:

1. **Positive Aspekte abspeichern:** Nur wenn sich die SportlerInnen merken, was gut gelaufen ist, können sie Erfolge vor der nächsten Herausforderung erinnern: Selbstvertrauen wird aufgebaut und Kompetenzerleben gefördert.
2. **Negative Aspekte verstehen und abhaken:** Für die SportlerInnen ist es wichtig, Misserfolge und negative Erfahrungen zu analysieren und emotional hinter sich zu lassen, um nicht in eine misserfolgvermeidende Haltung abzurutschen.

Diese Übung stellt beide Teile der Wettkampfnachbereitung mit den Metaphern von Schatzkiste und Mülleimer dar. Der*die TrainerIn lädt die SportlerInnen ein, sich eine Schatzkiste anzulegen, in der sie nach jedem Wettkampf positive Erfahrungen sammeln und in die nächsten Wettkämpfe mitnehmen können. Dabei ist nicht entscheidend, ob es sich um einen Erfolg oder eine Niederlage handelt. Auch an Misserfolgen lassen sich oft positive Aspekte erkennen, und bei Siegen gibt es Faktoren, die in den kommenden Trainings und Wettkämpfen optimiert werden können.

Nach einem Wettkampf vervollständigen die SportlerInnen die Fragen auf dem Arbeitsblatt 7-13. So haben sie die Gelegenheit, ihre „Lessons Learned" zusammenzufassen. Anschließend besprechen die SportlerInnen ihre Lernerfahrungen in der Gruppe.

Im zweiten Schritt schreiben die SportlerInnen die positiven Aspekte des Wettkampfes in ihre Schatzkiste auf dem Arbeitsblatt auf. Gerade SportlerInnen, die sich schwertun, Positives anzuerkennen, sollten ihre Schatzkiste kontinuierlich und schriftlich führen. So bietet es sich an, die Inhalte physisch greifbar in einem Tagebuch oder einem schönen Bullet Journal[12] zu sammeln. Nach jedem Wettkampf füllt sich die Kiste mit Erfahrungen.

Für die negativen Aspekte gibt es parallel einen Mülleimer, in dem die SportlerInnen nach dem Wettkampf alles das entsorgen, was nicht nach Plan gelaufen ist. Anders als bei den positiven Erfahrungen bewahren sie die negativen Erlebnisse nicht dauerhaft auf. Nach dem „Von-der-Seele-Schreiben" schneiden die SportlerInnen das Arbeitsblatt an der Linie zwischen Schatzkiste und Mülleimer durch. Den Teil des Blattes, der für den Mülleimer steht, zerknüllen und entsorgen die SportlerInnen anschließend symbolisch. Durch dieses Loslassen fühlen sich SportlerInnen oft entlastet, können die Niederlage emotional besser abhaken und müssen sie nicht als Makel mit sich herumtragen.

Zum Abschluss macht der*die TrainerIn deutlich, dass das Nachbereiten von Wettkampfsituationen für die SportlerInnen zur Gewohnheit werden sollte. Nur so werden sie wichtige Informationen für das weitere Training und zukünftige Wettkämpfe gewinnen. Wenn das Arbeitsblatt in der Wettkampftasche mitgenommen wird, lassen sich die „Lessons Learned" direkt aufschreiben, wenn die Erinnerungen noch frisch sind. Für eine tiefere Ursachenanalyse wird die Übung „Woran lag's" durchgeführt.

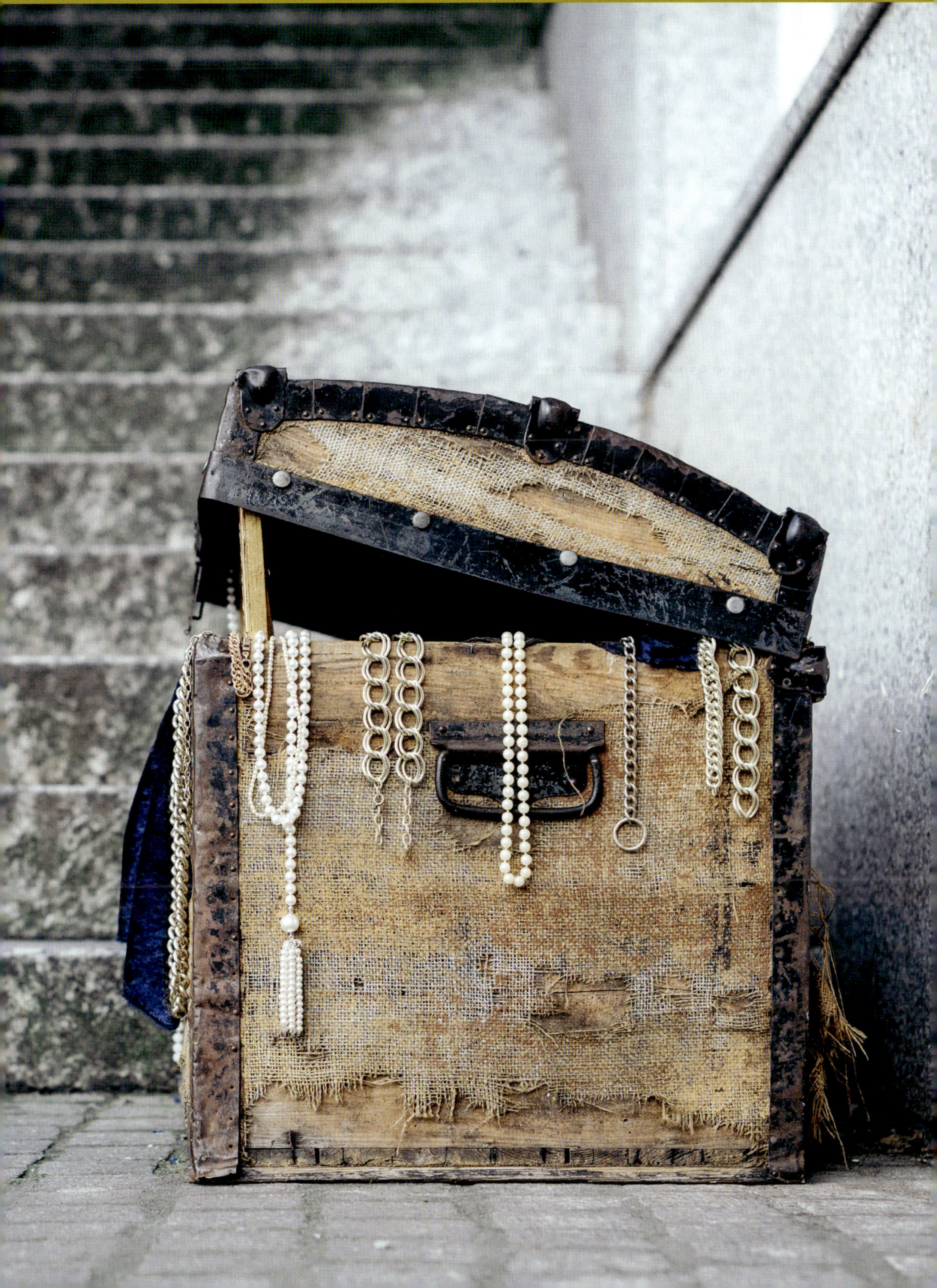

Woran lag's?

Ziel:
Die Ursachen von Erfolgen und Misserfolgen analysieren

Material
Arbeitsblatt Woran lag's? Nr. 7-14

Erst wenn sich die emotionalen Wogen nach einem Wettkampf gelegt haben, ist es Zeit, diesen in Ruhe zu analysieren, um die richtigen Schlüsse daraus zu ziehen. So erleben SportlerInnen Niederlagen nicht als persönliches Scheitern und können auch aus Erfolgen noch etwas lernen.

Die Übung unterstützt SportlerInnen, die Ursachen von Erfolgen und Misserfolgen systematisch auszuwerten. Die Grundidee dieser Aufgabe liegt in der Ursachenerforschung und hat das Attributionsschema[13] als Basis. Die Auslöser für einen Misserfolg können dabei generell entweder in der Umgebung (extern) oder in der eigenen Person (intern) gesucht werden. Zudem lassen sie sich als stabil („immer so") oder variabel („veränderbar") einstufen. Aus den zwei Dimensionen (1) Ursache (intern versus extern) und (2) Stabilität (stabil versus variabel) ergeben sich durchweg vier Möglichkeiten, einen Misserfolg oder einen Erfolg zu begründen: Fähigkeiten, Anstrengung, Aufgabenschwierigkeit und Zufall. Die Leitfragen in der Abbildung können den SportlerInnen bei der Ursachenanalyse helfen.

	Stabil	**Variabel**
Intern	**Fähigkeiten** • Was habe ich über mich und meine Fähigkeiten gelernt? • Was sind Stärken, die ich eingesetzt habe? • Wo liegen Defizite? • Was kann ich Positives abspeichern? • Welche Trainingsinhalte lassen sich gezielt üben?	**Anstrengung** • Was kann ich beim nächsten Wettkampf verändern? • Was will ich beibehalten? • Ist es mir gelungen, mich voll zu fokussieren? • Was kann ich tun, um mein Potenzial besser abzurufen? • Kann ich mehr Einsatz geben?
Extern	**Aufgabenschwierigkeit** • Muss beziehungsweise kann ich die Anforderungen anpassen? • Wie kann ich lernen, die Anforderungen zu akzeptieren?	**Zufall (Glück/Pech)** • Was kann mir helfen, Pech und Zufälle zu akzeptieren? • Wie kann es gelingen, Glück richtig einzuschätzen, ohne sich darauf verlassen zu müssen? • Wie kann ich zum Schmied meines Glückes werden?

Je nach Persönlichkeitstyp ist die Ursachenanalyse bei SportlerInnen oft ziemlich verzerrt. SportlerInnen mit Furcht vor Misserfolg[14] tendieren dazu, den Grund für das Scheitern zu stark bei sich selbst zu suchen. Erfolge werden dagegen eher externen Bedingungen, wie der leichten Aufgabe oder dem Faktor Glück, zugeschrieben. Diese Art der Ursachenzuschreibung wirkt sich negativ auf das Selbstvertrauen aus. Erfolgsmotivierte SportlerInnen hingegen suchen den Grund eines Erfolgs meist im eigenen Handeln, während sie Misserfolge auf einen Zufall oder mangelnde Anstrengung zurückführen. Diese Art der Zuschreibung wirkt sich tendenziell positiv auf das Selbstvertrauen der SportlerInnen aus, kann aber auch zu Selbstüberschätzung und unrealistischen Erwartungen führen.

Die TrainerInnen nehmen einen korrigierenden Blick ein und helfen den SportlerInnen auf der Suche nach den Auslösern für das Abschneiden im Wettkampf. Hierbei sollten sie darauf achten, mit den SportlerInnen vor allem veränderbare Ursachen herauszuarbeiten, denn diese können Ansatzpunkte für das nächste Training bilden. Nicht veränderbare Ursachen, etwa das Wetter, müssen hingegen akzeptiert werden (siehe Kapitel „Fokus & Gelassenheit").

Das Arbeitsblatt 7-14 unterstützt die SportlerInnen dabei, die Ursachen für Erfolg oder Misserfolg herauszuarbeiten. Dabei erklären die TrainerInnen zunächst die grundsätzliche Idee der Ursachenzuschreibung und die vier Felder. Nun überlegen die SportlerInnen, zu wie viel Prozent welche Ursache für den Erfolg oder den Misserfolg eine Rolle spielte. Anschließend verteilen sie die verschiedenen Gründe prozentual – insgesamt hundert Prozent – auf die vier Felder. Nur in den wenigsten Fällen liegt die Ursache ausschließlich an einem Faktor, warum ein(e) SportlerIn gewonnen oder verloren hat. Erst dann sollen die SportlerInnen auch ihre Gedanken in die Felder schreiben, die erklären, warum sie die Verteilung so getroffen haben. Im letzten Schritt überlegen die SportlerInnen, welche Konsequenzen sich aus den jeweiligen Quadranten für die nahe Zukunft ergeben.

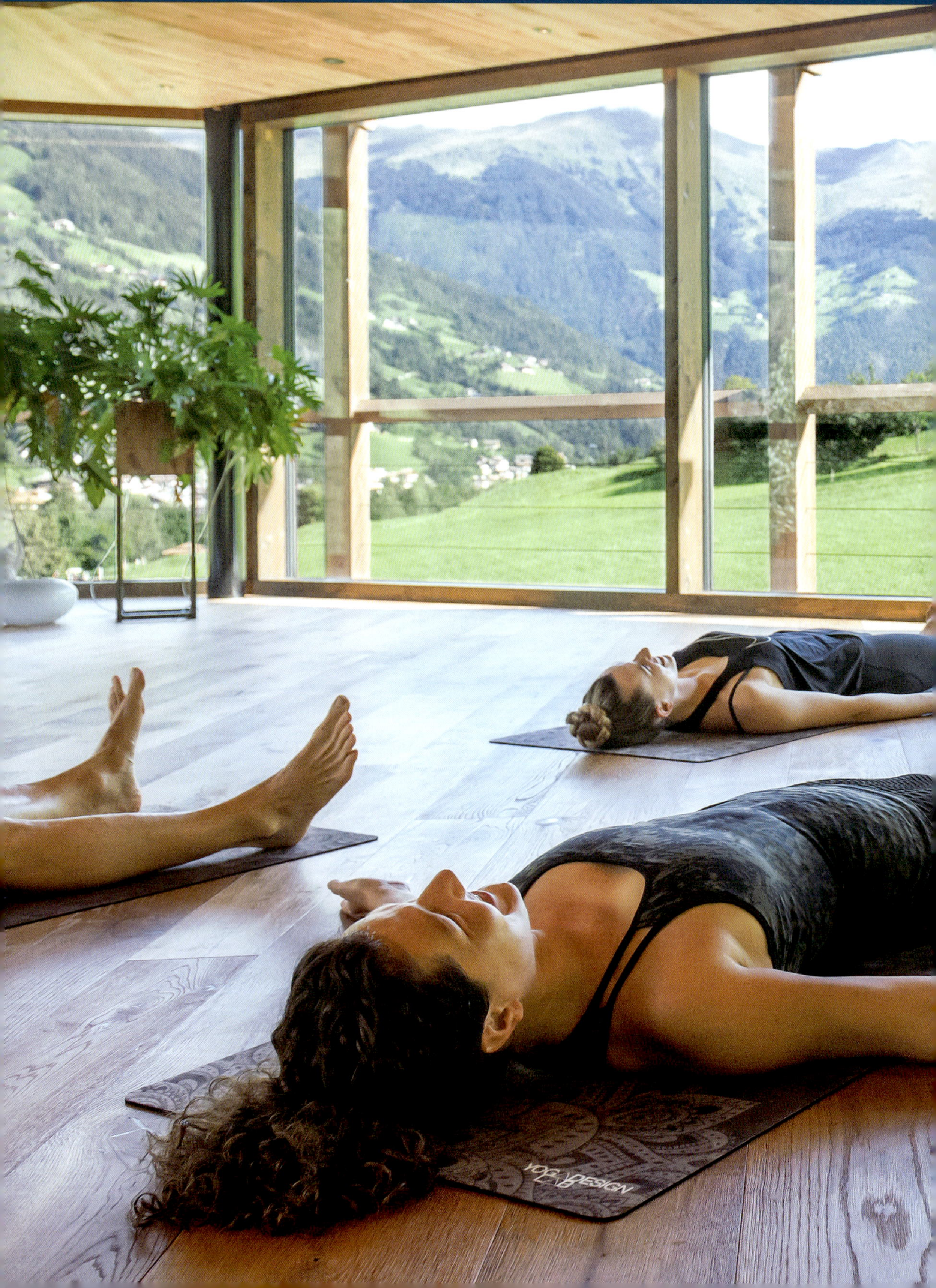

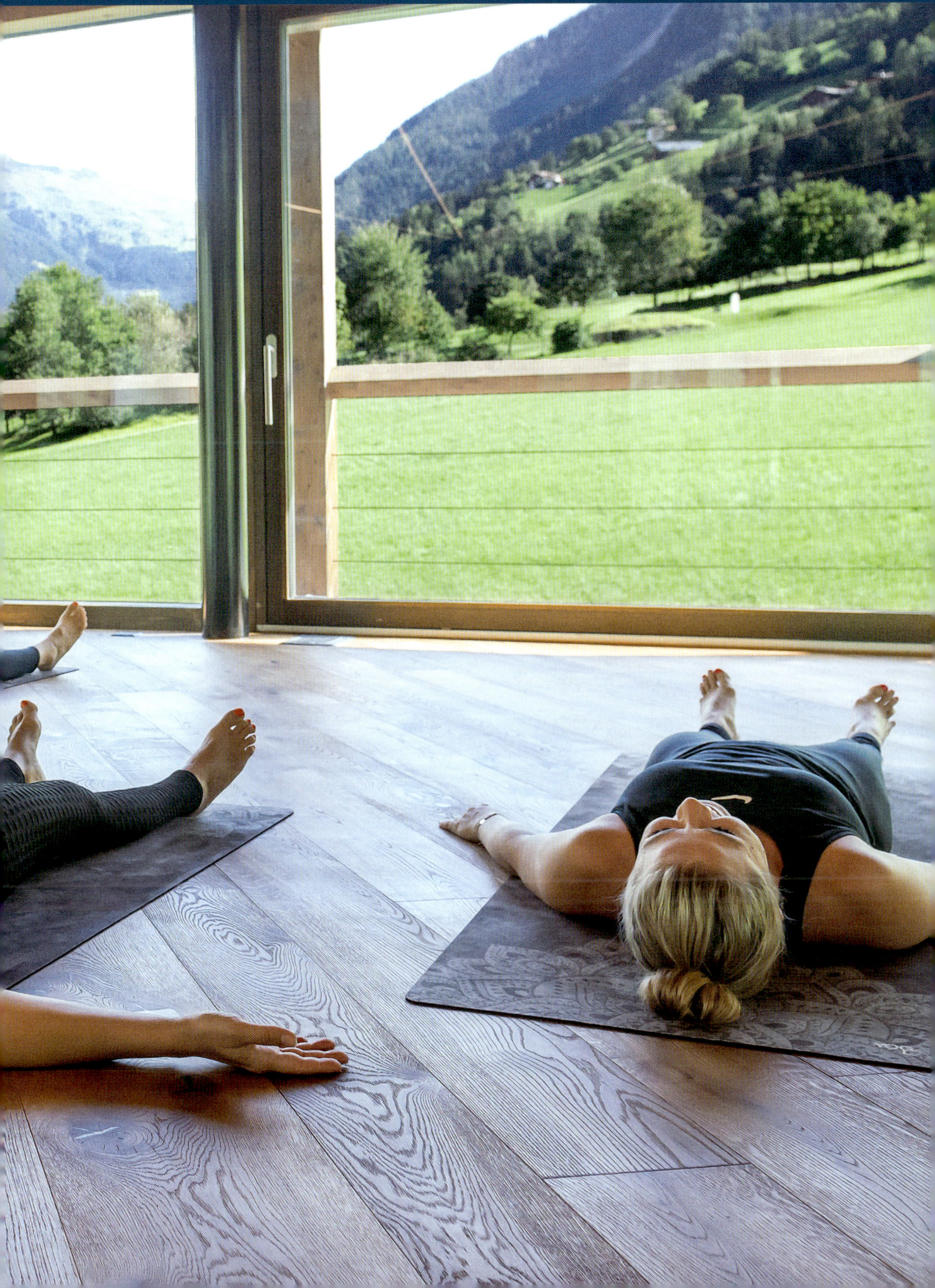

Erholung & Regeneration

Um mental stark und leistungsfähig zu sein, muss genügend Energie zur Verfügung stehen. Wer körperlich erschöpft ist, wird auch vom Kopf her nicht voll da sein und im Wettkampf keine optimalen Ergebnisse erzielen. Zudem steigt die Verletzungs- und Fehleranfälligkeit[1] und Trainingsadaptationen können ohne eine passende Erholung nicht stattfinden. Daher gewinnt der Bereich des Erholungs- und Belastungsmanagements im Mentalen Training immer mehr Bedeutung. Das gilt insbesondere für LeistungssportlerInnen, die im Trainings- und Wettkampfalltag zahlreichen Belastungsfaktoren ausgesetzt sind:[2]

- **Physiologische Belastungen**
  (z. B. Wettkämpfe, intensive Trainingseinheiten, Krankheit)
- **Soziale Belastungen**
  (z. B. finanzielle Probleme, Spannungen im Team)
- **Umweltbelastungen**
  (z. B. wechselnde Unterkünfte, Klimabedingungen, Reisen & Jetlag)
- **Mentale Belastungen**
  (z. B. Druck, Unsicherheit, Enttäuschung & Niederlagen)

Ähnlich sieht es im Nachwuchsbereich aus.[3] Wenn sich in der Pubertät das Training intensiviert und umfangreicher wird, kommen oft noch steigende schulische und soziale Anforderungen dazu. Diese Doppelbelastung aus Schule und Leistungssport verstärkt sich, wenn etwa für Stützpunkt- oder Auswahltrainings längere Wegstrecken und Fahrzeiten notwendig sind oder Fehlzeiten in der Schule Lücken im Lernfortschritt verursachen.[4]

Dabei wird eine objektive **Belastung** nicht von allen SportlerInnen gleichermaßen als beanspruchend erlebt. Während sich die einen schon aufs nächste Training freuen, merken die anderen, dass sie müde, gereizt und dünnhäutig sind und sich mal einen Nachmittag ohne die Mannschaftskollegen wünschen. Gerade im Leistungssport ist daher vor allem das subjektive **Beanspruchung**serleben entscheidend, damit den Belastungen die passenden Erholungsfaktoren gegenüberstehen. Auch hier gibt es nicht den einen alles entscheidenden **Erholung**sfaktor, stattdessen lassen sich in der Praxis vier zentrale Säulen identifizieren:

- **Schlaf**
  (z. B. ausreichender und erholsamer Schlaf)
- **Ernährung**
  (z. B. ausreichende und an die Belastung angepasste Nährstoffversorgung)
- **Körperliche Erholung**
  (z. B. Massagen, Ruhezeiten und regeneratives Training)
- **Mentale Erholung**
  (z. B. Auszeiten, Umfeldwechsel, soziale Unterstützung, Entspannung)

Fehlt bei konstanter Beanspruchung die entsprechende Erholung, gerät die körperliche und mentale Energiebilanz der SportlerInnen in eine Schieflage. Die Folgen können sportliche Stagnation oder abfallende Leistung sowie Unzufriedenheit, schwindende Motivation und Konzentrationsverlust sein. Körperliche und mentale Prozesse sind dabei kaum voneinander zu trennen. So kann ein körperliches Übertraining genauso zur mentalen Erschöpfung führen, wie mentale Belastungen die körperliche Leistungsfähigkeit reduzieren können.

Dies geschieht nicht schlagartig, sondern in einem schleichenden Prozess, der oft als Abwärtsspirale beschrieben wird. So kann eine starke psychische Beanspruchung beispielsweise zu schlechtem Schlaf führen. Der Schlafmangel beeinflusst dann die körperliche Regeneration negativ, wodurch sich die Trainings- und Wettkampfleistung verschlechtert. Dies erhöht wiederum die mentale Beanspruchung.

Energiemanagement

In der Übung „Mein Energietank" wird SportlerInnen daher vermittelt, ihre körperlichen und mentalen Ressourcen bewusst zu managen und Beanspruchung und Erholung eigenständig zu steuern. Sie lernen wesentliche Bereiche des Regenerationsmanagements kennen und schärfen ihre Selbstwahrnehmung. Darüber hinaus übernehmen sie Verantwortung für ihr Energiemanagement, behalten ihren Verbrauch im Auge und sorgen selbstständig dafür, ihren Energietank wieder aufzufüllen. Das hilft SportlerInnen auch dabei, den Zusammenhang zwischen Erholung und Verletzungsprävention zu verstehen (siehe Kapitel „Verletzung & Rehabilitation").

Nachdem mit dem Energietank eine wichtige Grundlage des Kapitels eingeführt wurde, folgen Übungen und Impulse zu den vier zentralen Bausteinen der Regeneration: Schlaf, Ernährung, mentale und körperliche Erholung. Diese Übungen geben einen ersten Einblick in das Thema Erholung und Regeneration und regen an, sich mit den jeweiligen Bereichen auseinanderzusetzen. Bei der Umsetzung und Vertiefung der Themen in der Praxis können dann Fachleute, wie etwa unsere GastautorInnen, zusätzlich unterstützen. Forschung wie Praxis zeigen, dass Regenerationsmanagement sehr individuell und sportartspezifisch ist. SportlerInnen haben unterschiedliche Bedürfnisse und profitieren unterschiedlich von den jeweiligen Maßnahmen.[5] Statt eine „one-size-fits-all-Lösung" zu präsentieren, werden TrainerInnen und SportlerInnen in diesem Kapitel eingeladen, unterschiedliche Maßnahmen auszuprobieren, um dann die Methoden beizubehalten, die persönlich hilfreich und zielführend sind.

Schlaf

In der sportpsychologischen Praxis spielt das Thema Schlaf eine wichtige Rolle. Durch Trainings- und Wettkampfreisen, Jetlags sowie wechselnde Unterkünfte und Tagesstrukturen können sich Schlafprobleme und damit verbunden Müdigkeit und Konzentrationsverlust entwickeln. Intensive schulische und sportliche Belastungen verstärken diese Symptome, die man als körperliche, aber vor allem als mentale Stressoren nicht unterschätzen sollte. Außerdem tendieren junge SportlerInnen dazu, viele Grundsätze für einen gesunden Schlaf mit Laptop und Handy zu torpedieren. Das „Wind-down-Ritual" und der „Sleep-Score" stellen einfache Übungen für einen gesunden und regenerativen Schlaf dar.

Ernährung

Keine Power ohne Nachschub – das gilt für den Muskel wie auch für den Kopf. Wer sich nicht ausreichend ernährt, ist weder körperlich noch mental voll leistungsfähig. Die Übung „Der Ernährungsführerschein" gibt TrainerInnen und Eltern Ideen, wie sie jungen SportlerInnen Know-how im Bereich Ernährung vermitteln können. Darüber hinaus liefern die Übungen „Das Ernährungsprotokoll" und „Type, Timing, Total" Ideen, wie man Ernährungsgewohnheiten hinsichtlich der Regeneration optimiert.

Gesunde und sportartadaptierte Ernährung und Gewichtsentwicklung können sehr hilfreich für die Leistungsentwicklung der SportlerInnen sein. Wichtig ist jedoch, auch die Kehrseite zu betrachten und aufzuklären, dass „je dünner, desto besser" nicht der Schlüssel zum Erfolg ist. Ab einem gewissen Punkt kann diese Entwicklung kippen und langfristig negative Konsequenzen wie emotionale und körperliche Probleme und sogar ein frühzeitiges Karriereende nach sich ziehen. Um junge SportlerInnen verantwortungsvoll und professionell zu begleiten und den Risikofaktor Gewichtsmanagement im Leistungssport möglichst gering zu halten werden TrainerInnen und BetreuerInnen in diesem Kapitel grundlegende Informationen zu gestörtem Essverhalten und Essstörungen vermittelt.

Mentale Erholung

Um den Energietank wieder aufzufüllen, stehen auf der mentalen Seite eine Vielzahl von Entspannungsverfahren zur Verfügung. So unterschiedlich diese Methoden auch sind, zielen sie immer darauf ab, Gedanken, Emotionen und körperliche Prozesse zu beruhigen. Doch bedeutet mentale Erholung weit mehr als das Durchführen von Entspannungsverfahren. Auch FreundInnen zu treffen, ein Buch zu lesen, ja selbst Videospiele können richtig eingesetzt zur mentalen Erholung führen. Indem SportlerInnen lernen, bewusst und regelmäßig (!) aus dem „Belastungsmodus" in den „Erholungsmodus" zu wechseln, können sie den Kopf frei bekommen. Oft sind diese Verfahren schon aus dem Bereich der Aktivierungsregulation im Wettkampf bekannt (siehe Kapitel „Wettkampfmanagement").

Die Übung „Richtig runterkommen" zeigt Möglichkeiten auf, mentale Erholung im Alltag zu fördern. Ergänzend gibt die Übung „Entspann dich mal!" eine Übersicht über etablierte Entspannungsverfahren. Mit dem „Body-Scan" wird ein weiteres Entspannungsverfahren vorgestellt, das besonders auf die achtsame Wahrnehmung des Körpers abzielt.

Körperliche Erholung

Auch ein Ferrari muss tanken und mal in die Werkstatt – mit diesem Bild wird die Bedeutung der Ernährung im Sport schnell klar. Trotzdem sehen selbst erfahrene SportlerInnen die körperliche Erholung oft eher als passiven Prozess, nach dem Motto: „Zwei Tage Couch und dann Vollgas weiter!" Dabei ist mal „nichts tun" natürlich grundsätzlich okay. Doch sollten SportlerInnen lernen, dass die körperliche Erholung ein „Arbeitsbereich" ist, in dem sie körperliche Prozesse aktiv unterstützen können.

Die Übungen „Rock 'n' Roll", „Hot & Cold" und „Move it!" geben Impulse, wie körperliche Erholung unterstützt werden kann. Dabei sollte immer die Verhältnismäßigkeit gewahrt werden: Bei vier Trainingseinheiten in der Woche kommt man sicher auch ohne Eistonne & Co. aus. Professionell trainierende TriathletInnen sollten hingegen mehr Aufwand betreiben, um die letzten Prozent aus der körperlichen Regeneration herauszuholen. Für alle empfehlenswert sind hingegen „Meine Yoga- Routinen", welche die körperliche und mentale Erholung gleichermaßen fördern.

Vom Wissen zum MACHEN

Viele verschiedene Methoden zur Erholung und Regeneration zu kennen ist das eine. Das andere ist, sie regelmäßig anzuwenden. TrainerInnen sollten sich also bemühen, diese entsprechend zu priorisieren und dafür ausreichend Zeit einzuräumen. Am besten gelingt das, wenn die SportlerInnen mit einer guten Mischung aus Struktur und Eigenverantwortung dazu angehalten werden, sich individuelle Strategien aufzubauen und kontinuierlich durchzuführen. In der Praxis hat es sich als hilfreich erwiesen, die Regenerationsmaßnahmen auch in den schriftlichen Trainingsplan zu integrieren. Dann werden sie als „echte Einheiten" wahrgenommen, in denen man „was tut" – nämlich regenerieren!

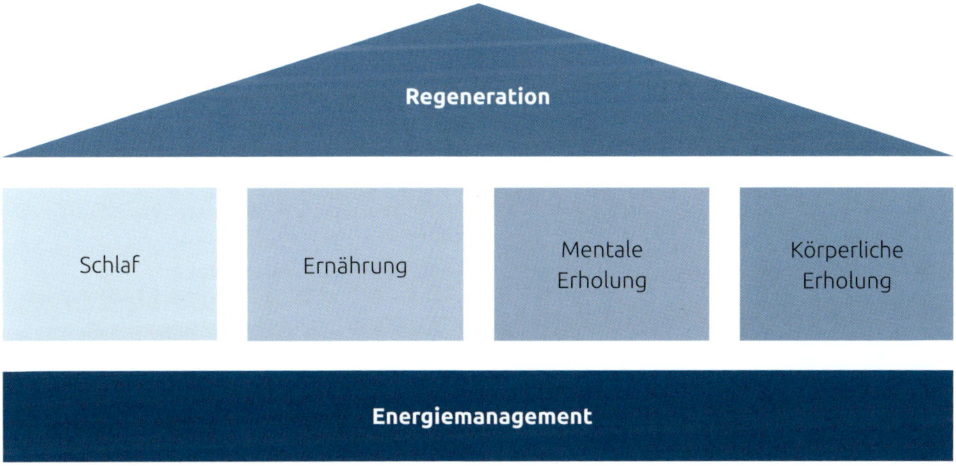

Mein Energietank

Ziel: Verständnis und Sensibilität für Regeneration und Erholung

Material
Arbeitsblatt Mein Energietank Nr. 8-1, 8-3

Handout Mein Energietank Nr. 8-2

Natürlich haben wir Menschen nicht den einen Energietank. Stattdessen verfügen wir über eine Vielzahl von körperlichen und mentalen Prozessen zur Regeneration. Dennoch hilft die Metapher des Energietanks SportlerInnen zu verstehen, dass ihre Ressourcen begrenzt sind und sie aktiv dafür sorgen müssen, sie wieder aufzufüllen. Um den Energietank gut zu managen, benötigen sie drei Bauteile: eine Tankanzeige, ein gutes Nachschubmanagement und eine Kontrolle des Verbrauchs.

Zu Beginn der Übung zeichnet der*die TrainerIn auf ein Flipchart einen Energietank auf. Er*sie erklärt den SportlerInnen, dass sich Körper und Geist ähnlich verhalten und gute Leistungen im Wettkampf nur mit einem vollen Tank möglich sind. Dann werden die drei Bestandteile des Tanks gemeinsam erarbeitet.

Um die SportlerInnen für die **Tankanzeige** zu sensibilisieren, arbeiten sie mit dem Arbeitsblatt 8-1 heraus, wie sie sich körperlich bei einem leeren gegenüber einem vollen Tank fühlen und welche typischen Gedanken und Gefühle jeweils aufkommen. Der Kontrast macht ihnen klar, wie sich der Füllstand mental und körperlich auswirkt. Sie können individuelle Warnleuchten definieren, an denen sie merken, dass sie in den „roten Bereich" rutschen. Tatsächlich stellt eine gute Selbstwahrnehmung sowohl bei SportlerInnen[6] als auch außerhalb des Sports einen Schutzfaktor für Überlastung und Burnout dar.[7]

Darauf folgt der **Nachschub**. Um diesen Teil kümmert sich unser Körper weitestgehend selbstständig: Indem wir sprichwörtlich „die Füße stillhalten", laufen viele Prozesse der Regeneration ganz automatisch ab. Um den Körper dabei zu unterstützen, werden die vier Bereiche Schlaf, Ernährung, körperliche und mentale Erholung vorgestellt. Unter diesen Überschriften tragen die SportlerInnen – eventuell in kleinen Gruppen – in einem Brainstorming verschiedene Maßnahmen zusammen. Anregungen zu den unterschiedlichen Bereichen liefert das Handout 8-2.

Jetzt kommt der **Energieverbrauch**. Die SportlerInnen listen dazu alle Tätigkeiten und Aufgaben auf, die sie Energie kosten. Dabei handelt es sich meist um intensive Trainingseinheiten, Schule, Arbeit oder Wettkämpfe. Hierbei stellen die SportlerInnen oft fest, wie subjektiv die Sicht auf Belastungen ist: Während ein Perfektionist vielleicht schon Tage vor einem Wettkampf angespannt ist, sind andere noch gelassen und sparen ihre Energie für das entscheidende Match.

Am Ende der Übung erarbeiten sich die SportlerInnen mit dem Arbeitsblatt 8-3 einen Überblick über ihr persönliches Energiemanagement. Dieses Arbeitsblatt kann als „roter Faden" durch das gesamte Thema dienen und sollte schon zu Beginn der Übung ausgegeben werden. Die TrainerInnen unterstützen den Transfer des Gelernten, indem die SportlerInnen immer wieder gefragt werden, mit welchem Energiestand sie ins Training starten und wie voll der Tank danach noch ist.

SportlerInnen kann das Energiemanagement auch anhand eines weiteren Bildes erklärt werden: mit dem Handyakku!

Leitfragen für TrainerInnen:

- Wie voll sollte euer Handy mindestens sein, wenn ihr aus dem Haus geht?
- Ab welchem Akkustand würdet ihr euch nach der nächsten Lademöglichkeit umschauen?
- Was würdet ihr an eurem Verhalten ändern, wenn der Akku schon recht leer ist?

Erholung & Beanspruchung messen
Neben der objektiven Belastung ist für die Regeneration vor allem die subjektiv erlebte Beanspruchung entscheidend. Es geht also nicht nur darum, wie viel SportlerInnen trainieren, sondern auch darum, wie anstrengend bzw. beanspruchend sie dies subjektiv empfinden.[8] Zusätzlich zu objektiven Messungen von Belastungsreizen und physiologischen Beanspruchungsparametern spielen in der Praxis standardisierte Fragebogenmaße eine wichtige Rolle.

Diese Verfahren erfassen die subjektiv wahrgenommene Bilanz aus Erholung und Beanspruchung der SportlerInnen und können damit bei der Steuerung von Training und Regeneration helfen.

EBF-Sport[9]: Der Erholungs-Belastungs-Fragebogen für SportlerInnen erfasst anhand von 76 Aussagen physiologische, subjektive, soziale und verhaltensrelevante Aspekte, bezogen auf die vergangenen drei Tage und Nächte. Diese werden zu einem individuellen Erholungs-Beanspruchungs-Profil zusammengefasst.

	In den letzten (3) Tagen/Nächten...	nie	selten	manchmal	mehrmals	oft	sehr oft	immerzu
1	... habe ich ferngesehen.	0	1	2	3	4	5	6
2	... hatte ich zu wenig Schlaf.	0	1	2	3	4	5	6

Beispielitems aus dem EBF-Sport

Während sich der EBF-Sport auf die letzten drei Tage und Nächte bezieht, bilden die Fragebögen AEB und KEB den aktuellen Erholungs- und Beanspruchungszustand ab.[10]

AEB: Das Akutmaß Erholung und Beanspruchung umfasst 32 Adjektive, die zu den acht Skalen allgemeiner Erholungszustand, körperliche Leistungsfähigkeit, mentale Leistungsfähigkeit, emotionale Ausgeglichenheit, allgemeiner Beanspruchungszustand, muskuläre Beanspruchung, Aktivierungsmangel und emotionale Unausgeglichenheit verrechnet werden. Damit ist es deutlich ökonomischer als der EBF-Sport und erfasst dennoch mehrdimensionale Aspekte von Erholung und Beanspruchung. Die SportlerInnen geben bei dem Verfahren beispielsweise an, wie erholt oder beansprucht sie sich im Moment fühlen.

	Im Augenblick fühle ich mich ...	trifft gar nicht zu						trifft voll zu
1	erholt.	0	1	2	3	4	5	6
2	muskulär überanstrengt.	0	1	2	3	4	5	6

Beispielitems aus dem AEB

KEB: Bei der Kurzskala Erholung und Beanspruchung kreuzt man die acht Skalen des AEB hingegen direkt an. Die jeweiligen Adjektive des AEB stehen als Beispiele darunter.

Körperliche Leistungsfähigkeit	trifft gar nicht zu						trifft voll zu
z. B. kraftvoll leistungsfähig, energiegeladen, voller Power	☐	☐	☐	☐	☐	☐	☐
	0	1	2	3	4	5	6

Beispielitem aus dem KEB

Durchführung: EBF-Sport, KEB und AEB ermöglichen ein engmaschiges Monitoring mit schneller Rückmeldung ab einem Alter von etwa 15 Jahren. Die Bearbeitungsdauer des EBF beträgt fünf bis zehn Minuten, vier bis fünf Minuten beim AEB und etwa eine Minute für den KEB. Den Einsatz dieser Fragebögen sollten in jedem Fall sportpsychologisch ausgebildete ExpertInnen begleiten, um sie korrekt auszuwerten und zu interpretieren.

Interpretation: Die Fragebögen werden beispielsweise eingesetzt, um ein Feedback über den Querschnitt der Erholungs-Beanspruchungs-Bilanz einer Trainingsgruppe zu einem bestimmten Zeitpunkt zu erhalten. Jedoch lassen sich genauso individuelle sportliche Entwicklungen verfolgen. Forschungsergebnisse[11] konnten teils erhebliche Unterschiede in den interindividuellen Ausprägungen der Erholungs-Beanspruchungsparameter zwischen SportlerInnen aufzeigen. Das zeigt, dass das gleiche Training verschiedene SportlerInnen aufgrund von Einflussfaktoren wie Individualität, Trainingszustand, Schlaf etc. sehr unterschiedlich beanspruchen kann. Anzuraten ist daher, den Fokus besonders auf individuelle Ergebnisse, Verläufe und Empfehlungen zu legen.

Rückmeldung: Beim Einsatz der Fragebögen sollten die SportlerInnen aktiv mit eingebunden werden. Das beinhaltet zum einen, SportlerInnen über den Sinn und die Verwendung der Ergebnisse aufzuklären, was die Akzeptanz und das Vertrauen deutlich erhöht. Wird das vernachlässigt, finden sich in der Praxis häufig sozial erwünschte Ergebnisse, etwa aus Angst vor negativen Konsequenzen. Richtig eingesetzt, können Fragebögen zum anderen ein wichtiger Baustein zur Sensibilisierung der SportlerInnen für den Bereich Regeneration und Erholung sein. Sie können zur Verbesserung der Selbstwahrnehmung beitragen, als Gesprächsgrundlage dienen und dem interdisziplinären Betreuerteam (TrainerInnen, SportpsychologInnen und SportmedizinerInnen) Anregungen für individuelle Regenerationsmaßnahmen geben.

Der Recovery-Score

Ziel:
Motivation für eine aktive Regeneration

Bei der Regeneration kommt es auf Kleinigkeiten an. In der Summe führen sie dazu, dass SportlerInnen sich von Trainingsbelastungen besser erholen und Verletzungen vorbeugen. Um Wissen darüber schon bei NachwuchssportlerInnen zu verankern, haben sich Checklisten bewährt. Im Gegensatz zu Instrumenten wie dem EBF wird dabei nicht das Beanspruchungserleben erhoben, sondern es werden die täglich eingesetzten regenerativen Maßnahmen anhand eines Punktesystems ermittelt. Diese „sanfte Kontrolle" motiviert die SportlerInnen, da sie möglichst viele Punkte erreichen möchten, und unterstützt sie dabei, sinnvolle Gewohnheiten aufzubauen.

Die Grundidee ist einfach: SportlerInnen sammeln Punkte am „Buffet der Regenerationsmaßnahmen" für jeden Teilaspekt, den sie an einem bestimmten Tag erfüllt haben. Ziel ist es, täglich mindestens 25 Regenerationspunkte zu erreichen. Im Verlauf der Woche können sich die SportlerInnen so selbst zur Erholung motivieren und kontrollieren, ob sie sich gut ernähren, ausreichend trinken, genug und tief schlafen sowie sich angemessen körperlich und mental erholen.

Der Recovery-Score zielt darauf ab, die Regeneration der SportlerInnen bewusst zu fördern und sie zu motivieren, bestimmte Maßnahmen einzusetzen. Die TrainerInnen sollten darauf verzichten, die Werte als Auswahlkriterium für den Wettkampfeinsatz heranzuziehen. Vielmehr sollte der Fragebogen als Gesprächsgrundlage verwendet werden, um den SportlerInnen Maßnahmen zu zeigen, sich aktiv zu regenerieren.

Gastautor

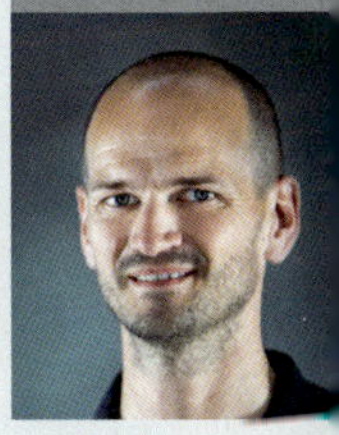

Dr. Lutz Graumann

Details zum Autor auf Seite 250

Material
Arbeitsblatt Der Recovery-Score Nr. 8-4

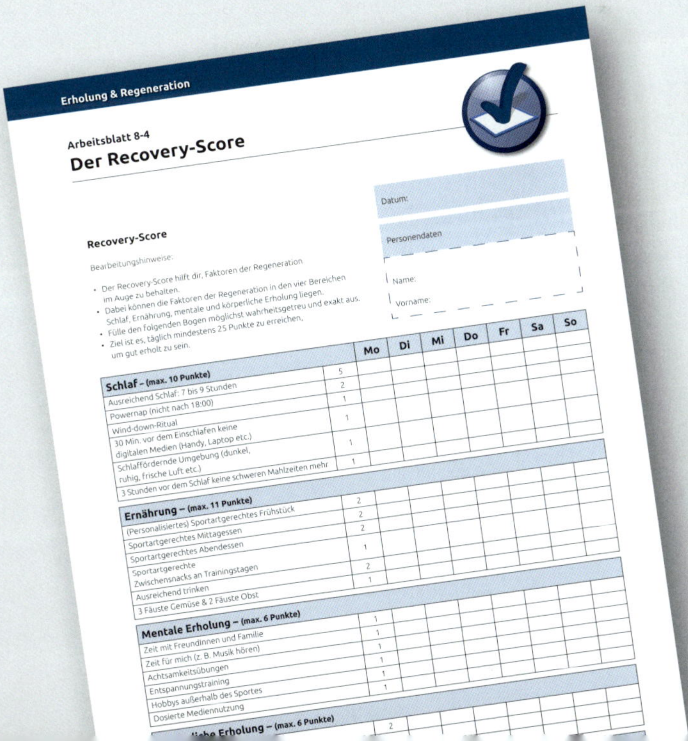

Erholung & Regeneration

Arbeitsblatt 8-4
Der Recovery-Score

Datum:

Personendaten

Name:

Vorname:

Recovery-Score

Bearbeitungshinweise:

- Der Recovery-Score hilft dir, Faktoren der Regeneration im Auge zu behalten.
- Dabei können die Faktoren der Regeneration in den vier Bereichen Schlaf, Ernährung, mentale und körperliche Erholung liegen.
- Fülle den folgenden Bogen möglichst wahrheitsgetreu und exakt aus.
- Ziel ist es, täglich mindestens 25 Punkte zu erreichen, um gut erholt zu sein.

		Mo	Di	Mi	Do	Fr	Sa	So
Schlaf – (max. 10 Punkte)								
Ausreichend Schlaf: 7 bis 9 Stunden	5							
Powernap (nicht nach 18:00)	2							
Wind-down-Ritual	1							
30 Min. vor dem Einschlafen keine digitalen Medien (Handy, Laptop etc.)	1							
Schlaffördernde Umgebung (dunkel, ruhig, frische Luft etc.)	1							
3 Stunden vor dem Schlaf keine schweren Mahlzeiten mehr	1							
Ernährung – (max. 11 Punkte)								
(Personalisiertes) Sportartgerechtes Frühstück	2							
Sportartgerechtes Mittagessen	2							
Sportartgerechtes Abendessen	2							
Sportartgerechte Zwischensnacks an Trainingstagen	1							
Ausreichend trinken	2							
3 Fäuste Gemüse & 2 Fäuste Obst	1							
Mentale Erholung – (max. 6 Punkte)								
Zeit mit FreundInnen und Familie	1							
Zeit für mich (z. B. Musik hören)	1							
Achtsamkeitsübungen	1							
Entspannungstraining	1							
Hobbys außerhalb des Sportes	1							
Dosierte Mediennutzung	1							
…liche Erholung – (max. 6 Punkte)								
	2							

Schlaf

Material
Handout
Checkliste für einen guten Schlaf
Nr. 8-5

Schlaf spielt eine zentrale Rolle bei der Regeneration. Nur im Schlaf kann der Körper ausschließlich seinem Erholungsbedürfnis nachkommen. Muskeln und Sehnen werden repariert, das Gelernte gefestigt und alle Systeme für den folgenden Tag aufgetankt.[12] Qualitativ guter und ausreichender Schlaf ist daher nicht nur für ProfisportlerInnen entscheidend, um Körper und Geist leistungsfähig zu halten.

Wie viel Nachtruhe jemand benötigt, hängt vom Alter und den Aktivitäten der jeweiligen Person ab. Für einen durchschnittlichen Erwachsenen empfehlen ExpertInnen mindestens sieben Stunden Schlaf pro Nacht.[13] Doch SportlerInnen sind keineswegs der Durchschnitt! Regenerations- und Schlafbedarf hängen auch von den physischen und psychischen Belastungen ab. Und da so ein Sportlerkörper eine ganze Menge an Regenerationsprozessen aktivieren muss, ist es auch nicht ungewöhnlich, wenn SportlerInnen mal neun Stunden oder mehr schlafen, um erholt zu sein.[14]

Als Teil des Regenerationsmanagements sollten SportlerInnen wissen und beachten, was guten Schlaf fördert und verhindert. Damit können sie aktiv dazu beitragen, dass sie am nächsten Tag wieder ausgeruht, wach und konzentriert sind. Oft sind es schon einfache Tipps (siehe „Checkliste für einen guten Schlaf") die helfen, den Schlaf zu optimieren und die Regeneration zu fördern.

Jetlags, Lagerkoller, Heimweh, harte Trainingsphasen, Wettkämpfe oder andere akute Stressphasen können bei SportlerInnen Schlafprobleme verursachen. Wenn der Körper ausgelaugt ist, heißt das nicht immer, dass man schläft wie ein Stein! Schlafprobleme können phasenweise auftreten oder chronische Verläufe nehmen. In solchen Fällen ist die Zusammenarbeit mit ExpertInnen dringend zu empfehlen. Diese helfen dabei, die Ursachen für Schlafprobleme zu ergründen und individuelle Maßnahmen zur Förderung des Schlafs zu ergreifen.[15]

Empfehlung für eine angemessene Schlafdauer der US National Sleep Foundation[16]

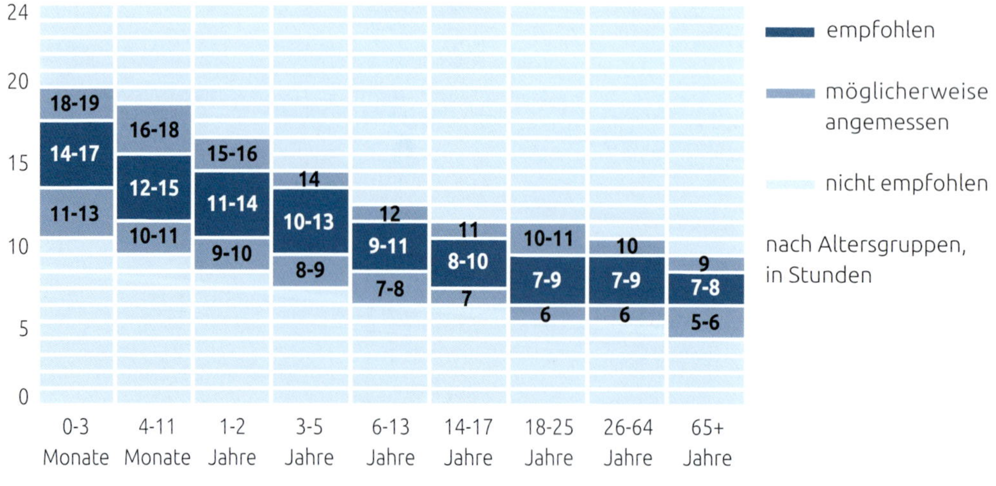

Checkliste für einen guten Schlaf

Die innere Uhr: Egal, ob Eule (Spättyp) oder Lerche (Frühtyp) – berücksichtige deinen Chronotyp im Alltag.[17]

Analog statt digital: Abends noch ein Buch oder eine Zeitschrift zu lesen hilft dir, dich zu entspannen und dich auf die Nacht vorzubereiten. Digitaler Medienkonsum dagegen eher nicht.[18]
Daher solltest du spätestens 30 Minuten vor dem Einschlafen alle digitalen Quellen ausschalten.

Schlafrituale: Gleiche ruhige Abläufe vor dem Schlafengehen bereiten den Körper auf die Nacht vor. Nimm dir vor dem Ins-Bett-Gehen mindestens 30 Minuten dafür Zeit (siehe „Wind-down-Ritual").

Schlafzeiten: Stets zur gleichen Zeit ins Bett zu gehen und aufzustehen beeinflusst die Schlafqualität positiv. Dabei ist Regelmäßigkeit für den Körper wichtig. Entsprechend sollte auch am Wochenende oder in den Ferien nicht allzu sehr davon abgewichen werden.

Umfeld kontrollieren: Um gut zu schlafen, sollte das Zimmer gut gelüftet, kühl, dunkel und das Ambiente leise sein. In fremder Umgebung lohnt es sich, Tape im Gepäck zu haben, um grelle LED-Lämpchen abzukleben, sowie Ohrstöpsel, um störende Lärmquellen auszublenden. Manchmal hilft eine Schlafmaske.

Weniger ist mehr: Vermeide es, zu viel zu schlafen, denn auch das kann müde machen! Finde deine optimale Schlafdauer.

Kein Hin- und Herwälzen: Falls du mal nicht schlafen kannst, steh auf und verlasse wenn möglich das Schlafzimmer. Sich hin und her zu wälzen bringt nichts und frustriert nur. Auch Nachrechnen, wie viel Schlafzeit noch verbleibt, ist ein sicheres Mittel, wach zu bleiben. Notfalls kannst du die Uhr im Zimmer abhängen. Eine gelassene Haltung hilft am besten, um wieder einzuschlafen (siehe Kapitel „Fokus & Gelassenheit"). Monotone Aufgaben wie Kreuzworträtsel lösen, lesen und das berühmte Schäfchenzählen unterstützen zusätzlich, dass die Augen wieder zufallen.

Nicht snoozen: Auch wenn es schwerfällt – stehe immer zeitnah auf, wenn der Wecker geklingelt hat. Schenke dir lieber von vornherein einige Minuten mehr Schlaf, anstatt weiter zu schlummern.

Guten Morgen, Sonne: Nach dem Aufstehen solltest du so viel natürliches Licht wie möglich tanken. Das macht deinen Körper wach und hebt die Stimmung. Im Winter kannst du vor einer Tageslichtlampe frühstücken oder gegebenenfalls zusätzlich Vitamin D einnehmen.

Powernap: Der Powernap gilt als wichtiges Mittel, um zu regenerieren und die körperliche und mentale Leistungsfähigkeit wiederherzustellen. Die Schlafdauer beträgt dabei zwischen 10 und maximal 20 Minuten. Stelle den Wecker auf 25–30 Minuten, damit dir etwas Zeit zum Einschlafen bleibt. Schläft man länger als eine halbe Stunde, gleitet man in die Tiefschlafphase ab. Daraus zu erwachen fühlt sich anstrengend an. Der ideale Zeitpunkt für einen Nap ist nach dem Mittagessen, am frühen Nachmittag. Nach 18 Uhr sollte kein Powernap mehr durchgeführt werden.

Wind-down-Ritual

Ziel:
Routine, die das Einschlafen erleichtert

Gastautor

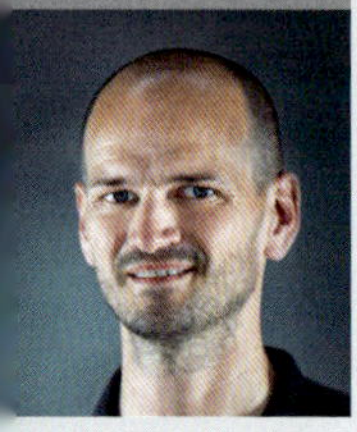

Dr. Lutz Graumann

Details zum Autor auf Seite 250

Unser Körper läuft nach einer inneren Uhr, dem sogenannten zirkadianen Rhythmus. Das heißt, er will jeden Tag um die gleiche Zeit die gleichen körperlichen Prozesse durchlaufen. Gewöhnen sich SportlerInnen an regelmäßige Schlafenszeiten, optimiert das ihren zirkadianen Rhythmus. Diese Prozesse können durch eine eigene Routine vor dem Zubettgehen zusätzlich verbessert werden. Diese Routine löst im Gehirn Signale aus, die anzeigen, dass es Zeit für den Schlaf ist. Als Anhaltspunkt hier ein prototypischer Ablauf, den jede(r) SportlerIn individuell variieren kann:

Minute 0–5: Verspannungen lösen. Um Kopf-, Nacken- oder Rückenschmerzen zu lösen, eignet sich eine Selbstmassage mit der Faszienrolle. Sie hilft, den Muskeltonus am Ende des Tages abzubauen und zu entspannen. Die SportlerInnen massieren sich allmählich von den Füßen hoch bis zum Kopf. Sie sollten darauf achten, langsamer und mit weniger Druck zu rollen als vor dem Sport. Wer während der Massage bewusst durch die Nase atmet und länger aus- als einatmet, verstärkt die entspannende Wirkung.

Minute 5–10: Den Tag beenden. Um den Tag locker abzuschließen, reflektiert man fünf Minuten lang die Geschehnisse des Tages oder schreibt sie in einem Tagebuch auf. Viele Menschen profitieren davon, am Abend bewusst drei Dinge oder Situationen zu notieren, für die sie heute dankbar waren.[19]

Minute 10–20: Vorschau auf den folgenden Tag. Wir gehen entspannter ins Bett, wenn wir wissen, was uns am nächsten Tag erwartet. Daher sollte kurz überlegt werden, ob es etwa irgendwelche wichtigen Termine, Telefonate oder Deadlines gibt, die man nicht vergessen möchte. Alles Wichtige sollte am besten auf eine To-do-Liste für den nächsten Tag geschrieben werden, damit nichts vergessen wird und die Gedanken daran nicht am Einschlafen hindern. Sobald alles festgehalten ist, kann das Gehirn loslassen und sich entspannen.

Minute 20–25: Das Outfit für morgen. Sich zu überlegen, was man am nächsten Tag anziehen will, hat nichts mit Eitelkeit zu tun, sondern ist cleveres Energiemanagement! Morgens vermeidet man Stress und gerade vor Wettkämpfen schläft man dann mit dem Gefühl ein, perfekt vorbereitet zu sein. Deswegen sollte man sich bereits am Abend überlegen, was man am nächsten Tag anziehen möchte, und die entsprechenden Sachen schon einmal rauslegen oder in die Sporttasche packen.

Minute 25–30: Schlafumgebung vorbereiten: Bevor man ins Bett geht, sollte das Schlafzimmer gut durchgelüftet und Decke und Kissen locker aufgeschüttelt werden. Wer mag, kann auch ein wenig Lavendelöl oder einen anderen angenehmen Duft auf das Kissen oder ein Taschentuch sprühen, das neben dem Kopfteil liegt.

Gerade wenn man an einem anderen Ort schläft, beispielsweise im Trainingslager oder bei Wettkämpfen, kann dieses Ritual dabei unterstützen, schneller abzuschalten.

Sleep-Score

Ziel:
Das eigene Schlafverhalten besser kennenlernen

Besonders junge SportlerInnen haben oft noch wenig Bezug zum Thema Schlaf. Da kann es helfen, die eigenen Gewohnheiten mit einer Checkliste konkreter sichtbar zu machen. Bewährt haben sich Schlaftagebücher oder Schlafprotokolle, die die SportlerInnen meist kurz vor dem Zubettgehen und nach dem Aufstehen ausfüllen. So kommt man Gewohnheiten und Eigenarten auf die Schliche und erkennt Muster in den komplizierten Zusammenhängen rund ums Schlafen.

Beim Sleep-Score (siehe Arbeitsblatt 8-6) handelt es sich um eine praktische und ökonomische Selbstcheckliste. Sie hilft SportlerInnen, sich für das Thema Schlaf zu sensibilisieren. Um ein Gefühl für den eigenen Schlaf zu bekommen, sollten die SportlerInnen das Protokoll mindestens 14 Tage lang führen und in dieser Phase das Schlafverhalten nicht bewusst verändern. Es empfiehlt sich, dazu einen ruhigen Zeitraum ohne große Reisen zu wählen.

Mit dem Sleep-Score werden täglich vor dem Einschlafen und nach dem Aufstehen sowohl die Dauer des Schlafs erfasst als auch qualitative Fragen rund um den Schlaf gestellt. Am Morgen wird die Nacht mit Fragen nach Schlafquantität und -qualität reflektiert. So können Probleme einzelner SportlerInnen im Schlafverhalten aufgedeckt und individuelle Maßnahmen für einen besseren Schlaf eingeleitet werden.[20]

In der Praxis hat sich gezeigt, dass der dauerhafte Einsatz des Schlafprotokolls bei allen SportlerInnen einer Mannschaft wenig bringt, da er in der Regel von den wenigsten SportlerInnen über einen längeren Zeitraum gewissenhaft durchgeführt wird. Entsprechend sollte das Instrument zielgerichtet und für einen umgrenzten Zeitraum eingesetzt werden.

Gastautor

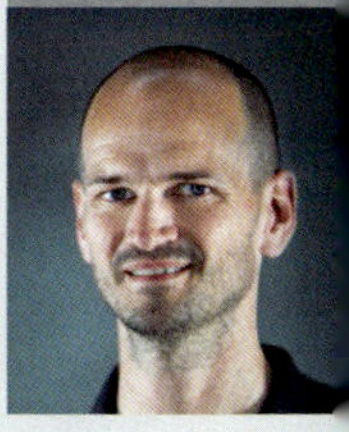

Dr. Lutz Graumann

Details zum Autor auf Seite 250

Material
Arbeitsblatt Sleep-Score Nr. 8-6

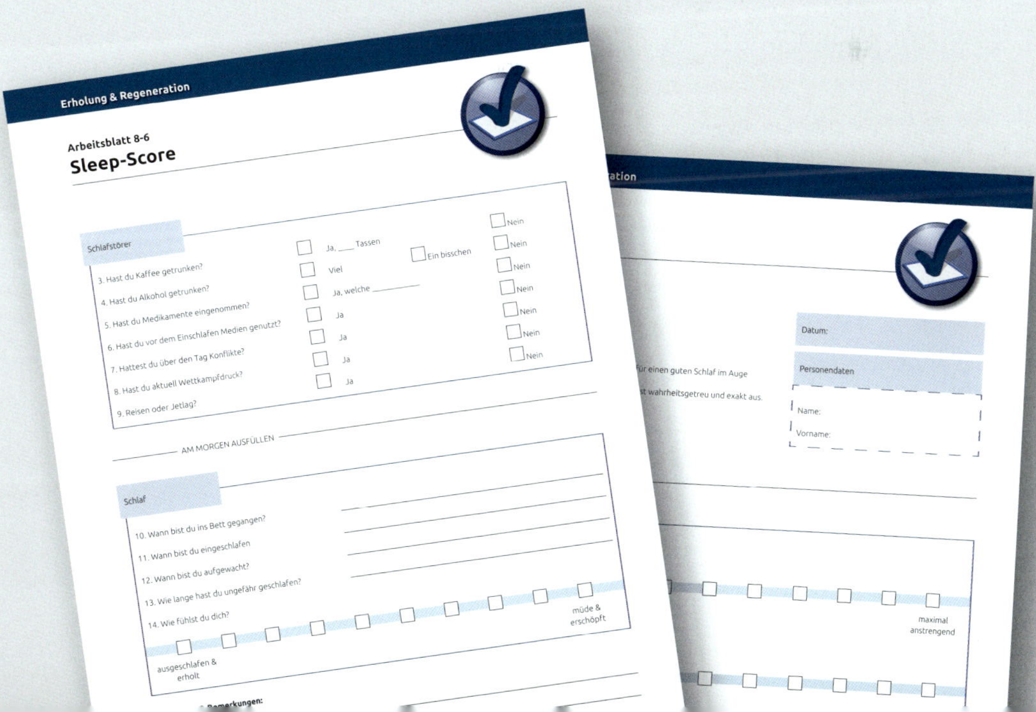
Erholung & Regeneration

Arbeitsblatt 8-6
Sleep-Score

Schlafstörer
3. Hast du Kaffee getrunken? – Ja, ___ Tassen – Ein bisschen – Nein
4. Hast du Alkohol getrunken? – Viel – Nein
5. Hast du Medikamente eingenommen? – Ja, welche ___ – Nein
6. Hast du vor dem Einschlafen Medien genutzt? – Ja – Nein
7. Hattest du über den Tag Konflikte? – Ja – Nein
8. Hast du aktuell Wettkampfdruck? – Ja – Nein
9. Reisen oder Jetlag? – Ja – Nein

AM MORGEN AUSFÜLLEN

Schlaf
10. Wann bist du ins Bett gegangen?
11. Wann bist du eingeschlafen?
12. Wann bist du aufgewacht?
13. Wie lange hast du ungefähr geschlafen?
14. Wie fühlst du dich?
ausgeschlafen & erholt – müde & erschöpft

Bemerkungen:

ation
Datum:
Personendaten
Name:
Vorname:
für einen guten Schlaf im Auge
st wahrheitsgetreu und exakt aus.
maximal anstrengend

Ernährung

Genau wie Muskeln benötigen auch mentale Prozesse im Gehirn viel Energie. Fehlt diese, drohen Konzentrationsverlust und Motivationslöcher. Gerade in stressigen Zeiten sind daher auch für den Kopf eine gut abgestimmte Nährstoffzufuhr und eine regelmäßige Flüssigkeitsaufnahme unabdingbar. Aus diesem Grund wurde hier der Bereich Ernährung aufgenommen, und alle SportlerInnen, TrainerInnen und Eltern sollten sich der Bedeutung einer gesunden und ausgewogenen Ernährung für die mentale Leistungsfähigkeit bewusst sein.

Anspruch des Kapitels ist nicht, eine vollständige Übersicht über die Sporternährung zu liefern.[21] Stattdessen sollen einige wichtige pädagogisch-psychologische Aspekte der Ernährung im Sport in den Mittelpunkt gestellt werden. Dazu gehören Ideen, wie SportlerInnen für diesen Bereich sensibilisiert und sportgerechte Ernährungsgewohnheiten aufgebaut werden können. Die Übungen „Der Ernährungsführerschein" und „Das Ernährungsprotokoll" bieten zwei unterschiedliche Ansätze für einen altersgerechten Einstieg in das Thema. Unter dem Stichwort „Type, Timing, Total" finden sich Hinweise für Fortgeschrittene, wie die körperliche und mentale Regeneration im Sport durch die Ernährung gezielt optimiert werden kann.

Dies alles ersetzt natürlich keine professionelle Ernährungsberatung! Wir empfehlen daher allen TrainerInnen und SportlerInnen, den Weg durch den Dschungel der Ernährungs-Mythen zusammen mit entsprechend ausgebildeten ExpertInnen anzutreten.[22] Am Ende des Abschnitts folgen Informationen zu Problemen und Störungen des Essverhaltens. Dabei erhalten TrainerInnen, SportlerInnen und Eltern einen kompakten Überblick, der den Kontakt mit SportpsychologInnen nicht ersetzen, sondern eher fördern soll.

Sportgerechte Ernährungsgewohnheiten aufbauen

Positiv besetzen: Es lohnt sich, SportlerInnen zu zeigen, wie die Ernährung ihre Leistungsfähigkeit positiv beeinflusst. Sie dadurch zu motivieren, funktioniert viel besser als Verbote, Vorschriften und Diäten. Am besten klappt das in der Gruppe. Denn gemeinsam macht sportgerechte Ernährung mehr Spaß und kann eine gute Teambuilding-Maßnahme sein.

Ziele ziehen: Um Motivation aufzubauen, hilft es, an Ziele anzuknüpfen: Wenn man SportlerInnen ohne ein Wort ein Salatbuffet anbietet, bleibt es fast unberührt. Verstehen SportlerInnen allerdings, was gute Lebensmittel mit ihren Zielen zu tun haben, sind sie viel motivierter für sportgerechte Ernährung.

Vorbild sein: Gerade NachwuchssportlerInnen lernen viel besser durch Abschauen und positive Modelle als durch Ermahnungen und Erklärungen. TrainerInnen und Eltern sollten sich daher ihrer Vorbildfunktion bewusst sein und entsprechend handeln.

Selbstwahrnehmung fördern: Beim Sport spürt jede(r) den eigenen Körper und erlebt, was dieser braucht. So können SportlerInnen altersgerecht lernen, ihren Körper gut zu versorgen und schrittweise Verantwortung für ihre Ernährung übernehmen. Das fängt beim Taschepacken an (Trinkflasche dabei?) und hört bei der Wettkampfverpflegung auf (Welcher Riegel bringt wann am meisten?).

Gewohnheiten aufbauen: Anstatt pauschal in gute und schlechte Lebensmittel einzuteilen, gilt es, sinnvolle Ernährungsgewohnheiten bei jungen SportlerInnen aufzubauen. Je alltagstauglicher Gewohnheiten integriert werden, desto leichter fällt es, sich gut zu ernähren.

Verfügbarkeit: Ernährungsgewohnheiten werden stark über Umgebung und Verfügbarkeit gesteuert. Nicht nur SportlerInnen essen meist das, was eben da ist. Eltern, TrainerInnen und BetreuerInnen können hier unterstützen und sportgerechte Ernährung durch gute Verfügbarkeit begünstigen.

Struktur: Eine sportgerechte Ernährung sollte unkompliziert in den Trainings- und Wettkampftag passen. Hier können TrainerInnen und Eltern die SportlerInnen unterstützen, einen guten Rhythmus zu finden. Bei mehrtägigen Turnieren, Wettkämpfen oder Trainingslagern sollten daher die Rahmenbedingungen vor Ort berücksichtigt werden. Gerade bei Mannschaften helfen feste Essenszeiten in der Gruppe. Regelmäßige Trinkpausen sollten ein fester Standard sein.

Know-how vermitteln: Bereits mit Beginn des leistungsorientierten Sports sollte altersgerechtes Wissen über Ernährung vermittelt werden. Externes Know-how, etwa durch ErnährungsberaterInnen, entlastet und unterstützt die TrainerInnen. Darüber hinaus wird das Thema durch interessant gemachte Workshops als etwas Besonderes hervorgehoben.

Ausprobieren: Wie Essen das körperliche und geistige Wohlbefinden beeinflusst, sollten SportlerInnen selbst ausprobieren. So spüren sie am eigenen Leib, was ihnen guttut.

Grenzen aufzeigen: Essen und Trinken beeinflussen die sportliche Leistung. Sie sind jedoch kein Ersatz für ungenügendes Training. Das sollten bereits junge SportlerInnen verstehen, um etwa die Wirkung und Werbung von Energydrinks und Ernährungszusätzen beurteilen zu können. Für den Nachwuchssport gilt das Motto: „Weniger ist mehr." Das angemessene Verhältnis zwischen effektivem Training und professioneller Ernährung sollte immer gewahrt bleiben.

Der Ernährungsführerschein

Ziel:
Spielerisch Wissen über Ernährung vermitteln

Material
Handout Der Ernährungsführerschein Nr. 8-7, 8-8

Mit dem Ernährungsführerschein kann besonders jungen SportlerInnen Basiswissen vermittelt werden, wie sich Nahrung zusammensetzt und was der Körper benötigt. Dadurch fällt es ihnen leichter, Ernährungsempfehlungen zu verstehen und sich daran zu orientieren. Im Mittelpunkt stehen dabei immer die Ziele der SportlerInnen, der Bezug zum Sport und was ihr Körper zum Erreichen der Ziele braucht.

Zunächst sollten die TrainerInnen, idealerweise gemeinsam mit ausgebildeten ErnährungsberaterInnen, altersgerechte Informationen zum Thema Ernährung vorbereiten. Nachdem die TrainerInnen das Thema und grundlegende Nährstoffgruppen vorgestellt haben, erarbeiten die SportlerInnen in Kleingruppen ein Plakat zu jeder Nährstoffgruppe (etwa Kohlenhydrate, Fette, Eiweiß, Vitamine, Mineralstoffe und Spurenelemente). Als roter Faden unterstützen Fragen wie: Welche Nährstoffe braucht der Körper beim Sporttreiben? Mit welchen Lebensmitteln könnt ihr euren Körper bei der Regeneration unterstützen? Anschließend stellen die Teams der gesamten Gruppe ihre Plakate vor. Kalorien zu zählen sowie einzelne Nahrungsmittel zu verteufeln sollte man allerdings vermeiden.

Um das Thema präsent zu halten, bereiten die TrainerInnen einige Tage später ein Ernährungsquiz vor, bei dem die SportlerInnen ihr Wissen überprüfen können. Einige Ideen für Quizfragen sind im Handout 8-7 zusammengestellt. Die Fragen sollten sich jedoch vor allem an den gestalteten Plakaten orientieren. Je nach Alter der SportlerInnen kann man ihnen danach einen schriftlichen Ernährungsführerschein (siehe Handout 8-8) ausstellen. Das macht stolz, trägt zur Identifikation der SportlerInnen mit den behandelten Themen bei und erinnert sie auch zukünftig daran, auf eine gesunde und ausgewogene Ernährung zu achten.

1, 2 oder 3: Für jüngere Kinder bietet sich ein spielerischer und unterhaltsamer Zugang in Form eines Gruppenquiz an. Nach dem Vorbild der bekannten Show „1, 2 oder 3" teilt man die Kinder in zwei Gruppen auf, die gegeneinander antreten. Die TrainerInnen bereiten Fragen mit jeweils drei Antwortalternativen vor. Im Verlauf des Spiels wird immer eine Frage gestellt. Für die Antwort gibt es jeweils drei große Felder. Um zu antworten, müssen sich die Kinder auf die Fläche mit der ihrer Meinung nach richtigen Antwort stellen. Für jede richtig beantwortete Frage (d. h. pro richtig positioniertes Kind) bekommt die entsprechende Gruppe einen Punkt. Tennisbälle oder Walnüsse veranschaulichen den Punktestand, die pro Gruppe in durchsichtigen Gefäßen gesammelt werden. Das Team, das zum Schluss die meisten Nüsse/Bälle besitzt, ist Sieger und bekommt einen Preis.

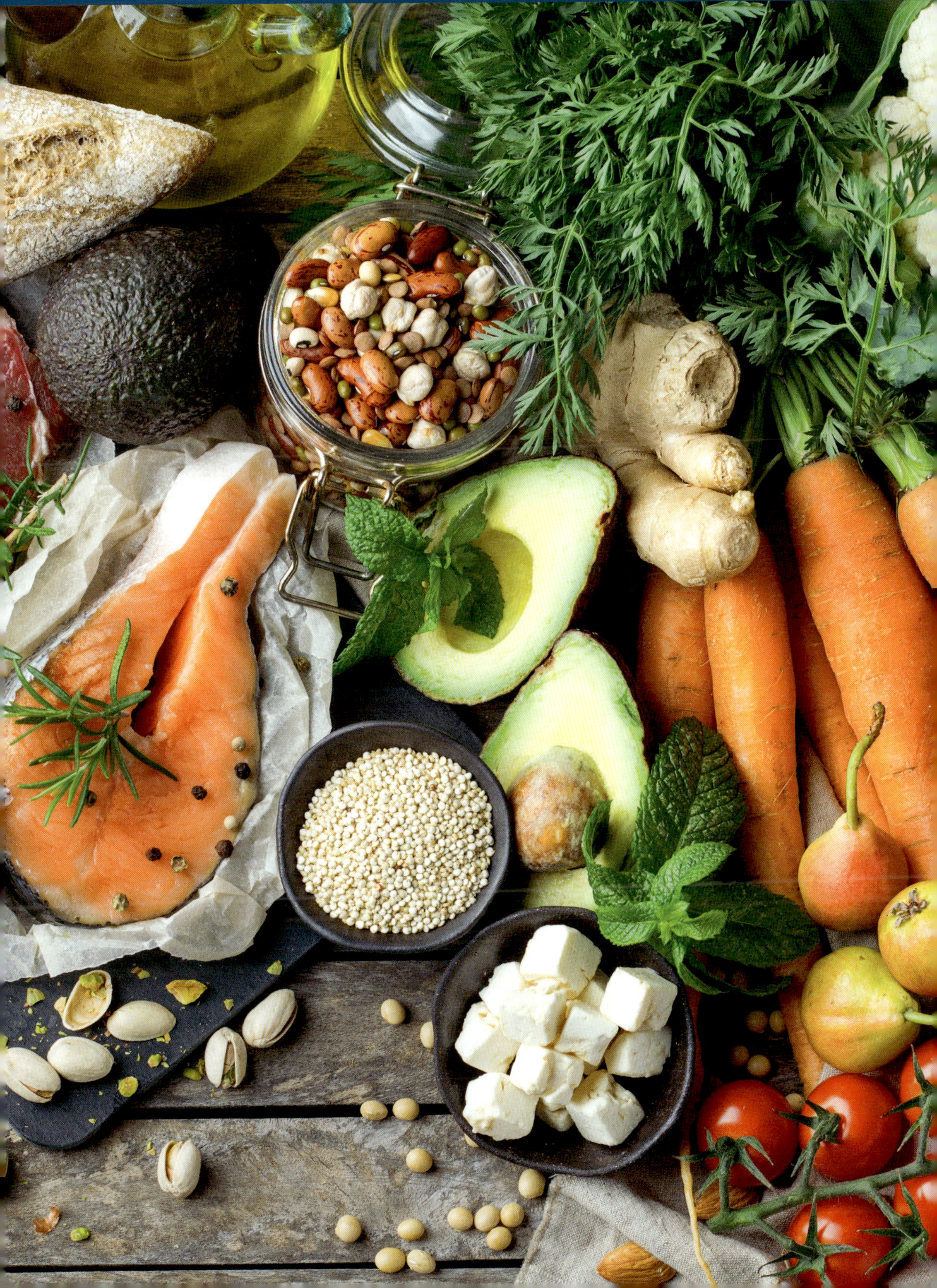

Das Ernährungsprotokoll

Ziel:
Ernährungsgewohnheiten aufdecken und verändern

Gastautorin

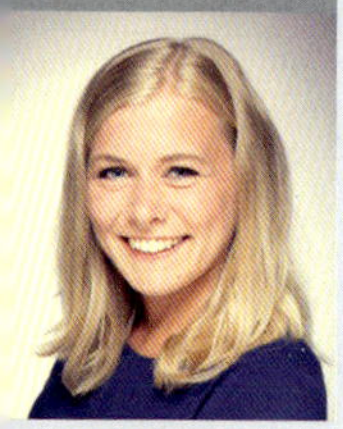

Helena Engel

Details zur Autorin auf Seite 250

Material
Handout Das Ernährungsprotokoll Nr. 8-9

SportlerInnen haben im Alltag oft einen eng getakteten Spagat zwischen Arbeit oder Schule, Training und Wegzeiten zu bewältigen. Dabei noch auf eine sportgerechte Ernährung zu achten, ist eine ganz schöne Herausforderung. Das Ernährungsprotokoll ist ein aussagekräftiges Tool, das dabei helfen kann, mehr über den aktuellen Versorgungszustand zu erfahren und sich das eigene Ernährungsverhalten bewusster zu machen. Dabei bietet es richtig eingesetzt nicht nur für ausgebildete Fachkräfte, sondern auch für TrainerInnen und SportlerInnen eine Chance, die körperlichen Anforderungen des Leistungssports langfristig gut und gesund zu bewältigen.

Die Basis für das Ernährungsprotokoll bildet ein sensibler und vertrauensvoller Umgang der TrainerInnen mit den geteilten Informationen. Der Einsatz ist nur dann sinnvoll, wenn die SportlerInnen bereit und motiviert sind, ehrliche Angaben zu machen – auch wenn diese möglicherweise nicht dem eigenen Idealbild entsprechen. Die folgenden Tipps zur Vorbereitung, Durchführung und Interpretation des Ernährungsprotokolls (siehe „Type, Timing, Total") sollen keine detaillierte Ernährungsanalyse ersetzen. Vielmehr sollen sie die SportlerInnen für die Ernährung als Baustein der Regeneration sensibilisieren und eine Hilfestellung geben, Trainings- und Ernährungsreize sinnvoll aufeinander abzustimmen und die eigenen Verhaltensweisen zu optimieren.

Hintergründe und Motivation: Bevor man das Ernährungsprotokoll beginnt, sollte klar sein, was damit erreicht werden soll. Dabei ist wichtig zu verstehen, dass es sich nicht um ein Kontrollwerkzeug handelt, um ein mögliches Fehlverhalten aufzudecken. Ein offenes Gespräch, warum man das Ernährungsprotokoll einführt, schafft Vertrauen und verhindert, dass sich die SportlerInnen bloßgestellt fühlen. Anstatt also Probleme wie ein zu hohes Gewicht oder ungenügende Trainingsleistungen als Anlass dafür zu nehmen, sollten die TrainerInnen den Blick auf Ziele und positive Aspekte lenken, wie zum Beispiel die optimale Regeneration und Nährstoffversorgung. Nur wenn SportlerInnen die Vorteile des Ernährungsprotokolls für sich und ihre Entwicklung erkennen, werden sie es sorgfältig führen und alles ehrlich angeben.

Zeitplan und Vorbereitung: Die Dokumentation der Mahlzeiten kostet Zeit. Für das Ernährungsprotokoll sollte man eine Woche wählen, die den üblichen Trainingsalltag inklusive Ruhetage und Wochenende abbildet. Ungeeignet für einen ersten Einsatz sind Wettkampftage oder Tage, an denen viele zusätzliche Verpflichtungen oder Stressfaktoren bestehen, da diese das Essverhalten verändern. Damit die Dokumentation realistisch umsetzbar bleibt, sollte man etwas mehr Zeit für die täglichen Mahlzeiten einplanen. Um Mengen genauer abschätzen zu können, ist es sinnvoll, mit einer kleinen Küchenwaage oder einem Messbecher zu arbeiten.

Durchführung: Zunächst sollten sich die SportlerInnen das Ernährungsprotokoll sorgfältig durchlesen, um etwaige Fragen in der Gruppe zu besprechen. So wird vermieden, dass später zu viel nachgetragen werden muss. Für eine rein qualitative Analyse des Essverhaltens reicht es aus, die Portionsgrößen mit Angabe gängiger Küchenmaße abzuschätzen. Wird das Ernährungsprotokoll jedoch für eine detailliertere Nährstoffanalyse herangezogen, müssen die Lebensmittel genau abgewogen werden. Um frisch zubereitete Gerichte aufzuschlüsseln, können Eltern oder das Kantinenpersonal mithelfen, die verwendeten Zutaten zu erfassen. Bereits in dieser Phase werden die SportlerInnen bewusster wahrnehmen, wie sich ihre Mahlzeiten zusammensetzen.

Auf dieser Basis und in Kombination mit der Übung „Type, Timing, Total" können anschließend Veränderungen in der Ernährung geplant werden. Zur Erfassung von Fortschritten kann das Protokoll einige Wochen später erneut eingesetzt werden.

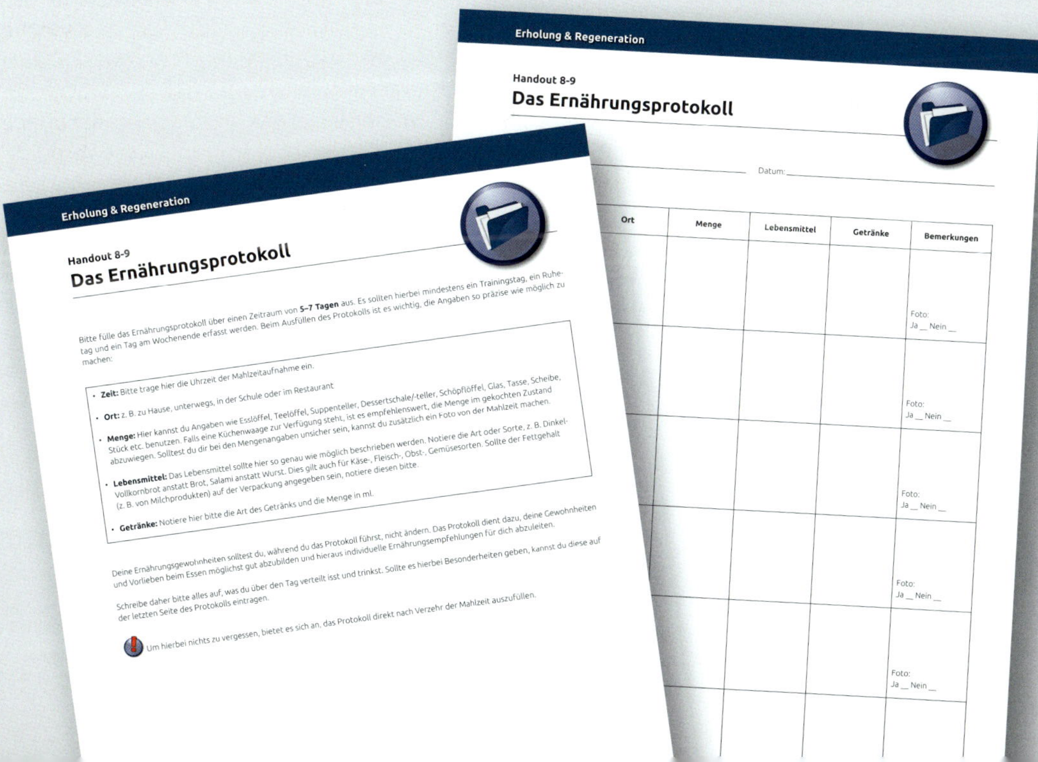

Erholung & Regeneration

Handout 8-9

Das Ernährungsprotokoll

Bitte fülle das Ernährungsprotokoll über einen Zeitraum von **5–7 Tagen** aus. Es sollten hierbei mindestens ein Trainingstag, ein Ruhetag und ein Tag am Wochenende erfasst werden. Beim Ausfüllen des Protokolls ist es wichtig, die Angaben so präzise wie möglich zu machen:

- **Zeit:** Bitte trage hier die Uhrzeit der Mahlzeitaufnahme ein.
- **Ort:** z. B. zu Hause, unterwegs, in der Schule oder im Restaurant
- **Menge:** Hier kannst du Angaben wie Esslöffel, Teelöffel, Suppenteller, Dessertschale/-teller, Schöpflöffel, Glas, Tasse, Scheibe, Stück etc. benutzen. Falls eine Küchenwaage zur Verfügung steht, ist es empfehlenswert, die Menge im gekochten Zustand abzuwiegen. Solltest du dir bei den Mengenangaben unsicher sein, kannst du zusätzlich ein Foto von der Mahlzeit machen.
- **Lebensmittel:** Das Lebensmittel sollte hier so genau wie möglich beschrieben werden. Notiere die Art oder Sorte, z. B. Dinkel-Vollkornbrot anstatt Brot, Salami anstatt Wurst. Dies gilt auch für Käse-, Fleisch-, Obst-, Gemüsesorten. Sollte der Fettgehalt (z. B. von Milchprodukten) auf der Verpackung angegeben sein, notiere diesen bitte.
- **Getränke:** Notiere hier bitte die Art des Getränks und die Menge in ml.

Deine Ernährungsgewohnheiten solltest du, während du das Protokoll führst, nicht ändern. Das Protokoll dient dazu, deine Gewohnheiten und Vorlieben beim Essen möglichst gut abzubilden und hieraus individuelle Ernährungsempfehlungen für dich abzuleiten.

Schreibe daher bitte alles auf, was du über den Tag verteilt isst und trinkst. Sollte es hierbei Besonderheiten geben, kannst du diese auf der letzten Seite des Protokolls eintragen.

Um hierbei nichts zu vergessen, bietet es sich an, das Protokoll direkt nach Verzehr der Mahlzeit auszufüllen.

Erholung & Regeneration

Handout 8-9

Das Ernährungsprotokoll

Datum:

Ort	Menge	Lebensmittel	Getränke	Bemerkungen
				Foto: Ja __ Nein __
				Foto: Ja __ Nein __
				Foto: Ja __ Nein __
				Foto: Ja __ Nein __
				Foto: Ja __ Nein __

Type, Timing, Total

Ziel:
Ernährung für die Regeneration optimieren

Gastautorin

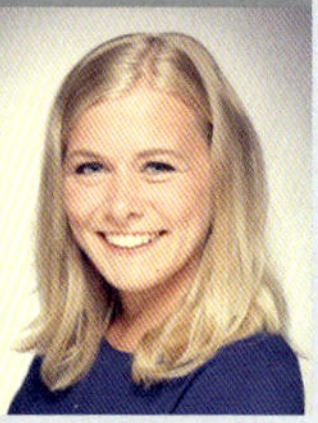

Helena Engel

Details zur Autorin auf Seite 250

Das einfach zu merkende Schema „Type, Timing, Total" hilft, den Status quo bei der Zusammensetzung, dem Zeitpunkt der Aufnahme sowie der Gesamtzufuhr der Nahrung zu beurteilen. Dieses Vorgehen dient SportlerInnen und TrainerInnen als Grundlage, das Ernährungsprotokoll zu analysieren und Veränderungen zu planen.

Type: Zunächst sollte die Zusammensetzung der einzelnen Mahlzeiten betrachtet werden. Gibt es Unterschiede zwischen Ruhetagen, Wochenenden und Trainingstagen oder nehmen die SportlerInnen immer eine ähnliche Mischung aus Nährstoffen zu sich? In Phasen intensiver Trainingseinheiten ist es sinnvoll, einen hohen Anteil leicht verdaulicher und schnell verfügbarer Kohlenhydrate zu sich zu nehmen. An Ruhetagen sollten dagegen vorwiegend ballaststoffreiche Kohlenhydratquellen mit hohem Vollkornanteil sowie Rohkost und Salate auf dem Programm stehen.

Eiweiß wird in der Regeneration für Aufbau- und Reparaturprozesse in der Muskulatur benötigt. Verschiedene Eiweißquellen enthalten unterschiedliche essenzielle Aminosäuren: Während Milchprodukte, Fisch, mageres Fleisch und Eier hochwertiges Eiweiß liefern, kann der Körper pflanzliches Eiweiß aus Hülsenfrüchten, Nüssen, Samen, Soja und Getreide schlechter verwerten. Auch ist das Aminosäureprofil dieser Lebensmittel unvollständig. Kombiniert man pflanzliche Produkte wie Kichererbsen, Cashewnüsse und Reis, lässt sich ein ähnlicher Effekt wie mit tierischen Produkten erzielen.

Besonders gesunde Fette sind Omega-3-Fettsäuren, die in Seefisch wie Lachs, Makrele und Thunfisch sowie in Nüssen, Samen oder pflanzlichen Ölen stecken. Nicht zu empfehlen sind Trans-Fettsäuren. Sie entstehen durch mehrmaliges Erhitzen oder industrielle Verarbeitung von Ölen und Fetten. Sie sind in Back- und Süßwaren, frittierten Kartoffelprodukten sowie Fertiggerichten enthalten.

Für Obst und Gemüse gilt, einen möglichst bunten Mix zu verzehren. Je bunter das Gemüse, desto vielfältiger der Gehalt an Vitaminen, Mineralstoffen, Spurenelementen und sekundären Pflanzenstoffen. Isst man Gemüse zu einseitig, kann es zu Defiziten bei der Mikronährstoffversorgung kommen, was langfristig auch die Leistungsfähigkeit beeinträchtigt.

Bei der Analyse der Zusammensetzung der Mahlzeiten sollten auch die Getränke berücksichtigt werden. Während intensiver Trainingseinheiten eignen sich elektrolythaltige Getränke wie Saftschorlen mit etwas Salz, um mehr Kohlenhydrate und Wasser aufzunehmen. Bei kürzeren, moderaten Einheiten reicht Mineralwasser. Auf Softdrinks sollte generell verzichtet werden.

Timing: Neben der Zusammensetzung ist für die Regeneration entscheidend, wann die SportlerInnen ihre Mahlzeiten zu sich nehmen und wie viele. Dies ist besonders an Trainingstagen wichtig. Damit sich die Muskeln schneller regenerieren, sollten SportlerInnen nach langen und intensiven Trainingseinheiten zeitnah Kohlenhydrate zu sich nehmen. Konsumieren sie diese gleich nach der Einheit, kann das die

Qualität des Trainings am nächsten Tag verbessern.

Für eine positive Eiweißbilanz – Grundlage für Aufbau und Erhalt von Muskelmasse – sollten SportlerInnen über den Tag verteilt regelmäßig Eiweiß aufnehmen. Auch wenn es hier kein anaboles Fenster gibt, sollten die Pausen zwischen den Eiweißmahlzeiten nicht länger als drei bis vier Stunden dauern. Wenn die Trainingseinheit am Morgen länger dauert und das Frühstück schon einige Stunden zurückliegt, sollte das Eiweiß direkt im Anschluss an das Training aufgenommen werden.

Nach einer anspruchsvollen Trainingseinheit liefert etwa eine reife Banane mit Buttermilch oder Kakao Eiweiß in schnell verfügbarer Form. Solche Snacks und Getränke sind besonders wichtig, wenn es bis zur Hauptmahlzeit nach dem Training durch lange Heimwege noch etwas dauert.

Total: Genauso wichtig wie die Nährstoffe ist die Energiebilanz über die Trainingswoche. Der tägliche Energieumsatz und die Energiezufuhr sollten sich die Waage halten – es sei denn, die SportlerInnen möchten zu- oder abnehmen. Um erhöhten Energiebedarf zu decken, werden im Sport in der Regel mehr Kohlenhydrate verzehrt. Reis und Pasta bieten sich wegen ihres hohen Anteils an Kohlenhydraten für intensive Tage an. Kartoffeln enthalten im Verhältnis weniger Kohlenhydrate und eignen sich daher besser an Ruhetagen.

Bei der Eiweißzufuhr gelten als grobe Regel 20 bis 40 Gramm hochwertiges Eiweiß pro Mahlzeit als optimal für den Muskelaufbau. Diese Menge steckt zum Beispiel in 100 Gramm Hühnchen oder Lachs mit Gemüse und einer Kohlenhydratbeilage. Beim Frühstück oder bei Zwischenmahlzeiten wird die optimale Eiweißmenge häufig nicht abgedeckt, sodass SportlerInnen darauf achten sollten, eiweißreiche Lebensmittel wie Eier oder Milchprodukte auszusuchen. Am besten ist, die Eiweißmenge über vier bis fünf Mahlzeiten am Tag aufzunehmen.

Fette sollten SportlerInnen nur wenig verzehren, vor allem Omega-3- und Omega-6-Fettsäuren sind gesund. Zwei- bis dreimal pro Woche sollte Fisch in den Menüplan eingebaut werden. Bei der Zubereitung von Speisen sollten pflanzliche Öle verwenden werden. Als Nachmittagssnack bieten sich Nüsse und Samen zum Müsli an.

Um den Bedarf an Vitaminen und Mineralstoffen zu decken, wird empfohlen, mindestens eine Handvoll Obst oder Gemüse mit jeder Mahlzeit aufzunehmen.

Hintergrundinfo: Probleme mit dem Essen

Gastautorin

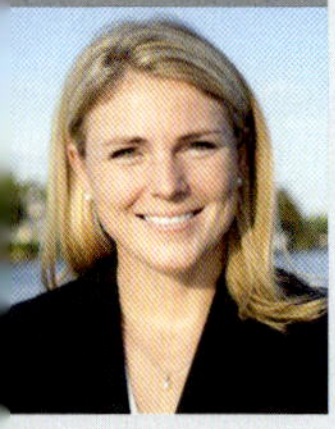

Dr. Brit Wilsdorf
geb. Hitzschke

Details zur Autorin auf Seite 251

Ein hoher Leistungs- und Gewichtsreduktionsdruck kann ein Risikofaktor für gestörtes Essverhalten und Essstörungen sein.[23] Vor allem wenn junge SportlerInnen mit dem Thema Gewicht alleine gelassen werden. Hier sind sensible und qualifizierte TrainerInnen und ExpertInnen gefragt. Werden SportlerInnen beim Gewichtsmanagement professionell begleitet, kann dieser Risikofaktor wesentlich verringert werden.[24]

Vom gestörten Essverhalten zur Essstörung:

Unter **Störungen im Essverhalten** versteht man Unregelmäßigkeiten bei der Nahrungsaufnahme, die oft mit Gewichtsschwankungen, einzelnen Essanfällen oder zeitweisem Diäthalten einhergehen können. Diese sind relativ weit verbreitet und kommen bei circa einem Fünftel der Kinder und Jugendlichen zwischen 11 und 17 Jahren vor. Mädchen sind davon fast doppelt so häufig betroffen wie Jungen.[25] Besonders betroffen sind im Sport Disziplinen mit Gewichtsklassen (z. B. Kampfsportarten) oder Sportarten, in denen ein geringes Gewicht Leistungsvorteile verspricht, wie Ausdauer- oder Gravitationssportarten (z. B. Skispringen oder Hochsprung). Dazu kommen ästhetische Sportarten wie Tanz oder Eiskunstlaufen, bei denen Aussehen und Figur indirekt mit in die Beurteilung einfließen. Auch fehlender Raum für Selbstbestimmtheit und Autonomie, Perfektionismus, eine sehr hohe Identifikation mit dem sportlichen Erfolg, negative Emotionalität, niedriger Selbstwert, Internalisierung des Schönheitsideals und eine Körperunzufriedenheit begünstigen die Entwicklung von gestörtem Essverhalten.[26]

Verstärken sich diese Unregelmäßigkeiten und bestehen sie über einen längeren Zeitraum, spricht man von **Essstörungen.** Sie treten bei circa drei bis fünf Prozent der Kinder und Jugendlichen zwischen 11 und 17 Jahren auf. Auch hier sind Mädchen deutlich häufiger betroffen als Jungen.[27] Im Vergleich zwischen SportlerInnen und NichtsportlerInnen ist die Prävalenz bei beiden Geschlechtern bei SportlerInnen höher[28]. Bei SportlerInnen ist v. a. die **Anorexia athletica** verbreitet, die noch keine eigenständige klinische Diagnose darstellt, aber ein erhöhtes Risiko zur Entwicklung einer Anorexie birgt. Die Betroffenen achten dabei aus vorwiegend sportlichen Gründen sehr auf ihr Gewicht. In Abgrenzung zur Anorexie essen sie jedoch außerhalb der Wettkampfsaison meist normal und auch die Selbsteinschätzung und die Wahrnehmung des eigenen Körpers sind in der Regel noch normal.[29]

Eine **Anorexie** (Anorexia nervosa, Magersucht) ist eine Essstörung, die durch starken Gewichtsverlust gekennzeichnet ist. Das Körpergewicht liegt mind. 15 Prozent unter dem für das Alter normalem Gewicht (Quetelet-Index für Kinder, ab dem 16. Lebensjahr Body-Mass-Index unter 17,5). Dieses Gewicht wird mit eingeschränkter Nahrungszufuhr, körperlicher Aktivität, selbstinduziertem Erbrechen und Abführen oder dem Gebrauch von Appetitzüglern und abführenden Medikamenten erreicht. Damit einher geht eine sich aufdrängende Furcht vor einem „dicken" Körper und einer schlaffen Körperform, eine verzerrte Wahrnehmung des eigenen Körpers als zu „fett" (Körperschemastörung) und das Festlegen einer sehr niedrigen Gewichtsschwelle. Es liegt dabei oft Unterernährung verschiedenen Schweregrades vor, die zu körperlichen Folgeschäden führen kann, wie das Ausbleiben der Regelblutung bei Frauen (Amenorrhoe).[30]

Eine **Bulimie** (Bulimia nervosa, Ess-Brechsucht) ist eine Essstörung, die durch wiederholte Anfälle von Heißhunger, Essanfällen (in einem Zeitraum von drei Monaten mindestens zweimal pro Woche) und ebenfalls eine übertriebene Beschäftigung mit dem Körpergewicht charakterisiert ist. Zur Reduktion der Gewichtszunahme werden Erbrechen, zeitweilige Hungerperioden, exzessives Sporttreiben, Appetitzügler oder Abführmittel eingesetzt. Das Gewicht ist hier oft unauffällig, durch wiederholtes Erbrechen kann es jedoch zu Elektrolytstörungen und anderen körperlichen Komplikationen, wie Probleme mit den Zähnen und der Speiseröhre, führen. Auch bei der Bulimie erleben sich die Betroffenen als „zu fett", mit einer sich aufdrängenden Furcht, zu dick zu werden, und einer starken Beschäftigung mit dem Essen.

Entstehung, Prävention & Alarmsignale:

Die **Ursachen** von gestörtem Essverhalten und Essstörungen sind vielschichtig und selten lässt sich „die eine Ursache" identifizieren. Psychologisch stehen dabei oft gar nicht nur das Essen, sondern auch der Bezug zum eigenen Körper, der Wunsch nach sportlichem Erfolg, Autonomieentwicklung, Selbstwirksamkeit und Kompetenzerleben junger SportlerInnen oder der implizite Wunsch nach Aufmerksamkeit und Hilfe im Vordergrund.[31] Gestörtes Essverhalten hängt also v. a. mit **persönlichen und sozialen Faktoren** zusammen. Daher hilft Zwang nicht weiter, sondern verschlimmert die Situation.

Maßnahmen zur Gewichtsreduktion sollten in der Saisonvorbereitung **langfristig geplant** und **gut begleitet** werden. Dabei sind die Ausbildung der TrainerInnen, BetreuerInnen und SportlerInnen sowie ein angemessener Umgang mit dem Thema Gewicht im Trainingsalltag entscheidend.[32] Gute Erfahrungen haben wir damit gemacht, wenn optimale Gewichtsbereiche für den Saisonverlauf interdisziplinär zwischen TrainerInnen, SportmedizinerInnen und den SportlerInnen besprochen, geplant und die Umsetzung z. B. auch mit Hilfe von ErnährungsberaterInnen kontinuierlich unterstützt wird.

Erste Hinweise für gestörtes Essverhalten sind ein auffälliger Gewichtsverlust, verstärktes Konsumieren von Diätprodukten, sehr langsames oder kontrolliertes Essen sowie das bewusste Verzichten auf bestimmte Nahrungsmittel (z. B. Fett, Zucker oder andere Kohlenhydrate).

Besondere Vorsicht ist auch geboten, wenn Betroffene immer weniger gesunde Kost zu sich nehmen, Mahlzeiten weglassen, unregelmäßig essen und Nahrungsmittel kategorisch in gut oder schlecht einteilen. Rote Warnlampen sind das rigorose Verweigern von Nahrung, die Verleugnung von Hunger, absichtliches Erbrechen oder die Verwendung von Abführmitteln.

Hinweise für TrainerInnen

- Negative Äußerungen zum Körpergewicht, Schuldzuweisungen und harsche Kritik vermeiden.
- Bei Gewichtsreduktion nicht nur Ziele vorgeben, sondern einen gemeinsamen Weg erarbeiten und den SportlerInnen Know-how zur gesunden Gewichtsreduktion zur Verfügung stellen.
- Sportlichen Erfolg nicht allein im Zusammenhang zum Körpergewicht stellen.
- Keine rigiden Verbote beim Essen und niemanden zum Essen zwingen.
- Stattdessen Ernährungsberatung, Begleitung und fundierte Tipps.
- Regeneration, Selbstfürsorge, ein stabiles Selbstvertrauen und eine mehrdimensionale Persönlichkeitsentwicklung auch mit nicht-sportspezifischen Anteilen fördern.
- Vorbild hinsichtlich der Ernährung und des eigenen Schlankheitsbildes sein.
- Bei Unsicherheiten fachlich beraten lassen und Betroffene ermutigen, Hilfe anzunehmen.
- **Vorsicht bei Körperschemastörungen!** Es handelt sich hier um eine tatsächliche Wahrnehmungsverzerrung, sodass auch sehr dünne SportlerInnen ihre Körpermaße deutlich überschätzen und sich zudem meist auf negativ eingeschätzte Körperteile konzentrieren. Hier sind viel Verständnis und ggf. auch Hilfen zur Wahrnehmungskorrektur notwendig.
- Da Körperschemastörungen auch unabhängig von dem Gewicht oder der Essstörung bestehen bleiben können und wiederum einen Risikofaktor für einen Rückfall oder eine Chronifizierung darstellen, ist eine therapeutische Unterstützung hier auf jeden Fall anzuraten.

Bei Verdachtsfällen bitte auf jeden Fall fachlichen Rat einholen. Sportspezifische Beratungsangebote und Informationen finden sich hier:

Bundesinstitut f. Sportwissenschaft (BISp)[33]: https://www.bisp.de

Robert-Enke-Stiftung: https://robert-enke-stiftung.de/

Initiative MentalGestärkt: http://mentalgestaerkt.apps-1and1.net/

Referat Sportpsychiatrie und -psychotherapie der DGPPN: https://www.dgppn.de/die-dgppn/referate/sportpsychiatrie.html

Mentale Erholung

Nicht nur der Körper, auch der Kopf braucht nach dem Sport Zeit, um sich zu erholen. Bei den Profis schon verbreitet, gewinnt das Thema mentale Erholung auch im Nachwuchssport zunehmend an Bedeutung: Die Doppelbelastung aus Schule, steigenden Trainingsumfängen und den damit verbundenen Wegzeiten verlangt bereits jungen SportlerInnen einiges ab.

Fehlt die mentale Erholung, können sich SportlerInnen schlechter konzentrieren, sind unruhig und unmotiviert. In der Praxis zeigt sich immer wieder, dass die meisten Motivationstiefs durch zu wenig Erholung entstehen und nicht, weil die Freude am Sport verloren gegangen ist. Nach einer langen Woche mit Training, Schule oder Arbeit und Familie ist man einfach erschöpft.

SportlerInnen sollten daher lernen, wie sie abschalten können und ihre mentalen Ressourcen wieder füllen. Dabei helfen Entspannungsverfahren genauso wie Meditation und Achtsamkeitsübungen (siehe Kapitel „Fokus & Gelassenheit"). So kann Stress abgebaut werden und die Gedanken kommen zur Ruhe. Da Körper und Geist eng zusammenhängen, trägt das auch zur körperlichen Erholung bei: etwa indem muskuläre Anspannungen verringert werden und der parasympathische Teil des vegetativen Nervensystems aktiv wird.

Auch Powernaps (siehe „Schlaf") oder Aktivitäten außerhalb des Sports sind Möglichkeiten, sich mental zu erholen. Trotz starkem Fokus auf ihren Sport sollten NachwuchssportlerInnen Hobbys oder FreundInnen außerhalb des Sports weiter pflegen und diese „Nebenwelten" nicht zu sehr vernachlässigen. Ein Tapetenwechsel hilft zum einen beim mentalen Abschalten und zum anderen fördert die Wertschätzung außerhalb des Sports das Selbstvertrauen. Einige sehr ehrgeizige und einseitig interessierte SportlerInnen müssen manchmal regelrecht „vom Platz geschmissen werden", damit sie sich erholen und mal auf andere Gedanken kommen.[34]

Sich mit Computer oder Smartphone mental zu erholen wird kontrovers diskutiert. Man kann zwar beim Computerspielen vermeintlich abschalten oder in sozialen Netzwerken Kontakte pflegen. Doch sind lange Bildschirmzeiten zum Erholen nicht optimal, da hier etwa die Augen, die Konzentration und das Reaktionsvermögen strapaziert werden. Um SportlerInnen ein gesundes Maß an Mediennutzung zu vermitteln, sollten TrainerInnen möglichst wenige Verbote aussprechen. Besser reden sie offen und auf Augenhöhe mit den SportlerInnen und suchen gemeinsam nach Lösungen, um Pausenzeiten abwechslungsreich zu gestalten.

Richtig runterkommen

Ziel: Im Alltag besser abschalten

Abzuschalten und auf andere Gedanken kommen ist wichtig, um sich mental zu erholen. Das gilt besonders in intensiven Trainingsphasen und anstrengenden Wettkampfperioden, in denen man sich gedanklich intensiv mit dem Sport auseinandersetzt. Fokus ist wichtig, doch wenn man 24/7 an nichts anderes denkt, wird die Leidenschaft zur Obsession und die Regeneration bleibt auf der Strecke. Das gilt besonders für sehr motivierte SportlerInnen, die Pausentage nur bei Sportverbot durch ihre TrainerInnen einlegen.

Moderate Aktivität hilft dem Körper, sich zu erholen, und der Kopf kommt leichter auf andere Gedanken, wenn etwas passiert. Dabei kommt es auf das richtige Maß an: An Pausentagen intensiv joggen zu gehen ist keine gute Idee, sich nur dreimal am Tag vom Bett zum Kühlschrank zu bewegen allerdings auch nicht. Pause im Sport bedeutet übrigens auch nicht, statt des Trainings acht Stunden zu arbeiten oder den Stoff nachzubüffeln, den man in Schule, Studium oder Ausbildung verpasst hat.

Um SportlerInnen für die aktive Regeneration zu sensibilisieren, sollten die TrainerInnen mit ihnen unterschiedliche Bereiche erarbeiten, die ihnen helfen, abzuschalten und an Pausentagen den Kopf frei zu bekommen. Da es keine allgemeingültigen Rezepte gibt, geben die folgenden Punkte Anregungen, individuelle Regenerationsförderer zu finden:

Interessen und Hobbys: Um den Kopf frei zu bekommen, hilft es, Hobbys und Interessen nachzugehen, die am besten nicht auf Leistung ausgerichtet sind. Manche SportlerInnen spielen etwa ein Musikinstrument. Das macht Freude und hilft, das Training oder einen anstehenden Wettkampf mal auszublenden.

Tapetenwechsel: Vielen SportlerInnen tut es gut, nach Wettkämpfen und Reisestress nach Hause ins vertraute Umfeld zu kommen. Auch NachwuchssportlerInnen, die im Internat leben, freuen sich, einige Pausentage zu Hause zu verbringen. Dort sorgen die Eltern für das leibliche Wohl. Das Zuhause ist meistens der Ort, an dem man entspannen kann und sich geborgen fühlt. Internat oder Hotel stehen dagegen hauptsächlich für Anstrengung und Leistung.

Soziale Kontakte: FreundInnen außerhalb des Sports sind viel wert, um den Kopf frei zu bekommen. Sie erinnern daran, dass es noch etwas anderes auf der Welt gibt außer Training und Wettkämpfe. Daher sollten SportlerInnen darin bestärkt werden, ihre Freundschaften außerhalb des Sports zu pflegen, auch wenn das zeitlich oft gar nicht so einfach ist.

Raus aus den Federn: Kein Laptop und Handy im Bett! Das Bett ist zum Schlafen da. Wenn es zum Multifunktionsort an Pausentagen wird, sind Probleme beim Schlafen programmiert. Besser ist es, vor die Tür zu gehen: Frische Luft macht wach, bringt den Kreislauf in Schwung, und die Regeneration wird durch natürliches Licht gefördert.

Tagesstruktur: Ohne Plan in den Tag zu starten verleitet zum Grübeln. Um sich mental zu erholen, hilft es daher, den Tag etwas zu strukturieren und auch an Pausentagen Aktivitäten zu planen. Das muss nichts Anstrengendes oder besonders Sinnvolles sein. Gesund und regelmäßig essen, sich etwas bewegen, lesen, shoppen, FreundInnen treffen – alles ist erlaubt. Es sollten nur keine Konflikte, Stress, Leistungs- oder Zeitdruck entstehen.

Dosierte Mediennutzung: Computerspielen kann sicher helfen, um abzuschalten. Doch sind Laptop und Handy leider nur bedingt zur Regeneration geeignet, da sie die Konzentration weiter erheblich beanspruchen. Hinsichtlich der Dauer gibt es keine klaren Empfehlungen, doch acht Stunden am Stück sind sicher zu viel. LeistungssportlerInnen sollten selbst ein Gefühl dafür entwickeln, wann Bildschirmzeit eher belastend als regenerierend wirkt.

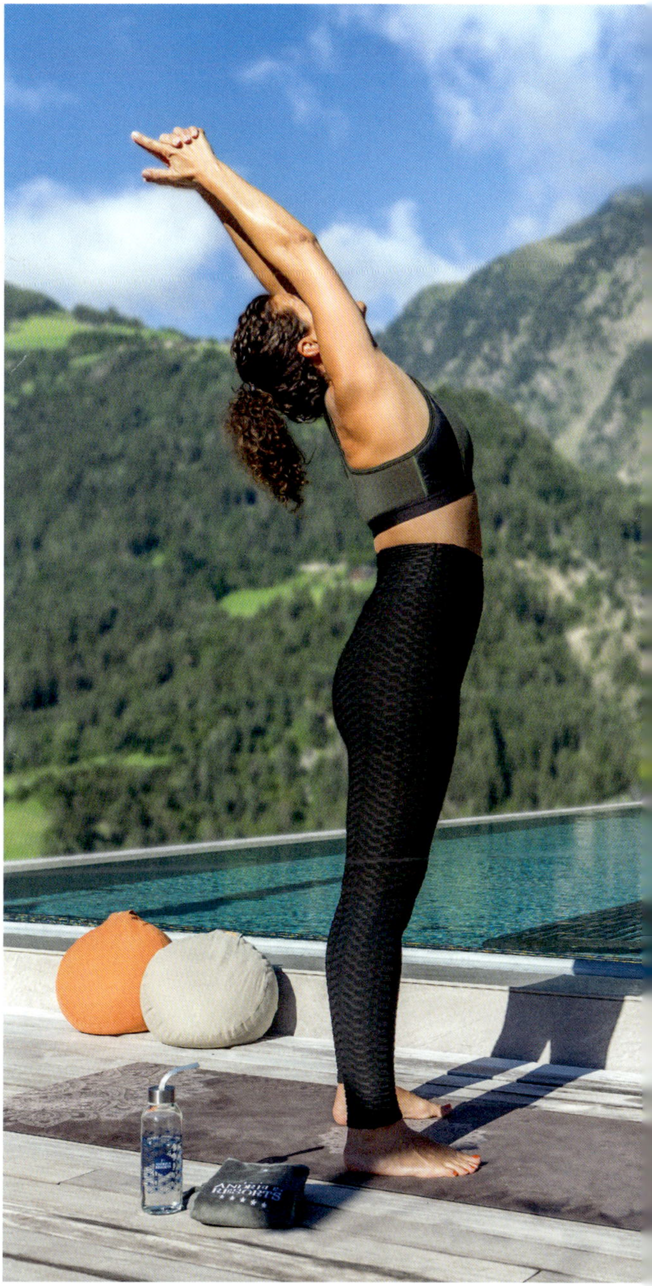

Entspann dich mal!

Ziel:
Entspannungsverfahren in den Alltag einbauen

Allen SportlerInnen tut es gut, zwischendurch immer mal wieder runterzufahren, um Kopf und Körper zu entlasten. Dazu haben sich verschiedene Entspannungsverfahren bewährt. Sie geben SportlerInnen Struktur, wie sie ihre Gedanken beruhigen und gezielt abschalten können. Gleichzeitig wird im Körper das Gleichgewicht zwischen aktivierenden und regenerativen Prozessen wiederhergestellt.

Viele SportlerInnen kennen unterschiedliche Entspannungstechniken bereits durch den Umgang mit Nervosität und Anspannung im Wettkampf. Auf dieser Grundlage können sie sich mit ähnlichen Übungen mental erholen. Auch gestressten TrainerInnen oder Eltern helfen Entspannungsverfahren, um in einem Alltag voller Aufgaben und Zeitdruck immer wieder aufzutanken.

Gerade im Nachwuchssport sollten die TrainerInnen den Einstieg ins Thema Entspannung zielgerichtet einführen. Wichtig ist, die SportlerInnen für das Thema zu sensibilisieren und eine Struktur zu schaffen, um die Verfahren regelmäßig zu trainieren. Vielen SportlerInnen hilft es, im Trainingsplan Zeitfenster für die Entspannungsübungen festzulegen. So kann z. B. einmal in der Woche nach dem Training ein Entspannungsverfahren in der Gruppe durchgeführt werden.

Welches Entspannungsverfahren individuell am besten wirkt, ist sehr unterschiedlich. Die SportlerInnen sollen im Training die Gelegenheit erhalten, verschiedene Entspannungsverfahren kennenzulernen und ihre Favoriten zu bestimmen. Der*die TrainerIn betont, dass sie auf jedem Fall regelmäßig und eigenständig weiter üben sollen, um den positiven Effekt auf die Regeneration besser zu spüren. In Teil 1 wurden bereits verschiedene Entspannungsverfahren wie Atementspannung, Progressive Muskelentspannung und das Autogene Training beschrieben. In diesem Buch kommt eine Vielzahl an weiteren Übungen hinzu. Alle Übungen enthalten Anleitungen, die TrainerIn oder SportlerIn vorlesen können.

Übersicht Entspannungsverfahren:

Entspannungsverfahren	**Anleitung**
4-7-8-Atmung	Übung: Die 4-7-8-Atmung
5-4-3-2-1-Technik	Anleitung 4-11
Atementspannung	Teil 1, Anleitung 6 & 7
Autogenes Training	Teil 1, Anleitung 11
Bauchatmung	Teil 1, Übung: Bauchatmung
Body-Scan	Anleitung 8-10
Die Gedanken-Demo	Anleitung 5-6
Fantasievoll entspannen	Teil 1, Übung: Fantasievoll entspannen
Kraftort	Anleitung 9-6
Meine mentale Auszeit	Teil 1, Anleitung 8
Progressive Muskelentspannung	Teil 1, Anleitung 9
Progressive Muskelentspannung (Kinder)	Teil 1, Anleitung 10
Tarzan, Schildkröte und Ritterrüstung (Kinder)	Teil 1, Übung: Tarzan, Schildkröte und Ritterrüstung
Time of My Life	Anleitung 3-5
Yoga-Routine	Anleitungen 8-11–8-13
Zentrieren	Anleitung 5-1

Body-Scan

Ziel:
Mental und körperlich entspannen

Der Body-Scan hilft, mental und körperlich zu entspannen. Dabei handelt es sich ursprünglich um eine Meditationsübung, die aus der buddhistischen Vipassana-Tradition stammt. Auch finden sich Elemente aus dem Hatha-Yoga, wo es besonders auf das bewusste Spüren des Körpers ankommt. Auch modernere Konzepte wie das Programm „Mindfulness-Based Stress Reduction" (MBSR, siehe Kapitel „Fokus & Gelassenheit") beziehen den Body-Scan mit ein.

Beim Body-Scan reisen wir gedanklich durch den Körper und spüren in ihn hinein. Dabei wird die Aufmerksamkeit schrittweise auf verschiedene Bereiche des Körpers gerichtet. SportlerInnen lernen, ihren Körper „vom Scheitel bis zur Sohle" achtsam wahrzunehmen. Die Aufmerksamkeit auf körperliche Prozesse zu richten und darauf, einzelne Bereiche bewusst zu entspannen, schult die Selbstwahrnehmung, beruhigt den Kopf und hilft, Grübelgedanken loszulassen. Regelmäßig durchgeführt, vermittelt der Body-Scan ein Gespür für die Verbundenheit von Körper und Geist. Viele SportlerInnen entspannen dabei tief und spüren ihren Körper intensiver und anders als im leistungsorientierten Training.

Der Body-Scan kann mit einzelnen SportlerInnen oder in der Gruppe durchgeführt werden. Der*die TrainerIn achtet auf eine ruhige Umgebung und eine positive und entspannte Gruppenatmosphäre. Der Body-Scan funktioniert im Sitzen oder Liegen. Körper und Geist sollen zwar zur Ruhe kommen, dennoch sollte man wach und aufmerksam bleiben. Der*die TrainerIn leitet den Body-Scan mit Hilfe der Anleitung 8-10 an.

Aber Vorsicht: So einfach, wie er auf den ersten Blick scheint, ist der Body-Scan nicht für alle! Gerade unruhige SportlerInnen kann diese Übung sehr herausfordern. Oft springen sie von Gedanke zu Gedanke und kommen nicht zur Ruhe. Deshalb kann am Anfang kürzer oder mit mehr Anleitung geübt werden. Mit der Zeit wird der Body-Scan jedoch besonders unruhigen SportlerInnen helfen, sich besser zu konzentrieren und sich ganz auf den Moment einzulassen.

Material
Anleitung Body-Scan Nr. 8-10

Damit der Body-Scan gelingt:

- Nicht kontrollieren oder der*die Beste sein wollen – Entspannen ist kein Leistungssport!
- Gedanken zulassen und loslassen, aber nicht krampfhaft versuchen, weniger zu denken.
- Das „Hier und Jetzt" wertfrei annehmen. Wahrnehmen, was gerade ist.
- Auch unangenehme Empfindungen, wie etwa ein schmerzendes Knie, sind o. k. und dürfen sein.
- Nicht über den Körper nachdenken, sondern die Empfindungen dort spüren, wo sie entstehen.

Körperliche Erholung

Wir alle wissen, wie es sich anfühlt, wenn wir entweder körperlich ausgepowert oder ausgeruht und energiegeladen sind. Deshalb sollte es im Leistungssport selbstverständlich sein, Pausen einzubauen, wenn keine Energie mehr da ist. Dennoch ist es in der Praxis immer wieder erstaunlich, dass viele SportlerInnen die körperliche Erholung als Trainingsbereich vernachlässigen. Manche beschäftigen sich erst sehr spät in ihrer Karriere mit dem Thema Regeneration und oft gezwungenermaßen – nämlich dann, wenn sie sich wegen fehlender Ruhephasen verletzen.

TrainerInnen sollten bereits NachwuchssportlerInnen für die Bedeutung von aktiv gestalteter körperlicher Regeneration sensibilisieren. In den vergangenen Jahren wurde hierzu viel geforscht.[35] Die Ergebnisse zeigen, dass es nicht die eine optimale Regenerationsmaßnahme gibt. Körperliche Erholung funktioniert sehr individuell. Je nach Alter, Sportart und Zeitpunkt stehen sehr unterschiedliche Maßnahmen zur Verfügung. Es ist Aufgabe der TrainerInnen, die SportlerInnen damit in Kontakt zu bringen. Im Laufe der Karriere müssen die SportlerInnen dann selbst entscheiden, was ihnen am besten hilft.

Der Körper ist das Kapital der SportlerInnen. Sie sollten ihn pflegen, damit er lange gesund und einsatzbereit bleibt. Mit den Übungen „Rock 'n' Roll", „Hot & Cold", „Move it!" und „Meine Yoga-Routine" werden Maßnahmen vorgeschlagen, die der körperlichen Erholung dienen. Dabei werden keine festen Rezepte und Programme vorgeschlagen. Stattdessen lautet die Devise: ausprobieren, eigene Erfahrungen sammeln, Bewährtes beibehalten und regelmäßig in den Alltag integrieren. Mit etwas Übung machen die meisten Maßnahmen Spaß und fühlen sich gut an. Endlich mal ein Bereich des Trainings, in dem man sich nicht quälen muss!

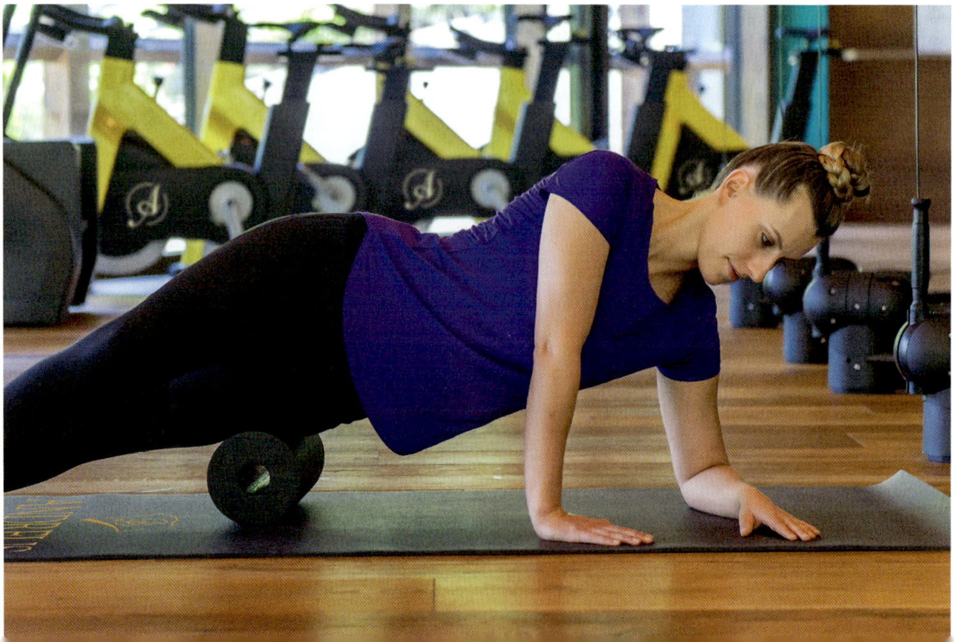

Rock 'n' Roll

Ziel: Mit Faszienrollen und Selbstmassagen regenerieren

Eine in der Praxis weit verbreitete Möglichkeit zur Förderung der körperlichen Erholung ist die Selbstmassage mit einer Faszienrolle, Bällen o. Ä. Dabei werden einzelne Muskeln und Muskelbündel ausgestrichen und mit etwas Druck massiert.

In Studien wurde gezeigt, dass die **Selbstmassage mit Faszienrollen** kurzfristig die Beweglichkeit verbessert, ohne die körperliche Leistungsfähigkeit zu beeinträchtigen.[36] Außerdem helfen Faszienrollen, Muskelschmerzen nach Belastungsphasen zu verringern und das Wohlbefinden zu steigern. Faszienrollen werden daher gerne zur kurzfristigen Regeneration (z. B. während eines Wettkampfs) oder im Rahmen der unmittelbaren Trainings- und Wettkampfvorbereitung verwendet.

Allerdings gibt es in der Forschung keinen eindeutigen Nachweis für eine direkte und überdauernde Beschleunigung der körperlichen Erholung in Gruppenstudien. Dazu kommen kritische Stimmen bzgl. möglicher Nachteile und Kontraindikationen.[37] Dies spricht für einen individuell differenzierten Einsatz dieser Maßnahmen in der Praxis. TrainerInnen sollten also nicht allen SportlerInnen das gleiche Programm zu täglicher Anwendung verordnen. Darüber hinaus ist gerade bei jungen SportlerInnen auf eine korrekte Bewegungsausführung und eine sinnvolle Dosierung des Drucks (moderat, nahezu schmerzfrei) zu achten. Es geht um Erholung und nicht darum, wer am meisten Schmerz aushält! Wird mit zu starkem und sehr schmerzhaftem Druck gerollt, kommt es eher zu einer Verstärkung des Muskelkaters und negativen Effekten.

Neben Dehnen und Rollen gibt es für viele SportlerInnen nichts Erholsameres als eine entspannende **Massage nach dem Training.** Auch hier zeigen Studien keine eindeutigen Effekte hinsichtlich einer beschleunigten Regeneration. Positive Effekte wurden zwar teilweise nachgewiesen, jedoch müssen diese differenziert betrachtet werden, da diese auch nur durch das positive Gefühl zustande kommen können, welches eine Massage erzeugt.

Weil ein(e) professionelle(r) PhysiotherapeutIn nicht immer verfügbar ist, ergänzen Techniken zur **Selbstmassage** das Training und bieten eine Alternative zum Profi. Auch hier ist auf die korrekte Anwendung und mögliche Kontraindikationen zu achten. Um starke Rücken-, Schulter- oder Nackenschmerzen langfristig zu kurieren, ist die Selbstmassage jedoch keine Lösung.

Hot & Cold

Ziel: Mit Wärme und Kälte regenerieren

Um sich körperlich besser zu erholen, haben sich in der Praxis Kälte- und Wärmebehandlungen zur Regeneration etabliert. Etwa Wechselduschen, Kältebecken oder Sauna. Ziel ist es, nach einem anstrengenden Training oder Wettkampf schneller zu regenerieren und Muskelkater zu verringern. Die Wirkung dieser Methoden konnte wissenschaftlich nicht immer klar nachgewiesen werden. In der Praxis spricht das für einen individuell differenzierten Einsatz dieser Maßnahmen.

Kältebecken: Die „Eistonne" (siehe Kapitel „Fokus & Gelassenheit") ist in den letzten Jahren immer beliebter geworden und wird etwa im Fußball oft schon im Nachwuchsbereich eingesetzt. Durch die Kälte sinken Muskel- und Körperkerntemperatur kurzfristig, was lokale Entzündungsprozesse begrenzen und die Regeneration fördern soll.[38] In der Regel taucht man den Körper 10 bis 15 Minuten in 12 bis 15 °C kaltes Wasser.

In Studien zeigte sich ein Vorteil in der Leistungsfähigkeit gegenüber der passiven Regeneration am Folgetag, v. a. wenn Kälte unmittelbar nach einer intensiven Trainingseinheit eingesetzt wurde.[39] Trotz positiver Studienergebnisse sollte allerdings auch die Eistonne nicht pauschal, d. h. für eine gesamte Mannschaft, verordnet werden. Auch darf diese Methode nicht zu oft (mindestens eine Nacht dazwischen) und nicht während eines Wettkampftages (sondern danach) angewendet werden. Die Effektivität im Einzelfall und das Empfinden der SportlerInnen entscheiden darüber, wie sinnvoll die Maßnahme ist.

Sauna: Im Gegensatz zur Eistonne hat die Sauna eine lange Tradition als Regenerationshilfe im Sport. Allerdings sind auch hier kurz- oder langfristige positive Effekte wissenschaftlich nur schwer nachzuweisen. Daher können für die Praxis keine allgemeinen Empfehlungen gegeben werden. Zeitpunkt (Training oder Wettkampf), Alter der SportlerInnen (Nachwuchs oder Erwachsene) und individuelle Gewohnheiten sind zu berücksichtigen. Tendenziell eignen sich Saunagänge eher in Trainingsphasen. Vor Wettkämpfen belasten sie den Organismus zusätzlich, was den regenerativen Effekt zunichtemacht. Hinsichtlich des Alters spielt die Sauna im Nachwuchssport eine eher untergeordnete Rolle. Zur Förderung der Regeneration sollten SportlerInnen eher die Biosauna (60–70 °C) wählen, da sie den Organismus weniger belastet als die finnische Sauna (85–90 °C).

Wichtig ist, zwischen den einzelnen Gängen ausreichend zu trinken und ausreichend lange Pausen einzuhalten, sonst gehen positive Regenerationseffekte verloren. Wenn dies berücksichtigt wird, kann die Sauna allein durch ihre entspannende Atmosphäre positiv auf Wohlbefinden und Körpergefühl wirken.

Move it!

Ziel:
Durch lockeres Bewegen regenerieren

Unter aktiver Erholung werden oft lockere Trainingsformen wie Jogging, Fahrradfahren, Schwimmen oder sehr sanfte Krafttrainingseinheiten verstanden. Ziel ist es immer, die körperliche Regeneration zu beschleunigen, indem das Wiederherstellen des Stoffwechselgleichgewichts unterstützt wird. Dabei werden unterschiedliche Wirkungen vermutet, die in Summe dazu führen, dass viele SportlerInnen es angenehmer finden, sich aktiv zu erholen als passiv. In Studien konnten die positiven Effekte von Kardio-Belastungen nicht allgemein verbindlich gezeigt werden, sodass man auf moderate Umfänge und eine sehr niedrige Belastungsintensität achten sollte.

Darüber hinaus besteht das Risiko, dass man sich insgesamt schlechter erholt, wenn man zu aktiv ist. Das gilt vor allem für Sportspiele nach dem Training, bei denen besonders junge SportlerInnen häufig so viel Einsatz zeigen, dass nicht mehr von Erholung gesprochen werden kann. Besser eignet sich ein Spaziergang, um sich moderat zu bewegen.

Auch für Dehnen und Stretching konnte in wissenschaftlichen Studien keine eindeutige Beschleunigung der Regeneration festgestellt werden. Tendenziell zeigt sich eine Reduktion von Muskelschmerzempfinden an den Folgetagen gegenüber der Kontrollbedingung. Allerdings fördert und erhält Dehnen über den regenerativen Effekt hinaus die Beweglichkeit. Auch tragen die beruhigenden Umgebungsbedingungen einer Dehn-Session dazu bei, dass SportlerInnen körperlich und mental abschalten und mit sich selbst in Kontakt kommen (siehe: „Achtsames trainieren").

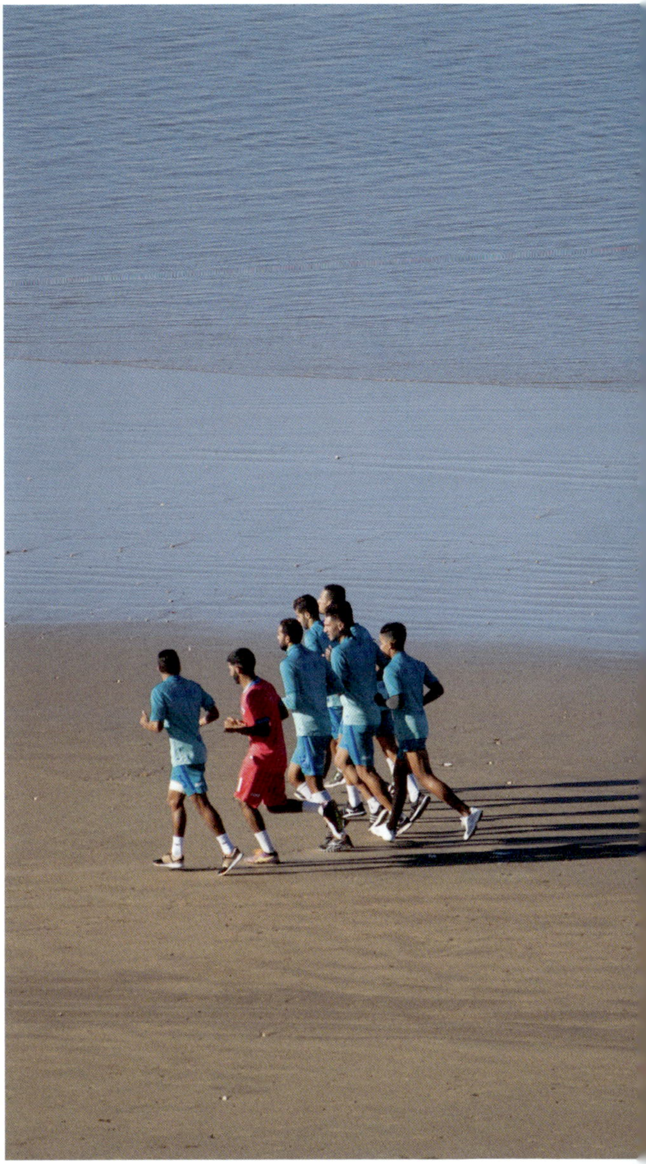

Meine Yoga-Routine

Ziel: Durch Yoga körperlich regenerieren

Gastautorin

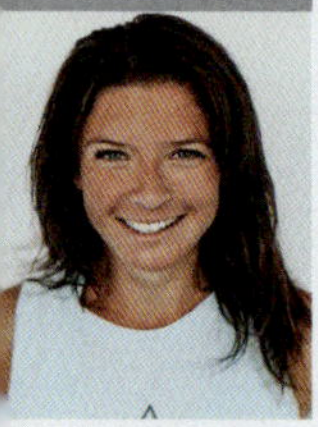

Katharina Brinkmann

Details zur Autorin auf Seite 250

Material
Anleitungen Meine Yoga-Routine Nr. 8-11, 8-12, 8-13

In den letzten Jahren wurde Yoga immer stärker als Baustein in den Trainingsplan integriert. Yoga hat wie das Dehnen natürlich positive Effekte auf die Beweglichkeit. Darüber hinaus regen lockere Yoga-Übungen die Regeneration an. Durch entspannende Yoga-Routinen wird der Körper durch sanfte Bewegung leicht gefordert, sodass die Schmerzen praktisch aus ihm herausgespült werden. Für eine aktive Erholung ist es essenziell, dass die Bewegungen nicht zu intensiv ausfallen.

Durch das Zusammenspiel von achtsam ausgeführten Bewegungen, dem Fokus auf den Atem und den sanft dehnenden Bewegungen schaltet man nach dem Training ab und fährt körperlich runter. Durch das Verweilen in einer Position können die SportlerInnen körperlich und mental loslassen und die Rest-Anspannung des Trainings abbauen.

Die Anleitungen 8-11, 8-12 und 8-13 beschreiben drei Yoga-Routinen, die dabei helfen, zu regenerieren und ein positives Körpergefühl aufzubauen. Regelmäßig ausgeführt, kommen SportlerInnen damit nach intensiver Belastung gut zu sich, spüren ihren Körper und leiten über die damit verbundene Entspannung die körperliche und geistige Regeneration ein.

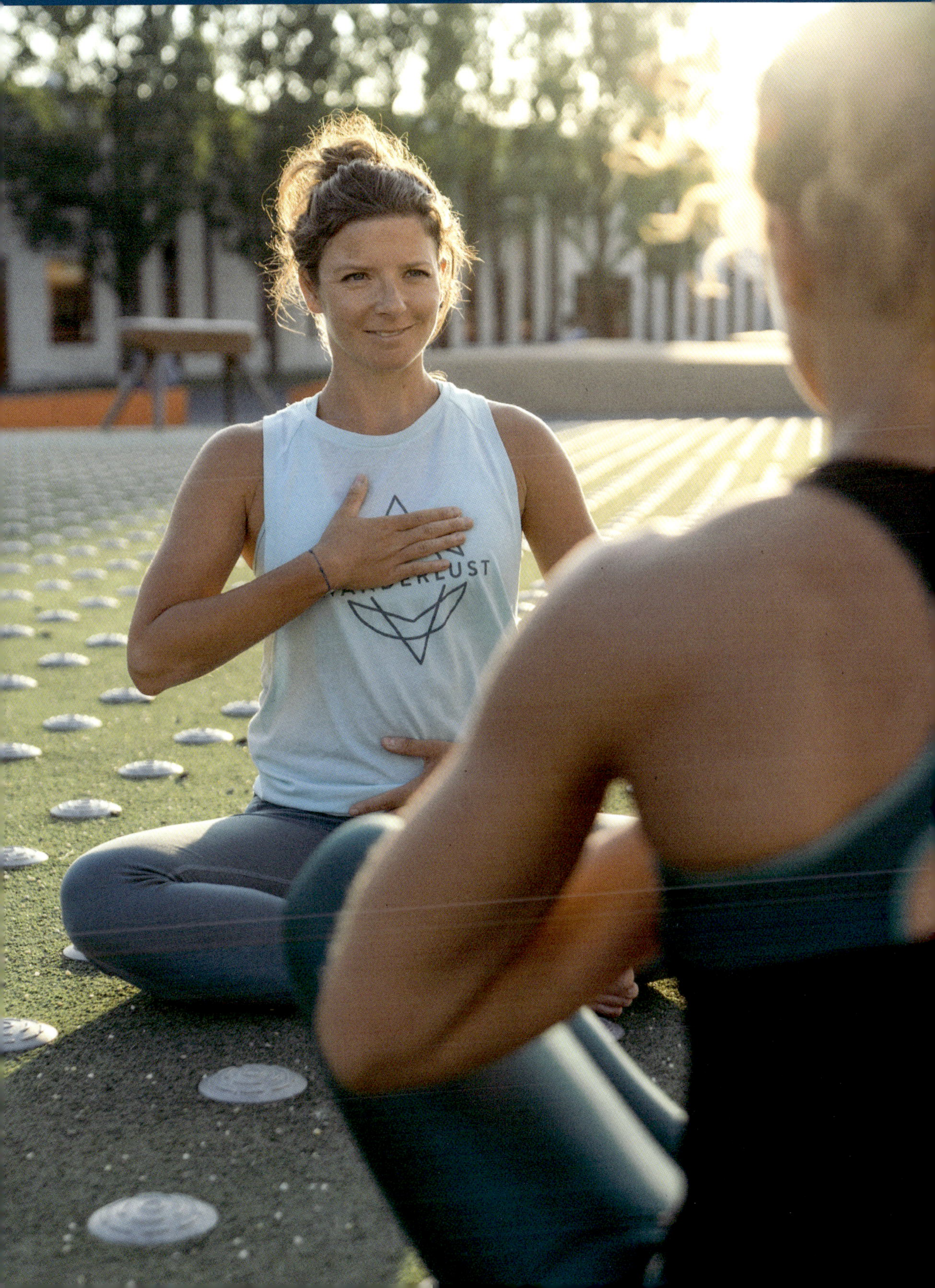

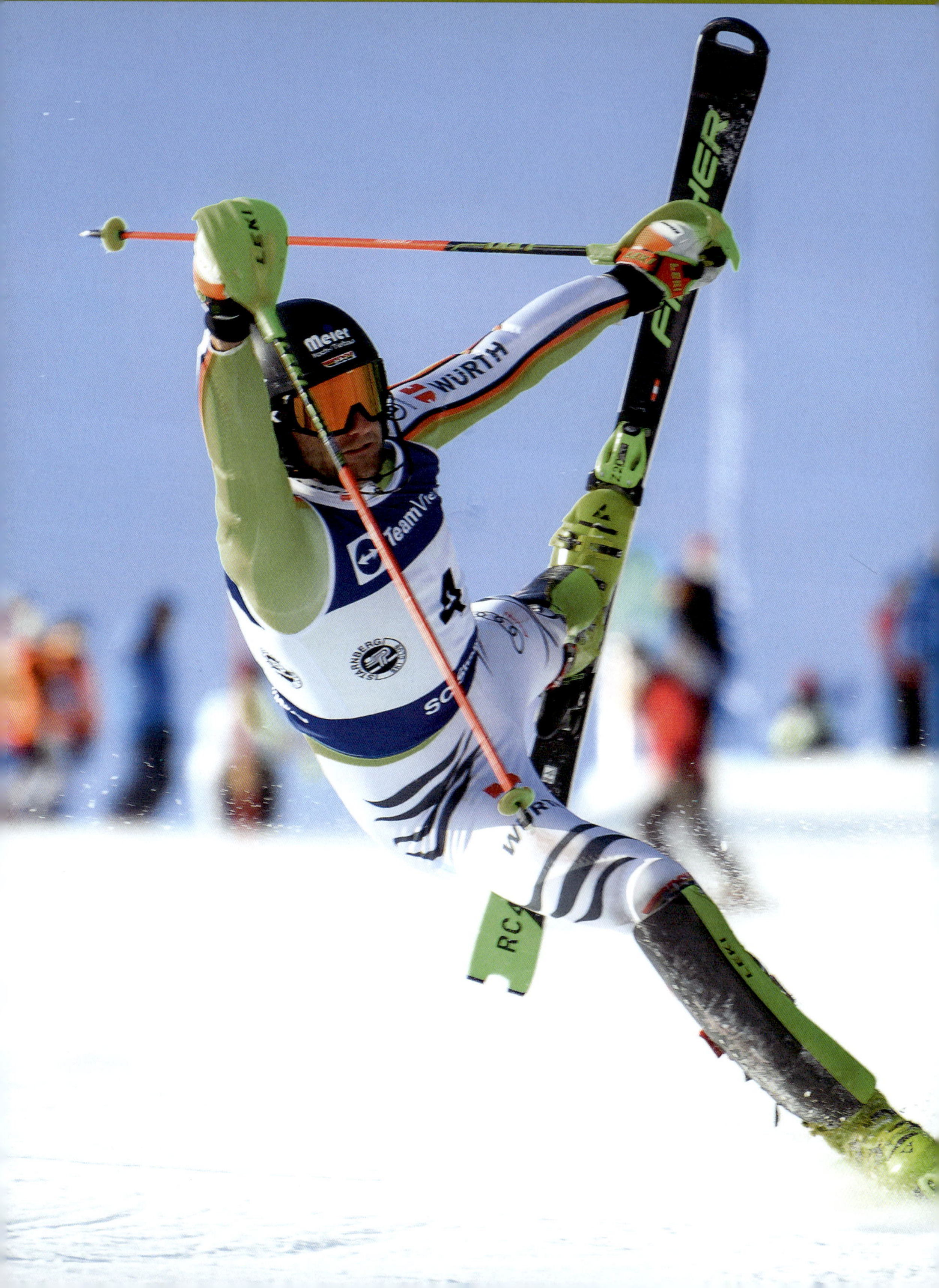
WÜRTH
FISCHER
Meier
TeamViewer

Verletzung & Rehabilitation

Wohl kaum ein(e) SportlerIn durchläuft seine* ihre Karriere ohne Verletzungen. Oft sind es nur kleinere Blessuren mit geringen Ausfallzeiten. Doch immer wieder verletzten sich auch junge SportlerInnen schwer und müssen lange Rehabilitationszeiten hinnehmen. Das ist nicht nur körperlich, sondern auch mental belastend. So haben Studien gezeigt, dass SportlerInnen während Verletzungsphasen verstärkt negative Emotionen und Stress erleben.[1] Ursachen hierfür sind u. a. Schmerzen, Identitätsverlust, Orientierungs- und Ziellosigkeit, Verlust von Sozialkontakten und alltäglichen Abläufen sowie Zukunftssorgen, durch die Betroffene mehr grübeln und negativen Gedanken nachhängen.

Abhängig vom sportlichen Niveau und der Struktur des Vereines oder Verbands sehen sich verletzte SportlerInnen und TrainerInnen sowie das Team häufig erst gegen Ende der Rehamaßnahmen wieder. Jedoch wäre es für die betroffenen SportlerInnen wichtig, sozial eingebunden zu bleiben und den Kontakt zu TrainerInnen und Team aufrechtzuhalten. Darüber hinaus bietet die Verletzungsphase auch eine Chance für die Beziehung zwischen TrainerIn und SportlerIn: Kontakt zum Team zu halten kann sich auf die gesamte Gruppe positiv auswirken. So bleiben Teamgefüge und Rollenverteilung bestehen.

Genauso wie die körperlichen Folgen einer Verletzung behandelt werden, sollten auch mentale Aspekte in der Rehaphase berücksichtigt werden. Verletzte SportlerInnen sowie TrainerInnen und Team haben dabei verschiedene Möglichkeiten, den Rehaprozess mit sportpsychologischen Maßnahmen gewinnbringend zu unterstützen. Welche Unterstützung wann sinnvoll ist, hängt von den Umständen und der Art der Verletzung ab. Besonders bei schwerwiegenderen Fällen mit einer Verletzungsdauer von mehreren Wochen sollte auf jeden Fall auch mental gearbeitet werden. Gerade bei definierten Verletzungen mit klarem Rehaverlauf lassen sich entsprechend strukturierte Angebote gut umsetzen. Je schwieriger oder prognostisch ungünstiger der Heilungsverlauf, desto wichtiger wird es, den Prozess durch ExpertInnen mental zu betreuen. Chronische Verläufe oder bleibende Einschränkungen sollten idealerweise sportpsychologisch und bei Bedarf psychotherapeutisch begleitet werden.

In den verschiedenen Phasen der Rehabilitation sind unterschiedliche mentale Unterstützungsmaßnahmen sinnvoll. Das im Folgenden dargestellte „Phasenmodell im Rehaprozess“[2] verdeutlicht die unterschiedlichen inhaltlichen Schwerpunkte. Die Verläufe der einzelnen Angebote entsprechen der praktischen Erfahrung.[3] Je nach SportlerIn und Verletzung muss dieser Rahmen zeitlich und inhaltlich angepasst werden.

Besonders im Rehabilitationsprozess hilft es, wenn die SportlerInnen bereits Erfahrungen mit den Grundlagentechniken „Vorstellungstraining“ und „Entspannung“ gesammelt haben. Viele der Übungen bauen auf diesen Grundlagen auf.

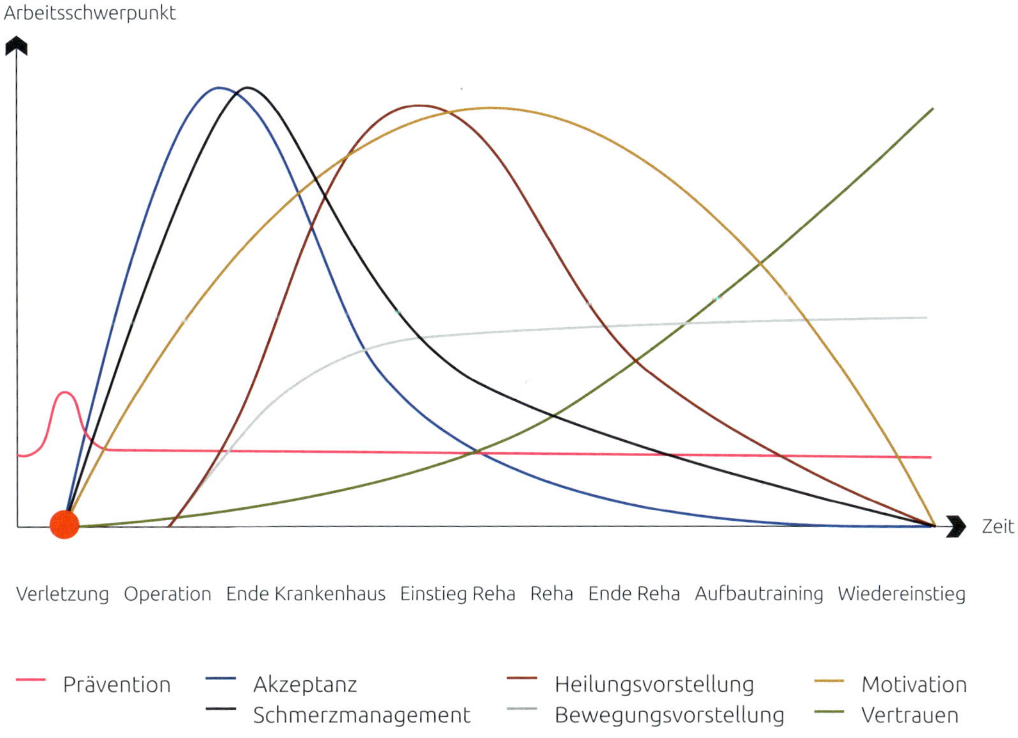

Prävention

Neben dem Umgang mit Verletzungen spielt das Mentale Training bei der Verletzungsprävention (siehe „Prävention") eine wichtige Rolle. Primärpräventive Angebote, die Verletzungen vorbeugen, gibt es besonders im Bereich der Regeneration. Durch sekundärpräventive Maßnahmen werden Verletzungen früh erkannt und schwere Verläufe bestenfalls verhindert. Kommt es dennoch zu einer schweren Verletzung, helfen tertiärpräventive Maßnahmen, die Folgen zu mildern und Rückfälle zu vermeiden.

Akzeptanz & Motivation

Da die erste Phase nach der Verletzung ausschlaggebend dafür ist, wie der Vorfall verarbeitet wird, setzen dort erste (tertiär)präventive Maßnahmen an. Das ist umso wichtiger, je mehr die Verletzung als Krise erlebt wird. Daher sollten alle TrainerInnen mit den Grundlagen psychologischer Erster Hilfe vertraut sein (siehe „Stabil von Anfang an"). Auch wenn in den meisten Fällen nur geringer Bedarf an direkter psychologischer Erster Hilfe besteht, ist es gerade in den ersten 48 Stunden nach dem Vorfall wichtig, die SportlerInnen mental zu unterstützen. Im Verlauf des Rehaprozesses beeinflusst vor allem die Geduld der SportlerInnen den Erfolg der Rehabilitation.

In den weiteren Phasen des Rehaprozesses kommen zentrale sportpsychologische Maßnahmen zum Einsatz. Wollen die Betroffenen die Verletzung am Anfang häufig nicht wahrhaben, sollten sie sich relativ bald mit der Situation und ihren Folgen auseinandersetzen. Wird den SportlerInnen langsam bewusst, auf welche Pläne und sportlichen Ereignisse sich die Verletzung auswirkt, werden sie oft wütend und traurig. Um diese Gefühle zu verarbeiten, sollte der Rehaprozess zeitnah geplant werden (siehe „Struktur gibt Halt"). Die kommenden Wochen zu strukturieren gibt den SportlerInnen Halt und unterstützt sie dabei, ihre Verletzung zu akzeptieren. Die Übungen „Mein Rehaprotokoll" und „#comebackstronger" motivieren darüber hinaus in der Verletzungsphase und verhindern, dass verletzte SportlerInnen in ein Motivationsloch fallen.

Umgang mit Schmerzen

Verletzungen sind mit Schmerzen verbunden. Hier unterstützen SportpsychologInnen mit entsprechender Ausbildung SportlerInnen mit dissoziativen und assoziativen Techniken zur Schmerzverarbeitung. Dissoziative Techniken werden meist zu Beginn der Verletzung eingesetzt und lenken die Aufmerksamkeit vom Schmerz weg (siehe „Kraftort"). Assoziative Techniken werden vor allem im Rehaprozess angewendet. Sie beeinflussen das Schmerzerleben, indem sie sich direkt damit auseinandersetzen (siehe „Reise zum Schmerzort").

Heilung & Vertrauen

Durch die Verletzung sind die SportlerInnen oft über längere Zeit nicht in der Lage, sportartspezifische Trainingsinhalte zu absolvieren. Mit Hilfe des Bewegungsvorstellungstrainings können in dieser Zeit die Zielbewegungen weiter geübt (siehe „Im Kopf am Ball bleiben") und die bevorstehenden Schritte im Rehaprozess mental trainiert werden. Das beschleunigt den Heilungsverlauf[4] und motiviert (siehe „Take the Next Step"). Darüber hinaus sollen Imaginationen und Heilungsbilder direkt in der verletzten Region wirken. Das beeinflusst das Selbstwirksamkeitserleben der SportlerInnen positiv.

Im letzten Teil des Rehaprozesses müssen die SportlerInnen wieder Vertrauen zur verletzten Stelle fassen und lernen, den Körper normal zu belasten (siehe „Mein Körper ist stark"). Der Vertrauensverlust in den Körper hält oft noch an, auch wenn aus medizinischer Sicht keine Bedenken mehr bestehen. Hier hilft die Übung „Teambuilding mit dem Körper".

Soziale Unterstützung

Wie eingangs betont, ist die soziale Unterstützung durch das Team in der Verletzungsphase wichtig. Mit der Übung „TEAMPOWER in der Verletzungsphase" werden Anregungen geliefert, wie verletzte SportlerInnen im Team eingebunden bleiben. Wichtig ist, dass auch die betroffenen SportlerInnen das Team oder die Trainingsgruppe stärken können.

Prävention

Damit schwere Verletzungen erst gar nicht passieren, spielt Prävention eine zentrale Rolle beim Verletzungsmanagement. Dabei geht es nicht nur darum, Verletzungen zu verhindern, sondern auch darum, die Auswirkungen von Verletzungen zu minimieren. Es wird zwischen primärer, sekundärer und tertiärer Prävention unterschieden.

Primäre Prävention
Durch primäre Prävention werden Krankheiten und Verletzungen verhindert, z. B. durch Regenerationsmaßnahmen (siehe Kapitel „Erholung & Regeneration"). Leider ist regeneratives Training zur Prävention von Verletzungen gerade jungen SportlerInnen oftmals schwer zu vermitteln. Sie denken oft erst um, wenn sie älter werden oder durch schwere Verletzungen ausgebremst wurden. Daher ist es v. a. Aufgabe der TrainerInnen, diesen Aspekt hervorzuheben. Dazu gehört auch, die SportlerInnen mal direktiv zu Regenerationsmaßnahmen anzuleiten.

Sekundäre Prävention
Unter sekundärer Prävention versteht man, Krankheiten und Verletzungen frühzeitig zu erkennen. SportlerInnen verheimlichen immer wieder Probleme, etwa aus Sorge, nicht zum Einsatz zu kommen. Daraus entwickeln sich dann größere Beschwerden. Sportartabhängig wird das Training mit Schmerzen und Schmerzmitteln leider oft als normal angesehen. Ein offenes und vertrauensvolles Verhältnis zwischen SportlerInnen, TrainerInnen und dem medizinischen Personal bildet daher die Grundlage der sekundären Prävention. Nur so kann gemeinsam abgewogen werden, ob Training und Wettkampf möglich sind und welche langfristigen Folgen sich entwickeln können.

Tertiäre Prävention
In der tertiären Prävention geht es darum, Krankheitsfolgen abzumildern und Rückfälle zu vermeiden. Das beginnt bereits in der akuten Verletzungssituation. Durch gute psychologische Betreuung können die psychischen Folgen einer Verletzung verringert werden (siehe „Stabil von Anfang an"). Im Verlauf der Rehabilitation fällt es vielen SportlerInnen schwer, die nötige Geduld aufzubringen. Daher sollten TrainerInnen und BetreuerInnen sie während des Rehaprozesses wenn nötig bremsen, damit die SportlerInnen sich nicht zu früh zu stark belasten.

Stabil von Anfang an

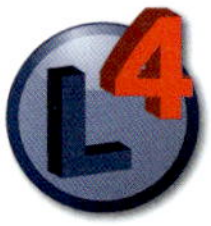

Ziel:
Psychologische Erste Hilfe bei schweren Verletzungen

Material
Arbeitsblatt Stabil von Anfang an Nr. 9-1

Ein Unfall oder eine Verletzung ist unangenehm und löst bei den Betroffenen häufig eine akute Krise aus. Wie SportlerInnen mit einer Verletzung umgehen, hängt auch davon ab, wie die Situation beim Unfall erlebt wurde. Subjektiv empfundener Kontrollverlust wirkt sich meistens ungünstig auf den weiteren Krankheitsverlauf aus. Hier kann psychologische Erste Hilfe dazu beitragen, sich nicht hilf- und machtlos zu fühlen. So wird die Krise bei SportlerInnen so klein wie möglich gehalten und negative Erinnerungen, die einen Wiedereinstieg eventuell erschweren, entstehen erst gar nicht.

Diese Übung soll TrainerInnen und BetreuerInnen einen Plan geben, SportlerInnen in akuten Verletzungssituationen gut zu unterstützen.[5] Psychologische Erste Hilfe setzt dabei an der Reaktion der Person an, weniger an der Situation an sich.

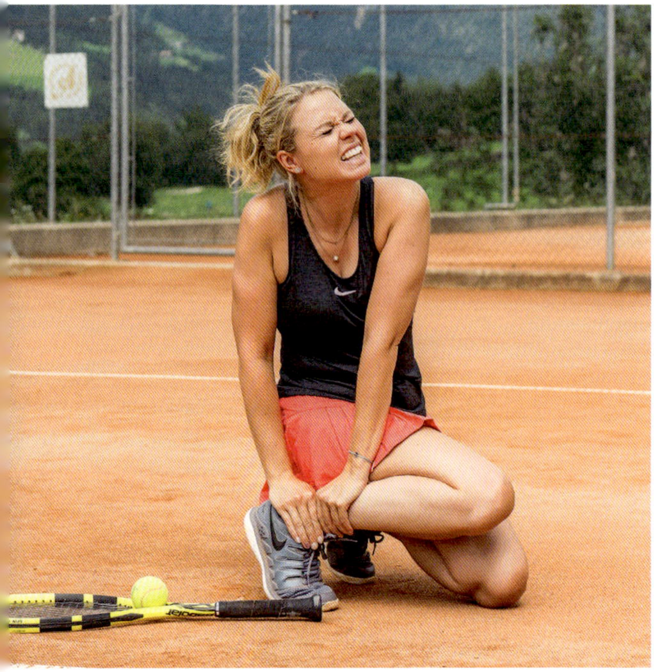

Ziele sind:[6]

- einen sicheren Rahmen schaffen;
- Überforderung der SportlerInnen verringern;
- das Verständnis der Situation ermöglichen;
- Reaktionen der SportlerInnen in einem normalen Bereich halten;
- SportlerInnen ermutigen, die Situation aktiv zu bewältigen;
- SportlerInnen unterstützen, wieder selbstständig zu handeln.

Das Wichtigste bei Verletzungen und Unfällen ist eine klare Handlungsstrategie, an der sich die psychologischen ErsthelferInnen orientieren.[7] Das gibt Sicherheit und verbreitet Ruhe. Dabei hilft der hier vorgestellte „SAFER-Ansatz". Entwickelt wurde dieses Vorgehen für schwere Unfälle, die als Krise erlebt werden.[8] Welcher Unfall eine Krise auslöst, entscheidet vor allem das subjektive Erleben der SportlerInnen. So kann ein Bänderriss im Sprunggelenk eine genauso intensive psychische Reaktion hervorrufen wie eine schwere Verletzung mit offenen Wunden. Unabhängig von der Schwere der Verletzung ist also wichtig, die Reaktion der SportlerInnen richtig einzuschätzen und sich ihr entsprechend zu verhalten.[9]

„SAFER" steht für folgende Punkte:

S Stabilisierung der Situation
Ein guter Kontakt zwischen psychologischen ErsthelferInnen und SportlerInnen hilft, die Situation zu stabilisieren. Die ErsthelferInnen stellen sich mit Namen und Funktion vor und fragen nach dem Namen der*des Verletzten. Diese sollten stets mit dem Namen angesprochen werden und versichert bekommen, dass die Ersthelferln, sofern das möglich ist, für die kommende Zeit bei ihnen bleibt. Wenn möglich und notwendig, sollten die SportlerInnen vor den Blicken von ZuschauerInnen abgeschirmt und gegebenenfalls abtransportiert werden. Dabei bitte die Grund bedürfnisse wie Wärme und eventuell Essen und Trinken nicht vergessen.

A Anerkennung der Situation
Da die Verunfallten verstehen möchten, was passiert ist, sollten die ErsthelferInnen nach vollziehbare Informationen geben. Dabei steht das „Was" im Vordergrund. Das „Warum" oder „Wie" wird zunächst ausgeklammert, um Schuldzuweisungen zu vermeiden. Die Verletzten sollten ermutigt werden, selbst zu schildern, wie sie die Situation erlebt haben. Mit Fragen wie „Wie geht es dir?" stellen die ErsthelferInnen die psychische und physische Reaktion der SportlerInnen in den Mittelpunkt.

F Fördern des Verstehens
Belastungssymptome wie Weinen, Zittern oder auch Lachen sind für die Betroffenen schwer einzuordnen. Solche Reaktionen sind kein Zeichen von Schwäche, sondern eine ganz normale Reaktion eines gesunden Menschen auf ein außergewöhnliches Ereignis. Wenn die Ersthelferln das vermittelt, können die Betroffenen ihre Reaktion nachvollziehen. Das beruhigt sie.

E Ermutigung zur Bewältigung
Die Verletzten sollten ermutigt werden, ihre bekannten Bewältigungsstrategien anzuwenden. Die ErsthelferInnen erfragen, was den SportlerInnen bislang in schwierigen Situationen geholfen hat, und bieten weitere Ideen an. Es kommen Entspannungstechniken, Ablenkungen, Fluchen und Schimpfen oder Nachbesprechen der Situation in Frage. Möglicherweise hilft es auch, jemanden anzurufen oder mit TeamkollegInnen zu sprechen.

R Rückführung zur Eigenständigkeit
Sobald sich die SportlerInnen stabilisiert haben, wird ihre Eigenständigkeit gefördert. Das ist ein Zeichen, dass die erste Schockphase überstanden ist. Gemeinsam werden das weitere Prozedere und weiterführende mentale Hilfsangebote besprochen.

Das Arbeitsblatt 9-1 ist als Einsteckkarte für TrainerInnen gedacht, auf der sie sich die wichtigsten Schritte noch einmal zusammenfassen können. Diese geben den ErsthelferInnen dann Sicherheit in einer Notfallsituation. Auf der Rückseite wird eingetragen, in welcher Reihenfolge wer informiert werden muss.

Struktur gibt Halt

Ziel: Durch Orientierung Sicherheit und Motivation schaffen

Material
Arbeitsblatt Struktur gibt Halt Nr. 9-2

Besonders den Beginn der Rehabilitation erleben SportlerInnen oft als orientierungslos. Sie hangeln sich von einer Maßnahme zur nächsten, ohne bedeutsame Fortschritte zu sehen und ohne inneren Plan, was als Nächstes kommt. Hier setzt die Übung „Struktur gibt Halt" an. Sie hilft SportlerInnen, gemeinsam mit TrainerInnen, PhysiotherapeutInnen, SportpsychologInnen und ÄrztInnen einen Plan aufzustellen, der Orientierung im Rehaprozess vermittelt und so Sicherheit gibt und die Motivation steigert.

Die Übung nutzt das Bild einer Seilbahn, die auf direktem Weg zum Ziel führt. Gleichzeitig symbolisiert das automatische Schweben der Bahn zur Bergstation den Heilungsprozess, der ohne Kraft und eigenes Zutun abläuft. Die Stützen der Seilbahn bieten Orientierung und geben Aufschluss darüber, wo die SportlerInnen im Rehabilitationsprozess stehen. Im Gespräch erarbeiten TrainerInnen oder SportpsychologInnen mit den SportlerInnen eine grobe Struktur, welche Schritte im Verlauf der Reha auf dem Programm stehen.

Folgende Schritte verdeutlichen den Prozess beispielhaft:

1. Operation
2. Ende des Krankenhausaufenthalts
3. Beginn der stationären oder ambulanten Rehabilitation
4. Gehen ohne Krücken
5. Belastung des verletzten Beins zu 20 %
6. vollständige Beugung und Streckung
7. Belastung des verletzten Beins zu 80 %
8. lockeres Laufen
9. seitliche Sprünge
10. Wiedereinstieg in den Sport

Wenn die Punkte im Gespräch erarbeitet wurden, zeichnen die SportlerInnen entsprechende Stützen auf dem Arbeitsblatt 9-2 ein. So wird der Prozess visualisiert. Zwischen den Stützen können grobe Zeiträume eingetragen werden. Das so entstandene Bild hängen die SportlerInnen an einen zentralen Ort auf, damit sie es täglich sehen. So bietet der Plan Orientierung, was Motivation und Selbstwirksamkeit fördert. Darüber hinaus erleichtert ein solcher Überblick die Kommunikation mit ÄrztInnen und PhysiotherapeutInnen, da die SportlerInnen wissen, wo sie stehen und was ihre Aufgaben in der betreffenden Phase sind.

Mein Rehaprotokoll

Ziel: Motivation steigern und Vertrauen in den Rehaprozess aufbauen

Die Übung „Struktur gibt Halt" hilft, im Rehaprozess den Überblick zu behalten. Darauf aufbauend, unterstützt die Übung „Mein Rehaprotokoll" SportlerInnen dabei, den Verlauf der Rehabilitation zu strukturieren und Fortschritte zu erkennen (siehe Arbeitsblatt 9-3). Kleine Erfolge, aber auch Rückschläge werden dokumentiert und festgehalten, Motivation gefördert, Frust und Hilflosigkeit entgegenwirkt. Darüber hinaus hilft das Rehaprotokoll TrainerInnen, SportpsychologInnen und PhysiotherapeutInnen, mit den SportlerInnen in Kontakt zu bleiben, zu wissen, was sie beschäftigt, und gemeinsam die nächsten Schritte zu planen.

Das erste Protokoll kann schon ein bis zwei Tage nach der Verletzung und noch vor einer möglicherweise anstehenden Operation erstellt und angewendet werden. Im weiteren Verlauf sollte während der Reha regelmäßig mit dem Protokoll gearbeitet werden. Ein zwei- bis vierwöchiger Abstand zwischen den Protokollen hat sich als sinnvoll erwiesen. Am Anfang, etwa vor und nach der Operation, kann das Protokoll auch in kürzeren Abständen verwendet werden.

Auf dem Arbeitsblatt tragen die SportlerInnen in der ersten Zeile das Ausfülldatum und die Verlaufsnummer ihrer Protokolle ein, um sich später orientieren zu können.

Unter Punkt **Eins** schätzen sie ihr allgemeines Wohlbefinden auf einer fünfstufigen Skala ein. Der mittlere Wert (3) beziffert die Stimmung, wie sie auch ohne Verletzung wäre, und veranschaulicht damit den Normalbereich. Sollten die SportlerInnen „schlecht" (2) bis „am Boden zerstört" (1) ankreuzen, ist zu empfehlen, die Stimmung noch etwas kleinschrittiger zu überprüfen, um Veränderungen schnell mitzubekommen.

Unter Punkt **Zwei** wird dieses Erleben qualitativ abgefragt. Die SportlerInnen beschreiben, wie es ihnen körperlich und mental geht. Dabei können sie ihren allgemeinen Zustand mit Begriffen wie „müde", „schlapp", „stark" oder „kräftig" beschreiben sowie ihre aktuellen Gefühle benennen. Schmerzen in bestimmten Bereichen des Körpers sollten spezifiziert werden.

Unter Punkt **Drei** notieren die SportlerInnen auf dieser Grundlage, was sie brauchen, um sich besser zu fühlen. Zum Teil wird es schwierig sein, diese Wünsche zu erfüllen, etwa wenn es „ein neues Knie" sein soll. Allerdings zeigen die Antworten den BetreuerInnen, womit sich die SportlerInnen beschäftigen. So können sie sie besser unterstützen, mit der neuen Situation umzugehen und sie zu akzeptieren.

Punkt **Vier** des Protokolls reflektiert, was in den letzten Tagen oder Wochen mental hilfreich war. Hier sammeln die SportlerInnen positive Gedanken, Handlungen und Tipps von anderen, die auch den zukünftigen Verlauf verbessern können (z. B. zum Ablenken Eis essen gehen, Gedanken an neue Ziele etc.).

Unter Punkt **Fünf** protokollieren die SportlerInnen ihre Fortschritte der letzten Zeit. Dies kann mit der vorigen Übung „Struktur gibt Halt" kombiniert werden. Wichtig ist, kleine persönliche Highlights festzuhalten, z. B. sich wieder selbstständig am Buffet zu bedienen, da man das Tablett ohne Krücken wieder selbst halten kann.

Unter Punkt **Sechs** schreiben die SportlerInnen ihre nächsten Ziele auf. Eventuell ist es danach notwendig, auch den Plan für den Gesamtverlauf aus „Struktur gibt Halt" anzupassen.

Material
Arbeitsblatt Mein Rehaprotokoll Nr. 9-3

#comebackstronger

Ziel: Langfristige Ziele und Visionen stärken, Entwicklungspotenziale reflektieren

Material
Arbeitsblatt #comebackstronger Nr. 9-4

Eine Verletzung bedeutet einen Einschnitt in die sportliche Laufbahn und ins Leben. Möglicherweise steht sogar die Karriere auf dem Spiel, was sehr schmerzhaft sein kann und das Selbstverständnis von SportlerInnen erschüttert. Schließlich identifizieren sie sich meist stark mit ihrem Sport, der maßgeblich die Identität bestimmt und das soziale Gefüge gestaltet. Um während der Rehabilitation den Zusammenhalt zu zeigen und Zuversicht zu verbreiten, verwenden Vereine, Verbände, SportlerInnen und Fans in den sozialen Medien den Hashtag „#comebackstronger". Die darunter veröffentlichten Posts sollen anspornen, die Zeit während der Reha gut zu nutzen und noch stärker als zuvor zurückzukommen. Oft helfen sie jedoch mehr dem Umfeld als den SportlerInnen selbst.

SportlerInnen können den Hashtag jedoch selbst mit Leben füllen und sich damit motivieren. Sie werden angeregt, sich auf der Grundlage ihrer Ziele zu überlegen, wie sie die Zeit der Reha am besten nutzen können. Also sich nicht nur zu wünschen, stärker zurückzukommen, sondern dies auch zu planen und umzusetzen.

Dazu tragen die betroffenen SportlerInnen auf dem Arbeitsblatt 9-4 ihre Visionen und Träume in die Wolke ein. Wichtig ist, dass hier nicht nur abstrakte Begriffe wie „Weltmeister" stehen. Stattdessen sollten sie konkrete Bilder und Ziele benennen, die sie motivieren, wenn sie über ihre Vision nachdenken. Die Bilder sollen möglichst lebendig sein, beispielsweise: „Ich stehe auf der Junioren-WM im nächsten Jahr am Start und spüre, dass ich total fit bin!"

Im zweiten Schritt beschreiben die SportlerInnen um die Wolke herum Entwicklungsbereiche, in denen sie sich verbessern möchten. Dabei sollten besonders die Bereiche herausgearbeitet werden, die ihnen ermöglichen, nach der Verletzung stärker zurückzukommen. Wo bestanden vorher Defizite, die sie jetzt beheben können? Wofür kann die Zeit der Rehabilitation sinnvoll genutzt werden? Mit solch konkreten Überlegungen kann die Verletzungsphase genutzt werden, sich bestmöglich auf die Ziele vorzubereiten. Je nach Karrierestand können neben sportlichen Aspekten auch assoziierte Bereiche berücksichtigt werden, wie mentale Aspekte zu stärken, besseres Material zu beschaffen, Regenerationsgewohnheiten zu professionalisieren oder SponsorInnen zu suchen.

Reise zum Schmerzort

Ziel: Schmerzerleben und Beziehung zum Schmerz positiver gestalten (assoziativ)

Schmerzen sind leider ein nicht zu leugnender Teil von Verletzungen. Das gilt für die akute Phase nach dem Unfall wie für die Zeit der Rehabilitation. Der konstruktive Umgang mit Schmerz ist daher ein wesentlicher Bestandteil der mentalen Verarbeitung von Verletzungen. Auch wenn es SportlerInnen häufig anders erleben: Der Schmerz ist nicht immer gleich stark, er ändert sich in Abhängigkeit von unserer Umgebung, unseren Stimmungen oder unseren Aktivitäten. Auf dieser Erkenntnis basiert die folgende Übung.

Die „Reise zum Schmerzort" ist eine Gedankenreise, die SportlerInnen ins Erleben ihres Schmerzes führt. Das hilft, die Beziehung zum Schmerz zu verändern und sich bewusst zu machen, dass die Wahrnehmung von Schmerzen beeinflussbar ist. Bei dieser Exploration des Schmerzgeschehens handelt es sich um eine assoziative Schmerzverarbeitungstechnik: Der Schmerz wird visualisiert, um ihn besser zu kontrollieren. Dabei werden für den Schmerz passende Bilder, Gestalten, Farben und Formen gesucht, die ihn ausdrücken.

Es handelt sich um eine Übung für erfahrene SportpsychologInnen, die im Umgang und Erleben von Schmerzen und in der Anleitung von Trancetechniken geübt sind. Eine solide Vertrauensbeziehung zwischen SportlerIn und Anleitenden helfen den SportlerInnen, teils unangenehme Erfahrungen während der Gedankenreise auszuhalten. Je mehr Erfahrung die Betroffenen mit Imaginationen und Entspannungstechniken haben, desto besser können sie sich auf die Übung einlassen.

Nach einer Vorbesprechung wird die Übung anhand der Anleitung 9-5 in ungestörter Atmosphäre mit ruhiger Stimme angeleitet. Dabei sollten die SportlerInnen genügend Zeit haben, in die jeweiligen Bilder einzutauchen. Die Anleitenden beobachten die Reaktionen der SportlerInnen auf die Imagination aufmerksam und passen den Ablauf gegebenenfalls an. Am Ende ist wichtig, nicht zu abrupt zu schließen, sondern den SportlerInnen Zeit zu geben, wieder langsam ins „Hier und Jetzt" zu finden.

In einer kurzen Nachbereitung wird die Übung gemeinsam reflektiert und das weitere Vorgehen besprochen. Ziel ist, dass die SportlerInnen die Technik in Zukunft eigenständig anwenden. Zusätzlich schätzen sie mit Hilfe der Schmerzskala ihr Schmerzerleben vor und nach der Imagination ein.

Gastautorin

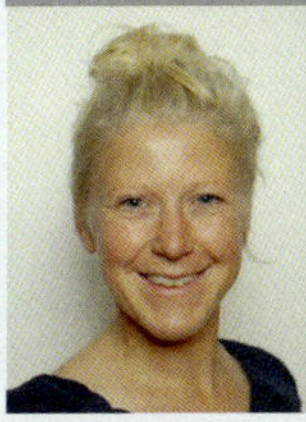

Sofie Bergfeld

Details zur Autorin auf Seite 250

Material
Anleitung Reise zum Schmerzort Nr. 9-5

Skalenarbeit:
Schmerzen sind ein individuelles, subjektives Sinnes- und Gefühlserlebnis und lassen sich daher nicht objektiv messen. Mit Hilfe eines Skalenwertes kann aber das subjektive Schmerzempfinden ermittelt werden. Für die Praxis ist das subjektive Schmerzerleben aussagekräftiger als physiologische Parameter. So wird die Schmerzintensität anhand einer Skala von 0 (kein Schmerz) bis 10 (extremer Schmerz) dargestellt. Schmerzen zu skalieren hilft den Betroffenen zu unterscheiden, wie intensiv sie Schmerz empfinden, und machen Veränderungen im Erleben bewusst. Bereits geringe Unterschiede oder Veränderungen können sichtbar gemacht werden.

Fallbeispiel: Hypnotherapeutische Intervention bei Schmerzerleben

Gastautor

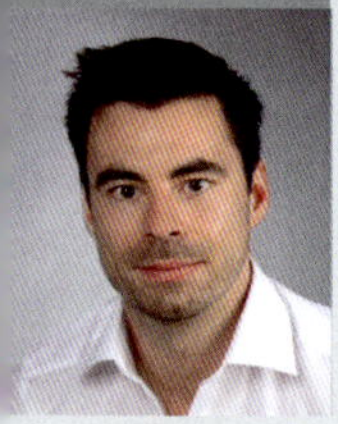

Simon Kohl

Details zum Autor auf Seite 251

Das folgende Fallbeispiel zeigt, wie mit einer hypnotherapeutischen Intervention Schmerzen ergründet und verändert werden können.

Vorgestellt wird ein 18 Jahre alter Eishockeyspieler, der bereits mit 17 Jahren sein Debüt bei der Profimannschaft absolvierte. Im Mai verletzte sich der Spieler zunächst schwer an der Hand, musste operiert werden und fiel für drei Monate aus. Im Oktober berichtete er dann von Schmerzen im Leistenbereich. Zunächst trainierte und spielte er normal weiter. Ohne dass eine genaue Ursache gefunden werden konnte, wurden die Schmerzen trotz Pausen und konservativer Behandlung bis zum Ende des Jahres immer schlimmer, sodass der Sportler schließlich nicht mehr spielen und trainieren konnte.

Die sportpsychologische Betreuung begann Anfang Januar des folgenden Jahres. Der Spieler war stark verunsichert und frustriert. Er fühlte sich hilf- und machtlos, weil er nicht glaubte, seine Schmerzen beeinflussen zu können. Zunächst wurde daran gearbeitet, das Schmerzerleben und die Situation zu akzeptieren. Dabei half, ihn über Ursachen und Funktionen von Schmerzen aufzuklären sowie den Unterschied zwischen akuten und chronischen Schmerzen zu verstehen. Darüber hinaus ergründete er seine Emotionen und Gedanken dem Schmerz gegenüber, und er thematisierte seine Einschränkungen im sportlichen und sozialen Bereich.

Im nächsten Schritt entwickelte der Sportler unter klinischer Hypnose eine Gestalt für den Schmerz. In Trance stellte er sich den Schmerz als Person vor. Er beschrieb den Schmerz als heruntergekommene, abstoßend wirkende, stinkende, männliche Person mit zerschlissener Kleidung und bezeichnete sie als „Penner". Intuitiv wollte er sich abwenden und ihn loswerden. Diese Reaktion entsprach seinen Emotionen und seiner Einstellung dem Schmerz gegenüber.

Bedeutend war die Antwort des Sportlers auf die Frage, was er mit dem „Penner" tun würde, wenn dieser sich weigere zu verschwinden: „Dann würde ich ihn erst mal unter die Dusche stellen und neu einkleiden." In dieser Antwort lag ein entscheidender Perspektivwechsel hinsichtlich der Zielsetzung des Sportlers: Es ging nicht mehr ausschließlich darum, den Schmerz zu beseitigen, sondern einen Umgang damit zu finden. In den folgenden Sitzungen berichtete der Sportler von Episoden, in denen er sich vorstellte, den „Penner" zu waschen und ihn neu einzukleiden. So veränderte sich das Bild des „Penners" allmählich zu einem erträglichen Begleiter. Später berichtete der Sportler sogar davon, dass es teilweise gar nicht so schlecht sei, den „Penner" bei sich zu haben, da er ihn auch davor warnte, wenn er sich im Training zu viel zumutete.

Im Laufe der Arbeit nahmen Intensität und Häufigkeit der Schmerzsymptomatik stetig ab. Ende März berichtete der Sportler, im Alltag schmerzfrei zu sein. Er konnte wieder ohne Beschwerden Eishockey spielen und an seine vorigen Leistungen anknüpfen.

Rückblickend erlebte der Spieler besonders die Emotionsarbeit sowie die Arbeit mit der Schmerzgestalt als sehr hilfreich. Beide hätten ihm erlaubt, die Perspektive zu wechseln und die Situation neu einzuordnen. Darüber hinaus wurde der Sportler parallel physiotherapeutisch behandelt. Der erfolgreiche Prozess kann so als Ergebnis einer guten Zusammenarbeit zwischen SpielerIn, PhysiotherapeutInnen und SportpsychologInnen gewertet werden.

Kraftort

Ziel:
Vom Schmerzgeschehen ablenken (dissoziativ)

Weil Schmerzen ein subjektives Sinnes- und Gefühlserlebnis sind, können sie durch mentale Techniken verändert werden. Bei den sogenannten assoziativen Schmerztechniken wird die Aufmerksamkeit auf das Erleben des Schmerzes gerichtet, um ihn zu verändern (siehe „Reise zum Schmerzort"). Dissoziative Techniken zielen hingegen darauf, die Aufmerksamkeit auf einen anderen, als angenehm wahrgenommenen Bereich des Körpers zu lenken. Gerade bei frischen Verletzungen und starken Schmerzen sollte eine dissoziative Technik angewandt werden. Eine assoziative Technik könnte den akuten Schmerz eher verstärken.

Die vorgestellte Übung „Kraftort" ist eine Gedankenreise, die SportpsychologInnen nutzen können, um verletzte SportlerInnen in einer Imagination an einen schönen Ort zu führen. Es ist von Vorteil, wenn die SportlerInnen Erfahrung mit Vorstellungs- und Entspannungstrainings haben, weil sie sich dann leichter auf eine Gedankenreise einlassen können.

Nach der Vorbesprechung wird die Anleitung 9-6 in ungestörter Atmosphäre mit ruhiger Stimme vorgelesen. Den SportlerInnen muss genügend Zeit eingeräumt werden, sich zu entspannen und in die jeweiligen Bilder einzufinden. Genauso wird ausreichend Zeit benötigt, um wieder ins „Hier und Jetzt" zu finden. In einer kurzen Nachbereitung wird gemeinsam reflektiert, welche Bereiche des Körpers als angenehm empfunden wurden, ob ein bestimmter Ort vor dem geistigen Auge aufgetaucht ist und wenn ja, welcher. Darüber hinaus kann mit Hilfe der Schmerzskala das Schmerzerleben vor und nach der Gedankenreise eingeschätzt werden.

Material
Anleitung Kraftort Nr. 9-6

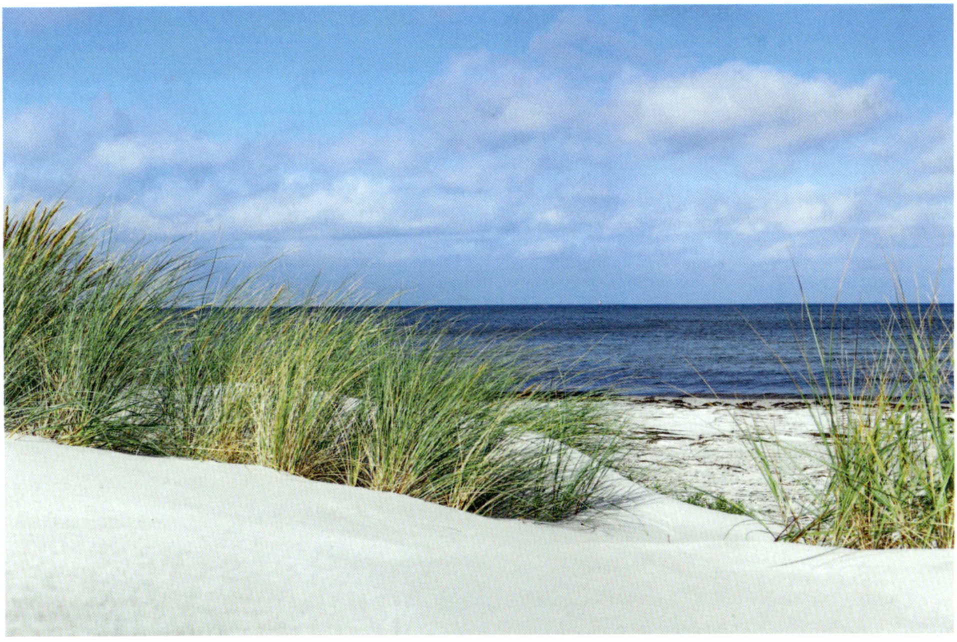

Healing Imagery

Ziel: Eine Heilungsvorstellung erzeugen, um den Rehaprozess zu unterstützen

Material
Anleitung Healing Imagery Nr. 9-7

Nicht nur Schmerzen sind subjektiv. Auch die Bilder, die SportlerInnen von einer verletzten Stelle haben, wie sie sich Heilung vorstellen und wie sie mit ihrem Körper kommunizieren, unterscheiden sich. Während die einen sich gut mit ihrem Knie verstehen und fast schon spüren können, wie etwa das Band gut und stabil zusammenwächst, hadern die anderen mit sich und haben das Bild eines schwachen Bandes im Kopf, das sowieso nicht wieder gut wird. Solche subjektiven Heilungsvorstellungen können genutzt werden, um mit SportlerInnen innere Bilder zu schaffen, die ihnen ein gutes Gefühl geben, den Heilungsprozess des Körpers unterstützen.

Die SportlerInnen stellen sich in diesem Zusammenhang nicht wie sonst beim Verstellungstraining Bewegungen vor, sondern den Heilungsverlauf: wie etwa Knochen- und Bandstrukturen wieder gut zusammenwachsen oder Entzündungen und Schwellungen zurückgehen. Auch wenn solche Techniken keine Wunder bewirken können, gibt es Hinweise darauf, dass Heilungsvorstellungen zur Genesung beitragen.[9] Als Erklärungen der Wirkweise wird der direkte Einfluss der Vorstellungen auf körperliche Prozesse diskutiert. Darüber hinaus scheinen Heilungsvorstellungen das Selbstwirksamkeitserleben der SportlerInnen positiv zu beeinflussen und so auch indirekt zu wirken.

Die Arbeit mit Heilungsvorstellungen erfordert allerdings viel Erfahrung der SportpsychologInnen. Selbstverständlich mit Imaginationen und Entspannungsverfahren umzugehen sollte Voraussetzung sein, idealerweise auf Grundlage von Erfahrungen mit klinischer Hypnose. Die hier vorgestellte Übung richtet sich daher nur an ausgebildete SportpsychologInnen und kann lediglich einen ersten Einblick in diesen Bereich geben.

Wie bereits betont, sind die Bilder, die SportlerInnen von ihren Verletzungen im Kopf haben, sehr individuell. Daher sollte zuerst eruiert werden, welche Vorstellungen die SportlerInnen von der verletzten Region haben. Um das Bild gemeinsam mit den SportlerInnen zu konkretisieren, können auch Aufnahmen bildgebender Verfahren hinzugezogen werden. Teilweise hilft es, sich mit den behandelnden ÄrztInnen auszutauschen, wie der voll genesene Bereich aussehen sollte.

Darüber hinaus ist zu empfehlen, für jede Art von Heilungsvorstellungen offen zu sein. So können SportlerInnen etwa erzählen, wie gesunde blaue Sauerstoffmännchen die Stelle versorgen, Entzündungen mit kleinen Schubkarren abtransportiert werden, Knochen wie Brückenteile von beiden Seiten zusammengebaut werden oder sich Muskeln und Bänder miteinander verflechten.

Die beschriebene Anleitung stellt eine prototypische Version dar, die Ideen und Anregungen liefert. Sie sollte abhängig von der Verletzung und den Vorstellungen der SportlerInnen angepasst werden.

Take the Next Step

Ziel: Unterstützung der Reha durch Bewegungsvorstellungen

Die Wirkung von Bewegungsvorstellungstraining ist eine weit verbreitete, gut erforschte und wirksame Technik in der Sportpsychologie. In Teil 1 sowie im Kapitel „Vorstellungstraining" in diesem Buch wird diese in verschiedenen Varianten beschrieben. Die folgende Übung nutzt das Vorstellungstraining für die aktuellen und bevorstehenden Schritte im Rehaprozess. Damit wird das Bewegungslernen unterstützt und das Vertrauen der SportlerInnen in ihren Körper gefördert.

Die Übung kann alleine oder gemeinsam mit den Übungen „Struktur gibt Halt" und „Mein Rehaprotokoll" angewendet werden. In der Kombination wird der motivationale Anteil besonders gefördert: Während die Übung „Struktur gibt Halt" einen Überblick über den gesamten Rehabilitationsprozess vermittelt und „Mein Rehaprotokoll" die nächsten Wochen strukturiert, lenkt die Übung „Take the Next Step" den Fokus auf die bevorstehende Aufgabe. Diese wird im Kopfkino vorgestellt, dabei kann es sich um Treppensteigen, Sprünge und Landungen oder erste sportartspezifische Elemente handeln.

Diese Übung lässt sich gut ins Rehatraining integrieren, da sie mit dem Wechsel aus Vorstellung und Bewegungsausführung wirksam ist. Sie funktioniert aber auch gut als Hausaufgabe zwischen zwei Einheiten mit PhysiotherapeutInnen, um Gelerntes zu festigen und die SportlerInnen auf den nächsten Schritt vorzubereiten. Die Grundlogik der Übung entspricht derselben, die auch beim Vorstellungstraining angewendet wird: Die SportlerInnen wiederholen jeweils den aktuellen und den bevorstehenden, noch ungewohnten Schritt der Bewegung vor ihrem inneren Auge. So entsteht ein lebendiges und kontrollierbares Bild und die SportlerInnen entwickeln ein gutes Gefühl für die anstehende Bewegung, bevor sie sie tatsächlich ausführen.

Zuerst geht die SportlerInnen die Bewegung im Kopf durch – so lebhaft und kontrollierbar wie möglich. Gerade nach Verletzungen sollten SportlerInnen die Übung gründlich, kontrolliert und eigenständig vor ihrem inneren Auge ausführen. Darüber hinaus können sie sensorisches Feedback mit einbeziehen und sich etwa vorstellen, wie es sich anfühlt, wenn das Knie stabil bleibt, obwohl erste Kniebeugen mit Gewicht absolviert werden. Ähnlich wie bei anderen Vorstellungsübungen haben die anleitenden TrainerInnen begleitende Funktion. Sie erinnern die SportlerInnen, die Technik des Vorstellungstrainings einzusetzen, und begleiten den Prozess. Dazu wird z. B. nachgefragt, ob die SportlerInnen es schaffen, sich ein gutes Gefühl für die Bewegung vorzustellen, oder wie es sich anfühlt, die Bewegung im Kopf auszuführen.

Jetzt führen die SportlerInnen die Bewegung tatsächlich aus. Die TrainerInnen fragen vorher ab, ob sich die SportlerInnen die Bewegung bereits zutrauen. Dabei ist etwas Fingerspitzengefühl zwischen Anspornen und Bremsen gefordert. Danach besprechen die TrainerInnen, wie sich der Ablauf angefühlt hat. Dabei können Unterschiede zur Vorstellung thematisiert werden und die SportlerInnen so unterstützt werden, sich mit der positiven Vorstellung in die noch ungewohnte Bewegung einzufinden.

Über die Stabilisierung der Bewegung hinaus hilft diese Übung auch, Angst und Hemmungen vor bestimmten Bewegungen abzubauen. Wenn sich die Bewegung mental schon gut und sicher anfühlt, kann man selbstbewusster und entschlossener in die reale Ausführung gehen. Der nächste Schritt fällt dann nicht mehr schwer!

Im Kopf am Ball bleiben

Ziel:
Das Bewegungsgefühl durch Vorstellungen lebendig halten

Nach einer Verletzung ändert sich häufig der Alltag der SportlerInnen: Statt Kraftraum oder Sport mit den Teamkollegen stehen Couch oder Rehabilitation auf dem Programm. Um Bewegungsmuster in dieser Phase präsent zu halten, kann das Vorstellungstraining eingesetzt werden. Dabei frustriert es zwar zunächst, die gewohnte Sportart nur im Kopf auszuführen. Dennoch hilft es beim Wiedereinstieg, wenn sportartspezifische Bewegungen und gewohnte Muster geläufig geblieben sind. Die Vorstellung sportspezifischer Bewegungen kann auch motivieren, weil die SportlerInnen den Bezug zu ihren Zielen und dem, was ihnen Spaß macht, nicht verlieren. Gleichzeitig verringert Vorstellungstraining Hemmungen beim Wiedereinstieg.

Damit der Kopf nicht „einrostet", sollten SportlerInnen die folgende Übung nutzen, um die Bewegungsmuster präsent zu halten. Dabei werden idealerweise observatives Training und ideomotorisches Training zyklisch gekoppelt (siehe Kapitel „Vorstellungstraining"). Die SportlerIn sieht sich zunächst ein Video von sich selbst oder anderen SportlerInnen an. Anschließend vollziehen sie die Bewegungen in der Vorstellung nach. Dabei helfen vor allem Videoaufnahmen gelungener Ausführungen, um ein positives Zielbild zu entwerfen und ein gutes Bewegungsgefühl zu erzeugen.

Je nach Sportart sind Bewegungen und Sequenzen, die sich die SportlerInnen vorstellen, sehr unterschiedlich. Man beginnt mit einfachen, isolierten Bewegungen und arbeitet sich zu komplexeren Mustern vor. Die TrainerInnen knüpfen dabei an die Vorstellungsgewohnheiten der SportlerInnen an und integrieren bereits bekannte Übungsformen des Vorstellungstrainings.

Beispiele:

- In **Spielsportarten** (z. B. Tennis, Eishockey) werden einzelne Spielzüge oder technische Bewegungsabläufe vorgestellt.
- In **Rennsportarten** werden ganze Durchläufe (z. B. Ski Alpin) oder einzelne Runden (z. B. Motorsport, Biathlon) bzw. einzelne Abschnitte vorgestellt.
- Bei **Ausdauer- bzw. zyklischen Sportarten** (z. B. Triathlon) werden einzelne Bewegungsfolgen, gekoppelt mit bestimmten Abschnitten, vorgestellt.

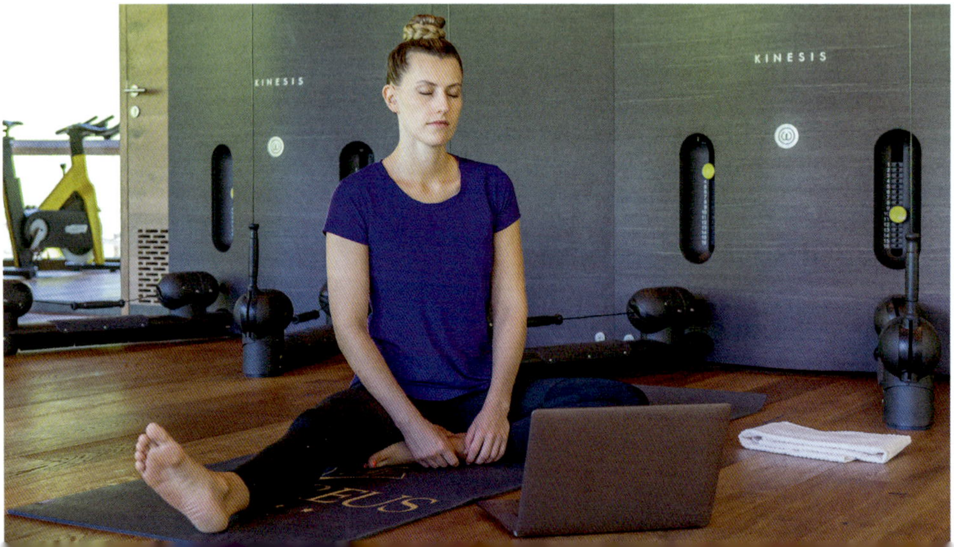

Mein Körper ist stark

Ziel:
Wieder Vertrauen in den Körper aufbauen

Oft fällt es SportlerInnen am Ende der Rehaphase schwer, sich wieder voll auf den Körper zu verlassen und ihn normal zu belasten. Sie haben noch negative Erinnerungen an Schmerzen und Bilder der verletzten Bereiche, etwa von Röntgen- oder MRT-Aufnahmen, im Kopf. Die Übung „Mein Körper ist stark" hilft, das Vertrauen in den Körper wieder zu stärken.

Mit der Vorstellung von Bildern der wieder erstarkten Körperregion wird das Vertrauen in den Bereich zurückgewonnen. Als Grundlage für diese Übung können Bilder aus der Übung „Healing Imagery" genutzt werden, falls solche Vorstellungen im Lauf des Rehaprozesses genutzt worden sind.

Achtung: Diese Übung ist etwas für erfahrene SportpsychologInnen und sollte auch nur durchgeführt werden, wenn der Bereich aus ärztlicher Sicht wieder belastbar ist. Das Vorgehen bitte interdisziplinär zwischen ÄrztInnen, TrainerInnen und SportpsychologInnen abstimmen!

Zuerst besprechen die SportpsychologInnen mit den SportlerInnen, wie sie sich die verletzte Körperregion **aktuell** vorstellen. Dazu können konkrete Bilder von Bändern, Knochen und Sehnen dienen, aber auch Metaphern und bildliche Vorstellungen. So können sich die SportlerInnen ihre Sehnen stark wie Stahlseile oder dünn wie Bindfäden vorstellen. Knochen können stark und fest wie Carbon oder zerbrechlich wie Glas sein. Auf dieser Grundlage beschreiben die SportlerInnen, wie der Bereich **zukünftig** für sie aussehen müsste, damit sie wieder gut belastbar sind. Auch hier können konkrete Bilder von Bändern, Knochen und Sehnen eingesetzt werden oder Metaphern. So können sich die SportlerInnen vorstellen, wie Sehnen fest verwurzelt, Muskeln und Sehnen eng miteinander verflochten sind oder Knochen wie Carbon-Bauteile tragen. Manche SportlerInnen profitieren auch davon, während des Gesprächs schon ins Vorstellen zu wechseln und in die betroffene Region hineinzuspüren. Um Vertrauen in den Körper aufzubauen, sollten die SportlerInnen sich das positive Bild des Körpers immer wieder vorstellen. Je besser die SportlerInnen bereits mit Vorstellungstraining vertraut sind, desto besser wird es gelingen, lebendige innere Bilder zu erzeugen und zu verändern. Oft hilft auch, beide Körperseiten zu vergleichen. Ist beispielsweise die rechte Schulter verletzt, können die SportlerInnen zunächst spüren, wie sich die gesunde Seite anfühlt, und das Gefühl dann auf die andere Schulter übertragen.

Die Bilder der betroffenen Körperregion lassen sich neben dem Dialog auch gut mit Hilfe kreativer Techniken wie etwa Malen erarbeiten.

Unabhängig von den subjektiven Heilungsvorstellungen und inneren Bildern hilft es, nach der Genesung noch einmal MRT-Bilder anfertigen zu lassen und diese gemeinsam zu besprechen. Wenn Fachleute etwa das wiederhergestellte Kreuzband ausgiebig loben, werden die SportlerInnen wieder mehr Vertrauen in ihren Körper fassen.

Teambuilding mit dem Körper

Ziel:
Den Körper wieder als positive Einheit wahrnehmen

Material
Arbeitsblatt Teambuilding mit dem Körper Nr. 9-8

Schwere Sportverletzungen gehen oft mit einem Vertrauensverlust in den Körper einher. Dieser ist besonders stark, wenn kein besonderes Ereignis wie ein schwerer Sturz das Problem verursacht hat, sondern die Verletzung eher unspektakulär entstanden ist. In der Reha wird dieses Vertrauen in den Körper Stück für Stück wieder aufgebaut. In der Regel funktioniert das gut und die meisten SportlerInnen können ohne weitere Probleme wieder mit dem sportartspezifischen Training beginnen.

Manchmal dauert es allerdings lange, bis das Vertrauen in den Körper wiederhergestellt ist. Gerade wenn noch kleinere Einschränkungen oder Schmerzen bestehen, kommt es vor, dass SportlerInnen sich in ihrem Körper nicht wohlfühlen. Sie empfinden Schwachstellen, obwohl die Verletzung objektiv gut verheilt ist. Das Körpergefühl kann sich durch die Verletzung stark verändern, die SportlerInnen nehmen die betroffene Region als schwach oder unangenehm wahr und besetzen sie emotional negativ. Manchmal endet diese Dynamik sogar in Wut auf die Körperstelle, die nicht so mitmacht, wie man es sich vorstellt.

In der Übung „Teambuilding mit dem Körper" geht es darum, ein positives Körpergefühl und ein besseres Verhältnis zur betroffenen Region herzustellen. Der Körper soll wieder als Einheit erlebt werden. Dabei lernen die SportlerInnen, mit und nicht gegen ihren Körper zu arbeiten. Dazu wird erarbeitet, wie die SportlerInnen ihren Körper wahrnehmen und wie sie positive Veränderungen herbeiführen können.

Zuerst wählen die SportlerInnen auf dem Arbeitsblatt 9-8 ein Emoji aus, das zum Erleben der verletzten Körperregion passt. Es wird an der entsprechenden Stelle auf die Silhouette des Körpers übertragen. Gemeinsam reflektieren sie mit den SportpsychologInnen, was das Emoji verkörpert, und beschreiben es mit Adjektiven.

Jetzt wählen die SportlerInnen Emojis aus, die für gesunde, starke Körperregionen stehen. Auch diese werden auf die Körper-Silhouette auf dem Arbeitsblatt übertragen. Es bietet sich an, die gegenüberliegende Körperregion mit auszuwählen (z. B. das andere Knie). Zusätzlich können auch andere Regionen gekennzeichnet werden, die für die SportlerInnen wichtig sind. Auch sie werden mit Adjektiven beschrieben, um zu klären, wie die Körperregionen wahrgenommen werden.

Zuletzt geht es darum, die verletzte Region positiv zu besetzen und besser ins Gesamtbild einzubinden. Welche Vor- und Nachteile bieten die entsprechenden Stellen des Körpers? Die verletzte Region kann etwa als Indikator dienen, um riskante Aktionen zu prüfen und zu hohe Trainingsumfänge zu vermeiden. Die Vorstellung des Körpers als Team hilft, mit und nicht gegen den vormals verletzten Körperteil zu arbeiten. Die SportlerInnen benennen, welche Rolle beziehungsweise Aufgaben er im Team übernimmt, was er sich von den anderen abschaut und wie sich alle Teile gegenseitig unterstützen.

Statt mit Emojis kann die Übung mit Comicfiguren oder Tieren durchgeführt werden.

TEAMPOWER in der Verletzungsphase

Ziel:
Die verletzten SportlerInnen unterstützen

SportlerInnen definieren sich persönlich stark über den Sport. Dementsprechend kann eine Verletzung und die damit verbundene Auszeit die ganze Identität ins Wanken bringen. Die verletzten SportlerInnen müssen nicht nur ihre Ziele anpassen, auch ihr soziales Umfeld verändert sich. Oft macht verletzten SportlerInnen dieser soziale Umbruch zu schaffen, sie fühlen sich im Rehaprozess allein gelassen. Daher ist es wichtig, von Anfang an Strukturen zu schaffen, durch die die SportlerInnen Kontakt zu TrainerInnen und Team halten. Mit dem Akronym TEAMPOWER werden TrainerInnen Anhaltspunkte geboten, um SportlerInnen in der Verletzungsphase zu unterstützen und zu integrieren:

T **TrainerInnenkontakt:** Die TrainerInnen sollten die verletzten SportlerInnen nicht aus dem Blickfeld verlieren, auch wenn diese während der Reha gut versorgt zu sein scheinen. Regelmäßiger Kontakt gewährleistet beiderseitigen Informationsfluss und signalisiert den SportlerInnen persönliches Interesse.

E **Emotionale Unterstützung:** Gerade am Anfang der Rehaphase helfen tröstende Worte. Auch ein Mannschaftsgruß per Karte, Video oder ein Trikot, auf dem alle unterschreiben, sind Möglichkeiten. Genauso können die verletzten SportlerInnen ihr Team emotional unterstützen, indem sie etwa eine Videogrußbotschaft vor dem Spiel aufnehmen und verschicken.

A **Austausch**: Es sollte ein regelmäßiger Kontakt zwischen den verletzten SportlerInnen und ihrem Team gefördert werden. Die SportlerInnen können so über wichtige Vorkommnisse, Ergebnisse und Entscheidungen auf dem Laufenden gehalten werden und auch dem Team von ihrer Situation berichten. Wichtig ist, dass gezielt Informationen ausgetauscht werden und Neuigkeiten nicht zufällig in einem Gespräch unter FreundInnen abfallen.

M **MitstreiterInnen:** Damit verletzte SportlerInnen nicht zu stark isoliert sind, kann auch der Kontakt zu SportlerInnen anderer Sportarten helfen. Sportartübergreifend lassen sich auch Synergien für das Rehatraining entwickeln.

P **Paralleles Training:** Führt der Verein den Rehaprozess durch, ist es sinnvoll, das Rehatraining parallel zum Teamtraining anzusetzen. Dann begegnen sich die SportlerInnen vor und nach dem Training. Das fördert die Integration und Motivation der verletzten SportlerInnen.

O **Organisationsaufgaben:** Sobald es möglich ist, übernehmen die SportlerInnen Organisationsaufgaben. So können sie etwa beim Training unterstützen oder die Social-Media-Plattform pflegen.

W **Wettkampfeinladung:** Die verletzten SportlerInnen sollten während der Reha zu Wettkämpfen und Spielen eingeladen werden. Das bindet sie ein und schätzt sie wert. Aber Vorsicht: Gerade am Anfang der Reha ist der Frust über die Verletzung groß. Dadurch fällt es den SportlerInnen manchmal schwer, vor Ort zu sein. Eine zu starke Verpflichtung kann kontraproduktiv wirken.

E **Erfahrungsaustausch:** Die Erfahrungen anderer SportlerInnen können trösten. Wer dasselbe durchgemacht hat, wirkt authentisch und weiß, wovon er*sie spricht. Daher hilft es, Kontakt zu anderen SportlerInnen herzustellen, die eine ähnliche Verletzung bewältigt haben.

R **Rehaprotokolle:** Auch Erfahrungen schriftlich auszutauschen, bringt voran. Wenn andere SportlerInnen die Übung „Mein Rehaprotokoll" durchgeführt haben, können sie ihre Protokolle weitergeben. Darin kann nachgelesen werden, wie es anderen erging und welche Strategien ihnen geholfen haben.[10]

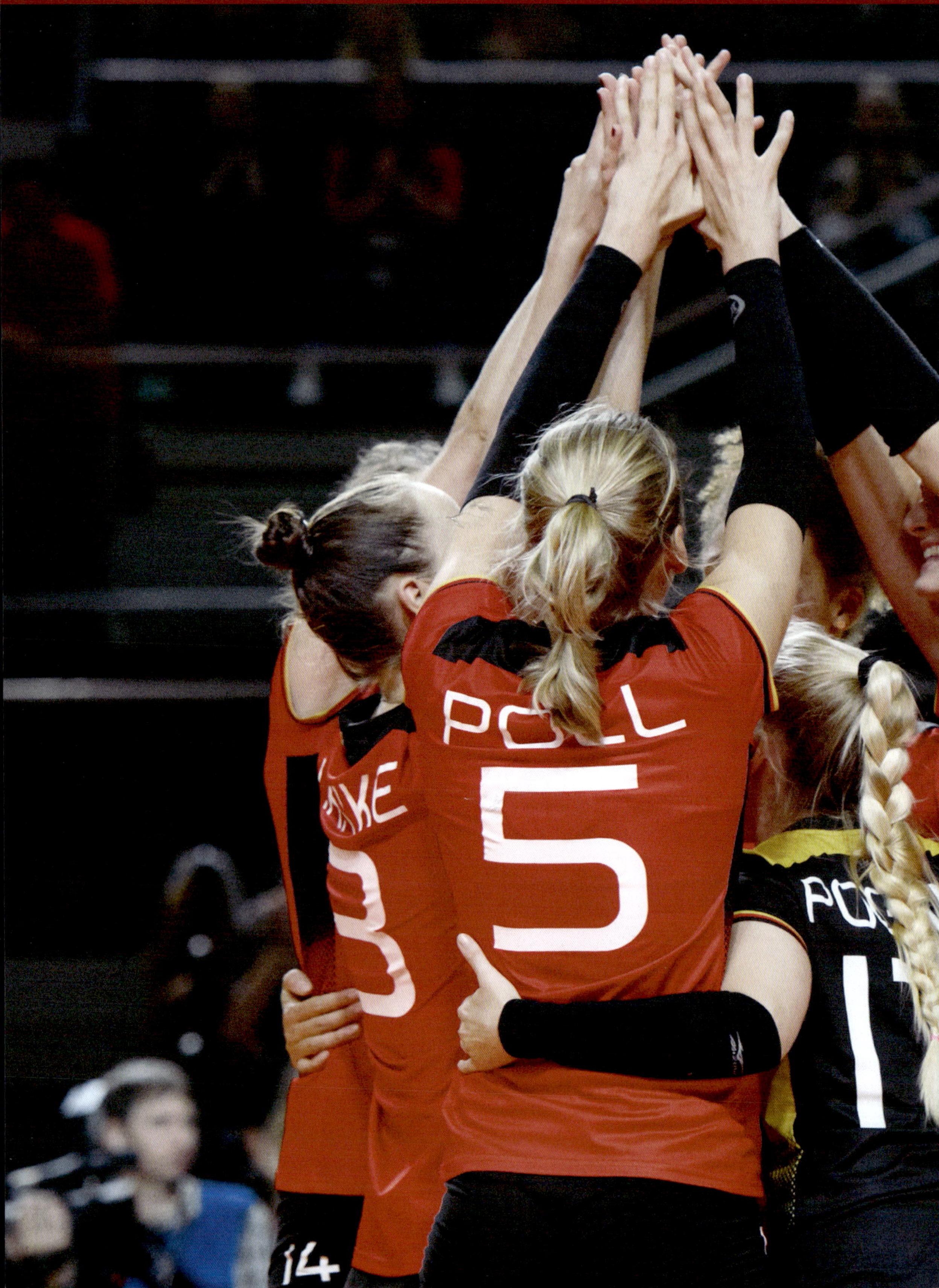
POLL
5
14

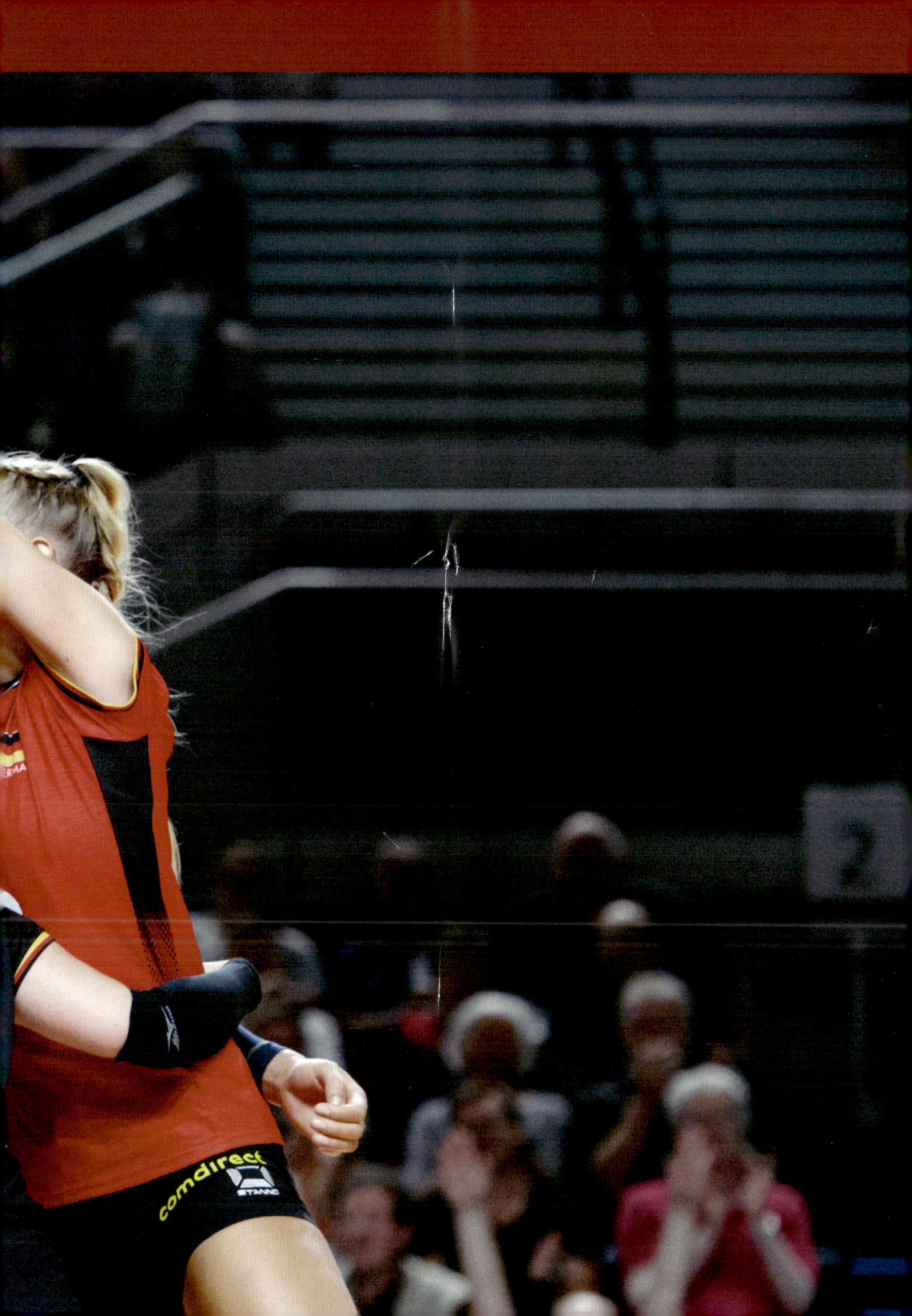
comdirect

Teamgeist

Jedes Team ist zwar eine Gruppe, aber nicht jede Gruppe ist ein Team. Ein Team zeichnen gemeinsame Ziele und Normen aus, definierte Rollen und Aufgaben, und dass die Mitglieder zusammenarbeiten und Verantwortung füreinander übernehmen. So gilt in eingeschränktem Maße auch eine Trainingsgruppe im Individualsport als Team, da die Mitglieder voneinander abhängen und die Stimmung im Team die Leistung der Einzelnen beeinflusst. Die folgenden Übungen eignen sich daher auch für Trainingsgruppen in Individualsportarten.

Teams unterscheiden sich erheblich in ihrer Dynamik und Qualität. Ob ein Team funktioniert, hängt zum Teil von Zufällen und einer natürlichen Dynamik ab. Diese Dynamik kann jedoch auch zielgerichtet beeinflusst werden. Um die Entwicklung einer Gruppe zu einem funktionierenden Team zu beschreiben, wird in der Psychologie oft das Tuckman-Modell mit seinen fünf Phasen genutzt.[1] In den jeweiligen Phasen sind unterschiedliche Themen wichtig, welche die Leistungsfähigkeit des Teams beeinflussen. Dieses Phasenmodell hilft, bestehende Dynamiken besser zu verstehen und einzuordnen. Nicht jedes Team muss in der Praxis jede Phase durchlaufen. Manchmal werden Phasen übersprungen oder das Team fällt auf eine bereits geschaffte Stufe zurück. Obwohl das Modell im wissenschaftlichen Diskurs kritisiert wird, hilft es in der Praxis zu entscheiden, durch welche Interventionsform sich das Team aktuell bestmöglich unterstützen lässt.

Phase:	**Forming ❯**	**Storming ❯**	**Norming ❯**	**Performing ❯**	**Adjourding**
Leistungs-fähigkeit:	gering	sinkt ab	steigt an	auf dem Höhepunkt	nicht mehr relevant
Inhalte:	Die Mitglieder lernen sich kennen.	Hierarchien und Gruppen bilden sich, Konflikte müssen gelöst werden.	Regeln, Normen, Werte, Rollen, Ziele werden definiert.	Kohäsion und Vertrauen werden entwickelt.	Die Mitglieder gehen auseinander, Lernerfahrungen werden reflektiert.

Forming-Phase

In der Forming-Phase treffen die Teammitglieder erstmals aufeinander und lernen sich kennen. Die Rollen sind offen, Kompetenzen häufig nicht klar und Hierarchien bestehen noch nicht. Meist orientieren sich die Gruppenmitglieder zunächst an stark wirkenden SportlerInnen und halten allgemeingültige Verhaltensregeln ein. In dieser Phase bieten sich Eisbrecher- und Kennenlernübungen an.

Eisbrecherübungen lockern die Atmosphäre auf und helfen, in Kontakt zu kommen. Durch Kennenlernübungen erfahren die SportlerInnen etwas übereinander (siehe „Alberner August"). Die Übung „Mein Weg ins Team" knüpft einen Bezug zum Sport, indem sich die SportlerInnen über ihren bisherigen Werdegang austauschen. Die Übung „Team-Tandem" eignet sich, um neue Mitglieder ins Team zu integrieren.

Storming-Phase

In der Storming-Phase ist das erste Annähern abgeschlossen und Hierarchien entstehen. Die Teammitglieder bringen ihre individuellen Sichtweisen und Standpunkte verstärkt ein. Dabei werden auch Erwartungen enttäuscht und Unterschiede in Interessen, Wahrnehmungen und Wertvorstellungen deutlich. In der Folge entstehen innere und äußere Konflikte. Diese Konflikte zu lösen trägt dazu bei, dass sich das Team weiterentwickelt. Daher sollten sie im Team als Chance betrachtet werden, an ihnen zu wachsen. Damit keine größeren Zerwürfnisse aufkommen, sollte auch präventiv an einer vertrauensvollen Teamkultur gearbeitet werden. Hier helfen klassische Teambuildingmaßnahmen, die Herausforderungen schaffen und Gelegenheiten bieten, an der Kommunikation zu arbeiten (siehe „Herausforderungen schaffen"). Sollten dennoch größere Konflikte entstehen, müssen die Ursachen und die Konfliktstruktur reflektiert werden (siehe „Soziogramm"), um dann eine Lösung zu erarbeiten (siehe „Das Konfliktgespräch" und „Team-Solution-Mirror").

Norming-Phase

In der Norming-Phase werden die Grundlagen für eine funktionierende Zusammenarbeit geschaffen. Es gilt, Regeln für den Umgang miteinander, individuelle Rollen, gemeinsame Werte und eine Teamidentität sowie gemeinsame Ziele festzulegen.

Für jeden Bereich der Norming-Phase gibt es eine Übung:

- **Regeln:**
  Übung „Regeln, damit WIR erfolgreich sind"
- **Rollen & Identität:**
  Übung „Unser Team als SuperheldInnen"
- **Werte & Identität:**
  Übung „Identitätspyramide"
- **Ziele:**
  Übung „Teamziele"

Performing-Phase

In der Performing-Phase hat das Team Konflikte bewältigt, gemeinsame Umgangsformen geschaffen und richtet nun den Fokus darauf, seine Ziele zu erreichen. Idealerweise ist dieser Zustand kurz vor der Wettkampfphase erreicht und wird mit Maßnahmen unterstützt, die das Vertrauen ineinander, den Zusammenhalt und das Wir-Gefühl stärken.[2] Das Wir-Gefühl wird mit den Übungen „Ich mache uns stärker" und „Behind the Back" gesteigert.

Adjourning-Phase

Die Adjourning-Phase beschreibt den Prozess des Auseinandergehens von Teams. Während viel Zeit in die Vorbereitung einer Saison fließt, erhält die Nachbereitung häufig wenig Raum. Die Saison ist gelaufen, man hat viel Zeit miteinander verbracht und schnell gehen alle wieder eigene Wege. Das Team löst sich ganz oder teilweise auf. Damit die gemeinsame Zeit gewinnbringend endet und das Team nach dem letzten Spiel nicht einfach zerfällt, sollte auch der Prozess des Auseinandergehens bewusst gestaltet werden. Hier hilft die Übung „Lessons Learned" den Teammitgliedern, Informationen auszutauschen, Erinnerungen zu teilen und die gemeinsame Zeit gewinnbringend abzuschließen.

Alberner August

Ziel:
Das gegenseitige Kennenlernen unterstützen

Beim Kennenlernspiel „Alberner August" geht es darum, etwas übereinander zu erfahren und sich rasch die Namen der anderen SportlerInnen einzuprägen. Der Name jedes Gruppenmitglieds wird mit einem Adjektiv und einer dazu passenden Geste versehen. Diese Assoziationen und deren Wiederholungen erleichtern, sich die Namen zu merken.

Alle SportlerInnen stellen sich im Kreis auf. Sie erhalten die Aufgabe, ein Adjektiv für sich zu finden, das mit dem Anfangsbuchstaben des eigenen Vornamens beginnt und sie beschreibt, z. B. „alberner August". Auch aus Nomen oder Verben gebildete Adjektive wie „johannesbeersafttrinkender Johannes" sind möglich. Der Spaß steht im Vordergrund. Zusätzlich überlegen sich die SportlerInnen eine passende Geste.

Jetzt beginnt der*die erste SportlerIn, sich vorzustellen:

„Ich bin der alberne August."
Dazu zappelt er*sie etwa mit Armen und Beinen.

Nun ist sein(e) linke(r) NachbarIn an der Reihe. Diese(r) muss, so wie bei „Ich packe meinen Koffer", erst seine(n) VorgängerIn und dann sich selbst vorstellen:

„Das ist der alberne August (zappelt dazu mit Armen und Beinen) und ich bin der kräftige Karl (spannt den Bizeps an)."

Jede(r) SportlerIn zeigt die Gesten der VorgängerInnen. So setzt sich die Reihe fort. Mit jedem*jeder SportlerIn steigt die Anzahl der Personen, welche sich die SportlerInnen merken müssen. In der letzten Runde wiederholt die gesamte Gruppe noch einmal alle Namen mit entsprechenden Adjektiven und Gesten.

Team-Tandem

Ziel:
Das Kennenlernen unterstützen

Mit dieser Übung lernen sich die Mitglieder eines neu formierten Teams besser kennen und integrieren neue SportlerInnen. Die Mitglieder durchmischen sich und knüpfen neben bereits bestehenden Bekanntschaften aus der Vorsaison neue Kontakte. Alle sind an diesem Prozess beteiligt und stehen gleichermaßen in der Verantwortung, ein Team zu formen.

Die TrainerInnen stellen zu Beginn die Team-Tandems zusammen. Immer zwei Mitglieder, die sich möglichst noch nicht so gut kennen, bilden ein Tandem. Die Team-Tandems bekommen Aufgaben oder gemeinsame Zeit, um sich besser kennenzulernen und um die Zusammenarbeit im Team zu stärken.

Beispiele für Aufgaben der Team-Tandems:

- Beim Warmlaufen gemeinsam besprechen, wie der letzte Wettkampf erlebt wurde.
- Beim Auslaufen möglichst viel Neues voneinander erfahren.
- Zusammen das Vereinsgelände erkunden.
- Sich für zehn Minuten zusammensetzen und sich gegenseitig Feedback geben.
- Gemeinsam Ideen entwickeln, wie das Team noch besser werden könnte.

Um die Übung erfolgreich umzusetzen, fragen die TrainerInnen regelmäßig nach, ob die Teammitglieder ihre Aufgaben erledigt haben und was dabei herausgekommen ist.

Manchmal gibt es auch Gründe für Teammitglieder, weniger mit anderen Teammitgliedern in Kontakt zu treten. Manche halten etwa noch an der Vorsaison fest und wollen sich weniger mit den Neuen befassen. Wichtig ist daher zu signalisieren, dass neben dem neuen Gefüge auch alte Bekanntschaften weiter gepflegt werden dürfen.

Gerade zu Beginn der Saison sollte für die Aufgaben der Team-Tandems regelmäßig Zeit eingeplant werden. Auch wenn das Team sich schon gut kennt, sollten die Team-Tandems im Laufe der Saison beibehalten werden. Im Verlauf geht es dann darum, verstärkt Verantwortung für den*die andere(n) zu übernehmen und im Kontakt zu bleiben. Verletzt sich ein Teammitglied, steht sein Tandempartner in besonderer Verantwortung. Falls das Team nicht aus einer geraden Zahl an Mitgliedern besteht oder Einzelne das Team verlassen, können auch Dreiergruppen gebildet werden.

Gastautorin

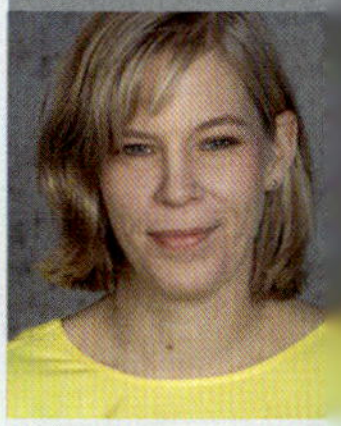

Dr. Kathrin Staufenbiel

Details zur Autorin auf Seite 251

Mein Weg ins Team

Ziel: Mehr über den sportlichen Hintergrund der Anderen erfahren

Material
Arbeitsblatt Mein Weg ins Team Nr. 10-1

In der Übung „Mein Weg ins Team" tauschen die SportlerInnen Informationen über ihre Sportbiografie aus. So versteht man sich untereinander besser, und das Team festigt sich schneller. Jede(r) SportlerIn schreibt seine*ihre wichtigsten sportlichen Erfahrungen und Stationen, die ihn*sie ins Team geführt haben, chronologisch auf. Die Leitfragen auf dem Arbeitsblatt 10-1 helfen bei der Reflexion.

Als Nächstes bekommen alle SportlerInnen ein langes Stück Schnur (z. B. verschiedenfarbige Wolle). Die Schnüre werden an einem Ende zusammengebunden. Der so entstandene Knoten steht für das Zusammenfinden der SportlerInnen im Team. Die SportlerInnen stellen sich nebeneinander auf und halten das jeweils andere Ende der Schnur in der Hand. Dieses Ende symbolisiert den Startpunkt der sportlichen Entwicklung jedes*jeder Einzelnen. SportlerInnen, die schon länger gemeinsam in einem Team sind, stellen sich näher zusammen. Zusätzlich kann unter die Schnüre ein Zeitstrahl gelegt werden, der beim Jahrgang der ältesten SportlerInnen beginnt und im aktuellen Jahr endet. Die Enden in den Händen der SportlerInnen werden dort, wo sie stehen, befestigt.

Jetzt beschreiben die SportlerInnen jeweils ihre bisherigen sportlichen Stationen, halten sie auf Klebezetteln oder Moderationskarten fest und legen sie an die zeitlich passende Stelle auf ihrer Schnur. So entsteht eine große Collage, die die individuellen Wege zeigt, auf denen die SportlerInnen zum Team gefunden haben.

Anschließend übertragen die SportlerInnen das Bild auf ein großes Plakat. Das Plakat wird in der Kabine aufgehängt. Darüber hinaus fotografiert der*die TrainerIn das Bild ab und schickt es allen Teammitgliedern. Die visuelle Darstellung, wie das Team zusammengefunden hat, stärkt Teamidentität und Zusammengehörigkeitsgefühl der Gruppe.

Exemplarische Darstellung des Übungsaufbaus

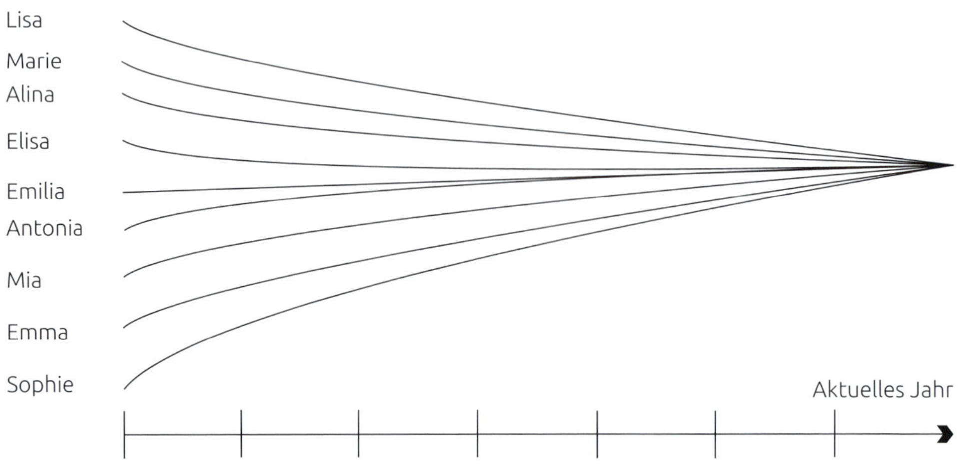

Soziogramm

Ziel:
Konflikte im Team aufdecken

Diese Übung sollte eine externe, neutrale Person mit Moderationserfahrung durchführen, die sich mit Gruppendynamiken und Teamprozessen auskennt.

Von außen sind schwelende Konflikte, Allianzen oder Feindschaften zwischen einzelnen Mitgliedern oder Gruppenteilen kaum zu erkennen. Auch die Teammitglieder nehmen solche Prozesse oftmals sehr unterschiedlich wahr. Sie werden selten konkret benannt und behindern die Effizienz des Teams, weil sie das Zusammenspiel der Mitglieder erschweren und in Drucksituationen eskalieren können.

Die Übung „Soziogramm" ist gut einsetzbar, um Konflikte und Spannungen abzubauen. Sie visualisiert die soziale Struktur des Teams und macht sie für alle transparent und verständlich. Jedes Teammitglied bekommt das Arbeitsblatt 10-2. Der*die ModeratorIn erklärt an einem Beispiel, wie ein solches Soziogramm erstellt wird und aufgebaut ist. Auch TrainerInnen oder andere Personen, die Einfluss auf das Team haben, können in das Schaubild eingezeichnet werden.

Material
Arbeitsblatt Soziogramm Nr. 10-2

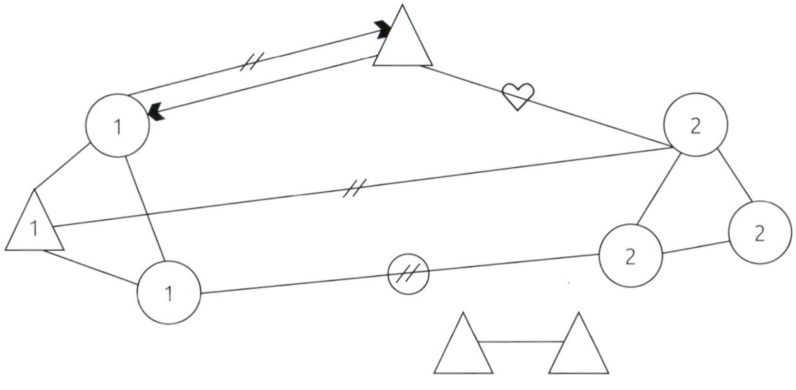

Wenn jedes Teammitglied sein Soziogramm erstellt hat, setzen sich alle zusammen. Wer möchte, stellt seine Abbildung vor. Dazu zeigen die SportlerInnen entweder ihre Soziogramme auf den Arbeitsblättern oder übertragen sie auf ein Flipchartblatt. Wichtig: Nicht jede(r) muss sein*ihr Schaubild zeigen! Jedoch sollte der*die ModeratorIn immer wieder nachfragen, ob jemand einen völlig anderen Eindruck von der Struktur der Gruppe hat. Gibt es Abweichungen, sollten sie dargestellt werden.

Möglicherweise werden durch diese Besprechung schon erste Missverständnisse ausgeräumt. Etwa, dass sich die angenommene Antipathie des Gegenübers als unbegründet herausstellt. Zusätzlich lassen sich so zentrale Konfliktherde und Konfliktparteien herausarbeiten. Für aufgedeckte Konflikte finden die SportlerInnen eine Überschrift und sammeln diese auf einem großen Flipchartblatt, um sie dann Schritt für Schritt zu bearbeiten (siehe „Das Konfliktgespräch" und „Team-Solution-Mirror").

Herausforderungen schaffen

Ziel: Spielerisch sozial anspruchsvolle Situationen schaffen

Die folgenden Übungen beinhalten verschiedene Teamaufgaben. Die Grundidee dahinter ist immer, sozial herausfordernde Situation zu schaffen, die Abstimmung und Interaktion erfordern und kleine Konflikte im Team auslösen können. So unterstützen die TrainerInnen, dass sich das Team entwickelt. Die Übungen machen die individuellen Eigenschaften, Sichtweisen, Standpunkte, Kommunikationsmuster und Erfahrungen der SportlerInnen deutlich. Durch die entstehenden Differenzen und Lösungsansätze lernt das Team dazu und findet intern passende Umgangsformen. Die Übungsvarianten unterscheiden sich hinsichtlich einiger Charakteristika:

1. Das Team muss als gesamtes eine Aufgabe lösen vs. Aufgaben müssen in Kleingruppen gelöst werden.
2. Kompetitiver Charakter der Übung: ohne, gegeneinander oder gegen die Zeit.
3. Körperliche Voraussetzungen spielen eine Rolle vs. spielen keine Rolle.
4. Nähe vs. Distanz zwischen den Gruppenmitgliedern bei der Übung.
5. Lösbarkeit vs. Unlösbarkeit der Aufgabe möglich.

Je nachdem, welcher Aspekt im Vordergrund stehen soll, wird die passende Variante gewählt. Im Folgenden einige exemplarische Übungsbeispiele:

Zusammen malen

Material (pro 4er-Gruppe):
Dicke Filzstifte, ca. vier Meter Schnur (Wolle, Kordel), Flipchartpapier, Klebeband

Die SportlerInnen kleben an das Ende eines Filzstifts vier ca. ein Meter lange Schnüre. Jede(r) SportlerIn hält das Ende einer Schnur, sodass die Spitze des Stifts Richtung Boden zeigt. Unter dem Stift liegt ein Flipchartpapier. Jetzt malen die SportlerInnen ein Bild auf das Papier. Die Übung wird schwieriger, wenn die SportlerInnen nicht miteinander sprechen dürfen. In der Variante ohne Sprache darf auch das Objekt, das gemalt werden soll, nicht abgesprochen werden.

Besonderheiten der Übung:

- Kleingruppen
- kein kompetitiver Charakter zwischen den Gruppen
- körperliche Voraussetzungen spielen keine Rolle
- SportlerInnen kommen sich körperlich nicht so nah
- immer lösbar

Marshmallow Challenge

Material (pro Gruppe):
20 Spaghetti, ein Meter Schnur, ein Meter Klebeband, ein Marshmallow

Das Team wird in Kleingruppen geteilt, die gegeneinander antreten. Die Gruppen bauen innerhalb von 18 Minuten einen möglichst hohen, freistehenden Turm aus den zur Verfügung stehenden Materialien. Das Marshmallow bildet die Spitze des Gebildes. Gewonnen hat die Gruppe mit dem höchsten Turm.

Besonderheiten der Übung:

- Kleingruppen
- kompetitiver Charakter zwischen den Kleingruppen
- körperliche Voraussetzungen spielen keine Rolle
- SportlerInnen kommen sich körperlich nicht so nah
- lösbar, aber nur eine Gruppe gewinnt

Spinnennetz

Material: langes Seil
Mit einem langen Seil wird ein Spinnennetz zwischen zwei Bäumen oder Torpfosten gespannt. Die SportlerInnen sollen als Gruppe von der einen Seite des Netzes auf die andere Seite gelangen. Dabei dürfen nur die Lücken im Netz genutzt werden, das Seil darf nicht berührt werden. Jede Lücke muss mindestens einmal genutzt werden. Je nach Alter und Anzahl der SportlerInnen kann die zur Verfügung stehende Zeit und das Netz angepasst werden: je höher das Netz und je kleiner die Lücken, desto schwieriger die Aufgabe. Verbieten die TrainerInnen, den SportlerInnen noch zu kommunizieren, kann die Übung sogar so schwierig gestaltet werden, dass sie kaum zu lösen ist!

Besonderheiten der Übung:

- die Gruppe arbeitet gemeinsam an einer Lösung
- kompetitiver Charakter: Gruppe arbeitet zusammen gegen die Zeit
- unterschiedliche physiologische Stärken und Handicaps werden sichtbar
- intensiver körperlicher Kontakt
- Schwierigkeitsgrad variierbar, Unlösbarkeit möglich

Reflexion:
Die beschriebenen Übungen gestalten herausfordernde Situationen, deren Bewältigung spannende Teamdynamiken auslösen und helfen, ein funktionierendes Team zu formen. Damit die Übung gut wirkt, wird der Lösungsprozess in der Gruppe nachbesprochen. Oft kann dieselbe Übung unter den verschiedenen Aspekten Kommunikation, Kooperation, Rollenfindung oder zum Umgang mit Konflikten eingesetzt und reflektiert werden. Je nach Schwerpunkt wählen die TrainerInnen passende Reflexionsfragen:

- Was hat gut geklappt?
- Warum hat es gut geklappt?
- Was hat weniger gut geklappt?
- Was war schwierig?
- Bestand immer Einigkeit im Vorgehen?
- Wie seid ihr mit Konflikten umgegangen?
- Wie habt ihr eine Lösung gefunden?
- Was braucht man generell, um schwierige Situationen oder Konfliktsituationen zu lösen?

Das Konfliktgespräch

Ziel:
Konfliktgespräche vorbereiten und führen

Material
Handout Konflikt-gespräch Nr. 10-3

Konflikte bauen sich in der Regel über einen Zeitraum auf, sind oft unstrukturiert und meistens von starken Emotionen geprägt. Um Konflikte sinnvoll zu bearbeiten, müssen sie zuerst identifiziert und benannt werden (siehe „Soziogramm"). So lässt sich im Vorfeld klären, wer beteiligt ist und wer am Konfliktgespräch teilnehmen sollte. Manchmal ist es sinnvoll, dass die gesamte Mannschaft mitmacht. Wenn möglich, werden aber zuerst nur die betroffenen Konfliktparteien zum Gespräch eingeladen.

Ein strukturiertes Konfliktgespräch hilft, Schwierigkeiten zu sortieren, Gefühle abzubauen und Lösungsmöglichkeiten für Probleme zu finden. Ein solches Gespräch muss gut vorbereitet werden, sonst besteht die Gefahr, den Konflikt zu verstärken statt ihn beizulegen (siehe Kapitel „Ich als Trainer").

Für manche Konfliktgespräche ist eine Mediation durch eine unbeteiligte Person sinnvoll. Der*die MediatorIn begleitet den Lösungsprozess und hilft den Beteiligten, zu einer Vereinbarung zu gelangen. Wichtig ist, dass der*die MediatorIn keine eigenen Entscheidungen bezüglich des Konflikts trifft, sondern nur für den Rahmen und die Einhaltung der Spielregeln verantwortlich ist.

Kompetenzen MediatorIn

1. **Erfahrung und Wissen:** Der*die MediatorIn weiß über Gruppendynamiken, Beziehungsabläufe, Kommunikationsmuster, Konfliktmechanismen Bescheid. Er*sie ist mit Interventionsmethoden und Fragetechniken vertraut.
2. **Allparteilichkeit:** Der*die MediatorIn ist bereit, sich mit allen am Konflikt beteiligten Personen gleichermaßen auseinanderzusetzen.
3. **Unabhängigkeit:** Der*die MediatorIn steht in keiner Abhängigkeit oder Beziehung zu einer Konfliktpartei.
4. **Einfühlungsvermögen:** Der*die MediatorIn zeigt Verständnis und reagiert empathisch.
5. **Lösungsoffenheit:** Der*die MediatorIn ist offen für die Lösungen der Konfliktparteien und verfolgt keine vorgefertigten Lösungsideen.
6. **Realist**: Der*die MediatorIn erkennt Probleme trotz Verschleierung. Er*sie kann einschätzen, ob eine Lösung alltagstauglich ist.
7. **Selbstwahrnehmung und Klarheit:** Der*die MediatorIn spürt, was in ihm*ihr vorgeht und äußert dies klar.

Bestandteile eines Konfliktgesprächs

Weil der Konflikt naturgemäß chaotisch und emotional ist, sollte der*die MediatorIn Konfliktgespräche so strukturiert wie möglich führen. So lässt sich die Gefahr von Missverständnissen und Eskalationen verringern und die Wahrscheinlichkeit erhöhen, gemeinsam eine konstruktive Lösung zu finden. Dazu sollte er*sie (1) in der **Vorbereitung** geeignete Rahmenbedingungen für das Gespräch schaffen und Hintergrundinformationen einholen. (2) Beim **Einstieg** in das Konfliktgespräch bespricht er*sie Ziele und Vorgehensweisen des Gesprächs. Darauf aufbauend, treibt der*die MediatorIn (3) die Klärung des Konflikts voran und erarbeitet (4) gemeinsam mit den Konfliktparteien **Lösungsmöglichkeiten**. Zum **Abschluss** formuliert der*die MediatorIn (5) offene Punkte und bespricht das weitere Vorgehen.

Im Handout 10-3 sind die Bestandteile eines Konfliktgesprächs mit Checkpunkten ausführlicher beschrieben.

Regeln für ein Konfliktgespräch

1. **Vertraulichkeit:** Alle Informationen bleiben vertraulich, wenn nicht anders vereinbart.
2. **Ich-Botschaften:** Die Sicht auf das Thema und das Anliegen in der Ich-Form vortragen.
3. **Direkte Ansprache:** Die Person, um die es geht, direkt in der zweiten Person (du) ansprechen, damit klar ist, wer gemeint ist (Nicht: einige hier …).
4. **Konkrete Ereignisse:** Konkrete Ereignisse benennen und nicht allgemeine Verhaltensweisen (Nicht: Du machst immer …).
5. **Alle Parteien werden angehört:** Zwar muss nicht jede(r) seine*ihre Sicht der Dinge schildern, aber alle Konfliktparteien dürfen ihre Sicht darstellen.
6. **Ausreden lassen:** Wer spricht, darf ausreden.
7. **Zuhören:** Dem*der SprecherIn zuhören, keine Parallelgespräche führen. Das Handy ist für die Zeit des Gesprächs tabu.
8. **Gegenseitige Wertschätzung:** Trotz des Konflikts gehen alle beteiligten Parteien angemessen miteinander um und schätzen das Gegenüber grundsätzlich wert. Die Prinzipien der „gewaltfreien Kommunikation" (siehe Infobox) bieten hier eine gute Grundlage.

Gewaltfreie Kommunikation[3]:

Das Konzept der gewaltfreien Kommunikation gründet darauf, das Gegenüber wertzuschätzen und anzuerkennen. Sie beruht auf vier Prinzipien:

1. **Beobachtung ohne Bewertung:** Die Sachebene beschreiben. Interpretationen und Bewertungen vermeiden.
2. **Emotionen ausdrücken:** Eigene Gefühle in der Konfliktsituation benennen.
3. **Bedürfnisse äußern:** Bedürfnisse, die hinter den Gefühlen stecken, formulieren.
4. **So konkret wie möglich:** An die anderen Bitten formulieren und sich dadurch so konkret und handlungsbezogen wie möglich ausdrücken.

Team-Solution-Mirror

Ziel: Entwicklungsstand des Teams reflektieren, um Lösungen zu erarbeiten

Gastautor

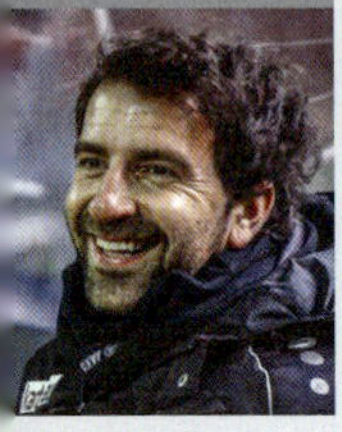

Vincent Rödel

Details zum Autor auf Seite 251

In der Übung „Team-Solution-Mirror" werden Themen erarbeitet, mit denen sich das Team momentan beschäftigt: Entwicklungs- oder Konfliktfelder. So lassen sich Konflikte besser lösen, und das Team kommt gemeinsam einen Schritt weiter.

Für die Übung werden Moderationskarten, Stifte und ein längeres Seil benötigt. Wichtig ist, die Übung neutral zu moderieren, da sich die Stimmung schnell aufheizen kann. Als MediatorIn bieten sich BetreuerInnen, SportpsychologInnen oder auch TrainerInnen einer anderen Mannschaft des Vereins an (siehe „Kompetenzen MediatorIn").

Das Team wird in Kleingruppen von drei bis fünf Teammitgliedern eingeteilt. So werden Themen zunächst in einem geschützten Rahmen diskutiert, bevor sie später in der großen Gruppe besprochen werden. Der*die MediatorIn verteilt in den Kleingruppen Aufgaben, welche die SportlerInnen gemeinsam lösen.

Mögliche Aufgabenstellungen:

1. Überlegt euch, welche Themen wichtig für ein Team sind und an welchen Themen ihr aktuell arbeitet. Schreibt diese Themen auf jeweils eine Moderationskarte.

2. Ergänzt eine Zahl zwischen 1 und 10 auf der jeweiligen Karte, die beschreibt, wo ihr im Lösungsprozess für die Aufgabe als Team momentan steht. 1 steht für „komplett am Anfang", 10 steht für „optimal, es könnte nicht besser laufen".

3. Notiert auf der Rückseite der Karten Ideen, wie ihr als Team in diesem Bereich einen Schritt weiterkommen könnt.

Im nächsten Schritt wird in der Mitte des Raumes, des Sportplatzes oder der Halle ein Seil ausgelegt. Es wird vorher mit den Ziffern 1 bis 10 gemäß der oben eingeführten Skala beschriftet. Die Kleingruppen legen ihre Karten nun entsprechend der darauf vermerkten Zahl an das Seil. Nacheinander stellen die Gruppen ihre Karten mit den Lösungsansätzen vor. Bestehen unter den Teammitgliedern Meinungsverschiedenheiten über die Lösungsansätze zum Thema, werden diese jetzt diskutiert und ergänzt, bis das Team klare Lösungsideen entwickelt hat. Diese werden dann in der Folge umgesetzt.

Um etwas spielerischer und mit genügend Abstand Themen zu sammeln, die fürs Team wichtig sind, bietet sich auch folgende Instruktion an: „Ihr habt euch als JugendtrainerIn beworben und den Job bekommen. Ihr übernehmt das Team und sollt euch einen Überblick über den Entwicklungsstand der Gruppe verschaffen. Ihr wisst noch nichts über das Team. Welche Themen müsst ihr beobachten, die euch für das Team wichtig wären?" Die gesammelten Themen werden dann aufs eigene Team übertragen.

Regeln, damit WIR erfolgreich sind

Ziel:
Teamregeln erarbeiten

Für reibungslose Zusammenarbeit gibt es in jedem Team Regeln. Diese stellt häufig der*die TrainerIn auf oder die Regeln der letzten Saison werden beibehalten. Damit die Regeln aber auch eingehalten werden, müssen sie von allen SportlerInnen verstanden und akzeptiert werden. Wenn die Teammitglieder ihre Regeln selbst entwerfen, nehmen sie diese besser an und es entstehen weniger Widerstände. Auch erfahren die Teammitglieder durch solch einen Prozess, was anderen in der Zusammenarbeit wichtig ist. Das bietet ihnen in der gegebenenfalls neuen sozialen Situation Orientierung. Gleichzeitig wird das Wir-Gefühl gestärkt.

Zu Beginn der Saison beruft der*die TrainerIn eine Mannschaftssitzung ein. Zur Einleitung wird kurz erklärt, warum gemeinsame Regeln und Normen in Gruppen helfen. Dann gibt der*die TrainerIn Kategorien vor, für die Verhaltensregeln erarbeitet werden sollen. Die SportlerInnen können ergänzen, mögliche Kategorien sind:

- **Toleranz, Respekt, Gleichberechtigung**
- **Kommunikation im Team und nach außen**
- **Verantwortung**
- **Disziplin**
- **Konfliktverhalten**

Diese Kategorien werden auf Moderationskarten geschrieben und an verschiedenen Flächen aufgehängt. Alle Kategorien werden mit drei bis vier SportlerInnen besetzt. Am besten kennen sich diese SportlerInnen noch nicht gut aus der vorigen Saison, sonst greifen sie schnell auf Altbewährtes zurück. Die Gruppen bearbeiten fünf Minuten lang ihre Kategorie und machen sich Gedanken, welche Regeln es bereits gibt und welche zusätzlich sinnvoll wären. Sie schreiben sie auf Klebezettel und verteilen diese um die Moderationskarte. Nach den fünf Minuten wird gewechselt, sodass sich am Schluss jede Gruppe fünf Minuten lang mit jeder Kategorie beschäftigt hat.

Jetzt bespricht der*die TrainerIn mit den SportlerInnen alle Kategorien und sortiert die Punkte auf den Klebezetteln. Dabei werden besonders Widersprüche und unterschiedliche Auffassungen benannt und diskutiert. Die Ergebnisse werden auf einem Flipchart festgehalten. Auf dieser Basis formuliert die gesamte Gruppe ihre Regeln. Positive und konkrete Formulierungen machen klar, welches Verhalten erwünscht ist. Dann haben die Teammitglieder etwa von „einem respektvollen Umgang" nicht unterschiedliche Vorstellungen. Beispiel: „Wir respektieren uns gegenseitig und begrüßen jedes Teammitglied mit Handschlag vor einem Training oder Wettkampf." Wenn nötig, prüft und ergänzt der*die TrainerIn die Regeln am Ende. Die Teamregeln werden abschließend in einem Vertrag ausformuliert, der von allen SportlerInnen unterschrieben wird.

Konsequenzen:
Neben den Regeln können auch die Konsequenzen für Regelverstöße festgelegt werden. Diese sollten unangenehm, aber angemessen bleiben. Einen Kuchen für das Team zu backen ist beispielsweise aufwendiger, als einfach ein paar Euro in die Mannschaftskasse zu geben. Normalerweise legen SportlerInnen für sich selbst meist rigidere Regeln und Strafen fest als die TrainerInnen. Ist das Team zu streng zu sich, steuert der*die TrainerIn gegen. Auch Belohnungen werden festgelegt, etwa wenn sich ein(e) SportlerIn eine Zeit lang an alle Regeln gehalten hat.

Gastautorin

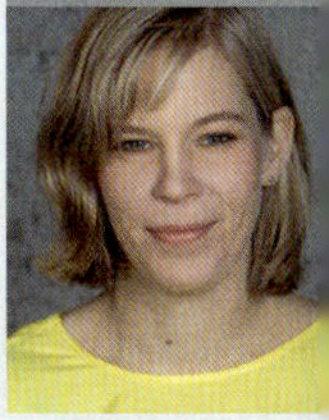

Dr. Kathrin Staufenbiel

Details zur Autorin auf Seite 251

Unser Team als SuperheldInnen

Ziel: Stärken herausarbeiten und als Erfolgsfaktor für das Team sichtbar machen

Jede(r) SportlerIn bringt sich mit seinen*ihren individuellen Stärken ins Team ein. Das können sportliche Stärken, physische Voraussetzungen oder zwischenmenschliche Eigenschaften sein. Je besser ein Team die unterschiedlichen Stärken und positiven Eigenschaften seiner Mitglieder nutzt, desto leistungsstärker ist das Team. Deshalb sollte ein Team die guten Eigenschaften seiner Mitglieder kennen. Die so entstehende Wertschätzung stärkt das Selbstvertrauen der Mitglieder und den Zusammenhalt.

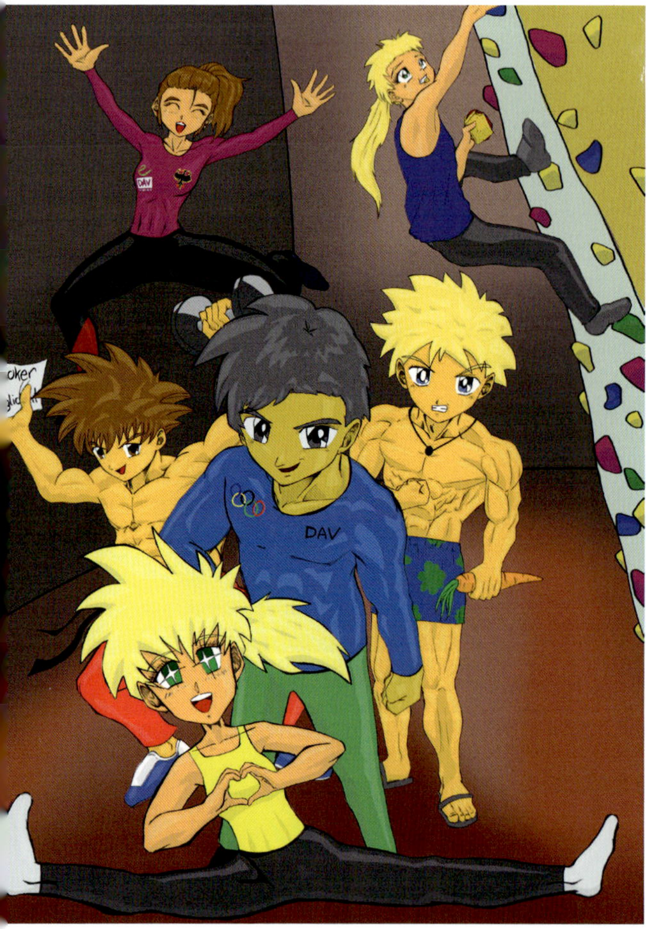

Um die Stärken der Teammitglieder herauszuarbeiten, werden in der folgenden Übung SuperheldInnen charakterisiert. Die SportlerInnen stellen sich ihr Team als Gruppe fiktiver Charaktere vor, von denen jede(r) seine*ihre besonderen Eigenschaften in die Gruppe einbringt. Diese sollten den tatsächlichen Eigenschaften der Teammitglieder entsprechen, dürfen aber gerne humorvoll überzeichnet werden.

Zu Beginn erklärt der*die TrainerIn Idee und Ziel der Übung und legt mit den SportlerInnen eine Themenwelt fest, in der die Figuren entwickelt werden.

Beispiele für Themenwelten sind:
- Comicwelten von DC & Marvel
- japanische Comics/Manga
- Herr der Ringe
- Fluch der Karibik

Jetzt charakterisieren sich die SportlerInnen gegenseitig als SuperheldInnen einer Themenwelt. Sie sammeln gemeinsam Stärken jedes Teammitglieds und entwerfen dann eine Figur, die am besten passt. Je nach Alter der SportlerInnen, Kontext und Zeitbudget werden die Figuren dann gezeichnet und auf einem Plakat zusammengeführt. Möglicherweise findet die Gruppe zusätzlich eine passende Überschrift, die das Trainingsmotto beziehungsweise die Einstellung oder Mission des Teams ausdrückt?

Identitätspyramide

Ziel: Gemeinsame Werte definieren

Ein Team wird vor allem durch das gemeinsame Ziel und Verständnis des Weges dorthin zu einer Einheit. Die gemeinsamen Werte zu benennen und zu reflektieren hilft SportlerInnen, sich miteinander zu identifizieren, an einem Strang zu ziehen und die Gemeinsamkeiten im Blick zu behalten (siehe „Was treibt mich an?" und „Werten folgen").

Dazu wird die Gruppe in vier oder acht Kleingruppen mit mindestens zwei SportlerInnen pro Gruppe geteilt. Jede Gruppe denkt dann darüber nach, welche Verhaltensweisen und Werte den Zusammenhalt im Team und die Team-Performance positiv beeinflussen. Je nach Alter der SportlerInnen vergewissern sich die TrainerInnen vorher mit Hilfe von Beispielen, dass alle den Arbeitsauftrag verstanden haben. Dazu werden auch konkretere Fragen gestellt.

Beispiele:

- Über welche Stärken verfügt unsere Mannschaft?
- Was sind No-Gos im Training?
- Woran müssen wir uns halten, um erfolgreich zu sein?

Aus diesen Fragen entwickelt jede Gruppe die sechs für sie wichtigsten Werte und hält sie auf dem Arbeitsblatt 10-4 fest. Anschließend diskutieren jeweils zwei Kleingruppen ihre Werte. Differenzen werden verhandelt, Gemeinsamkeiten bleiben bestehen. So entsteht auf einem weiteren Arbeitsblatt eine neue, gemeinsame Pyramide. So machen die Teammitglieder weiter, bis am Ende eine gemeinsame Pyramide der gesamten Mannschaft steht. Diese wird auf ein Flipchartpapier übertragen.

Treten im Laufe der Saison Schwierigkeiten untereinander auf, erinnern sich die SportlerInnen an ihre Werte. So werden die abstrakten Werte immer mehr durch Beispiele aus dem Alltag greifbar.

Material
Arbeitsblatt Identitätspyramide Nr. 10-4

Teamziele

Ziel:
Gemeinsame Teamziele festlegen

Ziele ziehen – so einfach ist das! Ziele motivieren gleichermaßen Teams und IndividualsportlerInnen. Im Teamsport lässt sich Zusammenhalt und Identifikation mit dem Team zusätzlich stärken, indem alle zusammen Mannschaftsziele festlegen.

Dabei gelten die gleichen Grundsätze wie beim Festlegen individueller Ziele (siehe „Motivation & Zielsetzung" in Teil 1):

- **Zeitliche Dimension:** Kurzfristige, mittelfristige und langfristige Ziele setzen.
- **Inhalt der Ziele:** Prozess-, Ergebnis- und Leistungsziele sind möglich.
- **Formulierung der Ziele:** Die SMART-Regel hilft beim konkreten Formulieren:
  S = spezifisch,
  M = messbar,
  A = ambitioniert,
  R = realistisch und
  T = terminiert / zeitlich festgelegt.

Die Teamziele werden zu Beginn der Saison nach einer ersten Kennenlernphase festgelegt. Dann ist das Team vollständig und TrainerInnen wie SportlerInnen haben einen Eindruck von der Leistungsfähigkeit des Teams erlangt. Ein guter Zeitpunkt für einen Zielsetzungstermin ist das Trainingslager zur Saisonvorbereitung. Alle Teammitglieder sollten bei dem Zielfindungsprozess mitmachen.

Zuerst besprechen die SportlerInnen in Kleingruppen die Ziele. Folgende Fragen helfen dabei (je nach Sportart und Alter anpassen):

- Welche Platzierung können wir in dieser Saison erreichen?
- Wie viele Punkte können wir erreichen?
- Wie viele Punkte sind bis zur Winterpause realistisch?
- Wie müssen wir uns taktisch und technisch als Team entwickeln, um unsere Ziele zu erreichen?
- Wie müssen wir uns zwischenmenschlich weiterentwickeln, um unsere Ziele zu erreichen?

Danach trifft sich die Gruppe erneut und alle Kleingruppen präsentieren ihre Ziele. Gemeinsam legen jetzt alle die Mannschaftsziele fest. Diskutieren und verhandeln ist erlaubt. Anschließend werden die Ziele aufgeschrieben und visuell schön gestaltet.

Teamziele visualisieren

Um sich fest an die Ziele zu binden, hilft es, den Prozess, wie sie Stück für Stück erreicht werden, zu visualisieren. Ein klassisches Beispiel ist der Vergleich mit einer Bergtour. Die verschieden hohen Gipfel stehen für die Zwischenziele. Das Team erklimmt den Berg immer weiter, bis sie den höchsten Gipfel (z. B. den Titel zu gewinnen) erreicht haben. Alternativ zur altbekannten Bergtour hier einige weitere Beispiele für Visualisierungsmöglichkeiten:

Hochhaus: Die Stockwerke stellen Zwischenziele dar, zum Schluss kommt man auf dem Dach des Hochhauses an. Werden die Ziele auf dem Dach eines spektakulären Hochhauses oder auf einem Turm festgelegt, wird der Event-Charakter wahrscheinlich noch mehr Erinnerungswert für die SportlerInnen schaffen.

Plexiglasröhre: An einem zentralen Ort im Verein (z. B. Eingang Kabine) wird eine lange, durchsichtige Plexiglasröhre angebracht. Das untere Ende der Röhre ist verschlossen, das obere Ende offen. Zwischenziele werden in einer Skala an der Röhre markiert. Für jeden Sieg oder erworbenen Punkt kommt ein Ball (z. B. Tennisbälle, bunte Kunststoffbälle) hinein. So füllt sich die Röhre.

Kerben im Schläger: Je nach Sportart können für Siege auch Kerben in einen Gegenstand (z. B. Schläger) geritzt werden. Beim Zielsetzungstermin werden mit Filzstift Querstriche auf den Schläger gezeichnet. Zusammen ergeben die Striche die festgelegte Punktzahl, die erreicht werden soll. Mit einem Messer darf der*die „WoMan of the Match" die vorgezeichneten Linien für die erworbenen Punkte auskerben. Der Schläger wird an der Kabinentür platziert, sodass jede(r) nach der Kabinenansprache noch einmal an dem Schläger vorbeigeht.

Bild freilegen: Das Team vereinbart Belohnungen, wenn es bestimmte Punktzahlen erreicht hat. Etwa gemeinsam Eis essen, zum Bowlen gehen oder sogar eine kleine gemeinsame Reise unternehmen. Die TrainerInnen bereiten ein digitales Plakat vor, das aus unterschiedlichen Bildern von Belohnungen zusammengesetzt ist. Etwa ein Eis oder eine Bowlingkugel. Jedes Bild wird mit Rechtecken verdeckt. Dabei sollten so viele Rechtecke gewählt werden, wie Punkte ausgemacht wurden, um die Belohnung zu erreichen. Mit jedem erreichten Punkt wird ein Rechteck gelöscht und mehr vom Bild sichtbar. Sind schließlich alle verdeckenden Rechtecke gelöscht, wird die Belohnung sichtbar. Das Ziel ist erreicht!

Ich mache UNS stärker

Ziel:
Das Wir-Gefühl des Teams stärken

In der Performing-Phase bilden Teamkohäsion und positive Emotionen zentrale Elemente des Teamklimas. Um die Leistungsfähigkeit des Teams in dieser Phase zu fördern, wird das „Wir-Gefühl" des Teams durch verschiedene Maßnahmen unterstützt. Die folgende Übung eignet sich, um sie vor einem entscheidenden Abschnitt der Saison durchzuführen, etwa wenige Tage vor dem ersten Wettkampf. Die gesamte Mannschaft sollte teilnehmen, auch verletzte SportlerInnen, da jede(r) etwas zum Gruppenzusammenhalt beitragen kann.

Die SportlerInnen stellen sich im Kreis auf. Der*die TrainerIn hat verschiedene Bilder (ca. 50 Stück, z. B. Fotos aus dem Internet, Postkarten) zusammengesucht und diese in der Mitte des Kreises ausgelegt. Auf den Bildern können beispielsweise Tiere, Comicfiguren, Fahrzeuge, Landschaften, Menschen oder Personengruppen zu sehen sein.

Die TrainerInnen erklären den SportlerInnen, wie wichtig es gerade in der Wettkampfphase ist, dass alle an einem Strang ziehen. Egal, welche Rolle die SportlerInnen im Team haben und ob sie verletzt oder gesund sind, alle tragen etwas zum Erfolg des Teams bei. Die SportlerInnen überlegen sich, was sie persönlich zum Erfolg beitragen können. Dazu gehören auch Qualitäten, die nicht direkt mit der sportlichen Leistung zu tun haben, wie Humor, ein offenes Ohr oder Kampfgeist verbreiten.

Jetzt schauen sich alle die Bilder an und jede(r) wählt das aus, welches zu seinem*ihrem Beitrag fürs Team passt. Manchmal entsteht erst beim Betrachten der Bilder eine Idee, was sie einbringen möchten. Dann zeigen alle SportlerInnen ihr Bild. Dazu hebt er*sie das Bild auf, stellt sich vor die Mannschaft und sagt: „Ich mache uns stärker, indem ...". Der*die SportlerIn führt möglichst konkret aus, wann und wie er*sie seine*ihre Fähigkeit einbringen möchte, zum Beispiel:

- „Ich mache uns stärker, indem ich das Team motiviere, wenn wir zurückliegen."
- „Ich mache uns stärker, indem ich anderen zuhöre, wenn sie Schwierigkeiten haben."
- „Ich mache uns stärker, indem ich die Atmosphäre vor den Wettkämpfen auflockere."

Wenn die SportlerInnen ihren Beitrag fürs Team vorgetragen haben, schreiben sie ihn mit Filzstift auf das Bild. Alle ausgewählten Karten werden zusammengelegt. Die Bilder mit den Aussagen können z. B. in einem Plakat zusammengestellt werden, das in der Kabine aufgehängt wird. Oder die TrainerInnen verteilen sie beim Frühstück vor dem Wettkampf, um alle an das „Wir-Gefühl" und die Teamziele zu erinnern.

Behind the Back

Ziel: Selbstvertrauen für besondere Wettkämpfe stärken

Die folgende Übung hilft SportlerInnen, ein Gefühl dafür zu entwickeln, dass sie individuell und als Gruppe über genügend Ressourcen für anstehende Anforderungen verfügen. Diese Sicherheit hilft, mit Druck besser umzugehen und die Teamleistung abzurufen. Für die Übung werden eine Kamera und ein Videoschnittprogramm benötigt. Um die Motivation beim Dreh vorab zu steigern, beziehen die TrainerInnen die KapitänInnen oder den Mannschaftsrat in die Planung ein.

Ziel der Übung ist, dass jede(r) SportlerIn am Ende ein Video mit positiven Statements der TeamkollegInnen über sich bekommt. Dazu wird jedes Teammitglied einzeln in einem Interview zu den KollegInnen befragt und dabei gefilmt. In den Interviews geht es um die besonderen Fähigkeiten der anderen. Das können Stärken beim Sport oder sonstige sein. Die Videosequenzen werden zu einem kurzen Video für jede(n) SportlerIn zusammengeschnitten. Zusätzlich kann sich jede(r) SportlerIn einen Song wünschen, der das Video untermalt. Jedes Teammitglied bekommt einen Tag vor dem ersten Spiel der Saison oder einem wichtigen Finale sein persönliches Video.

Es ist gar nicht so einfach, vor der Kamera spontan zu jedem Teammitglied eine Stärke oder besondere Fähigkeit zu benennen. Deshalb bitten die TrainerInnen die SportlerInnen, sich schon vorher über die besonderen Eigenschaften der TeamkollegInnen Gedanken zu machen. Allerdings sollen sich die SportlerInnen nicht untereinander absprechen. Die Übung, insbesondere das Schneiden der Videos, kostet viel Zeit. Für das gute Ergebnis lohnt es sich aber, diese zu investieren.

Gastautor

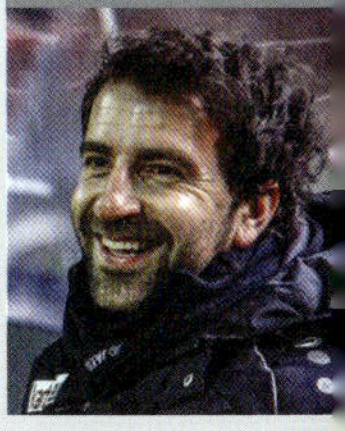

Vincent Rödel

Details zum Autor auf Seite 251

Lessons Learned

Ziel: Durch den Rückblick auf die Saison Erfahrungen für die Zukunft sammeln

Nach Abschluss einer Saison verändern sich Teams. Oft verlassen SportlerInnen den Verein, wechseln die Altersklasse oder Mannschaften lösen sich komplett auf. Auch TrainerInnen und BetreuerInnen wechseln. Daher ist es sinnvoll, die Saison gemeinsam abzuschließen, bevor alle auseinandergehen. Das hilft, Erfahrungen zu bewahren und für die Zukunft zu nutzen. Die SportlerInnen ziehen leichter einen inneren Schlussstrich unter die Saison und stehen neuen Entwicklungen offener gegenüber.

Um die abgeschlossene Saison zu reflektieren, legen die TrainerInnen ein langes Seil quer durch den Raum. Das Seil stellt einen Zeitstrahl dar, an dessen Ende eine Moderationskarte mit dem Datum des Saisonstarts platziert wird. Am anderen Ende liegt eine Karte mit dem aktuellen Datum. Die Mannschaft sammelt nun gemeinsam wichtige Punkte und Phasen der Saison. Diese Punkte schreiben sie auf Moderationskarten und platzieren sie chronologisch neben das Seil. Das können Ereignisse, wie besondere Trainingslager, wichtige Siege oder Niederlagen, Verletzungen, Ausfälle oder Trainerwechsel sein. Stück für Stück ergänzen die SportlerInnen den Zeitstrahl.

Danach fasst jede(r) SportlerIn die für ihn*sie wichtigen Ereignisse und daraus folgende Erkenntnisse zusammen. Es werden sowohl individuelle wie teambezogene Erkenntnisse berücksichtigt und die „Lessons Learned" festgehalten.

Die folgenden Fragen helfen:

- **fürs Team:** Was nehmen wir aus der Saison mit? Was macht ein gutes Team aus?
- **für mich selbst:** Was nehme ich mir für die Zukunft vor? Auf was möchte ich achten?

Der Zeitstrahl mit den Karten wird fotografiert und allen SportlerInnen geschickt. Da es sich normalerweise um persönliche Inhalte handelt, die Informationen bitte nicht an Dritte weitergeben.

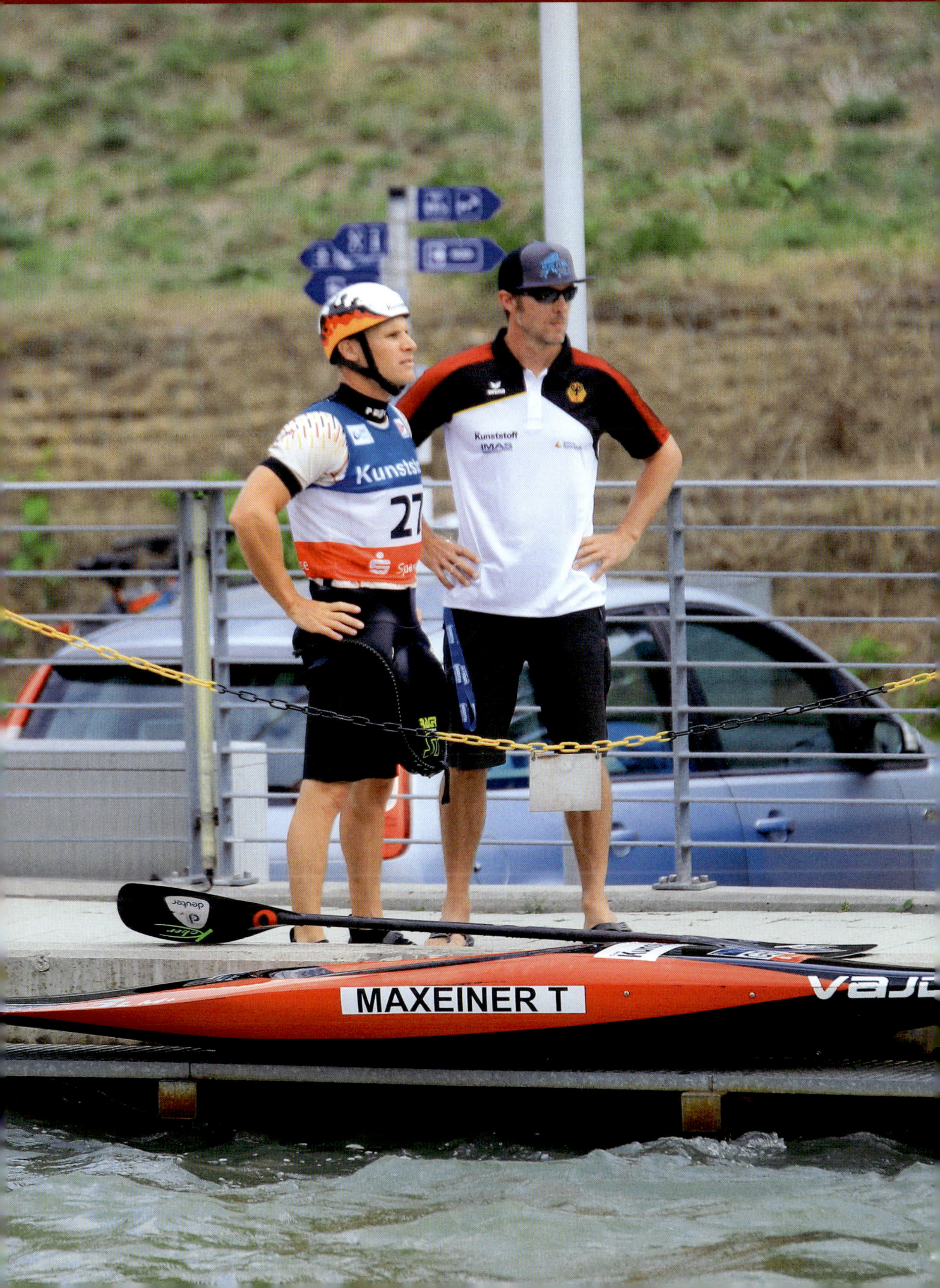
27
Kunststoff
MAXEINER T

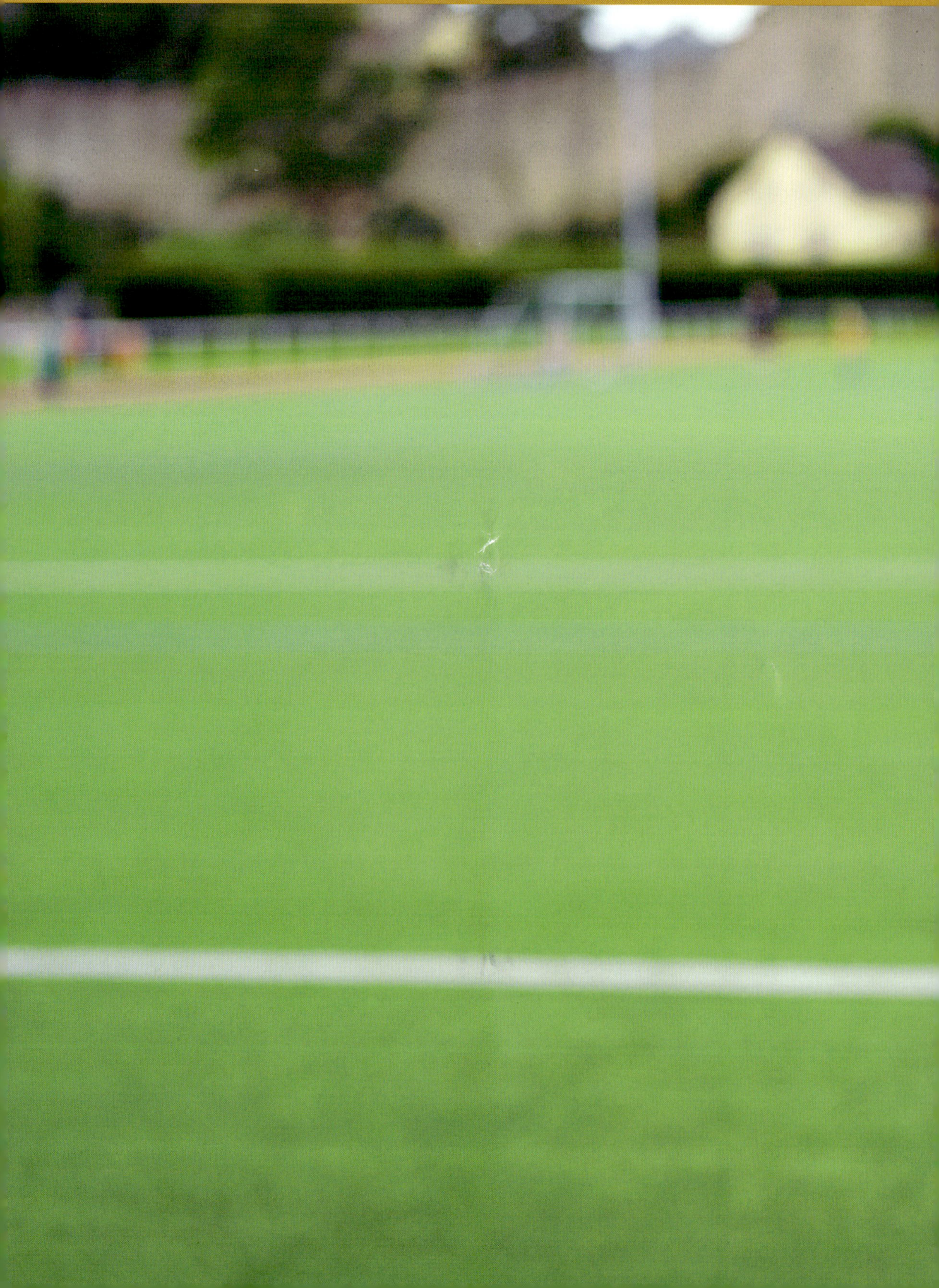

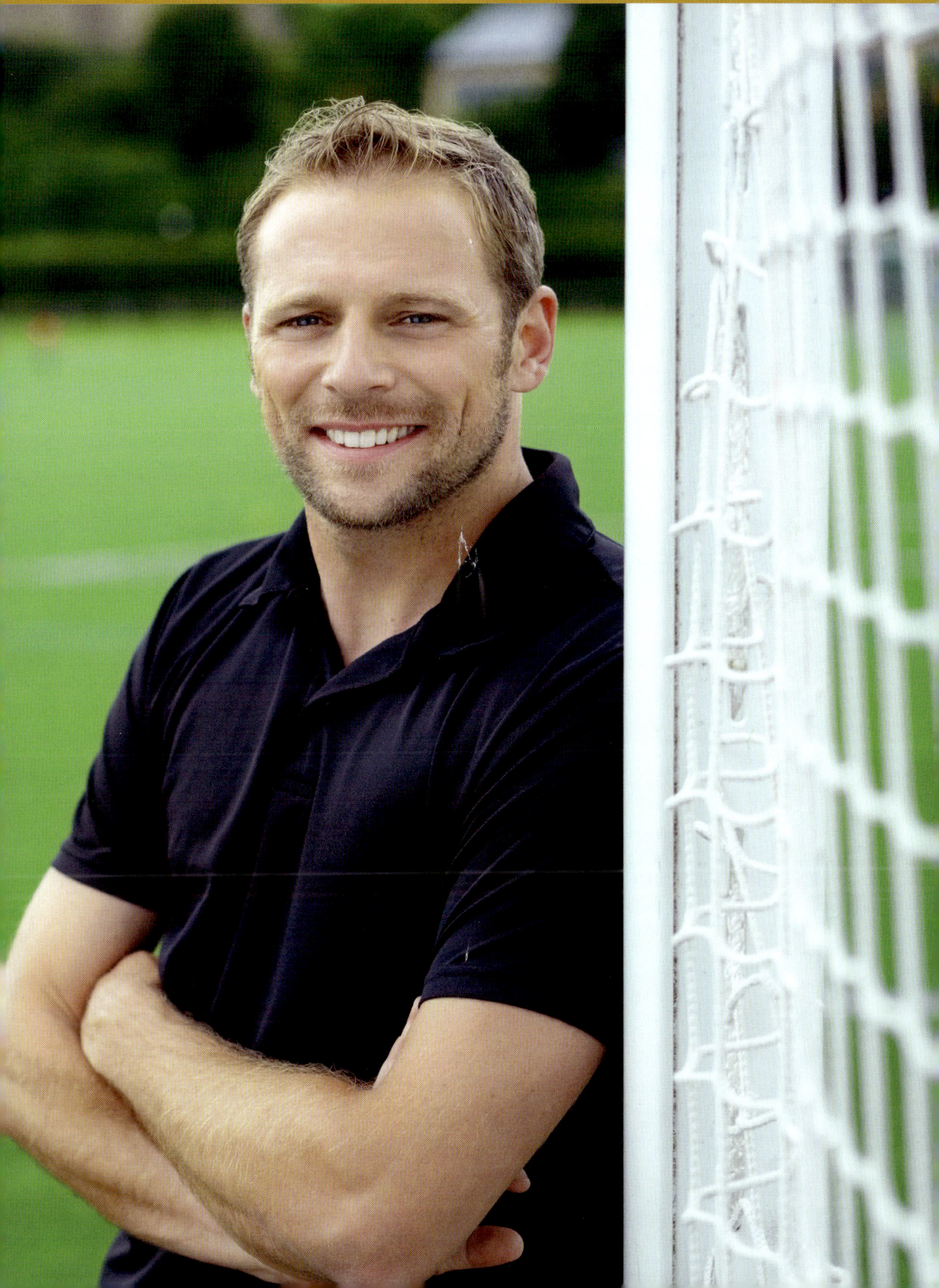

Ich als TrainerIn

Der*die TrainerIn ist neben den Eltern eine wichtige Bezugsperson für LeistungssportlerInnen. Er*sie beeinflusst maßgeblich die Persönlichkeitsentwicklung und das Verhalten der SportlerInnen. TrainerInnen fungieren als Vorbild und Rollenmodell, deshalb prägt die SportlerInnen nicht nur das, was gesagt wird, sondern das Verhalten insgesamt. Daher ist es für alle TrainerInnen unabhängig von Alter und Erfahrung entscheidend, sich immer wieder zu reflektieren und weiterzuentwickeln.

In ihrer Funktion als Vorbild ist wichtig, wie TrainerInnen kommunizieren. Neben dem Vermitteln sportspezifischer Inhalte nehmen TrainerInnen gerade im Nachwuchssport verschiedene Rollen ein. Sie sind gleichzeitig MotivatorIn, SeelsorgerIn, ManagerIn, ErzieherIn und vieles mehr. Sie müssen also erkennen, in welche Rolle sie im jeweiligen Moment schlüpfen müssen, um den richtigen Ton zu treffen. Schaffen sie das, werden sich die SportlerInnen von ihnen verstanden und gut aufgehoben fühlen. Schaffen sie es jedoch nicht, entstehen Missverständnisse, die sich zu Konflikten entwickeln können.

Neben der Rolle als Vorbild und KommunikatorIn müssen TrainerInnen ihre SportlerInnen lenken und leiten. Sie tragen dazu bei, die Mannschaft zu einem Team zusammenführen, die SportlerInnen mit passenden Zielen zu motivieren und geben Regeln für das Miteinander vor. Nehmen TrainerInnen ihre Führungsaufgaben nicht wahr, entsteht ein Führungsvakuum, das durch andere gruppendynamische Prozesse gefüllt wird.[1]

Um TrainerInnen bei ihren Aufgaben zu unterstützen, sind in diesem Kapitel Übungen aus vier Bereichen zusammengestellt. Der erste Bereich umfasst die Themen **Selbstklärung** und **Selbstfürsorge**. Bei der Selbstklärung geht es in erster Linie darum, sich selbst besser verstehen zu lernen, um die unterschiedlichen Rollen als TrainerIn bewusster einzusetzen. Die Übung „Mein(e) beste(r) TrainerIn" unterstützt TrainerInnen bei ihrer Selbstklärung und liefert Anhaltspunkte, sich zu hinterfragen und die eigenen Schwächen besser kennenzulernen. In den Übungen „Meine Stresskarten" und „Under Pressure!" werden Ideen zum Stressmanagement vorgestellt. Sie unterstützen TrainerInnen, gut für sich zu sorgen und wie SportlerInnen ihre Energiereserven im Blick zu haben (siehe Kapitel „Erholung & Regeneration").

Es folgen Übungen zum Bereich **Kommunikation.** Die Übungen „Der sicherere Stand" und „Das Auge hört mit" helfen, die eigene Körpersprache als Kommunikationsmittel besser zu verstehen und gezielter einzusetzen. Darauf aufbauend, vermitteln die Übungen „Aktiv zuhören" sowie „Fragen statt sagen" und „Let's Talk about ..." zentrale Kommunikations- und Feedbacktechniken.

Die Übungen „DiktatorIn oder DemokratIn" und „Führung auf ZAK!" hinterfragen das Führungsverhalten von TrainerInnen und vermitteln ein differenziertes Verständnis von **Führung**.

Ein weiterer Bestandteil dieses Kapitels ist die **Elternarbeit**. Besonders im Nachwuchssport ist ein guter Kontakt zu den Eltern wichtig, damit sich das Kind sportlich und persönlich entwickelt. Eltern sind Vorbilder, SponsorInnen, BusfahrerInnen, TrösterInnen und manchmal auch TrainerInnen in Personalunion. Genau diese Vielzahl an Aufgaben und Rollen kann Verwirrung und Missverständnisse hervorbringen. Sind Eltern neu im Leistungssport, wissen sie oft nicht, was von ihnen erwartet wird. Andere wiederum kennen sich gut aus, etwa weil sie früher selbst Leistungssport betrieben haben.

Besonders bei Eltern, die sich im Sport ihres Kindes gut auskennen, können Rollenkonflikte entstehen, wenn sie beispielsweise taktische und technische Anweisungen geben. Für TrainerInnen ist daher wichtig zu wissen, wie sie die Arbeit mit Eltern positiv gestalten können. Gelingt es den Trainer(Inne)n, freundlich eine Richtung vorzugeben, können alle gemeinsam an einem Strang ziehen, anstatt sich Kompetenzen streitig zu machen.

Es gibt in der Arbeit mit Eltern drei zentrale Prozesse, die TrainerInnen beachten sollten:[2]

1. **Kontaktaufbau und Informationsaustausch:**
   Regelmäßiger Kontakt und Informationsaustausch tragen wesentlich dazu bei, Missverständnissen vorzubeugen. Eltern sollten die Gelegenheit erhalten, ihr Wissen über den Leistungssport und den Sport ihrer Kinder zu erweitern. In der Übung „Come as You are …" finden TrainerInnen Anregungen, wie sie den Austausch initiieren und positiv gestalten können.

2. **Elternrollen im Leistungssport:**
   Um die SportlerInnen gemeinsam zu unterstützen, müssen die Rollen von TrainerInnen und Eltern klar festgelegt sein. Die Übung „Von WasserträgerInnen und TeammanagerInnen" gibt Eltern Impulse, wie sie ihre Rollen und Aufgaben reflektieren und im Gegenzug auch Verständnis für die Rollen und Aufgaben der TrainerInnen entwickeln können.

3. **Umgang mit Druck:**
   Eltern beeinflussen durch ihr Verhalten erheblich das emotionale Erleben der Kinder im Sport. Es besteht die Gefahr, dass sehr ehrgeizige Eltern zu viel Druck ausüben, was zu Blockaden führt und die Freude am Sport nimmt. Doch Eltern beeinflussen ihre Kinder auch positiv und helfen ihnen, positive Erfahrungen im Sport zu sammeln und an sportlichen Herausforderungen zu wachsen. Die Übung „No Pressure, No Diamonds?" liefert exemplarische Anregungen, wie TrainerInnen dieses wichtige Thema im Rahmen eines Elternabends besprechen können. Gemeinsam mit den Eltern erarbeiten sie einen 10-Punkte-Plan mit unterstützenden Verhaltensweisen.

Mein(e) beste(r) TrainerIn

Ziel:
Den eigenen Trainerstil biografisch reflektieren

Material
Arbeitsblatt Mein(e) beste(r) TrainerIn Nr. 11-1

Egal, ob professionell oder ehrenamtlich: TrainerIn ist kein Lehrberuf von der Stange. Menschen wachsen in der Regel in diese Rolle hinein. Häufig werden ehemalige SportlerInnen nach der eigenen Laufbahn TrainerInnen, um ihr Wissen und ihre Erfahrungen weiterzugeben. Dabei bekommen sie fachliche Unterstützung und lernen durch Trainerausbildungen methodisches Hintergrundwissen.

Gleichzeitig entwickeln sie intuitiv ihren persönlichen Stil und ihre Philosophie als TrainerIn. Dieser Prozess läuft selten geplant ab, sondern zumeist unbewusst. Unterschiedliche Faktoren beeinflussen die Entwicklung zur Trainerpersönlichkeit. Zu diesen Einflüssen gehören die Kultur der jeweiligen Sportart und die Erfahrungen mit TrainerInnen aus der eigenen sportlichen Laufbahn.

Die eigene biografische Prägung zu verstehen und den persönlichen Stil zu reflektieren helfen, ein(e) gute(r) TrainerIn zu werden. Je besser TrainerInnen wissen, wie genau sie ihre Rolle ausfüllen und was ihr Verhalten bei den SportlerInnen bewirkt, desto besser können sie sich auf ihre Schützlinge einstellen.

In der folgenden Übung reflektieren TrainerInnen ihr Verhalten und Auftreten, auch vor dem Hintergrund der eigenen Biografie. Das tun sie mit Hilfe eines positiven und eines negativen Rollenmodells. Sie wählen den*die beste(n) und schlechteste(n) TrainerIn, die sie während ihrer Karriere kennengelernt haben und stellen sie einander gegenüber. Die folgenden Fragen und das entsprechende Arbeitsblatt 11-1 thematisieren, was gute oder schlechte TrainerInnen ausmacht.

1) Was hat mein(e) beste(r)/schlechteste(r) TrainerIn konkret gut gemacht?
2) Welche Verhaltensweisen und Grundeinstellungen haben sie ausgezeichnet?
3) Was hat das damals bei mir bewirkt?
4) Was habe ich bewusst oder unbewusst von ihnen mitgenommen?

Under Pressure!

Ziel: Selbstwahrnehmung und Selbstregulation in Drucksituationen

In heißen Phasen wie Endspielen, Finalen oder anderen entscheidenden Situationen geraten nicht nur SportlerInnen unter Druck. Auch TrainerInnen fühlen sich gestresst, sei es durch Druck von außen oder durch den eigenen Ehrgeiz. Um die SportlerInnen auch in solchen Situationen gut zu coachen, müssen TrainerInnen einen kühlen Kopf bewahren. Dazu ist es hilfreich, den Blick immer wieder nach innen zu richten und sich auf entscheidende Momente vorzubereiten. Mit dem Arbeitsblatt 11-4 setzen sich TrainerInnen mit ihrem Verhalten unter Druck auseinander und lernen, damit umzugehen.

1) **Analyse & Selbstwahrnehmung:** Der erste Schritt, gut mit Stress umzugehen, besteht darin, die Wahrnehmung für Stressoren und Stresssymptome zu schärfen. Anhand der Arbeitsblätter 11-2 und 11-3 checken TrainerInnen, welche Stresssymptome bei ihnen auftreten. Dazu sollten Stressoren identifiziert und das eigene Verhalten unter Stress reflektiert werden. Besonders durch die Analyse der Stressoren können sich TrainerInnen auf zukünftig schwierige Situationen vorbereiten und Strategien entwickeln, damit umzugehen. Solche Stressoren können vermeintlich ungerechte Entscheidungen von SchiedsrichterInnen sein, Gegentore oder Zeitverzögerungen im Wettkampfablauf.

2) **Planen & Steuern:** Im zweiten Schritt erarbeiten TrainerInnen Handlungspläne und Wenn-Dann-Strategien für den Umgang mit Stressoren. Zur Selbststeuerung unter Druck helfen TrainerInnen die Übungen, die in den Kapiteln „Emotionen spüren & steuern" und „Fokus & Gelassenheit" vorgestellt werden. Viele TrainerInnen profitieren etwa davon, Anspannung über Atmung, Körperhaltung oder Gedanken zu regulieren. Auch das Selbstgespräch weg vom Ergebnis hin zur Aufgabe zu lenken ist eine sinnvolle Strategie. Beim Coaching der SportlerInnen in Drucksituationen geht es darum, Emotionen zu vermitteln. TrainerInnen sollten sich deshalb überlegen, welches Gefühl sie transportieren wollen. Wenn es ihnen gelingt, etwa vor der Mannschaftsansprache in dieses Gefühl einzutauchen, werden sie ihre SportlerInnen besser erreichen und inspirieren.

3) **Training & Ausprobieren:** Jetzt soll das Erarbeitete umgesetzt werden. Gerade in Kommunikation (Was will ich wem wann sagen? Welche Informationen sind entscheidend?) und Körpersprache (Wie kann ich das Gesagte nonverbal unterstützen?) können sich selbst erfahrene TrainerInnen immer weiterentwickeln. Neben Feedback von anderen, das die Selbstreflexion unterstützt, eignen sich Spickzettel. Auf ihnen notieren sich TrainerInnen, auf welche Aspekte sie besonders achten möchten, um während des Trainings oder des Wettkampfes daran zu denken.

4) **Manöverkritik & Feedback:** Zuletzt werden die erarbeiteten Strategien anhand der Fragen auf dem Arbeitsblatt 11-4 ausgewertet. Nach belastenden Phasen oder zu einem vorab definierten Zeitpunkt nehmen sich TrainerInnen Zeit, um die angewendeten Strategien zu reflektieren. „Coaching unter Druck" ist ein kontinuierlicher Prozess aus Ausprobieren, Reflektieren und schrittweiser Verbesserung.

Material
Arbeitsblatt Meine Stresskarten Nr. 11-2, 11-3

Arbeitsblatt Under pressure! Nr. 11-4

Meine Stresskarten

Ziel:
Die eigenen Stresssignale wahrnehmen und einordnen

Gastautor

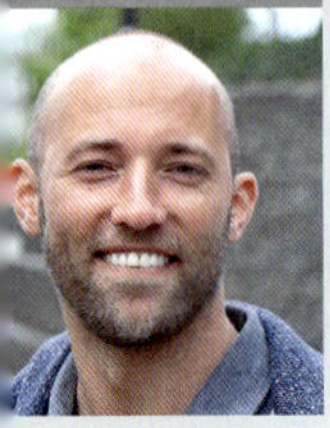

Dr. Sebastian Altfeld

Details zum Autor auf Seite 250

Material
Arbeitsblatt Meine Stresskarten Nr. 11-2, 11-3

Meist ist der Job „TrainerIn" der beste der Welt. Doch TrainerInnen sind in ihrem Beruf auch hohen Belastungen ausgesetzt. Sie müssen sich mit Konflikten, Drucksituationen, Erwartungen und Sorgen sowie der Planung von Trainings und Wettkämpfen auseinandersetzen. Diese vielfältigen Anforderungen können zu Stress führen. Kurzfristig ist Stress kein Problem und wird etwa durch Erfolge und Bestätigung ausgeglichen. Langfristig schadet konstanter Stress jedoch und TrainerInnen sollten genau wie ihre SportlerInnen die eigenen Energiereserven gut im Blick behalten.[3]

Die folgende Übung hilft TrainerInnen, auf ihr Stresslevel zu achten. Das ist besonders vor entscheidenden Phasen der Saison wichtig – erschöpfte TrainerInnen werden ihre SportlerInnen weder gut coachen können noch authentisch motivieren. Manchmal ist es allerdings gar nicht so einfach, die eigenen Stresssymptome wahrzunehmen. Gerade in anstrengenden Zeiten schalten wir häufig in den Autopilot-Modus, in dem wir Stresssignale übersehen und einfach weiter Vollgas geben.

Um dies zu verhindern, ist es wichtig, Warnzeichen des Körpers zu kennen und zu wissen, wie sich Körpersignale verändern, wenn Stress zunimmt oder über einen langen Zeitraum anhält. Unser Körper sendet Stresssignale auf unterschiedlichen Ebenen. Diese können sich in **Gedanken** (z. B. „Das schaffe ich nicht"), in **körperlichen Reaktionen** (z. B. starkes Schwitzen oder Kopfschmerzen), **Gefühlen** (z. B. Niedergeschlagenheit, Erschöpfung oder Mutlosigkeit) und im **Verhalten** (z. B. Hektisches oder aggressives Verhalten, Rückzug) ausdrücken. Nehmen wir diese wahr, können wir regulierend eingreifen.

Individuell weisen ganz unterschiedliche Warnsignale auf eine hohe Belastung hin. Um sein eigenes Stresslevel schnell einschätzen zu lernen, können die persönlichen Warnsignale analog zur Gelben und Roten Karte aus dem Fußball eingeteilt werden. Auf der gelben Karte werden Stresssignale zusammengefasst, die erste individuelle Warnzeichen darstellen. Diese können mir als Hinweise dienen, um erste Gegenmaßnahmen einzuleiten. Sollte man seine roten Warnzeichen spüren, ist das ein klarer Hinweis des Körpers, sich eine Auszeit zu nehmen. Dann ist es höchste Zeit, sich selbst „vom Platz zu stellen" und die Energiereserven aufzuladen. Sonst drohen eine längere Auszeit und auf lange Sicht Krankheit oder Burnout.

Zuerst sollen sich TrainerInnen ihre Stresssymptome bewusst machen. Auf dem Arbeitsblatt 11-2 überprüfen sie dazu, welche Warnsignale sie von sich kennen. Einige Warnsignale werden bekannt sein, andere weniger. Entscheidend dabei ist, dass man sich mit der Liste für seine persönlichen Warnzeichen von andauerndem Stress sensibilisiert.

Danach werden mit Hilfe des Arbeitsblatts 11-3 die gelben und roten Stresskarten individuell bestückt. Das heißt, die Warnsignale der Checkliste werden den Bereichen Verwarnung (gelb) und Auszeit (rot) zugeordnet. Um sich regelmäßig daran zu erinnern, Beanspruchung und Erholung in Balance zu halten, sollte man die Karten gerade in stressigen Zeiten dort befestigen, wo man sie regelmäßig sieht. Etwa am Badezimmerspiegel, Kühlschrank oder neben dem Computer.

Als Gegenmaßnahmen bei einer gelben Karte sollte man den Energieverbrauch drosseln und auftanken. Viele tolle Ideen dazu finden sich im Kapitel „Erholung & Regeneration". Gerade ehrgeizige TrainerInnen planen selten ausreichend Regenerationszeiten für sich selbst ein und lernen sich erst durch rote Karten des Körpers zu bremsen. Wenn es in diesen roten Bereich geht, ist es höchste Zeit, „rechts ran zu fahren" und für mehrere Tage eine Auszeit zu nehmen, um Abstand zu gewinnen. Hilft auch das nicht, sollten sich TrainerInnen dringend an ExpertInnen wenden.

Stressmanagement für TrainerInnen

- **Abschalten:** Täglich kurze Ruhephasen einbauen: z. B. 30 Minuten spazieren gehen, ein Buch lesen, Musik hören. Manchmal hilft es auch, allein zu sein und Zeit für sich zu haben.
- **Pausen einplanen:** Im eigenen Terminkalender Zeiten für Regeneration blocken. Nicht abwarten, bis sich Pausen eventuell von selbst ergeben.
- **Nebenwelten pflegen:** Man kann nicht 24 Stunden am Tag TrainerIn sein, sondern sollte auch anderen Interessen nachgehen.
- **Rollenwechsel:** Es sollte auch Zeit mit der Familie eingeplant werden. Der Rollenwechsel spendet Kraft und ermöglicht eine Auszeit vom Trainerjob.
- **Life-Training-Transition:** Gerade als ehrenamtliche TrainerInnen im Breitensport muss man Job und Alltagsstress hinter sich lassen, um mit freiem Kopf das Training zu leiten. Hier helfen schon Mini-Routinen, etwa sich im Auto noch mal fürs Training zu sammeln. Auch sollte man nicht noch die letzten zwei Minuten vor dem Training ein anstrengendes Telefonat führen, sondern sich Zeit zum Ankommen im Training und für den Rollenwechsel nehmen.
- **Best-Practice-Lösungen:** Gerade der Bereich Stressmanagement lebt von individuellen Best-Practice-Lösungen. Daher ist es sinnvoll, sich Ideen von erfolgreichen KollegInnen und Vorbildern abzuschauen.

Der sicherere Stand

Ziel: Über die Körpersprache Sicherheit aufbauen und ausstrahlen

Die Körperhaltung beeinflusst, ob man sich in Drucksituationen sicher fühlt und das auch ausstrahlt. Wesentlich bei der Körpersprache ist der Stand. Bei Ansprachen, Vorträgen oder schwierigen Gesprächen lässt sich damit Sicherheit vermitteln. Das gilt auch im Sport: Trippeln TrainerInnen bei der entscheidenden Ansprache unsicher herum oder sitzen gar in der Ecke, werden sie kaum Vertrauen ausstahlen.

Um im Stand Sicherheit zu spüren, sollte die folgende Übung regelmäßig durchgeführt werden. Denn so koppelt sich mit der Zeit das Gefühl der Sicherheit an die Körperhaltung, den festen Stand. Diese Verbindung ist in stressigen Situationen sehr nützlich. Sicher zu stehen kann dann als Startvorbereitung vor Ansprachen, Vorträgen oder anderen herausfordernden Situationen eingesetzt werden.

So geht's:

Schritt 1: Kontakt zu sich selbst herstellen
Um Kontakt mit sich aufzunehmen, ist ein lockerer Stand wichtig. Der Fokus sollte ganz auf den Moment gerichtet sein (siehe „Zentrieren").

Schritt 2: Ruhe spüren
Nun ganz in Ruhe mehrmals hintereinander ein- und ausatmen. Bereits nach ein paar bewussten Atemzügen spürt man, wie sich Ruhe und Gelassenheit einstellen.

Schritt 3: Bodenkontakt herstellen
Um sich fest mit dem Boden zu verankern, die Füße ungefähr hüftbreit auseinanderstellen. Jetzt leicht mit dem Körper vor und zurück sowie nach rechts und links pendeln. Manchmal hilft es auch, den Abstand der Füße zueinander etwas zu verändern, um den Bodenkontakt zu verbessern.

Schritt 4: Sicherheit spüren
Nun in sich hineinhören und wahrnehmen, wie die Stellung der Füße den gesamten Körperausdruck bestimmt. Mit etwas Übung spürt man deutlich, wie sich der Stand auf die gesamte Körperhaltung und das innere Gefühl von Sicherheit auswirkt. In dieses Gefühl von Sicherheit und Souveränität nun eintauchen und für ein paar Sekunden die Verbindung zwischen Körperhaltung und innerer Sicherheit spüren.

Das Auge hört mit

Ziel:
Körpersprache analysieren und verbessern

Die Körpersprache, zu der alle Formen von Gestik, Mimik, Haltung und Bewegung gehören, ist wesentlicher Bestandteil der Kommunikation. Man denke an aufgeregt gestikulierende TrainerInnen an der Seitenlinie des Fußballplatzes. Meistens reagieren wir in Gesprächssituationen unbewusst mit unseren Gesten auf unser Gegenüber. Das ist normal, Körpersprache, Sprachmelodie, Stimme, Wortwahl und Inhalte müssen zueinander passen, wir stimmen sie automatisch und intuitiv ab.

Manchmal aber funktioniert diese intuitive Absprache nicht einwandfrei. So gewöhnen wir uns im Laufe unseres Lebens möglicherweise körpersprachliche Marotten an, die missverständliche Signale senden oder die nicht zu unseren verbalen Botschaften passen. Genauso wie der verbale Ausdruck lässt sich auch die Körpersprache verbessern. Aber Vorsicht: Zu bewusste Körpersprache wirkt aufgesetzt und wenig authentisch.[4] Oft hilft es TrainerInnen schon, sich ihre Gewohnheiten in der Körpersprache bewusst zu machen und diese zu reflektieren, um sich klarer und ausdrucksstärker zu präsentieren.

Um an ihrer Körpersprache zu arbeiten, sollten TrainerInnen ein Video vom eigenen Coaching in Trainings- oder Wettkampfsituationen aufnehmen. Dieses Video auszuwerten ist die Grundlage für Verbesserungen, die dann geübt werden müssen.

Video aufnehmen: TrainerInnen lassen sich bei einer Mannschaftsansprache, Auszeit oder beim Feedback im Training filmen. Am besten wird die Situation aus größerer Entfernung aufgenommen und die TrainerInnen wissen nicht genau, wann sie gefilmt werden. Dann ist die Körpersprache authentisch und sie laufen nicht Gefahr zu schauspielern.

Video auswerten: Der*die TrainerIn schaut das Video an. Dabei sollte man sich nicht sofort auf Fehler oder Verbesserungspotenziale stürzen, sondern zunächst die eigene Körpersprache besser verstehen lernen. Dazu dienen die Reflexionsfragen im ersten Teil des Arbeitsblatts 11-5.

Entwicklungsbereiche definieren und üben: Oft fallen den TrainerInnen gleich mehrere Punkte auf, die verbessert werden können. Aber wie beim Techniktraining im Sport sollten auch hier Schwerpunkte gesetzt werden. Diese werden zunächst vor dem Spiegel oder mit FeedbackgeberInnen geübt, bevor man sie vor den SportlerInnen umsetzt. Es ist gut, sich einige Gestik-Standards zurechtzulegen. Welche Gesten passen zu häufig genutzten Sätzen? Im zweiten Teil des Arbeitsblatts werden Trainingsmöglichkeiten für die Körpersprache festgelegt.

Videokontrolle: Zuletzt wird eine Nachher-Kontrolle durchgeführt. Die Ausgangssituation wird erneut aufgenommen und ausgewertet. Jetzt lässt sich überprüfen, wie sich die Körpersprache verbessert hat.

Material
Arbeitsblatt Das Auge hört mit Nr. 11-5

Aktiv zuhören

Ziel:
Kommunikation fördern

TrainerInnen analysieren und erklären ihren SportlerInnen viel. Fragt man die SportlerInnen anschließend, was sie sich gemerkt haben, ist das oft erstaunlich wenig. Um ein besseres Ergebnis zu erzielen, sollte man sich bewusst machen, dass es beim Kommunizieren Sender und Empfänger gibt. Damit die Kommunikation nicht in einer Einbahnstraße stecken bleibt, sollte der Empfänger im Mittelpunkt stehen. Entsprechend sollten TrainerInnen vor allem eins gut können: zuhören. So gelingt es auch besser, Inhalte zu vermitteln.

Eine(n) gute(n) ZuhörerIn macht in erster Linie eine innere Haltung aus, doch helfen auch einige Techniken, ein(e) gute(r) ZuhörerIn zu werden.

Zur inneren Haltung guter ZuhörerInnen gehört:

1) Sich auf das Gegenüber konzentrieren.
2) Nicht nur hören, sondern auch spüren, was gesagt wird.
3) Sich in die Situation und Körpersprache des Gegenübers einfühlen.
4) Möglichst unvoreingenommen sein.
5) Im Zweifel nachfragen, wie etwas gemeint ist.

Auf Grundlage dieser Haltung gibt es drei Techniken der Gesprächsführung, die unter der Überschrift „Aktives Zuhören" zusammengefasst werden. Hört man aktiv zu, vermittelt man dem Gegenüber, verstanden zu werden.

1. Aufnehmendes Zuhören: Aufnehmend zuhören bedeutet, selbst möglichst wenig zu sprechen, um sich besser auf das zu konzentrieren, was das Gegenüber sagt. Dabei helfen Aufmerksamkeitsbekundungen wie „Aha", „Ja", „Verstehe!", „O. k." sowie Gesten, wie Blickkontakt und eine zugewandte Körperhaltung. Passt man die eigene Gestik, Mimik und Körpersprache an die des Gesprächspartners an, spiegelt also sein Gegenüber, zeigt man, dass man versteht und inhaltlich folgt. Aufnehmend zuhören funktioniert zum Beispiel sehr gut, wenn SportlerInnen gerade emotional sind, sich ärgern oder etwas Aufregendes erleben.

Durch tiefes, aber nicht übertriebenes Ein- und Ausatmen kann man seine GesprächspartnerInnen beruhigen. Der eigene Atemrhythmus überträgt sich automatisch auf die anderen, sie werden ruhiger und entspannen sich.

2. Paraphrasieren: Das heißt, das Gesagte mit eigenen Worten wiederzugeben. Das verstärkt den Kontakt und vermittelt dem Gegenüber das Gefühl, verstanden zu werden. Auch kann man so überprüfen, ob alles richtig angekommen ist. Man kann auch paraphrasieren, indem man Fragen stellt (z. B. „Habe ich dich richtig verstanden, dass ...?", „Meintest du, dass ...?"). Mit diesen Fragen lassen sich Missverständnisse ausräumen. Außerdem verschaffen solche Fragen in emotionalen Gesprächen Zeit und Raum, eigene Gefühle besser zu kontrollieren.

3. Gefühle verstehen: Diese Technik zielt auf die emotionalen, versteckten Botschaften des Gegenübers ab. TrainerInnen beschreiben möglichst wertfrei, wie sie die Stimmung der SportlerInnen wahrnehmen. Bei dieser Technik braucht man ein Gespür für emotionale Zwischentöne. Nicht nur was gesagt wurde, ist von Bedeutung, sondern auch wie es gesagt wurde. Beschreiben TrainerInnen ihre persönlichen Eindrücke, signalisieren sie, dass sie bereit sind, Korrekturen und Widerspruch anzunehmen („Ich habe den Eindruck, dass ...", „Es kommt mir so vor, als ob ...").

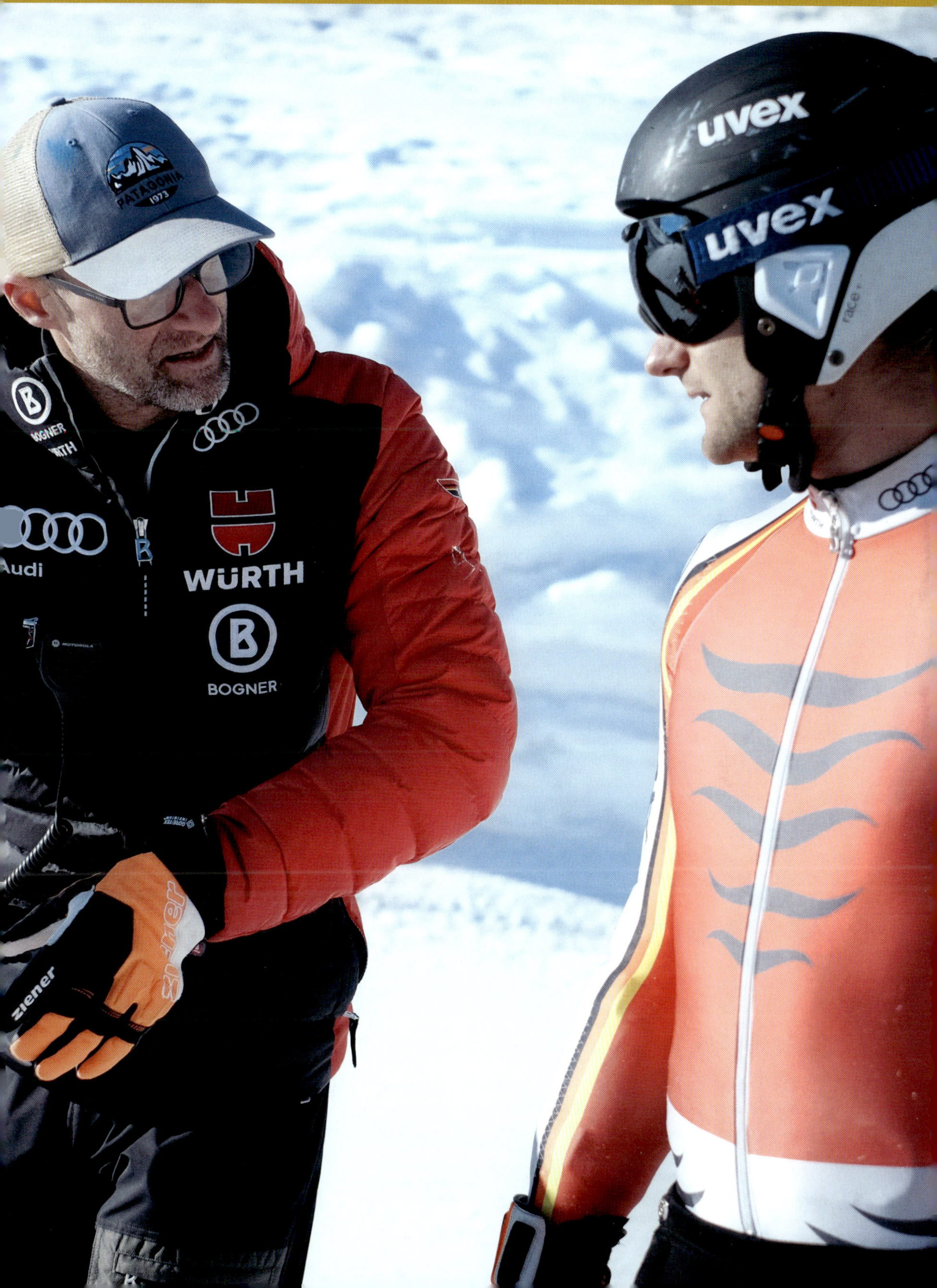
uvex
uvex
WÜRTH
BOGNER
Audi
ziener

Feedback-Toolbox

1. Das Nachrichtenquadrat

Das Nachrichtenquadrat[5] ist ein kommunikationspsychologisches Modell, in dem jeder Nachricht eines Senders vier Seiten zugeordnet werden: Sachinhalt, Selbstoffenbarung, Beziehung und Appell. Aussagen wie „Du bist zu spät" sind also prinzipiell mehrdeutig und enthalten Informationen auf mehreren Ebenen. Der Empfänger kann eine Nachricht dementsprechend auf unterschiedlichen Ebenen hören, sinnbildlich auf vier Ohren. Manchmal kommt Feedback also nicht so an, wie es gemeint war, weil SportlerInnen die Nachricht auf einer anderen Ebene empfangen, sie zum Beispiel sehr empfindlich reagieren, weil sie durch vergangene Ereignisse mit den TrainerInnen auf der Beziehungsebene besonders empfänglich sind.

Das Nachrichtenquadrat hilft vor allem, Missverständnisse und Barrieren in der Kommunikation aufzudecken. Wenn sich TrainerInnen häufig missverstanden fühlen, Konflikte im Raum stehen oder sachlich gemeinte Kritik beleidigten Rückzug auslöst, sollten sie überlegen, auf welchem Ohr die SportlerInnen gerade hören und ob vielleicht Probleme vorhanden sind, die die SportlerInnen auf einem bestimmten Ohr besonders sensibel machen.

2. Der Feedback-Burger

Es ist sinnvoll, Kritik schonend zu transportieren. Vor allem, wenn das Selbstvertrauen gerade gelitten hat oder kurz vor einem wichtigen Wettkampf. Das sind Fälle für den Feedback-Burger: Kritik wird zwischen zwei positiven Aussagen formuliert. So erscheint die Beurteilung nicht so hart, wird durch die beiden positiven Punkte abgemildert und die SportlerInnen können sie leichter annehmen.
Nachteil des Feedback-Burgers ist, dass Kritik weniger deutlich ist und das Vorgehen schnell aufgesetzt wirkt. Manche SportlerInnen hören nur die beiden positiven Aspekte, und die Kritik und damit verbundene Veränderungsvorschläge kommen nicht an. Auch ist der Feedback-Burger häufig angewandt leicht zu durchschauen. In herkömmlichen Trainingssituationen eignet sich daher klares, sachorientiertes Feedback einschließlich der daraus folgenden Instruktionen besser.[6]

Feedback geben bedeutet nicht ausschließlich zu kritisieren, sondern umfasst jede konstruktive Form der Rückmeldung. Besonders positive Rückmeldungen stärken das Selbstvertrauen der SportlerInnen und stärken Lernprozesse. Der Grundsatz „Nicht geschimpft ist schon genug gelobt" hat im modernen Coaching ausgedient!

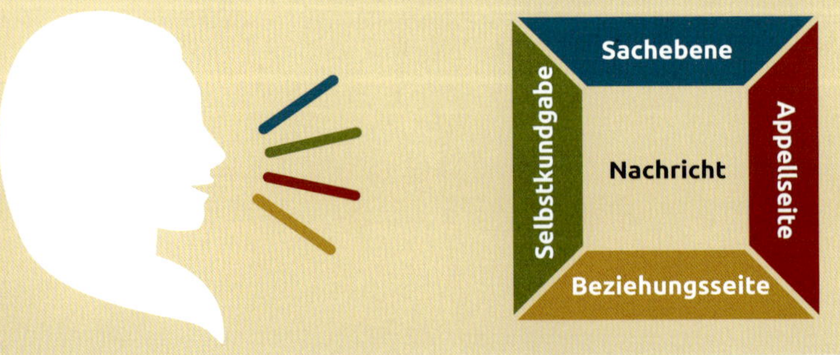

3. Die „WWW-Regel"

Negatives Feedback soll nicht verletzen, sondern zur Entwicklung der SportlerInnen beitragen. Um kritische Punkte im Verhalten von SportlerInnen sachlich und konstruktiv anzusprechen, hat sich die „WWW-Regel" bewährt. Die TrainerInnen schildern ihre subjektive Wahrnehmung und formulieren Veränderungen als Wunsch. So bringen sie die SportlerInnen in die Position, aktiv etwas verändern zu können, ohne dass sie sich in die Ecke gedrängt fühlen und sich rechtfertigen müssen.

- **Wahrnehmung** schildern: „Ich habe beobachtet, dass …" oder „Mir ist aufgefallen, dass …"
- **Wirkung** erläutern: „Das wirkt auf mich, als ob …" oder „Das hat zur Folge, dass …"
- **Wunsch** formulieren: „Ich wünsche mir, dass …"

4. Feedback No-Gos

Oft korrigieren TrainerInnen aus Gewohnheit. Wenn man pauschal nach jeder Übung Rückmeldung gibt, wird Feedback zu einer stumpfen Waffe. TrainerInnen sollten sich also immer wieder überlegen, ob Feedback den SportlerInnen aktuell etwas bringt. Manchmal ist gut, nach dem Gefühl oder der Einschätzung der SportlerInnen zu fragen, bevor man Feedback gibt.

TrainerInnen wollen SportlerInnen mit Feedback in der Regel fördern. Jedoch fühlen sich SportlerInnen durch falsch formulierte Kritik schnell bevormundet, angegriffen oder gar gedemütigt. SportlerInnen erinnern sich dann nur an Kritik, Genörgel und Verurteilung.

Schlechtes Feedback …

… verletzt und macht den anderen klein.
… greift SportlerInnen persönlich an.
… verurteilt, statt zu beurteilen.
… platzt heraus – ohne Empathie für andere und ihre Gefühle.
… verfolgt eigene Interessen und ist nicht auf die Bedürfnisse der anderen gerichtet.

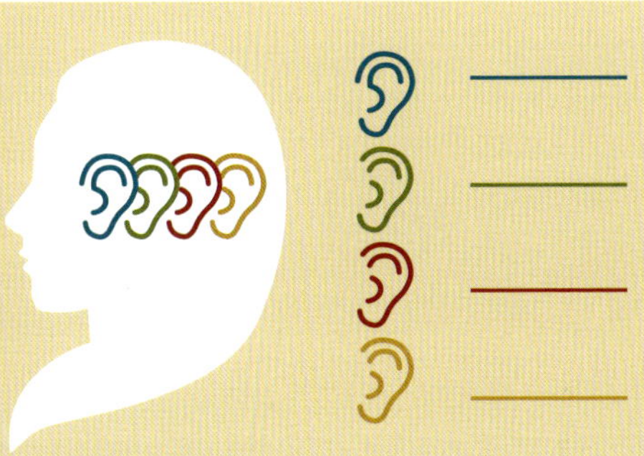

Sachaspekt:
Worüber spricht sie?

Selbstaussage:
Was offenbart sie über sich?

Appell:
Was will sie von mir?

Beziehungsaspekt:
Wie steht sie zu mir?

Fragen statt sagen

Ziel:
Beim Videotraining durch Fragen anspornen

Material
Handout Fragen statt sagen Nr. 11-6

In vielen Sportarten wird das Training durch Videoanalysen unterstützt. Allerdings besteht die Gefahr, dass die SportlerInnen durch das Video noch mal mit all ihren Fehlern konfrontiert werden. In Hinblick auf Selbstvertrauen und Vorstellungstraining ist das nicht optimal, da die SportlerInnen so eher ihre Fehler verinnerlichen und nicht den Weg zur Verbesserung. Auch verhindern TrainerInnen-Monologe, dass die SportlerInnen durch die Videoanalyse weiterkommen.

Um diesem Problem vorzubeugen, sollten die SportlerInnen beim Videotraining aktiv einbezogen werden. Der*die TrainerIn leitet deshalb mit Fragen durchs Videotraining, die neben den Fehlern auch die Stärken, Kompetenzen und Ressourcen der SportlerInnen betonen. Auch konzentrieren sie sich auf Lösungen, statt auf Defiziten und Fehlern herumzureiten. Dieses Vorgehen wird in der Psychologie auch als **lösungsorientiertes Coaching** bezeichnet.[7]

Diese Übung lädt TrainerInnen ein, ihr Coaching-Repertoire durch lösungsorientierte Fragetechniken zu erweitern und so die Ressourcen der SportlerInnen zu aktivieren. So verändert sich auch das Selbstverständnis der TrainerInnen – weg von TrainerInnen, die alles wissen, hin zu SparringspartnerInnen, die gemeinsam mit ihren SportlerInnen Lösungen erarbeiten.

Hier die Grundprinzipien der Lösungsorientierung:[8]

- **Repariere nicht, was nicht kaputt ist.** ❯ Ressourcen benennen, Fähigkeiten der SportlerInnen ausbauen.
- **Wenn etwas funktioniert, mache mehr davon.** ❯ Ressourcen herausarbeiten und verstärken.
- **Wenn etwas nicht funktioniert, wiederhole es nicht.** ❯ Keine Energie in etwas investieren, das nicht gelingt.

Auch die Videoarbeit lässt sich im Sinne des lösungsorientierten Coachings gestalten.

Statt einfach alle Aufnahmen anzuschauen, erarbeiten die TrainerInnen gemeinsam mit den SportlerInnen die folgenden vier Punkte:

- **Ziel klären:** Was wollen wir aus der Videoanalyse lernen?
- **Problem verstehen:** Was klappt noch nicht? Warum? Was läuft schon gut?
- **Möglichkeiten prüfen:** Was kann man besser machen?
- **Pläne fassen:** Wie kann die Situation verbessert werden?

Mit dem Handout 11-6 lässt sich ein lösungsorientiertes Videotraining vorbereiten. Die verschiedenen Stufen und Fragen dienen dabei als Anregung. Anfangs kann die neue Methode für alle Beteiligten etwas ungewohnt sein. Mit etwas Erfahrung und Übung bereichert es das gemeinsame Videotraining jedoch sehr.

Let's Talk about ...

Ziel:
Feedbackgespräche strukturiert führen

Feedback wird auf verschiedene Arten gegeben. Im Sport verbreitete Varianten sind:

1) **Technische Korrekturen:** Diese schließen sich während des Trainings so direkt wie möglich an die Ausführung an, damit die SportlerInnen diese Hinweise effektiv umsetzen können.

2) **Rückmeldungen zum Trainingsprozess:** Darunter versteht man etwa Lob und Kritik zum Einsatz von SportlerInnen. Entscheidend ist, dass die TrainerInnen die Zukunft im Blick haben und vor allem betonen, was sie sich von den SportlerInnen wünschen. Auch sollten sie sich bemühen, das Potenzial für Missverständnisse möglichst gering zu halten und in kritischen Situationen auf Ironie, Wortwitz oder Zweideutigkeiten zu verzichten. Darüber hinaus ist die soziale Situation zu beachten. Kein(e) SportlerIn sollte vor der Gruppe bloßgestellt werden.

3) **Feedbackgespräche:** Zum Beispiel zu Beginn oder am Ende einer Saison. Ziel dieser Gespräche ist gemeinsam zu bestimmen, wo man sich im Trainingsprozess befindet, und ggf. unterschiedliche Positionen zu klären. Ähnlich wie Zielvereinbarungsgespräche in Unternehmen verbreitete Instrumente der Führung[9] sind, werden im sportlichen Kontext gemeinsame Ziele, Regeln und Erwartungen festgelegt. Das gilt besonders, wenn Probleme im Trainings- und Wettkampfbetrieb zeigen, dass die Beteiligten eine unterschiedliche Auffassung von Zielen und dem Weg dorthin haben.

Entscheidend ist, dass ein Feedbackgespräch nicht den Charakter einer Generalabrechnung bekommt. Es sollte auch nicht dazu genutzt werden, SportlerInnen ihre Ziele von oben vorzugeben. Das Feedbackgespräch sollte stattdessen den Austausch fördern, etwaige Differenzen klären und die nächsten Schritte gemeinsam festlegen. SportlerInnen und TrainerInnen dürfen dabei natürlich ihre eigene Sicht haben, sollten sich aber auf eine gemeinsame Linie einigen.

Material
Handout Let's Talk about ... Nr. 11-7

Das Handout 11-7 hilft TrainerInnen, die wichtigsten Punkte in der Planung und Durchführung eines Feedbackgesprächs „auf dem Schirm" zu halten. Es sollte jedoch nicht als starres Korsett verstanden werden, sondern als Hilfe, um die Kommunikation zu verbessern. Vor allem wenn kontroverse oder kritische Punkte besprochen werden, hilft eine klare Struktur, um Missverständnisse zu vermeiden und Lösungen zu erarbeiten.

DiktatorIn oder DemokratIn

Ziel: Den eigenen Führungsstil per Fragebogen analysieren und situativ anpassen

Material
Arbeitsblatt DiktatorIn oder DemokratIn Nr. 11-8

Im Sport ist Führung notwendig, um ehrgeizige Ziele zu erreichen. Das gilt für Mannschaften wie für EinzelsportlerInnen. Erfüllen TrainerInnen ihre Führungs-Verantwortung nicht, entsteht ein Führungsvakuum, das sich durch gruppendynamische Prozesse füllt.[10] Führung besteht aus Kommunikation, deshalb gilt genauso, wie man nicht nicht kommunizieren kann, dass man auch nicht nicht führen kann. Führen TrainerInnen ihre SportlerInnen nicht aktiv, herrscht Laissez-faire. Häufig wirkt ein solcher Führungsstil so, als haben die TrainerInnen kein Interesse an ihren SportlerInnen, die deshalb immer weniger aus Eigeninitiative handeln.

Doch welcher Führungsstil ist nun der beste?[11] Sollen sich TrainerInnen wie Kumpel verhalten, nah dran an den SportlerInnen, viel erklären und mit viel Verständnis agieren? Oder ist ein eher autoritärer Führungsstil sinnvoll, bei dem TrainerInnen ohne Mitspracherecht für die SportlerInnen bestimmen und eine klare Richtung vorgeben? Eine eindeutige Antwort auf diese Fragen gibt es nicht. Sowohl ein demokratischer als auch ein autoritärer Führungsstil haben Vor- und Nachteile und können je nach Situation und Sportler-Typen angewandt werden.

Für selbstständige SportlerInnen etwa eignet sich eher ein demokratischer Führungsstil. Die TrainerInnen fördern so Motivation, Engagement und Kreativität und die SportlerInnen können eigenständig trainieren, sollten die Coaches mal verhindert sein. In Wettkampfsituationen mit wenig Zeit funktioniert es allerdings nicht, demokratisch ein Meinungsbild abzufragen und mit einzubeziehen, dass alle was sagen.

Als Faustregel gilt: Je mehr Druck in einer Situation vorhanden ist und je schneller entschieden werden muss, desto besser ist es für eine Gruppe, wenn TrainerInnen oder FührungsspielerInnen der Mannschaft klar die Richtung vorgeben. Zu beachten ist, dass man in Drucksituationen nur dann als Führungsperson akzeptiert wird, wenn man zuvor das Vertrauen der SportlerInnen gewonnen hat. Sonst entsteht Widerstand.

Jede(r) TrainerIn entwickelt bedingt durch seine*ihre Erfahrungen und seine*ihre Biografie einen eigenen Führungsstil. Mit dem beigefügten Fragebogen auf dem Arbeitsblatt 11-8 reflektieren TrainerInnen, ob ihre Grundhaltung eher der eines*einer Diktator(s)In oder eines* einer Demokrat(e)In ähnelt. Es gibt hier kein Richtig oder Falsch. Es geht darum, sich zu hinterfragen und den Führungsstil auf dem Kontinuum zwischen beiden Polen einzuordnen. Dann können sich TrainerInnen im Training und Wettkampf beobachten und feststellen, ob sie etwas autoritärer waren, als es die Situation erfordert hätte, oder ob etwas mehr Strenge gutgetan hätte, weil die Gruppe durch kumpelhaftes Auftreten überfordert worden ist.

Für eine vertiefte Auseinandersetzung mit dem eigenen Führungsverhalten eignet sich z. B. die Leadership Scale for Sports (LSS)[12], die auch in einer validierten deutschsprachigen Version[13] vorliegt.

Führung auf ZAK!

Ziel: Das eigene Führungsverhalten reflektieren und bedürfnisorientiert führen

Material
Arbeitsblatt Führung auf ZAK! Nr. 11-9

TrainerInnen fungieren nicht nur als fachliche AnleiterInnen, sondern führen eine Gruppe junger Menschen. Neben Fachwissen, Sozial- und Kommunikationskompetenzen ist dabei das Menschenbild der TrainerInnen wichtig. Gehen TrainerInnen davon aus, dass SportlerInnen prinzipiell versuchen, Anstrengung zu vermeiden, werden sie versuchen, sie zu kontrollieren und Anweisungen zu erteilen. Sind TrainerInnen davon überzeugt, dass Menschen aus sich heraus motiviert sind, werden sie versuchen, die SportlerInnen zu ermutigen, selbstbestimmt zu handeln und Verantwortung zu übernehmen.

Diese unterschiedlichen Menschenbilder werden in der Arbeits- und Organisationspsychologie als „Theorie X und Theorie Y" gegenübergestellt.[14] Beide Ansichten haben ihre Berechtigung, denn sie funktionieren wie sich selbst erfüllende Prophezeiungen: Wer überzeugt ist, dass SportlerInnen nicht selbständig motiviert sind und strenge TrainerInnen brauchen, deren SportlerInnen werden ohne Motivation durch die TrainerInnen wenig Initiative zeigen und jede Gelegenheit nutzen, dem strengen Regime der TrainerInnen zu entkommen. Gehen TrainerInnen davon aus, dass SportlerInnen sozial und aus sich selbst heraus motiviert sind und ihrem Bedürfnis nach Selbstbestimmung folgen, werden sich ihre SportlerInnen dementsprechend verhalten.[15]

Nach der Theorie X ist der Mensch ...	Nach der Theorie Y ist der Mensch ...
... bestrebt, Anstrengung zu vermeiden.	... bestrebt, gefordert zu werden.
... nur durch Belohnung oder die Sorge vor dem Verlust zu motivieren.	... motiviert, Ziele zu verfolgen und sein eigenes Potenzial zu verwirklichen.
... nicht interessiert, Verantwortung zu übernehmen.	... bestrebt und in der Lage, Verantwortung zu übernehmen.
... nicht aus sich heraus kreativ.	... aus sich heraus interessiert und kreativ.

In modernen Führungsansätzen wird daher das Bedürfnis nach Selbstbestimmung in den Mittelpunkt gerückt. Grundsätzlich motivierte und interessierte Menschen – wie es SportlerInnen sind – führt man heute nicht mehr nur durch Vorgaben, sondern indem drei zentrale Bedürfnisse angesprochen werden: Zusammengehörigkeit, Autonomie und Kompetenz.

Autonomie: Hier geht es um das Gefühl von Eigenständigkeit und darum, selbst und freiwillig zu entscheiden. Erlebt ein Mensch keine oder nur sehr wenig Autonomie, fühlt er sich hilflos und ist frustriert.[16]

Zusammengehörigkeit: Dieses Bedürfnis betont den sozialen Kern des Menschen. Obwohl SportlerInnen oft individuelle und manchmal auch egoistische Ziele verfolgen, möchten sich Menschen grundsätzlich als Teil einer Gemeinschaft fühlen.

Kompetenz: Darunter versteht man das Gefühl, sich als VerursacherIn der eigenen Handlungen zu erleben und etwas zu leisten. Zu erfahren, dass man etwas kann, bereichert und motiviert. TrainerInnen sollten also eine Atmosphäre schaffen, in der sich ihre SportlerInnen als kompetent, mit den anderen verbunden und zum eigenständigen Handeln ermutigt fühlen. So entstehen bei den SportlerInnen intrinsische Motivation, Engagement und Freude, da ihre psychologischen Grundbedürfnisse erfüllt werden.[17]

Das beigefügte Arbeitsblatt 11-9 beinhaltet eine Checkliste mit Fragen und Ideen, mit denen das Training so gestaltet werden kann, dass die Bedürfnisse nach Zusammengehörigkeit, Autonomie und Kompetenzerleben bei den SportlerInnen befriedigt werden.

Come as You are ...

Ziel: Kontakt zu den Eltern herstellen und die Zusammenarbeit sichern

Material
Handout Come as You are ... Nr. 11-10

Ein positiver Kontakt und regelmäßiger Austausch sind die Grundlage für die Zusammenarbeit zwischen TrainerInnen und Eltern. Je besser kommuniziert wird, desto besser lassen sich Missverständnisse klären oder entstehen erst gar nicht. Der erste Schritt dazu ist das persönliche Kennenlernen. Das hilft, Barrieren abzubauen, besser zu kommunizieren und gemeinsame Interessen zu erkennen. Die folgende Übung liefert Anregungen, welche Punkte zum Start in die Elternarbeit wichtig sind.

Setting: Wie ein Elterntreffen gestaltet wird, unterscheidet sich zwischen den Sportarten und Altersklassen, sodass dies der Kreativität der TrainerInnen überlassen bleibt. Es muss nicht immer der bekannte Elternabend sein. Zum Kennenlernen bietet sich genauso ein gemeinsames Frühstück an. Zur Vorbereitung hat es sich bewährt, die Eltern gleich zu Beginn des Treffens darauf hinzuweisen, gerne im Vorfeld Fragen, Wünsche oder Anregungen zu äußern.

Vorstellen: Eltern wollen erfahren, mit wem sie es zu tun haben, da die TrainerInnen starken Einfluss auf ihre Kinder haben. Daher stellen sich die TrainerInnen vor, schildern ihren Werdegang und ihre Trainerphilosophie. Sie müssen dabei nicht zu sehr ins Detail gehen, ein paar Einblicke reichen. Vor allem aber sollten TrainerInnen ihre Ideen und ihre Begeisterung zeigen und erzählen, was ihnen in Training und Wettkampf wichtig ist.

Kennenlernen: Auch die Eltern der SportlerInnen sollten sich untereinander kennenlernen. Vielleicht eignet sich dazu eine Kennlernübung aus diesem Buch (siehe Kapitel „Teamgeist")? Guter Kontakt zwischen den Eltern ist emotional wichtig, um zu wissen, in welchem Umfeld sich das eigene Kind bewegt, und ist gleichzeitig praktisch, etwa um Fahrgemeinschaften zu organisieren.

Das WIR zählt: Ziel ist es, ein Gemeinschaftsgefühl zwischen TrainerInnen und Eltern aufzubauen, statt zwei Fronten hochzuziehen, die um die Betreuungshoheit kämpfen. Der*die TrainerIn betont, dass alle dasselbe wollen, nämlich eine gute sportliche und persönliche Entwicklung der Kinder. Wenn alle dasselbe Ziel verfolgen, gelingt die Kooperation auch besser.

Wertschätzung: Je nach Altersklasse und Sportart müssen Eltern erheblichen zeitlichen und finanziellen Aufwand leisten, um ihren Kindern den Sport zu ermöglichen. Das gilt besonders, wenn sie in Auswahl-, Förder- oder Kadermannschaften kommen. Daher sollten TrainerInnen den Einsatz der Eltern immer wieder wertschätzen und nicht als selbstverständlich betrachten.

Informieren: Eltern sind oft Quereinsteiger-Innen, welche die Abläufe im Leistungssport nicht kennen. Informieren und Interesse wecken helfen, die Eltern zu integrieren. Dies geschieht etwa mit regelmäßigen Infobriefen, Mails und Inputs zu Themen, die Eltern betreffen, wie Ernährung und Abstimmung von Schule und Training. Tipps für Eltern im Sport finden sich auf dem Handout 11-10.

Kommunikation: Zu Beginn der Zusammenarbeit sollten die Kommunikationswege besprochen werden. Welche Kommunikationswege nutze ich? Wie können die Eltern die TrainerInnen erreichen? Ist ein direkter Kontakt sinnvoll oder gibt es ElternsprecherInnen als Bindeglied?

Rollen- & Aufgabenklärung: Die meisten Eltern bringen sich gern in den Sport ihrer Kinder ein. Was aber sinnvolle Hilfen sind und was zu Missverständnissen und Doppelbetreuung führt, ist oft nicht klar. Daher sollten Trainer-Innen Eltern darin unterstützen, Aufgaben zu übernehmen und diese konkret festzulegen (siehe „Von WasserträgerInnen und TeammanagerInnen").

Widerstand vermeiden: Der*die TrainerIn spricht gleich zu Beginn mögliche Konfliktthemen wie Nominierung und Mannschaftsaufstellungen an. Mit klaren und transparent kommunizierten Regeln können Entscheidungen nachvollzogen und unnötige Konflikte vermieden werden.

Von WasserträgerInnen & TeammanagerInnen

Ziel:
Rollen- und Aufgabenklärung für Eltern

Gerade Eltern, die selbst wenig Erfahrung im Leistungssport haben, wissen oft nicht, wie sie ihr Kind darin am besten unterstützen können. Sind sie UnterstützerInnen oder Aushilfs-TrainerInnen, MotivatorInnen oder TrösterInnen mit viel Verständnis für die Probleme der jungen SportlerInnen? TrainerInnen sollten den Eltern helfen, ihre Rolle zu finden und ihnen zeigen, was von ihnen erwartet wird und was nicht.

Die TrainerInnen behandeln am Elternabend zum Beispiel das Thema Rollenvielfalt. Gemeinsam werden die verschiedenen Rollen der Eltern gesammelt und Überschneidungen mit denen der TrainerInnen angesprochen. Dabei sollte nicht der Eindruck entstehen, dass die TrainerInnen die Eltern nur als TaxifahrerInnen einspannen wollen. Stattdessen sollte betont werden, dass TrainerInnen, Eltern und Kinder davon profitieren, wenn Rollen und Zuständigkeiten eindeutig verteilt sind. Idealerweise sollten Eltern im Leistungssport die folgenden Anforderungen erfüllen:[18]

- Eltern sind **Vorbilder**, die durch ihre eigene sportliche Aktivität Begeisterung weitergeben.
- Eltern sind **InterpretInnen**. Sie beeinflussen die Wahrnehmung ihres Kindes, indem sie die Erfahrungen und Erlebnisse des Kindes interpretieren und sich darüber austauschen.
- Eltern sind **UnterstützerInnen**, die sowohl emotionalen Support geben als auch die sportliche Karriere der Kinder finanzieren und so ermöglichen.

Ergänzend wird besprochen, was sich Kinder von ihren Eltern im Sport wünschen. Untersuchungen[19] zeigten, dass Kinder im Allgemeinen keine taktischen und technischen Hinweise von ihren Eltern möchten. Das verwirrt sie eher, da Kinder dies als Aufgabe der TrainerInnen wahrnehmen. Auch übermäßiges Anfeuern kommt oft nicht gut an. Stattdessen wünschen sich Kinder, im Hintergrund unterstützt zu werden, und möchten, dass die Eltern gerne dabei sind. Am besten sprechen Eltern mit ihren Kindern darüber, wie diese sich optimale Unterstützung vorstellen.

Als positive Unterstützung gilt:

- Emotionale Unterstützung, mitfreuen, aber auch mal trösten.
- Fokussierung auf sportliche Entwicklung (Fortschritte) und nicht auf Endresultate.
- Konstruktive Kommentare zur Anstrengung und zum Verhalten des Kindes.
- Förderung der intrinsischen Motivation des Kindes.
- Der Spaß am Sport steht an erster Stelle und wird durch vorbildliche Rollenmodelle verstärkt.

Auf Grundlage dieser Erkenntnisse überlegen TrainerInnen und Eltern gemeinsam, wann welche Rollen wichtig sind und welche konkreten Tätigkeiten oder Aufgaben damit verbunden sind. Ergänzend kann die Rolle der TrainerInnen reflektiert und besprochen werden. Dazu sagen die Eltern, was sie sich von den TrainerInnen wünschen.

Zusammenfassend kommt Eltern im Sport die Rolle der UnterstützerInnen zu, sei es logistisch oder emotional. In der emotionalen Unterstützung sollte die zentrale Botschaft an das Kind sein: „Du bist gut, so wie du bist, und wir freuen uns, dabei zu sein, auch wenn du oder die Mannschaft nicht gewinnen." Diese nicht konditionale Unterstützung tut Kindern sehr gut und steht oft im Gegensatz zur Kultur im Sportsystem, wo GewinnerInnen bejubelt und VerliererInnen leider oft nicht mehr beachtet werden.

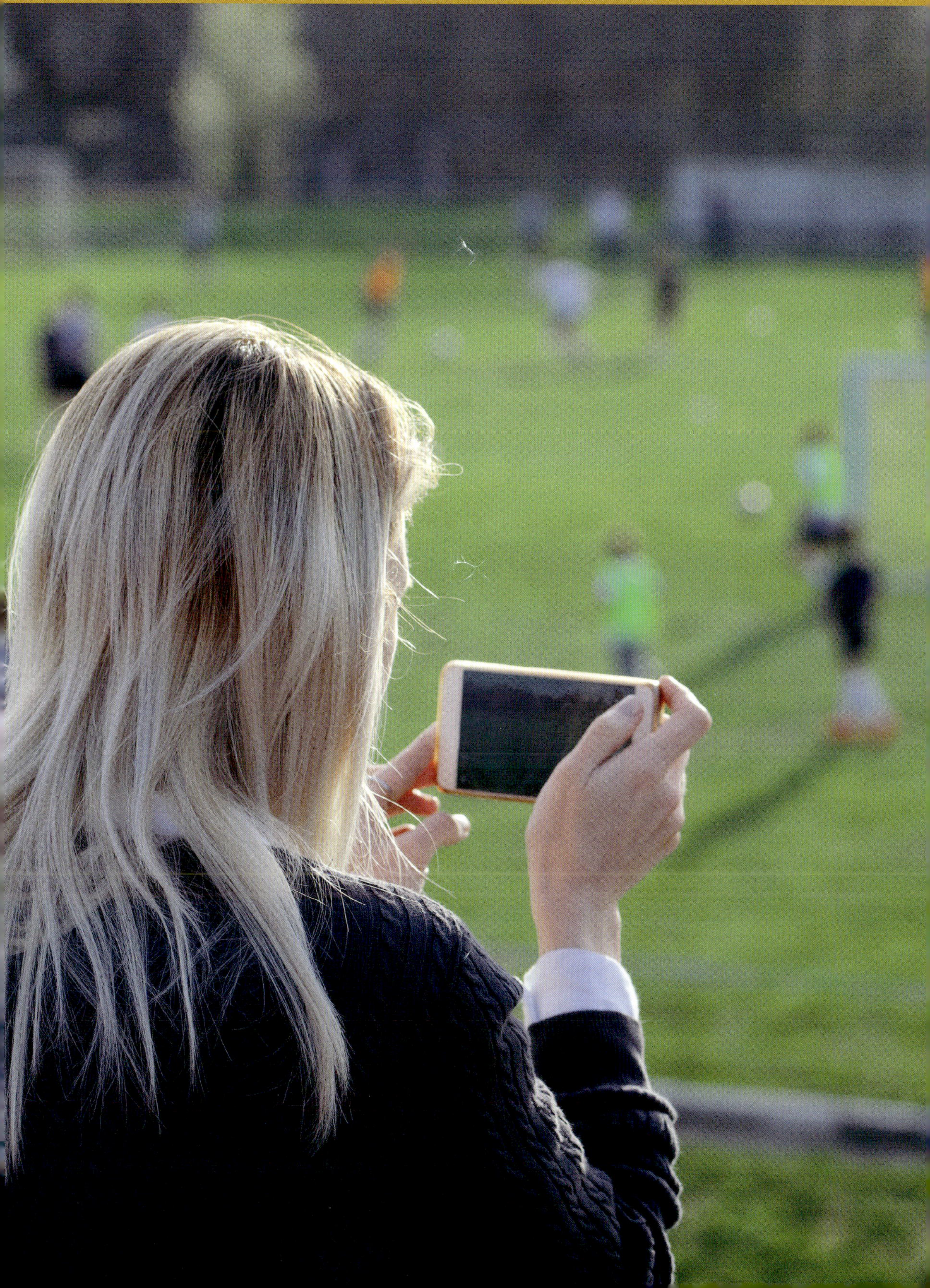

No Pressure, No Diamonds?

Ziel:
Gemeinsam konstruktiv mit Druck umgehen

Kinder und Jugendliche im Leistungssport zu begleiten ist für TrainerInnen und Eltern ein Balanceakt zwischen Motivation und Förderung sowie Druck und Erwartungen. Wenn Training und Wettkämpfe in Auswahlmannschaften umfangreicher und verbindlicher werden, spüren viele Kinder Druck, nun auch gut sein zu müssen. Eltern sollten wissen, wie sie ihr Kind jetzt optimal fördern, ohne den Druck durch Erwartungen weiter zu erhöhen.

TrainerInnen haben hier in der Regel bereits Erfahrungen gesammelt und können diese an die Eltern weitergeben. Der Umgang mit Druck sollte ganz offen besprochen werden. Indem die Eltern informiert werden, kann im Team eher eine Kultur von Zielstrebigkeit und Fokussierung gefördert werden. Gleichzeitig bleibt die Freude am Sport im Vordergrund. Um sich mit dem Thema „Umgang mit Druck" auseinanderzusetzen, planen es die TrainerInnen als Schwerpunkt für einen Elternabend ein. Als Einführung eignet sich ein kurzer Vortrag, der folgende Punkte enthält:

Freude vs. Ergebnisdruck: Motivation wird über Ziele aufgebaut. Durch steigende Leistungsorientierung besteht jedoch die Gefahr, dass die Ergebnisse zu sehr in den Vordergrund rücken und sich die Sicht der Eltern auf den Sport verändert: Galt der Sport des Kindes bislang lediglich als Hobby, rückt mit Aufnahme in eine Auswahlmannschaft der Leistungsgedanke oft zu stark in den Vordergrund.

Erfolge suchen vs. Misserfolge vermeiden: Die TrainerInnen erklären den Unterschied zwischen Hoffnung auf Erfolg und Furcht vor Misserfolg.[20] Die Eltern überlegen, wie erfolgszuversichtliches Denken und Handeln in der Mannschaft gefördert werden. Dabei hilft, dass Misserfolge von allen als Teil des Sports anerkannt werden und so die Furcht davor möglichst gering bleibt. Auch hier ist die Vorbildfunktion der Eltern wichtig: Je gelassener und positiver Eltern mit Erfolg und Misserfolg umgehen, desto mehr wird sich diese Haltung auf die Kinder übertragen.

Prozess- vs. Ergebnisorientierung: Ziel ist, dass sich die Kinder gut entwickeln – nicht in erster Linie der sportliche Erfolg. Eltern und TrainerInnen sollten dieses Ziel unterstützen und nicht nur Ergebnisse in den Vordergrund stellen.

Autonomie vs. Helikopter: Den Sport der Kinder als Projektion der eigenen Wünsche zu nutzen – das würden Eltern sicher weit von sich weisen. Weil eine Projektion aber unbewusst abläuft und man sich nicht bewusst dazu entschließt, kann das trotzdem durchaus passieren. Eltern sollten sich also immer wieder reflektieren und vermeiden, sich zu sehr mit dem Sport des Kindes zu identifizieren.

Es gibt immer wieder Beispiele für erfolgreiche Eltern-Kind-Kooperationen, die jedoch häufig auf Abhängigkeit und Druck gründen. Man sollte sich fragen: Um welchen Preis sind diese Gespanne erfolgreich? Hier empfiehlt sich die Lektüre der Biografie des Tennis-Stars Andre Agassi.[21] Zudem gibt es zu jedem positiven Beispiel dieser Art hundert Negativbeispiele – aber über die schreibt niemand ein Buch.

Abenteuer vs. geplante Karriere: Der Leistungssport funktioniert nach dem Pyramidensystem – Kader und Auswahlmannschaften werden nach obenhin immer weniger. Daher liegt es in der Natur der Sache, dass nicht alle Kinder es bis ganz an die Spitze schaffen. Deshalb sollten Eltern und Kinder das Abenteuer Leistungssport so lange genießen, wie es dauert, und den Fokus nicht nur auf das große Ziel, Profi zu werden, legen. Besser konzentriert man sich darauf, dass das Kind durch die Zeit in der Mannschaft möglichst viel lernt. Das gilt für die sportliche und die persönliche Entwicklung. Fällt man dann doch aus dem Leistungssystem heraus, heißt das nicht, dass man versagt hat, sondern dass man sehr gut ist, aber vielleicht nicht zu den Allerbesten gehört.

Nachdem die TrainerInnen verschiedene relevante Aspekte zum Umgang mit Druck angesprochen haben, legen TrainerInnen und Eltern in einem 10-Punkte-Plan konkrete Verhaltensweisen zur positiven Unterstützung der Kinder fest. Anschließend stellen die TrainerInnen eine Mitschrift der Punkte zur Verfügung oder die Vereinbarungen werden gemeinsam als Plakat gestaltet.

Solche Themen zu besprechen und zu fixieren ermöglicht den TrainerInnen während der Saison, auf die selbstgesetzten Verhaltensweisen hinzuweisen. Zudem sind Verständnis, Sensibilität und Akzeptanz der Eltern höher, wenn Verhaltensregeln gemeinsam festgelegt wurden und ihnen nicht vorgeschrieben wird, wie sie sich zu verhalten haben.

Alle Übungsblätter als Download zum Ausdrucken

Unter folgenden Links können Sie die Druckvorlage herunterladen:

PDF-Datei: **www.neuersportverlag.de/ebook/mtil2.pdf**
ZIP-Datei: **www.neuersportverlag.de/ebook/mtil2.zip**

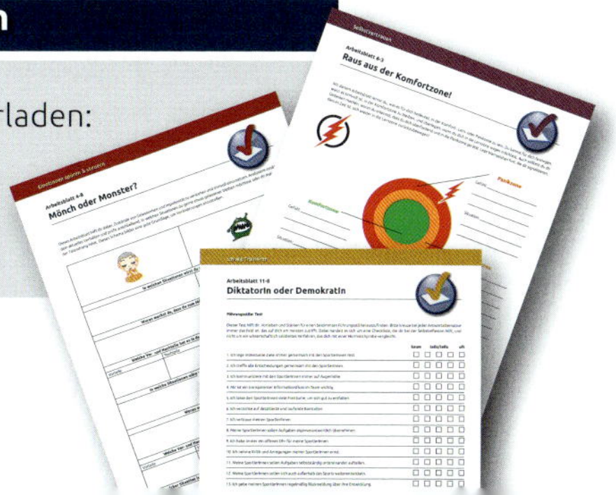

Gastautoren

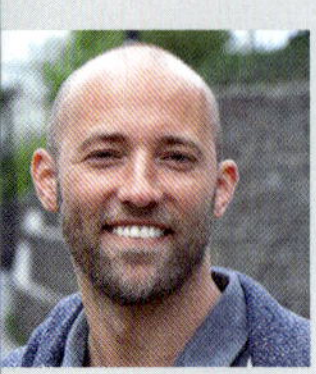

Dr. Sebastian Altfeld ist Psychologe (M.Sc.), Psychotherapeut (VT) und ausgebildeter Sportpsychologe. Er arbeitet selbstständig in eigener Praxis in Iserlohn-Letmathe mit SportlerInnen und TrainerInnen aus unterschiedlichen Sportarten, Spitzenverbänden und Profi-Mannschaften. Seine Arbeitsschwerpunkte sind die Verbindung von Leistungsoptimierung mit der Gesundheitsprävention sowie „Burnout" bei TrainerInnen. Hierzu ist er als Dozent an der Trainerakademie des DOSB in Köln tätig.

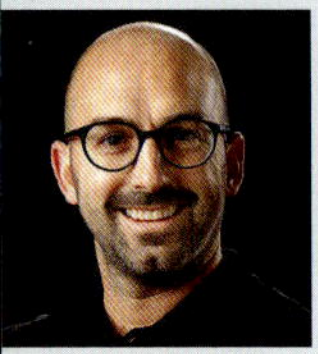

Moritz Anderten ist sportpsychologischer Experte mit sportwissenschaftlichem Hintergrund. An der DSHS Köln und den NRW-Olympiastützpunkten Rheinland und Rhein-Ruhr betreut er seit 2008 SportlerInnen und TrainerInnen verschiedener olympischer und paralympischer Spitzenverbände. Den Kern seiner Arbeit versteht er in der systematischen Unterstützung bei der Persönlichkeitsentwicklung, der Gesundheitsförderung und der Leistungsoptimierung.

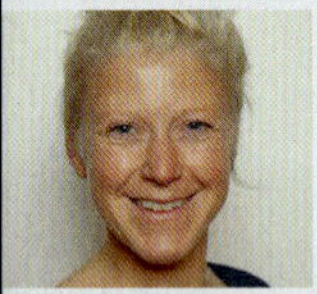

Sofie Bergfeld ist Dipl. Psychologin, Psychotherapeutin und Sportpsychologin. Sie arbeitet an der Hochgebirgsklinik Davos/Schweiz und ist seit 2012 freiberuflich als Sportpsychologin tätig. Schwerpunktmäßig arbeitet sie mit AthletInnen und TrainerInnen aus den Bergsportarten, wie Snowboard, Ski Alpin und Klettern, zusammen.

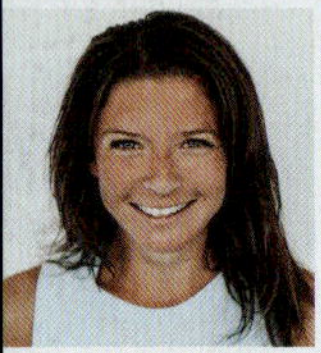

Katharina Brinkmann ist Gesundheitswissenschaftlerin und Yogalehrerin und seit über zehn Jahren begeisterter Yogi. Während des Studiums hat sie ihre erste Yogaausbildung absolviert und ihre Leidenschaft zum Beruf gemacht. Dazu durfte sie als Sporttherapeutin Erfahrungen im klinischen Rehabilitationsbereich (Schwerpunkt Psychosomatik) sammeln und ist als Buchautorin und Referentin im Gesundheits- und Therapiebereich aktiv.

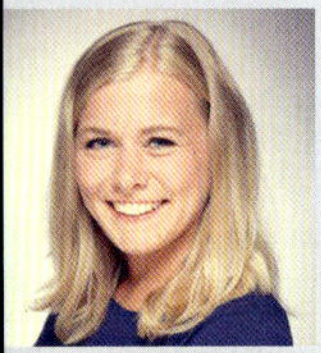

Helena Engel ist Ernährungswissenschaftlerin mit Spezialisierung im Bereich Sporternährung. Seit dem Abschluss ihres Masterstudiums arbeitet sie als wissenschaftliche Mitarbeiterin und Doktorandin an der Technischen Universität München mit dem Forschungsschwerpunkt „Energiebilanz im Leistungssport". Seit 2019 betreut sie disziplinübergreifend SpitzenathletInnen aller Altersstufen beim Deutschen Skiverband und verbindet so ihre wissenschaftliche Tätigkeit mit der Praxis.

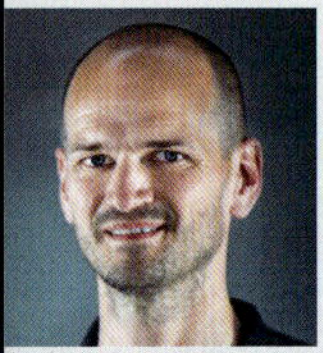

Dr. Lutz Graumann ist Arzt für Sportmedizin, Ernährungsmedizin und Chirotherapie. Sein Schwerpunkt liegt in der Förderung der individuellen Leistungsfähigkeit. Aufgrund seiner vielfachen Teilnahme an Forschungsprogrammen in den USA, Kanada und Europa gilt er als Experte im Bereich Performance Medicine und Functional Training. Seit 2015 betreut er als Mannschaftsarzt und medizinischer Koordinator den Deutschen Eishockey-Bund.

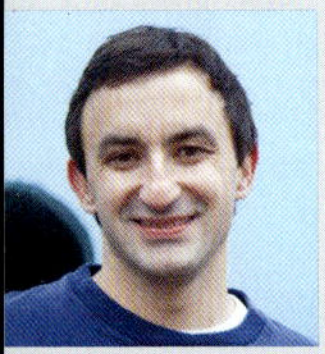

Dr. Christian Heiss ist Dipl. Psychologe, Psychotherapeut und Sportpsychologe. Er arbeitet selbstständig als ambulanter Psychotherapeut und als Sportpsychologe. Im Spitzensport arbeitet er seit über zehn Jahren und betreut Nachwuchs- und SpitzensportlerInnen. Er hat Erfahrungen in Einzel- und Mannschaftssportarten und verfolgt dabei konsequent eine lösungs- und ressourcenorientierte Herangehensweise zur Entwicklung von SportlerInnen und TrainerInnen.

Simon Kohl ist Dipl. Psychologe, Psychotherapeut und Sportpsychologe. Als Sportpsychologe arbeitet er an der Red Bull Akademie in Salzburg. Darüber hinaus betreibt er seine eigene Praxis für Psychotherapie und Sportpsychologie. Seit Jahren betreut er LeistungssportlerInnen aus unterschiedlichen Individual- und Mannschaftssportarten, wie Eishockey, Snowboard, Ski, Rodeln, Bobfahren, Wasserball, Skispringen, Biathlon, Langlauf oder Eisschnelllauf.

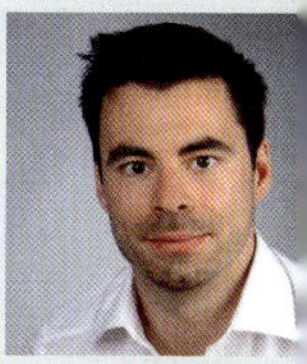

Nina Nittinger hat Betriebswirtschaft, Sport und Sportpsychologie studiert. Sie ist zudem A-Trainerin im Tennis (DTB und Swiss Tennis) und A-Trainerin Kondition (Swiss Tennis). Neben ihrer Firma ninisports ist sie als Autorin und im Ausbildungsteam von Swiss Tennis tätig. Sie tritt bei nationalen und internationalen Kongressen und Fortbildungen als Speaker auf. Sie hat bereits zwölf Bücher und über 60 Artikel in Fachmagazinen veröffentlicht.

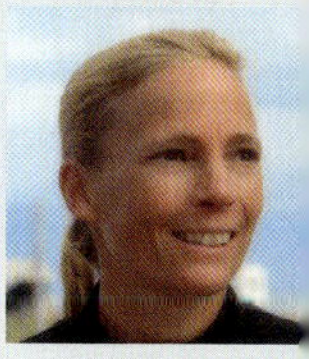

Vincent Rödel ist Dipl. Sportwissenschaftler, sportpsychologischer Experte und Systemischer Berater. Seine Arbeitsschwerpunkte sind die individuelle Beratung von SportlerInnen und TrainerInnen sowie die Team- und Organisationsentwicklung. Nach seiner Tätigkeit beim Landesteam Sportpsychologie der Universität Potsdam, dem Olympiastützpunkt Brandenburg und dem FC Energie Cottbus ist er aktuell im Kompetenzzentrum Berufsausbildung „Step4" in Olten/Schweiz tätig.

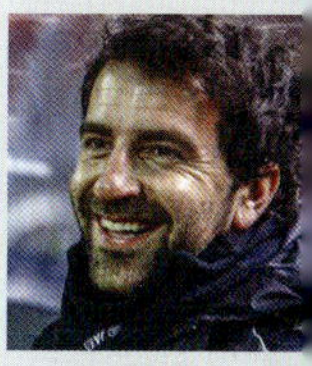

Dr. Kathrin Staufenbiel ist Dipl. Psychologin, Systemische Beraterin und Sportpsychologin. Sie arbeitet in der Personalentwicklung im Olympischen Spitzensport des Deutschen Turner-Bunds. Darüber hinaus arbeitet sie freiberuflich im Leistungssport in unterschiedlichen Sportarten und Altersgruppen. Ein wichtiges Anliegen ist ihr, den Blick auf das System zu erweitern und neben den SportlerInnen auch TrainerInnen, Eltern sowie weitere relevante Personen in die Beratung einzubeziehen.

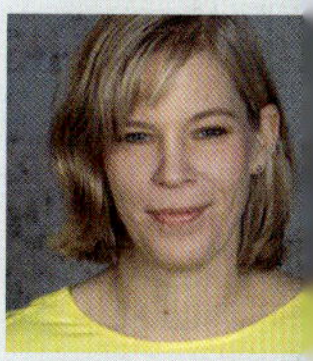

Dr. Brit Wilsdorf, geb. Hitzschke, ist Psychologin (M.Sc.), Psychotherapeutin (VT) und Sportpsychologin und hat im Bereich Regenerationsmanagement promoviert. Sie ist als Sportpsychologin am Olympiastützpunkt Berlin und in der psychotherapeutischen Praxis 360° Psychotherapie tätig. Ihre Arbeitsschwerpunkte liegen dabei zum einen in präventiven und therapeutischen Effekten des Sports und zum anderen im Grenzbereich zwischen Sportpsychologie und Psychotherapie.

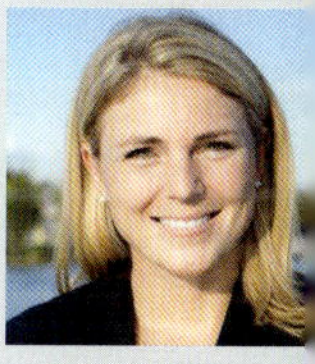

Walter Wölfle ist Pädagoge, Psychotherapeut und Sportpsychologe. Seit 1991 arbeitet er selbstständig als Managementtrainer in der Wirtschaft und als sportpsychologischer Coach. Im Spitzensport coacht er seit 20 Jahren in unterschiedlichen olympischen Disziplinen, u. a. im deutschen Zehnkampf. Darüber hinaus hat er ein mentales Trainingsprogramm für berufliche Wettkämpfe (WorldSkills) entwickelt und umgesetzt.

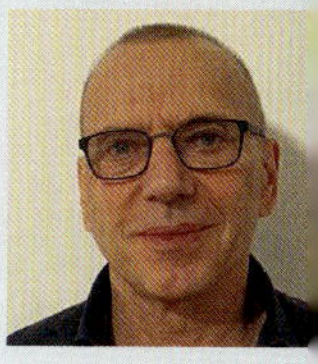

Andreus Resorts

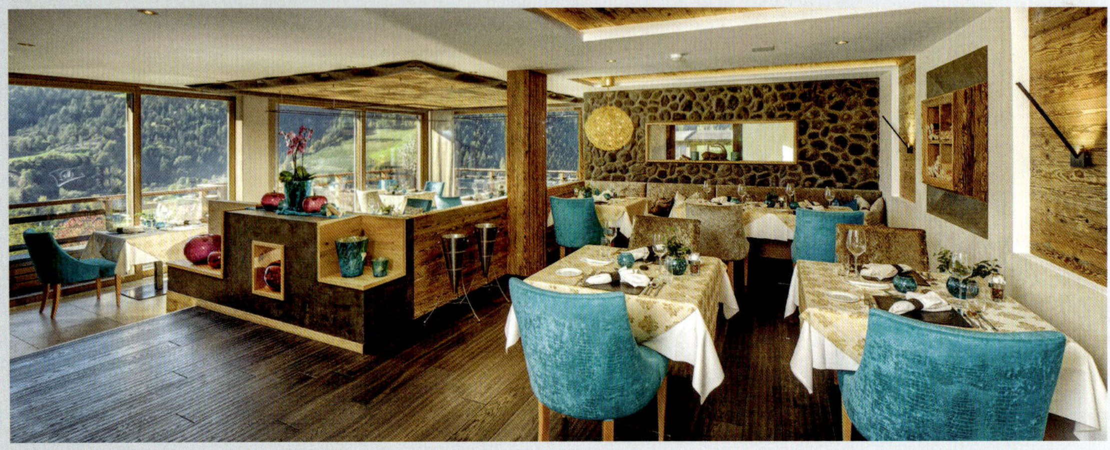

Stilvolles Ambiente für das delikate Dining - entspannter Genuss nach energievollem Training.

ANDREUS RESORTS

Golf Lodge
Andreus Golf & Spa Resort
St. Leonhard in Passeier
Südtirol, Italien
www.andreus-resorts.it

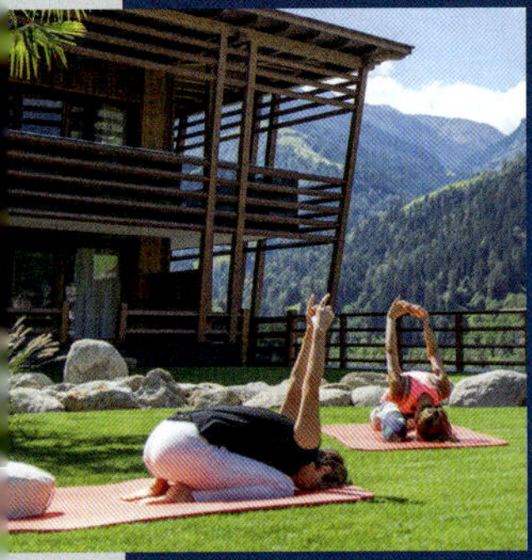

Yoga, Meditation und Entspannung

Die Andreus Resorts kombinieren als Yoga-Hotels in Südtirol alle Vorzüge eines Wellnesshotels mit umfangreichen Yoga- und Meditationsangeboten. Perfekte Rahmenbedingungen für Hatha Yoga, Sein Yoga, Yin Yoga, Klangschalen-Entspannung, Nadabrahma-Meditationen und viele weitere Angebote bietet die Lage der Resorts inmitten wunderbarer Bergwelt.

Helga und Richard Fink wissen, was ihre anspruchsvollen Gäste von einem Fünf-Sterne-Sport-Resort erwarten. Beide stammen aus alten Hotelier-Familien, beide kennen die vielen Faktoren, die erst im Zusammenspiel jedem Urlauber den perfekten Aufenthalt ermöglichen. Dazu gehört das Kunststück, im Service Herzlichkeit und Professionalität zu verbinden, dazu gehört ein unbedingtes Engagement des gesamten Teams. Nur dann entsteht das harmonische Umfeld, in dem die Gäste Sport und Entspannung, Tennis, Golfen, Yoga, Wellness und Kulinarik genießen, kurz: in dem sie jenseits des Alltags Energie auftanken.

Die Andreus Resorts erwarten ihre Besucher im Stammhaus mit 80 Suiten in exklusivem Wohlfühl-Ambiente. Sie sind in Holz, Naturstein und weiteren Südtiroler Materialien ausgestattet. Gäste, die besonderen Wert auf Individualität legen, wählen eine der 30 Suiten im Adults only Hotel „Golf Lodge". Die Architektur und die Einrichtung sind von konzentrierter Eleganz, Naturmaterialien dominieren, das Design besticht, die Lodge gehört der absoluten Premium-Klasse an.

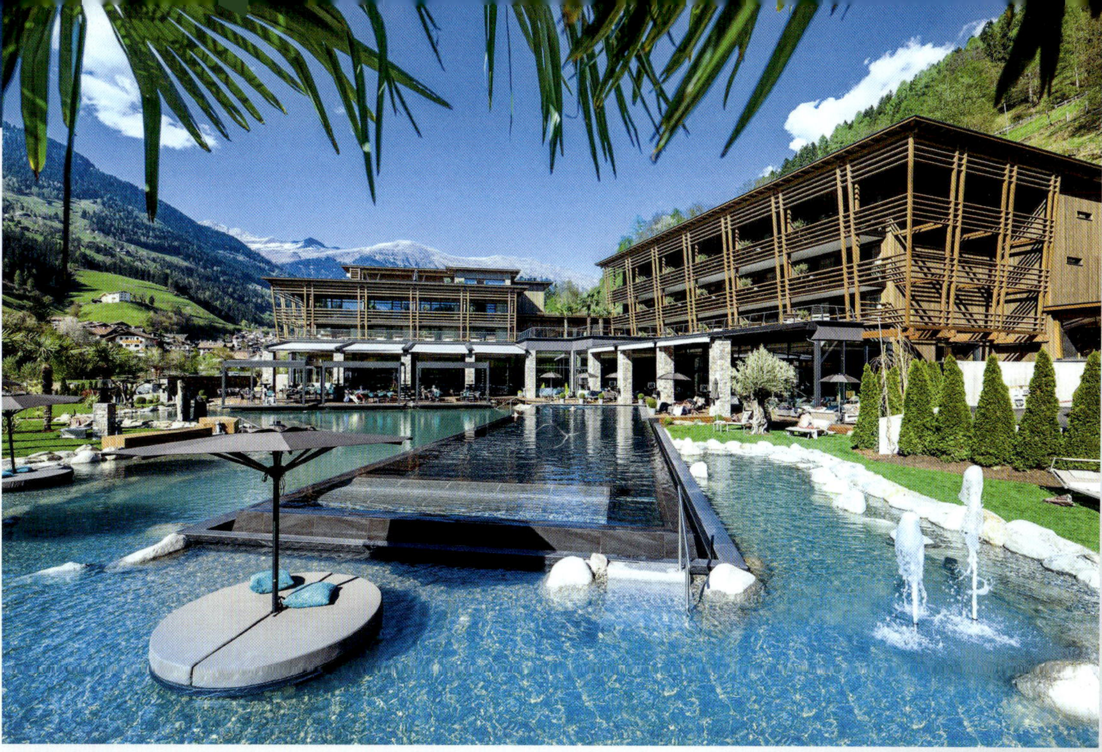

Training und Regeneration: Die Pools des Resorts versprechen luxuriöse Entspannung.

Beide Anlagen, Resort und Lodge, liegen direkt am landschaftlich wunderschönen 18-Loch Golfplatz Passeier Meran.

Wer als Tennisspieler einen Aktivurlaub verbringen möchte, findet in den Andreus Resorts die perfekten Voraussetzungen. Insgesamt fünf Sandplätze stehen von März bis November für spannende Matches bereit. Nach den Stunden auf dem Tennis-Court, nach Erreichen des Grüns beim Golfen oder intensivem Schwimm- und Lauftraining rundet der kulinarische Genuss den Tag ab. Die Andreus Gourmet-Küche kreiert Gerichte auf Spitzenniveau. Feinschmecker schätzen die mediterran-leichten Spezialitäten aus regionalen, hochwertigen Zutaten. Mit Kreativität und Sinn für Gaumenfreuden werden sie kombiniert, etwa zu fantasievollen Neu-Interpretationen von Klassikern.

Für ihre aktiven Gäste organisieren die Andreus Resorts ein professionell geführtes, abwechslungsreiches Sportprogramm. Geführte Wander-, Nordic-Walking- und Bikingtouren laden in die

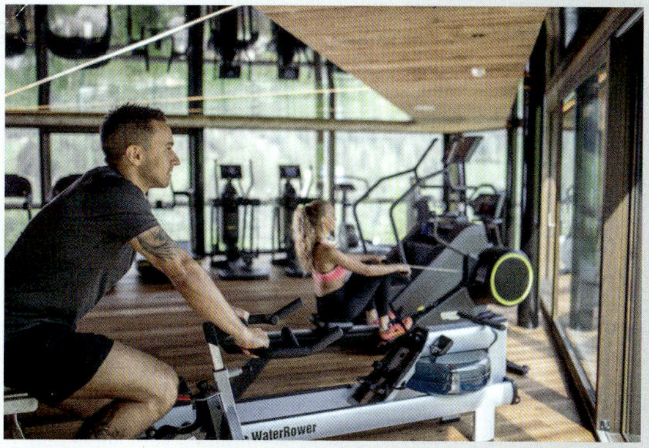

Neueste Kraft- und Cardiogeräte im 300 m² großen Fitness & Energy Tower.

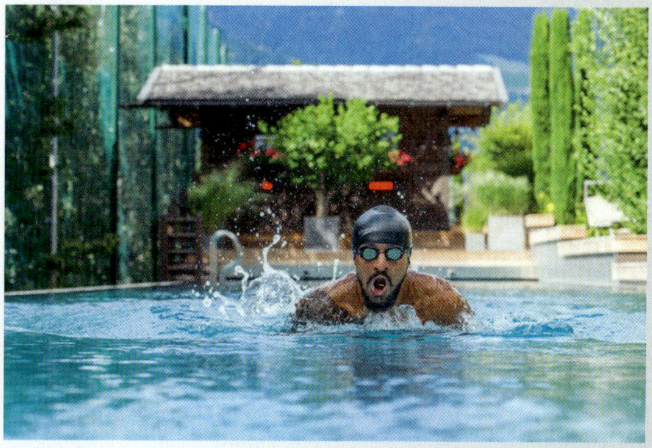

Olympisches Becken: 33m Sportpool mit Zeitmessung.

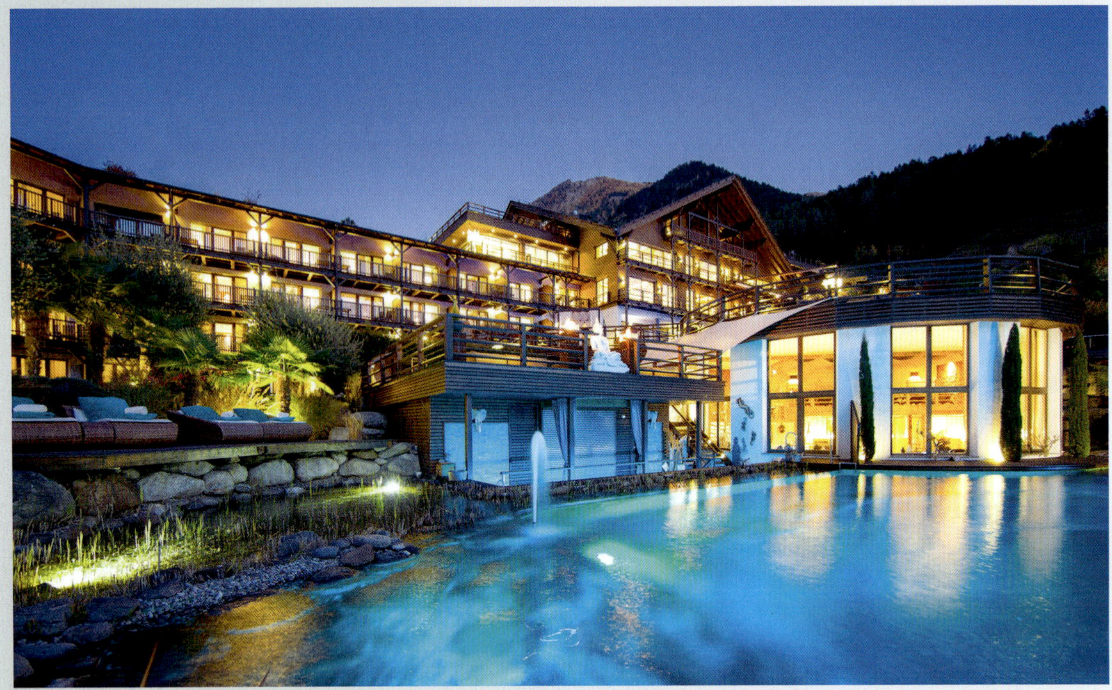

Das Resort mit seinem Natur-Badeteich ist harmonisch in die Landschaft integriert.

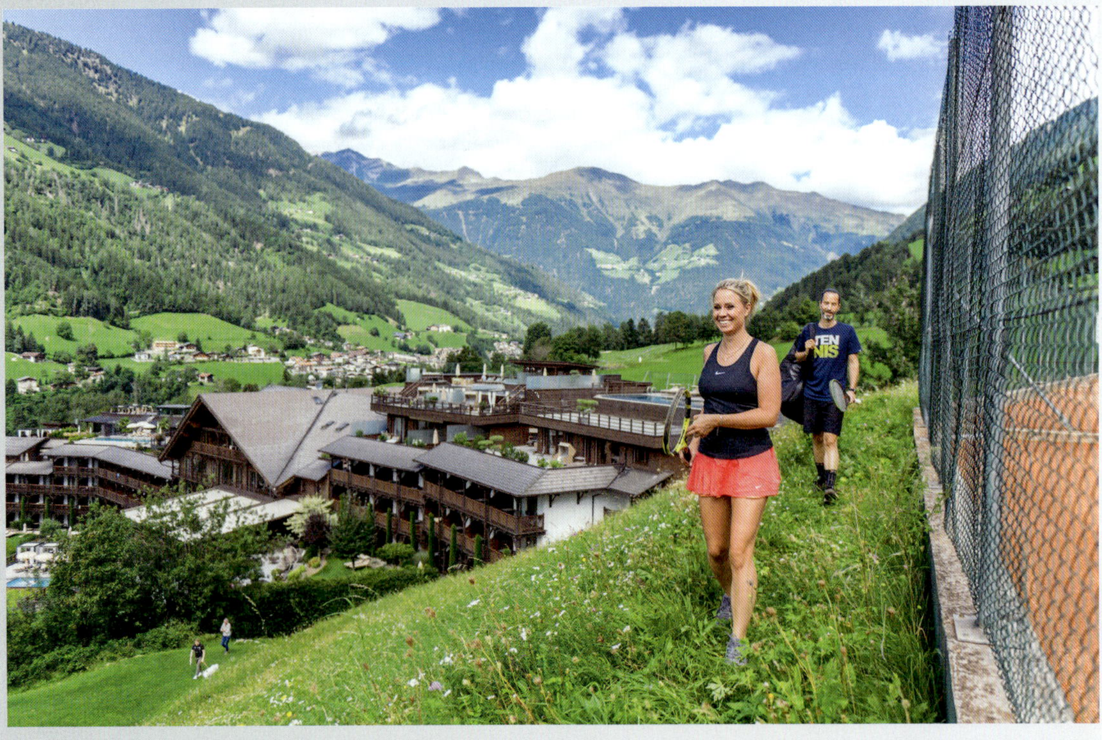

Putting Green und Tennisplätze vor spektakulärer Kulisse.

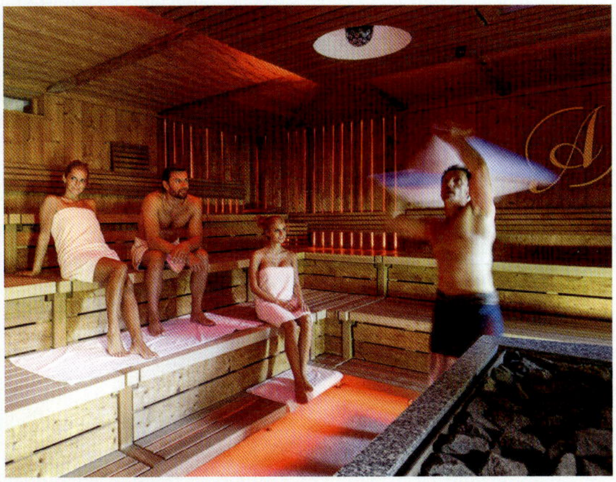

Die weltbesten Sauna-Aufgüsse: Ausgezeichnet!

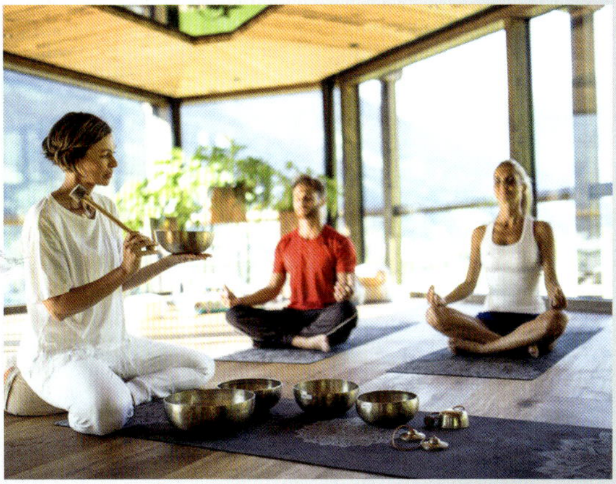

Yoga- und Meditationsangebote mit traumhaftem Ausblick.

spektakulär schöne Umgebung ein. Ausgebildete Trainer leiten beim Yoga, Spartan System und Military Fit an. Zudem stehen ein Beach-Volleyball-Platz, ein Kunstrasenplatz für Fuß- und Basketball, der Outdoor-Fitness-Parcour, der Fitness Tower auf 3 Etagen (Power Room, Cardio Room, Energy Room) und das ganzjährig beheizte 33 Meter lange Sportbecken zur Verfügung.

Das Golfen bildet natürlich das Herz des Freizeitangebotes. Der landschaftlich wunderschöne 18-Loch Golfplatz Passeier Meran direkt beim Haus bietet den Hausgästen attraktive Ermäßigungen. Das Green-Fee ist im Hotel buchbar, die Startzeiten können hier reserviert werden, im Durchgang zum Clubhaus stehen Caddyboxen bereit. Außer der 18-Loch-Anlage Passeier können eine Reihe weiterer Plätze in der nahen Umgebung zu vergünstigten Konditionen bespielt werden. Wöchentlich organisiert der Sohn des Hauses, selbst Single-HCP 3-Spieler, Golfausflüge.

Entspannung nach dem Sport bietet der einzigartige Andreus Wellness- und SPA-Bereich. Er sucht in Südtirol seinesgleichen. Auf rund 7.000 m² und vier Etagen schaffen Saunalandschaft, Wasserwelten und großzügige, stilvolle Ruhezonen Entspannung pur. Die Höhepunkte lassen sich nicht alle aufzählen. Der Sole-Whirlpool auf der Panorama-Terrasse und der Naturbadesee mit privaten Kuschelnestern gehören dazu, die Indoor- und Outdoor-Pools mit Sprudelliegen mit Unterwassermusik, die Lehm-Sauna und die Familien-Dress-on-Sauna, ebenso Sole-Watsubecken oder das Schneegebiet mit täglich frischem Pulverschnee. Wellness- und Beautyanwendungen gehören zum Erholungspaket, das man sich im Sporturlaub gerne gönnt.

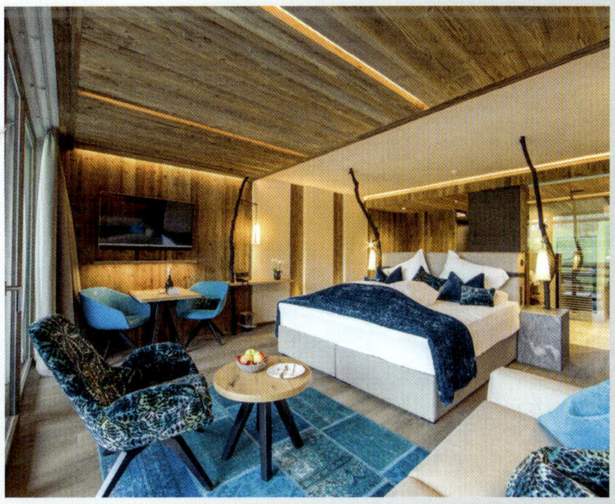

Die Suiten des Resorts sprechen Ästheten an.

Hotel Sonnenalm

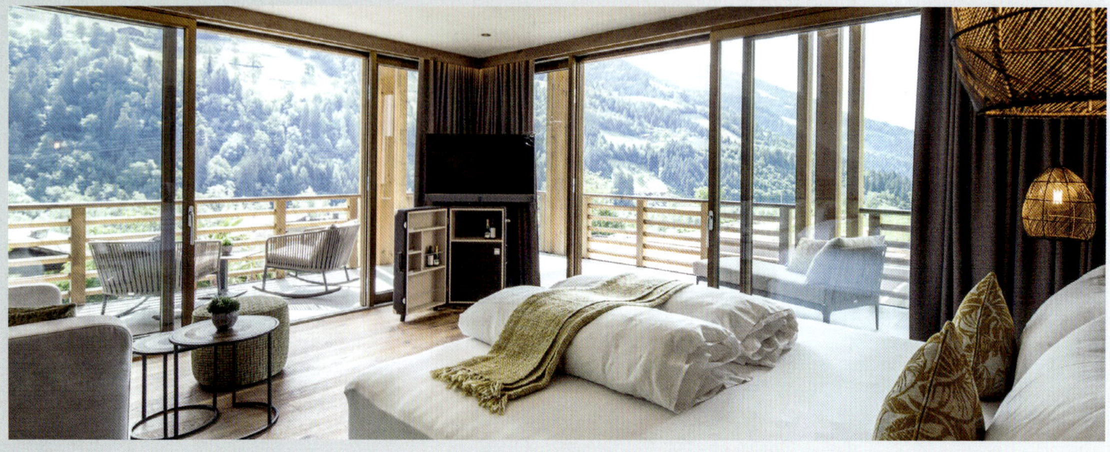

Großzügige Suiten mit stilvoller Einrichtung: Sport- und Wellnessurlaub im Hotel Sonnenalm.

SONNEN Alm

Feel Good Active Hotel Sonnenalm
Sonnenweg 3
39010 St. Martin in Passeier
Südtirol, Italien
www.sonnenalm.it

Entspannen und Genießen können Familien, Freunde und Paare, die eine Auszeit suchen, im wunderschön gelegenen Hotel Sonnenalm. Dafür warten die Gastgeber mit einem „Verwöhn-Paket" aus einer Vielzahl von kulinarischen und sportiven, kulturellen und unterhaltsamen, relaxten und inspirierenden Höhepunkten auf. Herrlich gelegen auf einem Sonnenplateau am Waldrand besticht das Haus durch den Charme eines exklusiven, überschaubaren Familienbetriebs – hier empfängt ein motiviertes Team mit herzlicher Gastfreundschaft.

Tennisspieler, ob ambitioniert oder als reine Freizeitsportler, nutzen die drei Sandplätze direkt beim Haus. Lehrer der Sunball-Tennisschule geben Schnupperstunden und gezieltes Einzeltraining, bieten Kurse auch für die jüngsten Gäste an. Wer golft, findet einen Vier-Loch-Übungsplatz am Hotel. Der 18-Loch-Platz Passeier Meran liegt wenige Minuten entfernt und darf von Hotelgästen zu besonders attraktiven Konditionen bespielt werden, für Green-Fees und Kursgebühren gelten reduzierte Preise.

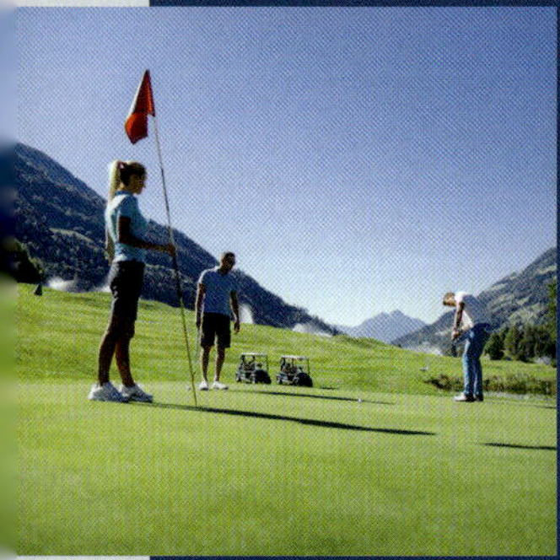

Golfplatz Passeier

Sowohl Golf-Anfänger als auch ambitionierte Spieler jeden Alters finden auf dem Golfplatz Passeier mit seinem harmonischen Verlauf und seinen hohen sportlichen Anforderungen ideale Bedingungen. Zu den Highlights des Courses zählen die Wasserhindernisse und die zahlreichen Bunker. Sie verlangen ein strategisches Spiel.

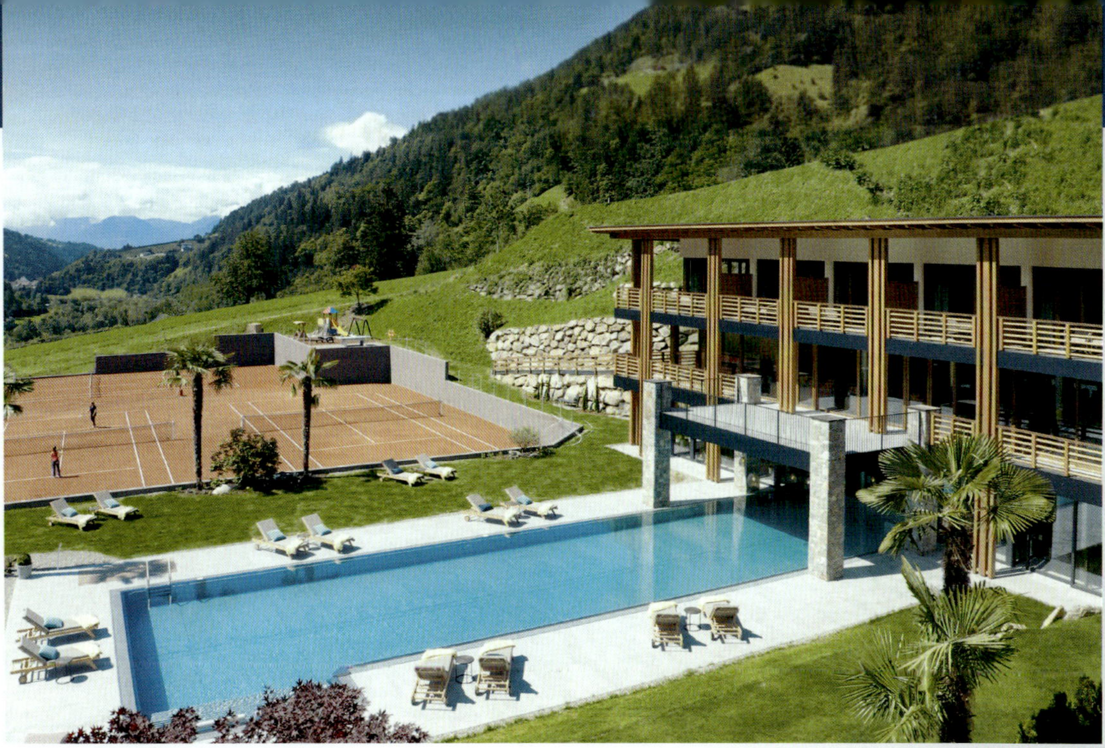

Aktiv-Urlaub inmitten der energiespendenden Natur Südtirols – Ankommen und Wohlfühlen im Hotel Sonnenalm.

Reiten, Biken, Wandern, Nordic Walking, Fitness, Yoga und Meditation können auf dem Aktiv-Programm der Hotelgäste stehen, die Sonnenalm macht unzählige Angebote, unter professioneller Anleitung, in traumhafter Umgebung, in wunderschönen Räumlichkeiten und auf erstklassigen Anlagen.

Als zentralen Punkt des perfekten Urlaubs hat die Sonnenalm die ausgewogene Kombination aus Bewegung und Entspannung erkannt. Das neue Wellness-House bietet auf drei Etagen eine Beauty-Farm und eine Wohlfühl-Landschaft mit Finnischer Eventsauna, Kräutersauna, Hallenbad, im Freien dem Outdoor Tauchbecken und dem Palmengarten mit ganzjährig beheiztem Sportpool. Der Wellness- und SPA-Bereich des Hotels Andreus, wenige Autominuten entfernt, darf ebenfalls kostenfrei besucht werden.

Die kulinarischen Spezialitäten der Gourmet-Küche werden in den hübschen Stuben, im Wintergarten, auf der Sonnenterrasse und im Panorama-Restaurant mit Traumblick serviert.

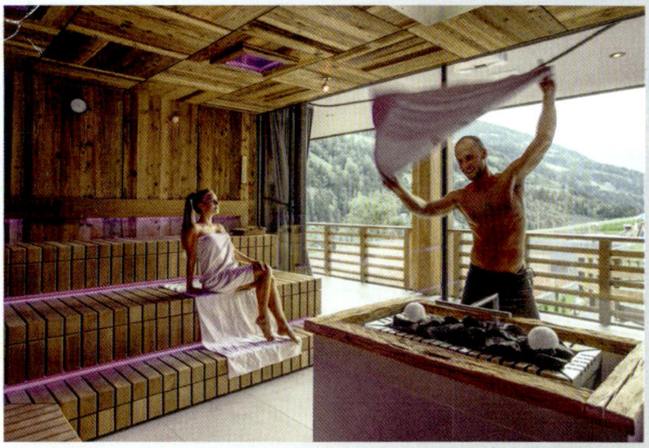

Nach dem Sport: Wellness-House mit Saunalandschaft.

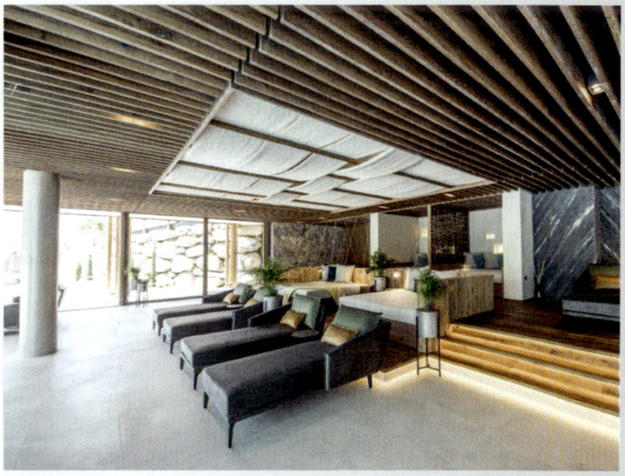

Stilvoll gestaltete Ruhebereiche mit weitläufigen Räumen.

Fußnoten

Vorwort

1 Staufenbiel, Liesenfeld, & Lobinger (2019).
2 Für die Suche nach passenden ExpertInnen siehe BISp (2020).
3 Für weiterführende Informationen zur Ausbildung siehe ASP (2020) oder Center of Mental Excellence (2021).
4 Der Wegweiser kann inkl. der Taschenkarten beim DOSB bestellt werden (kuehn@dosb.de) und steht als PDF zum Download bereit: DOSB (2020).
5 Infos und Fortbildungsangebote zum Thema sexualisierte Gewalt im Sport finden sich unter: Deutsche Sporthochschule Köln (2021).

Mentales Training erleben

1 Wir bedanken uns bei Michael Terwort für die Anregung zu dieser Übung.

Vorstellungstraining

1 Morris, Spittle & Watt (2005).
2 Eberspächer (2012).
3 Murphy (1990).
4 Isaac (1992).
5 Siehe Baumann (2000) und Eberspächer (2012).
6 Mayer & Hermann (2009).
7 Eine Übersicht über die verschiedenen Maße gibt der Artikel: Pithan & Dahm (2015).
8 Häufig bestehen verschiedene Versionen der Verfahren, die an dieser Stelle nicht unterschieden werden.
9 Eine deutschsprachige Version des Fragebogens findet sich in: Mayer & Hermann (2009).
10 Eine deutschsprachige Version des Fragebogens ist verfügbar unter: Dahm, Bart, Pithan& Rieger (2020).
11 Simonsmeier & Hannemann (2017).
12 Steggemann, Engbert & Weigelt (2011).
13 Collet, Guillot, Lebon, MacIntyre & Moran (2011).
14 Holmes & Collins (2001).
15 Knotenpunkte sind entscheidende Stellen des Bewegungsablaufs, deren Ausführung den weiteren Verlauf der Bewegung bestimmen. Eberspächer (2012).
16 Vickers (2007).
17 Moran, Campbell, Holmes, & MacIntyre (2012).
18 James (1981). Siehe auch Prinz (2000).
19 Frank, Linstromberg, Hennig, Heinen & Schack (2018).
20 Murphy (1990).
21 Murphy (1994).
22 Heiss (2012).

Emotionen spüren & steuern

1 Deutsche Akademie der Naturforscher Leopoldina (2014).
2 Hasselhorn & Gold (2006).
3 Petermann & Wiedebusch (2016).
4 Diese Technik nennt man in der Psychotherapie Externalisierung.
5 Diese Liste beruht auf den Basisemotionen nach Paul Ekman und dem Rad der Emotionen nach Robert Plutchik und kann beliebig ergänzt werden. Ekman (1982), Plutchik (1980).
6 Die Redewendung „etwas auf dem Schirm haben" verwendet man, wenn einer Sache besondere Beachtung geschenkt wird oder sie genau überwacht werden muss. In diesem Fall gilt es, die emotionale Reaktion zu überwachen, um eingreifen zu können. Die Redewendung entstammt dem Schiffs- und Flugverkehr, Fluglotsen und Kapitäne mussen den Bildschirm des Radarsystems im Blick haben, um Unfällen vorzubeugen.
7 Welche Emotion SportlerInnen genau erleben, hängt nicht nur vom Ziel bzw. den Erwartungen und Leistungen ab, sondern auch von Komponenten wie etwa dem Attributionsmuster der Person. Dieser Aspekt wird hier bewusst ausgeklammert und in der Übung „Woran lag's?" erarbeitet.
8 Siehe Band 1, Kapitel „Motivation & Zielsetzung".
9 In der Psychotherapieforschung konnte gezeigt werden, dass sogenannte Verhaltensanalysen PatientInnen helfen können, sich selbst besser zu verstehen und Impulse und Emotionen besser einzuordnen. Siehe z. B. Wells (2011).
10 Kuhl (2001).
11 Koole (2009).
12 Die 4-7-8-Atmung entwickelte A. Weil, Leiter der naturheilkundlichen Fakultät der University of Arizona. Weil (2017).
13 Allen-Collinson (2009).
14 In der Psychologie bezeichnet man die Beeinflussung der auslösenden Situation als Stimuluskontrolle. Darunter versteht man jede Art von Beeinflussung des beobachtbaren oder verdeckten Verhaltens durch das geplante Aufsuchen, Vermeiden oder Verändern der Reizbedingungen, die dem Zielverhalten vorausgehen.
15 Die 5-4-3-2-1-Technik wurde von Y. Dolan als Stabilisierungstechnik im Rahmen der Traumatherapie entwickelt und stellt eine Abwandlung der 5-4-3-2-1-Selbsthypnosetechnik von B. Erickson dar. Der Unterschied zu dieser besteht darin, dass keine inneren Bilder, sondern ausschließlich konkrete Wahrnehmungen im beschrieben werden.
16 Siehe auch Institut für Traumatherapie (2015).
17 Bereits in Teil 1 wurde unter dem Titel „Bass & Beat" eine Übung vorgestellt, um sich über Musik zu aktivieren. An dieser Stelle wird die Idee fortgesetzt, indem die SportlerInnen lernen, mit Hilfe der Musik Einfluss auf konkrete Emotionen zu nehmen.
18 Altenmüller & Bernatzky (2015).

Fokus & Gelassenheit

1 Kabat-Zinn (2003).
2 Gardner & Moore (2007).
3 Hayes, Strosahl & Wilson (1999).
4 Neff (2003).
5 Neff & Germer (2013).
6 Weiss, Harrer, & Dietz (2014).
7 Die Übung wurde an die Techniken von W. Palmer und W. Brucker angepasst. Brack (2020).
8 Siehe Lubbadeh (2008).
9 Das Zitat stammt von Reinhold Niebuhr (1892–1971), US-amerikanischer Theologe und Philosoph.
10 Die Eis-Challenge ist an die Übung „Achtsamer Umgang mit Unangenehmem: Die Eiswürfelübung" aus dem Buch von Weiss, Harrer & Dietz (2014) angelehnt.

11 Der Trainer muss die SportlerInnen aufklären, dass beim längeren Kontakt mit Eiswasser Schmerzen auftreten können. Bei jungen SportlerInnen sollten die TrainerInnen vorher mit den Eltern abklären, ob sie durchgeführt werden darf. Auf jeden Fall muss die Übung gewissenhaft beaufsichtigt und moderiert werden. Die Aktion sollte nicht zur Mutprobe oder einem Härtetest ausarten.

12 Obwohl sich der Begriff „Self-Compassion" in der Praxis erst in den letzten Jahren verbreitet hat, handelt es sich um ein sehr altes Konzept, in dem sich sowohl buddhistisch-spirituelle Aspekte finden als auch therapeutische wie Selbst- und Fremd-Akzeptanz aus der Psychotherapie von Ellis und Rogers.

Selbstvertrauen

1 Selbstbewusstsein ist in Abgrenzung zum Selbstvertrauen der generellere und weiter gefasste Terminus: Während Selbstvertrauen sich mit dem Verhältnis zwischen Aufgabe und Fähigkeiten beschäftigt, bezieht sich Selbstbewusstsein genereller auf die Bewusstheit seiner selbst und seiner Eigenschaften.

2 Dank an Iris Sedlmeier für Ideen zur praktischen Umsetzung und zu Limitationen dieses Vorgehens.

3 Wir bevorzugen den Begriff „Lernkultur", da hier der Prozess der Entwicklung in den Vordergrund gestellt wird. Den Begriff der „Fehlerkultur" halten wir für weniger geschickt, da dort die Fehler zu sehr thematisiert werden. Auch den oft verwendeten Begriff „Erfolgskultur" halten wir für weniger geeignet, da er zu sehr auf das Ergebnis im Verhältnis zum Prozess setzt. Zudem gewinnt der Misserfolg mehr Bedeutung, je wichtiger der Erfolg ist.

4 Hüther (2016).

5 Memmert (2015).

6 Die Inspiration zu dieser Übung stammt aus dem Kinderbuch „Das kleine Ich bin ich" von Lobe (1972).

7 Um etwas tiefer in das Thema Selbstwert einzusteigen, eignet sich auch die „Geldscheinübung" aus dem Buch: Beaulieu (2005).

8 Staufenbiel, Liesenfeld & Lobinger (2019).

9 Schulz von Thun (1998).

10 Hier passt ein Ausschnitt aus dem Film „Alles steht Kopf". In diesem Zeichentrickfilm wird die Idee einer „inneren Kommandozentrale" und vielen inneren Teamplayern sehr witzig umgesetzt.

Wettkampfmanagement

1 Schüler, Wegner & Plessner (2020).

2 Siehe auch Meichenbaum & Schattenburg (2003).

3 Die Idee des psychologisch orientierten Trainings wird praxisnah ausgearbeitet in: Neumann & Mellinghoff (2001).

4 Nilsson, Marriott & Sirak (2005). Nilsson & Marriott (2011).

5 Kast (2009), Lehrer (2009).

6 Ilgner (2013).

7 „Veni, vidi, vici" (deutsch „ich kam, ich sah, ich siegte") ist ein bekanntes lateinisches Zitat des römischen Staatsmannes und Feldherren Gaius Julius Caesar über die Schlacht bei Zela.

8 Diese Übung kann als Vorübung oder Ergänzung gut mit dem Übungs-Duo „Performance-Cocktail" & „Performance-Tunnel" kombiniert werden.

9 Trauer als Emotion signalisiert uns darüber hinaus, dass die Situation akzeptiert und verarbeitet wird. Wut hingegen signalisiert, dass sich SportlerInnen zum Beispiel ungerecht behandelt fühlen und noch nicht voll in der Akzeptanz und Verarbeitung der Situation sind. Vgl. Grawe (2004).

10 Gesagt auf der Verleihung des Bambis 2016. Sport1 (2016).

11 Mit körperlichem Kontakt zu SportlerInnen sollten TrainerInnen selbstverständlich sensibel umgehen. Zum Schutz von Kindern, Jugendlichen und nicht zuletzt den TrainerInnen sei an dieser Stelle auf das Forschungsprojekt „Safe Sport" verwiesen, das von Präventions- und Interventionsmaßnahmen bei sexualisierter Gewalt handelt. Dieses Projekt wurde vom Bundesministerium für Bildung und Forschung gefördert und an der Deutschen Sporthochschule Köln umgesetzt. Mehr Infos unter: DOSB (2016).

12 Ein Bullet Journal ist ein Organizer, der durch die BesitzerInnen kunstvoll gestaltet wird und damit eine Mischung aus Kalender, Tagebuch und Kreativraum ist. Die AutorInnen bedanken sich bei Lina Engbert für diese Anregung.

13 Heckhausen & Heckhausen (2018).

14 Beckmann & Kossak (2018).

Erholung & Regeneration

1 Chalmers (2002).

2 Kellmann, Kölling & Pelka (2018).

3 Beckmann & Ehrlenspiel (2018).

4 Hanton, Fletcher & Coughlan (2005).

5 Für Projektberichte, detaillierte Ergebnisse und weiterführende Literatur siehe unter Regenerationsmanagement im Sport (2021)

6 Nixdorf, Nixdorf & Beckmann (2013).

7 Koch, Lehr & Hillert (2015).

8 Meyer, Ferrauti, Kellmann & Pfeiffer (2016).

9 Kellmann & Kallus (2016).

10 Kellmann, Kölling, & Hitzschke (2016).

11 Meyer, Ferrauti, Kellmann & Pfeiffer (2016).

12 Graumann, Walter, Krapf & Beck (2019).

13 Hirshkowitz et al (2015).

14 Walsh, Halson, Sargent Roach, Nédélec, Gupta & Pullinger (2020).

15 Die Deutsche Gesellschaft für Schlafforschung und Schlafmedizin bietet weiterführende Informationen bei Schlafstörungen: DGSM (2021).

16 Hirshkowitz (2015).

17 Facer-Childs, Boiling & Balanos (2018).

18 Orzech, Grandner, Roane & Carskadon (2016).

19 Achor (2011).

20 Bei gravierenderen Schlafstörungen, vor allem für Patienten mit Ein- und Durchschlafstörungen, gibt es standardisierte Fragebögen. Zum Beispiel hilft der Pittsburgher Schlafqualitätsindex (PSQI), den Schweregrad des Problems zu bestimmen.

21 Raschka & Ruf (2018).

22 Für grundlegende Fragestellungen zum Thema Ernährung bieten Fachgesellschaften und Verbände wie die Deutsche Gesellschaft für Ernährung (DGE) oder der Berufsverband Oecotrophologie e. V. (VDOE) Unterstützung durch zertifizierte Ernährungs-beraterInnen. Im weiteren Verlauf der professionellen sportlichen Karriere können zudem Beratungsleistungen von ExpertInnen im Fachbereich Sporternährung über die Olympiastützpunkte oder spezialisierte universitäre Einrichtungen angefragt werden.

23 Bratland-Sanda & Sundgot-Borgen (2013).

24 Roth, Meyer Egli Kriemler et al. (2000).

25 Vgl. BZgA & RKI (2008).

26 Stice (2002).
27 Siehe auch BZgA (2021).
28 Rice, Purcell, De Silva, Mawren, McGorry & Parker (2016).
29 Ewers, Halioua, Jäger, Seifritz & Claussen (2017).
30 Hitzschke & Scheuermann (2019).
31 BZgA (2010).
32 Curie (2010).
33 Zur Information steht eine Broschüre des Bundesinstituts f. Sportwissenschaft zur Verfügung: BISp (2004)
34 Gustafsson, Hassmén & Hassmén (2011).
35 Projektberichte, detaillierte Ergebnisse und weiterführende Literatur siehe Regenerationsmanagement im Sport (2021).
36 Ergebnisse und weiterführende Literatur siehe Regenerationsmanagement im Sport (2021).
37 Ermel, J. (2017).
38 Für Ergebnisse und weiterführende Literatur siehe https://regman.org/
39 Poppendieck, Faude, Wegmann & Meyer (2013).

Verletzung & Rehabilitation
1 Wiese-Bjornstal, Smith, Shaffer & Morrey (1998).
2 Siehe auch Hermann & Eberspächer (1994).
3 Bisher gibt es sehr wenige empirische Studien darüber, wann welche Maßnahmen sinnvoll sind.
4 Hamson-Utley, Martin & Walters (2008).
5 In jeder Notfallsituation ist unbedingt zu beachten: 1) Eigenschutz vor Fremdschutz: Vor der Unterstützung der anderen steht die eigene Absicherung. 2) Soma geht vor Psyche: Vor der psychischen Ersten Hilfe muss physische Erste Hilfe geleistet werden.
6 Smoliner (o. J.).
7 Weitere hilfreiche Hinweise zum Umgang mit Krisen finden sie in DOSB (2020).
8 Everly (1996).
9 Cressman (2010), Cressman & Dawson (2011).
10 Die Rehaprotokolle dürfen nur direkt weitergegeben werden, wenn die UrheberInnen ihr O. K. gegeben haben, nicht durch Dritte (Schweigepflicht!).

Teamgeist
1 Tuckman (1965). Tuckman & Jensen (1977).
2 In der Psychologie wird das Gemeinschafts- und Zusammengehörigkeitsgefühlt in einer Gruppe als Gruppenkohäsion bezeichnet. Die Gruppenkohäsion trifft Aussagen über den Zusammenhalt der Gruppenmitglieder und deren Bindung an die Ziele der Gruppe (Commitment). Die Kohäsion einer Gruppe sollte als dynamischer Prozess verstanden werden.
3 Rosenberg (2018).

Ich als TrainerIn
1 Linz (2009).
2 Lafferty & Triggs (2014).
3 Altfeld, Schaffran, Sulprizio, Kleinert & Kellmann (2016).
4 Mühlisch (2006).
5 Schulz von Thun (1981). Watzlawick, Beavin & Jackson (1969).
6 Eine sehr kritische Einordnung des Feedback-Burgers im Bereich der MitarbeiterInnenführung findet sich auch in Horowitz (2014).
7 Bamberger (2015).
8 De Shazer & Dolan (2020).
9 Neuberger (2015).
10 Linz (2009).
11 Tannenbaum & Schmidt (2008).
12 Chelladurai (1990).
13 Linde, Preis, Pfeffer & Alfermann (2013).
14 Kasper & Mayrhofer (2009).
15 Deci & Ryan (1993).
16 Seligman (1979).
17 Mageau, & Vallerand (2003).
18 Fredricks & Eccles (2004).
19 Lautenbach & Lobinger (2014).
20 Beckmann & Elbe (2008).
21 Agassi (2014).

Quellenverzeichnis

Achor, S. (2011). *The happiness advantage: The seven principles of positive psychology that fuel success and performance at work.* New York: Random House.

Agassi, A. (2014). *Open: das Selbstporträt.* Alfred A. Knopf. München: Knaur Taschenbuch.

Allen-Collinson, J. (2009). Sporting embodiment: sports studies and the (continuing) promise of phenomenology. *Qualitative research in sport and exercise,* 1(3), 279–296.

Altenmüller, E., & Bernatzky, G. (2015). Musik als Auslöser starker Emotionen. In: G. Bernatzky, & G. Kreutz (Hrsg.), *Musik und Medizin. Chance für Therapie, Prävention und Bildung.* (S. 221–236). Wien: Springer.

Altfeld, S., Schaffran, P., Sulprizio, M., Kleinert, J. & Kellmann, M. (2016). Dem Ausbrennen vorbeugen: Welche Faktoren Trainer bedrohen und wie sie sich schützen können. *Leistungssport,* 46(5), 35–40.

Arbeitsgemeinschaft für Sportpsychologie in Deutschland e. V. (ASP) (2020). *Ausbildung Sportpsychologie.* https://www.asp-sportpsychologie.org/content.php?cont=255 (abgerufen am 10.02.2021)

Bamberger, G. (2015). *Lösungsorientierte Beratung: Praxishandbuch. 5. Auflage.* Weinheim: Beltz Verlag.

Baumann, S. (2000). *Psychologie im Sport.* Aachen: Meyer & Meyer.

Beaulieu, D. (2005). *Impact-Techniken für die Psychotherapie.* Heidelberg: Carl-Auer Verlag.

Beckmann, J. & Kossak, T.N. (2018). Motivation und Volition im Sport. In: J. Heckhausen & H. Heckhausen (Hrsg.), *Motivation und Handeln* (S. 615–639). Heidelberg, Berlin: Springer.

Beckmann, J., & Ehrlenspiel, F. (2018). Erholung und Belastung im Leistungssport. In: R. Fuchs & M. Gerber (Hrsg.), *Handbuch Stressregulation und Sport* (S. 435–449). Heidelberg, Berlin: Springer.

Beckmann, J., & Elbe, A. (2008). *Praxis der Sportpsychologie im Wettkampf- und Leistungssport.* Balingen: Spitta.
Brack, A. (2020). *Leadership Embodiment.* http://www.integrationtraining.co.uk/blog/2012/03/leadership-embodiment/ (abgerufen am 27.10.2020)

Bratland-Sanda, S. & Sundgot-Borgen, J. (2013). Eating disorders in athletes: Overview of prevalence, risk factors and recommendations for prevention and treatment. *European Journal of Sport Science,* 13 (5), 499–508.

Bruckner, W. (2016). Die vier Anker der Achtsamkeit – Wege zur Selbstregulation https://docplayer.org/115869090-Gesundheitstag-2016-ssa-backnang.html (abgerufen am 10.02.2021)

Bundesinstitut für Sportwissenschaft (BISp) (2004). *Ess-Störungen im Leistungssport. Ein Leitfaden für Athlet/innen, Trainer/innen, Eltern und Betreuer/innen.* https://www.bisp.de/SharedDocs/Downloads/Publikationen/Athletenbrosch%C3%BCren/Ess_Stoerungen.pdf?__blob=publicationFile&v=1 (abgerufen am 11.02.2021)

Bundesinstitut für Sportwissenschaft (BISp) (2020). *Kontaktportal.* https://www.bisp-sportpsychologie.de/SpoPsy/DE/Kontaktportal/kontaktportal_node.html (abgerufen am 10.02.2021)

Bundeszentrale für gesundheitliche Aufklärung (BZgA) & Robert Koch Institut (RKI) (2008). *Erkennen – Bewerten – Handeln: Zur Gesundheit von Kindern und Jugendlichen in Deutschland.* http://www.rki.de/DE/Content/Gesundheitsmonitoring/Studien/Kiggs/Basiserhebung/KiGGS_GPA.pdf?__blob=publicationFile (abgerufen am 11.02.2021)

Bundeszentrale für gesundheitliche Aufklärung (BZgA) (2010). *Essstörungen. Leitfaden für Eltern, Angehörige und Lehrkräfte.* https://www.uni-wuerzburg.de/fileadmin/32500600/Broschueren/Essstoerungen_Leitfaden.pdf (abgerufen am 11.02.2021)

Bundeszentrale für gesundheitliche Aufklärung (BZgA) (2021). *Essstörungen.* https://www.bzga-essstoerungen.de/ (abgerufen am 11.02.2021)

Center of Mental Excellence (2021). Modulserie *„Sportpsychologisches Training und Coaching im Leistungssport".* https://www.ausbildungsportpsychologie.de/modulserie.php (abgerufen am 10.02.2021)

Chalmers D. J. (2002). Injury prevention in sport: not yet part of the game? *Injury prevention: journal of the International Society for Child and Adolescent Injury Prevention,* 8 Suppl. 4, IV22–IV25.

Chelladurai, P. (1990). Leadership in sports: a review. *International Journal of Sport Psychology,* 21, 328–354.

Collet, C., Guillot, A., Lebon, F., MacIntyre, T., & Moran, A. (2011). Measuring motor imagery using psychometric, behavioral, and psychophysiological tools. *Exercise and sport sciences reviews,* 39(2), 85–92.

Cressman, J. (2010). *Evaluation of the use of healing imagery in athletic injury rehabilitation.* Waterloo: Wilfrid Laurier University, Scholars Commons at Laurier – Theses and Dissertations.

Cressman, J.M., & Dawson K.A. (2011). Evaluation of the use of healing imagery in athletic injury rehabilitation. *Journal of Imagery Research in Sport and Physical Activity,* 6 (1) (2011), 1–25.

Curie, A. (2010). Sport and eating disorders – Understanding and managing the risks. *Asian Journal of Sports Medicine,* 1, 63–68.

Dahm, S. F., Bart, V. K. E., Pithan, J. M. & Rieger, M. (2020). VMIQ-2. Vividness of Movement Imagery Questionnaire 2 - deutsche Fassung [Verfahrensdokumentation aus PSYNDEX Tests-Nr. 9007988, Fragebogen]. In Leibniz-Zentrum für Psychologische Information und Dokumentation (ZPID) (Hrsg.), *Testarchiv.* Trier: ZPID. https://www.psycharchives.org/bitstream/20.500.12034/2368/1/9007988_VMIQ-2_Fragebogen.pdf (abgerufen am 10.02.2021)

De Shazer, S. & Dolan, Y. (2020): *Mehr als ein Wunder: Lösungsfokussierte Kurzzeittherapie heute: Lösungsfokussierte Kurztherapie heute.* Heidelberg: Carl Auer Verlag.

Deci, E. L., & Ryan, R. M. (1993). Die Selbstbestimmungstheorie der Motivation und ihre Bedeutung für die Pädagogik. *Zeitschrift für Pädagogik,* 39(2), 223–238.

Deutsche Akademie der Naturforscher Leopoldina e. V. (Federführung) (Hrsg.) (2014). *Frühkindliche Sozialisation. Biologische, psychologische, linguistische, soziologische und ökonomische Perspektiven.* Halle (Saale): Nationale Akademie der Wissenschaften Leopoldina.

Deutsche Gesellschaft für Schlafforschung und Schlafmedizin (DGSM) (2021). *Ratgeber Schlafstörungen.* https://www.dgsm.de/gesellschaft/fuer-patienten/ratgeber-schlafstoerungen (abgerufen am 11.02.2021)

Deutsche Sporthochschule Köln (2021). *„Sexualisierte Gewalt im Sport"*. https://www.dshs-koeln.de/aktuelles/meldungen-pressemitteilungen/detail/meldung/sexualisierte-gewalt-im-sport/ (abgerufen am 10.02.2021)

Deutscher Olympischer Sportbund e. V. (DOSB) (2016). *Sexualisierte Gewalt im Sport*. https://www.dosb.de/sonderseiten/news/news-detail/news/sexualisierte-gewalt-im-sport/ (abgerufen am 23.11.2020)

Deutscher Olympischer Sportbund e. V. (DOSB) (2020). *Professionelles Agieren in Notfallsituationen*. https://cdn.dosb.de/user_upload/Leistungssport/Dokumente/Wegweiser_Notfallpsychologie_Web.pdf (abgerufen am 10.02.2021)

Eberspächer, H. (2012). *Mentales Training: Das Handbuch für Trainer und Sportler*. Grünwald: Stiebner Verlag.

Ekman, P. (1982). *Emotion in the human face*. New York: Cambridge University Press.

Ermel, J. (2017). Interview mit Dr. Christian Baumgart: „Ich halte die Faszienrolle nicht für sinnvoll". *physiopraxis*, 15(06), 27–29.

Everly, G.S. (1996). A rapid crisis intervention technique for law enforcement. In: J.T. Reese & R. Soloman (Hrsg.). *Organizational Issues in Law Enforcement* (S. 183–192). Washington, DC: FBI.

Ewers, S.M., Halioua, R., Jäger, M., Seifritz, E., & Claussen M.C. (2017). Sportpsychiatrie und -psychotherapie – gestörtes Essverhalten und Essstörungen im Leistungssport. *Deutsche Zeitschrift für Sportmedizin*, 68, 261–268.

Facer-Childs, E. R., Boiling, S., & Balanos, G. M. (2018). The effects of time of day and chronotype on cognitive and physical performance in healthy volunteers. *Sports medicine-open*, 4(1), 1–12.

Frank, C., Linstromberg G-L., Hennig L, Heinen, T., & Schack, T. (2018). Team action imagery: Imagery of game situations and required team actions promotes a functional structure in players' representations of team-level tactics. *Journal of Sport and Exercise Psychology*, 40 (1), 20–30.

Fredricks, J. A., & Eccles, J. S. (2004). Parental Influences on Youth Involvement in Sports. In: M. R. Weiss (Hrsg.), *Developmental sport and exercise psychology: A lifespan perspective* (S. 145–164). Morgantown: Fitness Information Technology.

Gardner, F. L., & Moore, Z. E. (2007). *The psychology of enhancing human performance: The mindfulness-acceptance-commitment (MAC) approach*. New York: Springer Publishing Company.

Graumann, L., Walter, U.N., Krapf, F., Beck, D. (2019). *Regeneration: Jeden Tag erholt, ausgeschlafen und erfolgreich. Für Alltag, Sport und High Performance*. München: Riva Verlag.

Grawe, K. (2004). *Neuropsychotherapie*. Göttingen: Hogrefe Verlag.

Gustafsson, H., Hassmén, P., & Hassmén, N. (2011). Are athletes burning out with passion? *European Journal of Sport Science*, 11, 387–395.

Hamson-Utley, J. J., Martin, S., & Walters, J. (2008). Athletic trainers' and physical therapists' perceptions of the effectiveness of psychological skills within sport injury rehabilitation programs. *Journal of athletic training*, 43(3), 258–264.

Hanton, S., Fletcher, D., & Coughlan, G. (2005). Stress in elite sport performers: A comparative study of competitive and organizational stressors. *Journal of Sports Sciences*, 23(10), 1129–1141.

Hasselhorn, M. & Gold, A. (2006): *Pädagogische Psychologie. Erfolgreiches Lernen und Lehren*. Stuttgart: W. Kohlhammer.

Hayes, S. C., Strosahl, K. D., & Wilson K. G. (1999). *Acceptance and commitment therapy: An experiential approach to behavior change*. New York: Guilford.

Heckhausen J. & Heckhausen H. (Hrsg.). (2018). *Motivation und Handeln, 5. überarbeitete Auflage. Heidelberg*, Berlin: Springer.

Heiss, C. (2011). *How do elite athletes lead themselves? - Transferring a revised concept of self-leadership to sport psychology*. Dissertation, Technische Universität, Fakultät für Sport- und Gesundheitswissenschaft, München.

Hermann H.-D. & Eberspächer, H. (1994). *Psychologisches Aufbautraining nach Sportverletzungen*. München: BLV.

Hirshkowitz M. et al (2015). National Sleep Foundation's sleep time duration recommendations: methodology and results summary. *Sleep Health. Volume 1* (1), 40–43.

Hitzschke, B. & Scheuermann, K. (2019). Grenzbereiche und psychische Störungen. In: K. Staufenbiel, M. Liesenfeld & B. Lobinger (Hrsg.). *Angewandte Sportpsychologie für den Leistungssport* (S. 256–273). Göttingen: Hogrefe Verlag.

Holmes, P. S., & Collins, D. J. (2001). The PETTLEP approach to motor imagery: A functional equivalence model for sport psychologists. *Journal of applied sport psychology*, 13(1), 60–83.

Horowitz, B. (2014). *The Hard Thing About Hard Things*. New York: Harper Business.

Hüther, G. (2016). *Mit Freude lernen – ein Leben lang: Weshalb wir ein neues Verständnis vom Lernen brauchen. Sieben Thesen zu einem erweiterten Lernbegriff und eine Auswahl von Beiträgen zur Untermauerung*. Göttingen: Vandenhoeck & Ruprecht.

Ilgner, A. (2013). *Rock Warrior: Der stärkste Muskel ist der Kopf*. Köngen: Panico Alpinverlag.

Institut für Traumatherapie (2015). *Weiterbildung in Psychotraumatologie, EMDR und anderen Methoden*. https://www.traumatherapie.de (abgerufen am 10.02.2021)

Isaac, A. R. (1992). Mental practice—does it work in the field? *The Sport Psychologist*, 6(2), 192–198.

James, W. (1981). *The principles of psychology* (orig. 1890). Cambridge, MA: Harvard University Press.

Kabat-Zinn, J. (2003). Mindfulness-based stress reduction (MBSR). *Constructivism in the Human Sciences*, 8(2), 73.

Kaluza, G. (2018). *Gelassen und sicher im Stress: Das Stresskompetenz-Buch: Stress erkennen, verstehen, bewältigen*. Heidelberg, Berlin: Springer.

Kasper, H., & Mayrhofer, W. (2009.). *Personalmanagement, Führung, Organisation*. 4. Auflage, Wien: Linde.

Kast, B. (2009). *Wie der Bauch dem Kopf beim Denken hilft: Die Kraft der Intuition*. Frankfurt: Fischer Taschenbuch.

Kellmann, M. & Kallus, K. W. (2016). The Recovery-Stress Questionnaire for Athletes. In K. W. Kallus & M. Kellmann (Eds.). *The Recovery-Stress Questionnaires: User manual* (S. 86–131). Frankfurt: Pearson.

Kellmann, M., Kölling, S., & Pelka, M. (2018). Erholung und Belastung im Leistungssport. In R. Fuchs & M. Gerber (Hrsg.). *Handbuch Stress-regulation und Sport* (S. 435–449). Heidelberg, Berlin: Springer.

Kellmann, M., Kölling, S., Hitzschke, B. (2016): *Das Akutmaß und die Kurzskala zur Erfassung von Erholung und Beanspruchung im Sport – Manual.* Hellenthal: Sportverlag Strauß.

Koch, S., Lehr, D., & Hillert, A. (2015). *Burnout und chronischer beruflicher Stress.* Göttingen: Hogrefe Verlag.

Koole, S. L. (2009). The psychology of emotion regulation: An integrative review. *Cognition and emotion,* 23(1), 4–41.

Kuhl, J. (2001). *Motivation und Persönlichkeit. Interaktionen psychischer Systeme.* Göttingen: Hogrefe Verlag.

Lafferty, M. E., & Triggs, C. (2014). The working with parents in sport model (WWPS-model): a practical guide for practitioners working with parents of elite young performers. *Journal of Sport Psychology in Action,* 5(2), 117–128.

Lautenbach, F., & Lobinger, B. (2014). Eltern im Leistungssport: Zwischen ehrgeizigen Antreibern und unverzichtbaren Karriere-begleitern?!. *Impulse - Das Wissenschaftsmagazin der Deutschen Sporthochschule Köln.* 19, 1/2, S. 6–14.

Lehrer, J. (2009). *Wie wir entscheiden: Das erfolgreiche Zusammenspiel von Kopf und Bauch.* München: Piper-Verlag.

Linde, K., Preis, F., Pfeffer, I., & Alfermann, D. (2013). *Validierung der deutschsprachigen Version der Leadership Scale for Sports. Zeitschrift für Sportpsychologie,* (20). 125–136.

Linz, L. (2009). *Erfolgreiches Teamcoaching.* Aachen: Meyer & Meyer.

Lobe, M. (1972). *Das kleine Ich bin ich.* Wien: Jungbrunnen

Lubbadeh, J. (2008). China schießt auf Regenwolken. https://www.spiegel.de/wissenschaft/natur/olympia-wetter-china-schiesst-auf-regenwolken-a-569361.html (abgerufen am 10.02.2021)

Mageau, G.A., & Vallerand, R.J. (2003). The coach-athlete relationship: A motivational model. *Journal of Sports Sciences,* 21, 883–904.

Mayer, J., & Hermann, H. D. (2009). *Mentales Training.* Heidelberg, Berlin: Springer.

Meichenbaum, D., & Schattenburg, L. (2003). *Intervention bei Stress: Anwendung und Wirkung des Stressimpfungstrainings. 2., revidierte u. ergänzte Auflage.* Göttingen: Hogrefe Verlag.

Memmert, D. (2015). *Teaching tactical creativity in sport: Research and practice.* New York: Routledge.

Meyer, T.; Ferrauti, A., Kellmann, M. & Pfeiffer, M. (2016): *Regenerationsmanagement im Spitzensport. REGman – Ergebnisse und Handlungs-empfehlungen.* Köln: Sportverlag Strauß.

Moran, A., Campbell, M., Holmes, P., & MacIntyre, T. (2012). Mental imagery, action observation and skill learning. *Skill acquisition in sport: Research, theory and practice,* 94.

Morris, T., Spittle, M., & Watt, A. P. (2005). *Imagery in sport.* Champaign, Ill.: Human Kinetics.

Mühlisch, S. (2006). *Fragen der Körpersprache: Antworten zur nonverbalen Kommunikation.* Paderborn: Junfermann Verlag.

Murphy, S.M. (1990). Models of imagery in sport psychology: a review. *Journal of Mental Imagery,* 14, 153–172.

Murphy, S.M. (1994). Imagery interventions in sport. *Medicine and Science in Sports and Exercise,* 264, 486–494.

Neff, K. (2003). Self-compassion: An alternative conceptualization of a healthy attitude toward oneself. *Self and identity,* 2(2), 85–101.

Neff, K. D., & Germer, C. K. (2013). A pilot study and randomized controlled trial of the mindful self‐compassion program. *Journal of clinical psychology,* 69(1), 28–44.

Neuberger, O. (2015). *Das Mitarbeitergespräch: Praktische Grundlagen für erfolgreiche Führungsarbeit.* Heidelberg, Berlin: Springer.

Neumann, G., & Mellinghoff, R. (2001). *FundaMental Training im Basketball. Praxisnahe Trainings- und Wettkampfhilfen für Trainer und Spieler.* Fuchsthal: Sequenz Medien Produktion.

Nilsson, P., Marriott, L. (2011). *Play Your Best Golf Now: Discover VISION54's 8 Essential Playing Skills.* New York: Avery.

Nilsson, P., Marriott, L., & Sirak, R. (2005). *Every Shot Must Have a Purpose: How GOLF54 Can Make You a Better Player.* New York: Avery.

Nixdorf, R., Nixdorf, I. & Beckmann, J. (2013). Depressionen im Hochleistungssport: Prävalenzen und psychologische Einflüsse. *Deutsche Zeitschrift für Sportmedizin,* 64(11), 320–326.

Orzech, K. M., Grandner, M. A., Roane, B. M., & Carskadon, M. A. (2016). Digital media use in the 2 h before bedtime is associated with sleep variables in university students. *Computers in human behavior,* 55, 43–50.

Petermann, F., & Wiedebusch, S. (2016). *Emotionale Kompetenz bei Kindern (Vol. 7).* Göttingen: Hogrefe Verlag.

Pithan, J. M., & Dahm, S. F. (2015). Fragebögen und Testmethoden der Bewegungsvorstellung. *Zeitschrift für Sportpsychologie,* 22(3), 112–124.

Plutchik, R. (1980). Emotion. *A psychoevolutionary synthesis.* New York: Harper & Row.

Poppendieck, W., Faude, O., Wegmann, M. & Meyer T. (2013). Cooling and performance recovery of trained athletes: A meta-analytical review. *International Journal of Sports Physiology and Performance,* 8(3), 227–242.

Prinz, W. (2000). Kognitionspsychologische Handlungsforschung. *Zeitschrift für Psychologie,* 208, 32–54.

Raschka, C., & Ruf, S. (2018). *Sport und Ernährung: Wissenschaftlich basierte Empfehlungen, Tipps und Ernährungspläne für die Praxis.* Stuttgart: Thieme-Verlag.

Regenerationsmanagement im Sport (2021). *Regenerationsmanagement im Spitzensport REGman* (2012-2020). https://regman.org/ (abgerufen am 11.02.2021)

Rice, S. M., Purcell, R., De Silva, S., Mawren, D., McGorry, P. D., & Parker, A. G. (2016). The Mental Health of Elite Athletes: A Narrative Systematic Review. *Sports medicine,* 46(9), 1333–1353.

Rosenberg, M. B. (2018). *Konflikte lösen durch gewaltfreie Kommunikation: ein Gespräch mit Gabriele Seils.* Freiburg: Verlag Herder.

Roth, D., Meyer Egli, C., Kriemler, S., et al. (2000). Female Athlete Triad – Diagnose, Therapie und Prävention von gestörtem Essverhalten, Amenorrhoe und Ostoporose. *Schweizerische Zeitschrift für Sportmedizin und Sporttraumatologie,* 48 (3): 119–132.

Schüler, J., Wegner, M., & Plessner, H. (Hrsg.). (2020). *Sportpsychologie – Grundlagen und Anwendungen.* Heidelberg, Berlin: Springer.

Schulz von Thun, F. (1981). *Miteinander reden. 1: Störungen und Klärungen.* Reinbek: Rowohlt.

Schulz von Thun, F. (1998). *Miteinander reden 3: Das Innere Team und situationsgerechte Kommunikation.* Reinbek: Rowohlt.

Seligman, M.E.P. (1979). *Erlernte Hilflosigkeit.* München, Wien, Baltimore: Urban & Schwarzenberg.

Simonsmeier, B. A., & Hannemann, A. (2017). Die deutsche Übersetzung des SIQ und SIAQ zur Erfassung von Vorstellungsgebrauch und Vorstellungskompetenz im Sport. *Zeitschrift für Sportpsychologie,* 24(3), 100–110.

Smoliner, H. (o. J.). *Einführung in die Krisenberatung und Krisenbegleitung Teil I. Umgang mit Krisensituationen in der Schule. Schulpsychologie – Bildungsberatung Feldkirchen.* https://www.schulpsychologie.at/schuelerberatung/lehrgang/M5-krisenberatung_I.pdf (abgerufen am 03.01.2020)

Sport1 (2016). *Bambi für Schweinsteiger und Kerber.* https://www.sport1.de/fussball/2016/11/bastian-schweinsteiger-erhaelt-beim-bambi-ehrenpreis-der-jury (abgerufen am 07.12.2020)

Staufenbiel, K., Liesenfeld, M. & Lobinger, B. (Hrsg.). (2019). *Angewandte Sportpsychologie für den Leistungssport.* Göttingen: Hogrefe Verlag.

Steggemann, Y., Engbert, K., & Weigelt, M. (2011). Selective effects of motor expertise in mental body rotation tasks: Comparing object-based and perspective transformations. *Brain and Cognition,* 76(1), 97–105.

Stice, E. (2002). Risk and maintenance factors for eating pathology: A meta-analysis review. *Psychological Bulletin,* 128(5), 825–848.

Tannenbaum, R., & Schmidt, W.H. (2008). *How to choose a leadership pattern.* Reprint. Boston, Mass.: Harvard Business Press. Harvard business review classics.

Tuckman, B. W. (1965). Developmental sequence in small groups. *Psychological bulletin,* 63(6), 384.

Tuckman, B. W., & Jensen, M. A. C. (1977). Stages of small-group development revisited. *Group & Organization Studies,* 2(4), 419–427.

Vickers, J. N. (2007). *Perception, cognition, and decision training: The quiet eye in action.* Champaign, Ill.: Human Kinetics.

Walsh, N. P., Halson, S. L., Sargent, C., Roach, G. D., Nédélec, M., Gupta, L., & Pullinger, S. A. (2020). Sleep and the athlete: narrative review and 2021 expert consensus recommendations. *British journal of sports medicine.*

Watzlawick, P., Beavin, J. H., & Jackson, D. (1969). *Menschliche Kommunikation. Formen, Störungen, Paradoxien.* Bern, Stuttgart, Toronto: Huber-Verlag.

Weil, A. (2017). *Three breathing exercises.* https://nmccenters.com/wp-content/uploads/2017/03/Breathing-Exercises.pdf (abgerufen am 20.02.2020)

Weiss, H., Harrer, M. E., & Dietz, T. (2012). *Das Achtsamkeits-Übungsbuch: Für Beruf und Alltag.* Stuttgart: Klett-Cotta.

Wells, A. (2011). *Kognitive Therapie der Angststörungen: Praktisches Handbuch und theoretischer Leitfaden.* Tübingen: dgvt-Verlag.

Wiese-Bjornstal, D. M., Smith, A. M., Shaffer, S. M., & Morrey, M. A. (1998). An integrated model of response to sport injury: Psychological and sociological dynamics. *Journal of applied sport psychology,* 10(1), 46–69.

Danksagung

Wir bedanken uns bei unseren Familien für die Unterstützung und Toleranz beim Verfassen dieses Buches. Ein ganz herzliches Dankeschön geht auch an alle GastautorInnen: Ohne euch wäre dieses Buch nicht möglich gewesen! Ein großer Dank geht an alle KollegInnen, die Anregungen für Übungen gegeben haben und als DiskussionspartnerInnen zur Verfügung standen. Hervorheben möchten wir an dieser Stelle Prof. J. Mayer (Self-Compassion), Prof. H.-D. Hermann (Verletzungen) und Dr. B. Wisdorf (Essstörungen). Danke auch an Melike Bilbey für die kreative Gestaltung der Arbeitsblätter und an das Team vom Neuen Sportverlag für die Unterstützung des Projekts von der Idee bis zum Druck. Last but not least wäre dieses Buch ohne die SportlerInnen, TrainerInnen und Verbände, mit denen wir arbeiten und die uns Vertrauen schenken, sicher nicht möglich gewesen. Einen herzlichen Dank an euch alle!

Impressum

Mentales Training im Leistungssport – Teil 2
ISBN 978-3-96416-033-1

Autoren
Dr. Kai Engbert & Dr. Tom Kossak
www.sportpsychologie-muc.de

Projektleitung und Redaktion
Hendrik Schulze Kalthoff, Nadine Müller

Gestaltung
Nadine Müller

Layout, Satz und Bildbearbeitung
Janina Reuß, Hendrik Schulze Kalthoff

Herausgeber
Neuer Sportverlag
Beim Hochwachtturm 2, 71332 Waiblingen
www.neuersportverlag.de

Bildnachweis

U1 (v.l.n.r.) Nr. 1: Daxiao Productions – stock.adobe.com, **Nr. 2:** PaulFoto, **Nr. 3:** Dziurek – stock.adobe.com, **Nr. 4:** NDAB-CREATIVITY – stock.adobe.com, **Nr. 5:** picture alliance / Elmar Kremser/SVEN SIMON, **U4:** Ulrike Frömel

S. 2 li. u. S. 20: Moritz Anderten, **S. 2 re. u. S. 30:** like.eis.in.the.sunshine – photocase.com, **S. 3 li u. S. 60:** adamkaz – istock.com, **S. 3 re. u. S. 80:** Hendrik Schulze Kalthoff, **S. 4 li. u. S. 102:** Audi Nissen – unsplash.com, **S. 4 re. u. S. 120:** florida-stock – istock.com, **S. 5 li. u. S. 148:** Hendrik Schulze Kalthoff, **S. 5 re. u. S. 184:** PaulFoto, **S. 6 li. u. S. 204:** Conny Kurth, **S. 6 re. u. S. 226:** contrastwerkstatt – stock.adobe.com, **S. 11:** Ulrike Frömel, **S. 19 li. oben:** Rebekka Anton, **S. 19 re. oben:** Conny Kurth, **S. 19 li. unten:** Kenny Beele, **S. 19 re. unten:** PaulFoto, **S. 25:** DEB / Viscompark, **S. 38:** Hendrik Schulze Kalthoff, **S. 47:** master1305 – istock.com, **S. 53:** Jasper Benning – unsplash.com, **S. 54 li.:** Nina Nittinger, **S. 54 re.:** Chinnapong – istock.com, **S. 58:** Christian Heiss, **S. 67:** Fundus Sportmedizin, **S. 70:** Simon Kohl, **S. 73 li.:** Poi Natthaya – stock.adobe.com, **S. 73 re.:** Ivan Uralsky – stock.adobe.com, **S. 77 + 84:** Ingo Filzwiese, **S 97:** Katharina Althaus, **S. 118:** Conny Kurth, **S. 127:** Tom Kossak, **S. 130:** Moritz Anderten, **S. 133:** DEB / Viscompark, **S. 138:** Walter Wölfle
S. 145: Roman Kraft – unsplash.com, **S. 157:** Lutz Graumann, **S. 165:** aamulya – stock.adobe.com, **S. 166:** Helena Engel, **S. 170:** Brit Wilsdorf, **S. 175:** Hendrik Schulze Kalthoff, **S. 178:** Hendrik Schulze Kalthoff, **S. 181:** juli-kosolapova – unsplash.com, **S. 182:** Katharina Brinkmann, **S. 183:** Lealia-Media Tina Groh, **S. 190:** Hendrik Schulze Kalthoff
S. 195: Sofie Bergfeld, **S. 197:** ExQuisine – stock.adobe.com, **S. 200:** Hendrik Schulze Kalthoff, **S. 209:** Kathrin Staufenbiel, **S. 216:** Vincent Rödel, **S. 218:** Das Olympia Focus Team des DAV beimTeambuilding, **S. 225:** Rebekka Anton, **S. 232:** Sebastian Altfeld, **S. 237:** Miriam Steffens / DSV, **S. 247:** Albina Gavrilovic – istock.com